Frühe Kindheit | Beobachten & Dokumentieren

Christine Lipp-Peetz (Hrsg.)

Praxis Beobachtung

Auf dem Weg zu individuellen Bildungs- und Erziehungsplänen

Ihre Wünsche, Kritiken und Fragen richten Sie bitte an:
Cornelsen Verlag Scriptor, Redaktion Frühe Kindheit,
Willy-Brandt-Platz 6, 68161 Mannheim

Ihre Bestellungen und Anfragen richten Sie bitte an:
Marketing, 14328 Berlin, Cornelsen Service Center,
Servicetelefon 030/89 78 58 92 9

ISBN 978-3-589-24523-9

Alle Rechte vorbehalten

© 2007 Cornelsen Verlag Scriptor GmbH & Co. KG, Berlin · Düsseldorf · Mannheim
1. Auflage 2007

07 08 09 10 11   5 4 3 2 1

Das Werk und seine Teile sind urheberrechtlich geschützt. Jede Nutzung in anderen als den gesetzlich zugelassenen Fällen bedarf der vorherigen schriftlichen Einwilligung des Verlages. Hinweis zu § 52 a UrhG: Weder das Werk noch seine Teile dürfen ohne eine solche Einwilligung eingescannt und in ein Netzwerk eingestellt werden. Dies gilt auch für Intranets von Schulen und sonstigen Bildungseinrichtungen.

Redaktionsleiterin: Ulrike Bazlen, Mannheim
Lektorat: Bernhard Schön, Idstein
Herstellung: Sandra Bennua, Mannheim
Satz: Markus Schmitz, Büro für typographische Dienstleistungen, Münster
Druck und Bindung: Druck Partner Rübelmann GmbH, Hemsbach
Umschlaggestaltung: Claudia Adam Graphik-Design, Darmstadt
Titelfotografie: Manuela Künig, auf Augenhöhe, Baldham
Abbildungen Innenteil: Claudius Betz/Die Fotofritzen, Darmstadt (S. 11, 97, 173, 209, 241); Kasia Sander, Recklinghausen (S. 271–280); alle anderen Abbildungen privat

Printed in Germany

Weitere Informationen finden Sie im Internet unter
www.cornelsen.de

Inhalt

Rita Haberkorn, Roland Hauptmann
Vorwort: Eine vielversprechende Kooperation — 9

1 Grundlagen der Beobachtung — 11

Christine Lipp-Peetz
1.1 Wer wird beobachtet – von wem und warum?
Gedanken zu einer wiederentdeckten Aufgabe von Erzieherinnen
mit Fokus Situationsansatz — 12

Daniela Kobelt Neuhaus
1.2 Wenn Ressourcenorientierung draufsteht, muss sie auch drin sein!
Beobachten und Dokumentieren als Auftrag in den Bildungsplänen — 19

Cornelia Becker
1.3 Kein Wissen ohne Beobachtung
Beobachtung als Forschungsinstrument — 44

Cornelia Becker
1.4 Zur Konstruktion von Wirklichkeit
Objektive Beobachtung gibt es nicht — 49

Christine Lipp-Peetz
1.5 Die Qual der Wahl
Kriterien zur Auswahl eines Beobachtungsinstruments — 53

Christine Lipp-Peetz
1.6 Portfolios – mehr als ein Dokumentationssystem
Bildungscoaching für Kinder und andere Studierende — 58

Daniela Kobelt Neuhaus
1.7 Reflektierte Beobachtung und dialogische Beziehung
Zur Unterstützung lernmethodischer Kompetenzentwicklung — 66

Kirsten Ewald, Sandra Merker
1.8 Das Kind vor mir oder die Erwachsene in mir?
Zum Umgang mit eigenen Gefühlen beim Beobachten anderer — 79

Dieter Lotz
1.9 „Das Wesentliche ist für das Auge unsichtbar"
Heilpädagogische Aspekte einer verstehenden Beobachtung   84

Hartmut Gerstein
1.10 Wem gehört die Beobachtung?
Juristische Überlegungen aus Sicht des Datenschutzes   89

2   Praxis – mit Kindern   97

Monika Awenius
2.1 Lernen in Weiterstadt
Wie ein Bildungsbuch in der offenen Arbeit entsteht   98

Martina Becker
2.2 Mein Computerbüchlein
Kinder erstellen ihr Portfolio am PC selbst   114

Martina Hardenberg
2.3 Hier spielt sich Bildung ab
Kinder reden mit Erwachsenen übers Lernen   121

Elisabeth Schnell
2.4 „... wie stolz Du zum Schluss gewesen bist!"
Lerngeschichten von Angela und Rosa   146

Annette Baumann, Simone Jung
2.5 Sternstunden für die Kinder
Ein Projekt der Kita Grüntaler Straße in Berlin   152

Birgit Mülders, Brigitte Petersein, Beate Schmahl, Monika Wilhelm
2.6 Ko-Konstruieren beim Dokumentieren
So geht es in der Praxis   158

Christiane Schweitzer
2.7 „Ich will nicht von jedem angeguckt werden"
Kritische Fragen zur Beobachtung   164

Sophie Döring-Fischer
2.8 Einwand: Verwaltete Menschlichkeit?   172

3 Praxis – mit Eltern 173

Ursel Heinze-Nießner
3.1 Warum wir Ihr Kind beobachten
Das Recht der Eltern auf Mitwissen 174

Natalie Keil
3.2 Geschichten des Lernens
Mit Kindern und Eltern dokumentiert 179

Renate Till
3.3 Lernchancen des Alltags als Voraussetzung für Projektarbeit
Gemeinsam mit Eltern Bildungspläne umsetzen 190

Judith Metz
3.4 Lernmethodische Kompetenz einer Dreijährigen
Fotodokumentation zu einem Tag im Kindergarten
und ein Brief der Mutter 202

4 Beobachtungsmanagement 209

Gerlinde Ries-Schemainda
4.1 Damit Beobachtung gelingt
Was eine Leiterin dazu beitragen kann 210

Gerlinde Ries-Schemainda
4.2 Ein Team auf dem Weg zur Portfolio-Arbeit
Mögliche Inhalte und Vorgehensweise 216

Alexandra Ulrich-Uebel
4.3 Teamentwicklung initiieren und begleiten
Eine Aufgabe von Leitung 220

Karola Bicherl
4.4 „Guck mal, da ist was falsch!"
Beobachtung und Ko-Konstruktion mit der Leiterin 230

Anne Kebbe
4.5 Beobachtungsbeauftragte: eine neue Rolle im Team
Qualitätsentwicklung, Fortbildung und Beratung 236

5 Aus- und Fortbildung 241

Helga Mehring
5.1 Erwerb von Schlüsselkompetenzen
Der Stellenwert von Beobachtungs- und Dokumentationserfahrung 242

Christine Lipp-Peetz, Helga Mehring, Cornelia Becker
5.2 Beobachten und Dokumentieren lernen
Ein Curriculum für die Ausbildung 252

Cornelia Becker, Christine Lipp-Peetz
5.3 Darmstädter Beobachtungsbogen mit Fokus Bildungsbereiche – Langfassung 270

Cornelia Becker, Christine Lipp-Peetz
5.4 Darmstädter Beobachtungsbogen – kompakt 282

Karola Bicherl
5.5 „Nun beobachtet mal!"
Ein Konzept für Teamfortbildungen 283

Sabine Hall
Nachwort: Manchmal benehmen sich die Erzieherinnen so komisch ... 290

Anhang 295
Literatur 295
Herausgeberin, Autorinnen und Autoren 300

Rita Haberkorn, Roland Hauptmann

Vorwort: Eine vielversprechende Kooperation

Erzieherinnen bilden sich fort, Nachwuchskräfte qualifizieren sich für diesen Beruf, und dabei stehen heute ganz oben auf der Kompetenzliste die Fähigkeiten, Kinder sorgfältig zu beobachten, das Wahrgenommene zu dokumentieren und mit den Kindern gemeinsam zu reflektieren.

Beobachten und Dokumentieren gehören zusammen und geben Aufschluss etwa darüber, was Kinder antreibt, was sie interessiert, wie sie sich Herausforderungen nähern oder ihnen aus dem Weg gehen.

Beobachtung ist aus der Bildungsdebatte nicht wegzudenken. Die Bildungspläne oder Bildungsempfehlungen aller Bundesländer fordern Qualifikation, Strategie und Zeit für Beobachtung und machen beispielhaft deutlich, wie mit professioneller Beobachtung als entscheidender Voraussetzung die Begleitung und Unterstützung der Bildungsprozesse des Kindes gelingen können. Mittlerweile gibt es die ersten Beobachtungsbögen, die sich an den jeweiligen Bildungsplänen der Länder orientieren (vgl. z. B. den der Pädagogischen Akademie Elisabethenstift in Darmstadt für Hessen in diesem Band ab S. 270 oder den des Instituts für den Situationsansatz für Berlin).

Im diesem Buch zeigen Autorinnen und Autoren die reformbewusste Aus- und Fortbildung von Erzieherinnen sowie eine exzellente Kindergartenpraxis auf. Fachlicher Bezugsrahmen ist der Situationsansatz, der vielen Bildungsplänen der Bundesländer zugrunde liegt und als Bildungskonzept eine lange Tradition nachweisen kann. Ein Markenzeichen dieses pädagogischen Konzeptes ist, dass Partizipation, die Beteiligung der Kinder, großgeschrieben wird und deshalb Beobachtung nur im Dialog mit dem Kind denkbar ist. Erst aus dieser Verbindung von Fremd- und Selbsteinschätzung kann lernmethodische Kompetenz entstehen und ergibt sich die gewünschte neue Qualität für die Bildungsprozesse der Kinder.

Bildet der Situationsansatz den aktuellen fachlichen Bezugsrahmen für die verschiedenen Beiträge, so wissen sich die Autorinnen und Autoren auch einem weitergehenden fachlichen Kontext verbunden: dem der reformpädagogischen Theorie und Praxis. Beobachten und Dokumentieren sind keine Erfindung des 21. Jahrhunderts. Bereits vor etwa 100 Jahren wurden sie zu Kernelementen einer (reform-)pädagogischen Methodik entwickelt. Janusz Korczak etwa war ein Meister der genauen Beobachtung und Dokumentation. Seine akribischen Tagebuchaufzeichnungen sind ein beredtes Zeugnis seines pädagogischen Blicks.

Und noch etwas haben die Autorinnen und Autoren dieses Buches von den Pionieren der reformpädagogischen Bewegung gelernt: die Erkenntnis nämlich, dass erst aus dem genauen Hinsehen auf Kinder die Achtung vor ihnen erwächst.

Alle Beiträge fußen auf Erfahrungen und bilden das gesamte Spektrum des Themas ab:
- Welche Qualifikationen braucht man, um gut beobachten und dokumentieren zu können, und wie können diese erworben werden?
- Wie kann die durch die Bildungspläne geforderte neue Aufgabe in den erzieherischen Alltag integriert werden?
- Was folgt aus den Beobachtungen, welchen Gewinn ziehen die Kinder daraus?
- Was ist aus juristischer Sicht zu den Dokumentationen zu sagen?

Anstoß zu diesem Band gaben Abschlussarbeiten aus der Langzeitweiterbildung zur Fachkraft für den Situationsansatz, die in Kooperation zwischen dem Institut für den Situationsansatz der INA gGmbH an der FU Berlin und der Pädagogischen Akademie Elisabethenstift, Darmstadt seit Jahren in Hessen durchgeführt werden. Dies ist die erste gemeinsame Veröffentlichung aus der vielversprechenden Kooperation.

Roland Hauptmann	Rita Haberkorn
Pädagogische Akademie Elisabethenstift	INA gGmbH
Darmstadt	Berlin

Wir bedanken uns bei den beteiligten Erzieherinnen, Kindern und Eltern dafür, dass sie uns Produkte ihrer Arbeit zur Verfügung gestellt haben. Die Illustrationen zur Einleitung der Hauptkapitel stammen aus dem Kunstprojekt der Kinder der Kita Weiterstadt-Braunshardt. Dank auch dem Studio „Die Fotofritzen", Darmstadt, von dem die Gemälde der Kinder fotografiert wurden. Die Motive gibt es als vierfarbiges Plakat, zu bestellen unter: www.fotofritzen.de.

 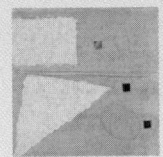  

1 Grundlagen der Beobachtung

Christine Lipp-Peetz

1.1 Wer wird beobachtet – von wem und warum?

Gedanken zu einer wiederentdeckten Aufgabe von Erzieherinnen mit Fokus Situationsansatz

Überall in Fortbildungs- und Fachbuchkatalogen finden sich an vorderster Stelle Angebote für Erzieherinnen zur Beobachtung von Kindern in Tageseinrichtungen. Mehrere Forschungsprojekte beschäftigen sich mit angemessenen Formen der Beobachtung und Dokumentation. Woher kommt dieser Boom, was verbirgt sich dahinter und welche Aufgaben stellen sich für pädagogische Fachkräfte?

Beobachten meint forschen und nicht ausspionieren

Wem gleicht eine Erzieherin, die beobachtet: einer Detektivin oder einer Forscherin? Eine Detektivin soll etwas auskundschaften, woran der Auftraggeber interessiert ist und es auf anderem Wege nicht in Erfahrung bringen kann, weil z. B. die Beobachtete genau dieses geheim halten will. Ein Handlungsforscher hat eine Forschungsfrage und beobachtet – mit Wissen der Betroffenen –, um Neues herauszufinden, das für beide von Nutzen ist.

In der pädagogischen Fachwelt ist man sich einig: Es geht nicht um Bespitzelung. Christa Preissing (2005) wehrt sich z. B. gegen „Lauschangriffe" oder „verdeckte Ermittlungen", und Erika Kazemi-Veisari (2004b) spricht vom „Mitwisserrecht" der Kinder – Kinder haben das Recht zu wissen, dass sie beobachtet werden, es geschieht mit ihrem Einverständnis. Diese Ausgangsprämisse führt in der Regel zu hitzigen Diskussionen. Häufiges Gegenargument ist, die Kinder würden sich anders verhalten, wenn sie wüssten, dass man sie beobachtet. Eine unausgesprochene Phantasie dabei ist, dass vor allem jene Kinder beobachtet würden, die auffallen oder deren Verhalten als störend empfunden wird. Wenn diese nun von der Beobachtung wüssten, würden sie sich anders geben und zeigen. Genau darum geht es nicht: Kinder sollen nicht ertappt werden bei unerwünschtem Tun. Sie sollen vielmehr aufmerksam begleitet werden mit einem positiven Blick, der nach Stärken, Interessen und Entwicklungspotenzialen sucht und nicht nach Defiziten oder Fehlern.

Sollte sich ein Kind entscheiden, sich anders zu benehmen, wenn Augen auf ihm ruhen, dann ist das auch eine Botschaft, und im anschließenden Feedback-Gespräch kann dies angesprochen werden: „Ich habe dich heute ganz anders erlebt, als ich dich schon oft gesehen habe ..." Das Kind hat dann die Chance, zu diesen Wahrnehmungen und Einschätzungen Stellung zu beziehen, und es könnte sein, dass dieses Gespräch dazu beiträgt, das Kind besser zu verstehen.

Es geht also um ein forschendes Anliegen, um mehr Wissen, um besseres Verstehen. Dies ist ein Interesse, das in vielen pädagogischen Konzepten vertreten wird und nicht neu ist. Seit mehr als dreißig Jahren vertritt der Situationsansatz die Forderung, von den Interessen und Bedürfnissen der Kinder auszugehen und sich vor allem damit zu beschäftigen, herauszufinden, was Kinder bewegt, was sie interessiert, wie sie die Welt sehen, und daraus Konsequenzen für die pädagogische Arbeit zu ziehen. Deshalb steht in diesem pädagogischen Konzept die Analyse an erster Stelle aller Planung: „Die pädagogische Arbeit geht von den sozialen und kulturellen Lebenssituationen der Kinder und ihrer Familien aus. Die Erfahrungen, die Kinder in ihren Familien, im alltäglichen Zusammenleben in der Kindertageseinrichtung und in weiteren gesellschaftlichen Bereichen machen, und ihre Erlebnisse werden wahrgenommen und analysiert." (Preissing 2003, S. 18, Grundsatz 1) In der Sprache der Qualitätsentwicklung leiten sich daraus folgende Aufgaben für Erzieherinnen ab:

- „Sie interessieren sich für die individuellen Eindrücke und Erlebnisse des Kindes, nehmen sie wahr und versuchen, seine Sinndeutungen und Betroffenheiten zu verstehen.
- Sie erfassen durch systematische und gezielte Beobachtungen der Kinder, welche spezifischen Interessen, Bedürfnisse, welche Fragen und Probleme sie haben, welches aktuelle ‚Lebensthema' die Kinder bewegt." (a. a. O., S. 17)

Auch bei der Auswahl und Bearbeitung von Schlüsselsituationen, die für Kinder und ihre Entwicklung eine hohe Bedeutung haben können, stellt sich die Erzieherin als Erstes wieder Analyse-Fragen wie z. B.:

- Welche Bedeutung könnte diese Situation für das Kind – über den Tag hinaus – haben?
- Welche Erfahrungen und Sichtweisen verbindet das Kind damit?
- Welche entwicklungsgemäßen Handlungsmöglichkeiten hat das Kind?
- Welches Wissen und Können kann sich das Kind bei der Bearbeitung aneignen (a. a. O., S. 36)?

Und in dem konzeptionellen Grundsatz 3, bei dem es vorrangig darum geht, wie Kindern Zugänge zu Wissen und Erfahrungen eröffnet werden sollen, ist wieder als erster Schritt die Rede vom Analysieren: „Erzieherinnen analysieren, was Kinder können und wissen und was sie erfahren wollen" (also auch hier der Stärkenansatz). Als Qualitätsversprechen wird dazugegeben, dass die Aktivitäten der einzelnen Kinder systematisch beobachtet werden, um herauszufinden, welche Interessen, Fragen und Probleme die Kinder beschäftigen und welche Themen und Gegenstände sie interessieren (a. a. O., S. 19).

Beobachten hat Tradition

Neben dem Situationsansatz gibt es andere Konzepte, für die die Beobachtung der Kinder ebenfalls wichtiger Ausgangspunkt ist, wie z.B. die Reggio-Pädagogik. Und schon zu Beginn des letzten Jahrhunderts forderte Maria Montessori „neue Lehrerinnen", damit Pädagogik gelingen könne. Sie erwartete, sich zurückzuhalten und nicht vorschnell in die Lernvorhaben der Kinder einzugreifen. Ihre Leitlinie war dabei das Prinzip „Hilf mir, es selbst zu tun". Und um zu erkennen, was das Kind will, muss die Pädagogin gut beobachten.

Auch Janusz Korczak, der sein liebstes „Forschungsobjekt", das Kind, einerseits als Arzt akribisch mit dem Blick des Naturwissenschaftlers beobachtete, proklamierte andererseits als Pädagoge das „Gebot der Liebe zum Menschen-Kind", das nicht allein mit wissenschaftlichem Interesse betrachtet werden dürfe. Ein grundsätzliches Nicht-Wissen um das Kind ist Ausgangspunkt seiner Pädagogik. Um das Kind kennenzulernen, betrieb er ein „forschendes Fragen ohne Abschluss". (Heimpel 1970, S. 348)

„Ich will lehren, das wunderbare, vom Leben und faszinierenden Überraschungen erfüllte schöpferische ‚Ich-weiß-Nicht' der modernen Wissenschaft vom Verhältnis zum Kind zu verstehen und zu lieben." (Korczak 1967, S. 2)

Die angemessene Haltung einer Erzieherin ist folglich eine fragende, eine forschende, eine, die verstehen will, und keine des „vorauseilenden Antwortens."

Beobachten hat Konjunktur

Ausschlaggebend für den aktuellen Boom in Sachen Beobachtung ist die neue Bildungsdebatte, das neue Bildungsverständnis, ausgelöst durch PISA, Bildungsdelphi und Konsequenzen einer Wissensgesellschaft. *Nicht mehr* sollen unsere Kinder lernen, *sondern anders*. Weil die Verfallszeit des Wissens steigt, und nicht Informationsbeschaffung das Problem ist, sondern der Umgang mit der Informationsflut, geht es verstärkt darum, *wie* Menschen lernen, wie sie gut lernen können und wie sie sich ihren Bildungshunger ihr Leben lang erhalten können (BMBWFT 1998). Es geht um lernmethodische Kompetenz. Und wieder einmal wurden dabei die Kleinen entdeckt: Bildung von Anfang an ist das Motto in allen Parteien, und in Windeseile haben die Bildungs- und Sozialministerien aller Bundesländer Bildungspläne für Kinder unter 6 Jahren in Auftrag gegeben. In diesen Bildungs- und Erziehungsempfehlungen spielt Beobachten eine große Rolle (vgl. den Beitrag von Kobelt Neuhaus auf S. 19 ff. in diesem Buch). Denn es soll von den individuellen Interessen der Kinder ausgegangen werden, darauf haben sich alle Jugend- und Kultusminister der Länder geeinigt: „Grundlegende Voraussetzung für die Umsetzung der Rahmenpläne ist die Wahrnehmung der Fragen, Interessen und Themen der Kinder, denn diese sind mehr als ein Anlass für Beschäftigungsangebote, sie sind vielmehr Ausdruck des kindlichen Bildungsinteresses und damit Zentrum der zu planenden Angebote. (...) Die Kinder sollen daraufhin beobachtet werden, was ihre Stärken und Schwächen in dem jeweiligen Bildungsbereich sind, wie sie Anregungen aufnehmen und wie sie sich damit beschäftigen. Systematische Beobachtung und Dokumentation der kindlichen Entwicklungsprozesse sind erforderlich." (JMK/KMK 2004) Es ist also ein aktueller Auftrag der Politik an die Arbeit in Kindertageseinrichtungen, Kindern nichts überzustülpen, sondern durch Beobachtung herauszufinden, was für das einzelne Kind und seine Entwicklung gut ist.

Weil die zentrale Tätigkeit des Kindes Spielen ist, werden wir oft spielende Kinder beobachten. Es gibt ernstzunehmende Befürchtungen, dass das Spiel dabei Gefahr läuft, als Mittel zum Zweck gesehen zu werden, als Mittel zum effektiveren Lernen oder als Ruhepause („Freispiel") zwischen eigentlichem, d. h. vom Erwachsenen gesteuerten, Lernen. So könnte man z. B. den Hess. Bildungs- und Erziehungsplan verstehen, wenn dort steht: „Freispiel ist wichtig, muss jedoch in angemessenem Verhältnis zu erwachseneninitiierten, geplanten Lernaktivitäten stehen." (S. 37) Im selben Absatz wird dann wieder der Zusammenhang von Spielen und Lernen als „zwei Seiten derselben Medaille" (Ebd.) beschrieben. Also Achtung: Bei aller berechtigten Hochkonjunktur von Beobachtung im Interesse einer guten Bildungsbegleitung – das Spiel als genuine Ausdrucksform eigenständigen und selbstbestimmten Lernens des Kindes darf nicht für pädagogische Zwecke der Erwachsenen instrumentalisiert werden (vgl. auch Liegle 2007).

Beobachten bedeutet beachten

Es ist mehr als ein Wortspiel, wenn aus Beobachtung der Teil „Beachtung" hervorgehoben wird (vgl. den Untertitel „Wie Beobachtung zu Achtung wird" des Buches von Kazemi-Veisari 2004b). Kindern wird eine Aufmerksamkeit und Achtung zuteil, und sie wissen dies zu schätzen. Sie bringen deutlich zum Ausdruck, dass sie sich wertgeschätzt fühlen, wenn eine Erzieherin sich die Zeit nimmt, nur sie ganz alleine zu begleiten, zu beobachten und mit ihnen über ihre Wahrnehmungen zu sprechen. Die Kinder freuen sich auf diese Zeit, die nur ihnen gehört, und oft ist die Frage zu hören: „Wann bin ich wieder dran?" (vgl. Baumann, Jung, S. 152 ff. in diesem Buch).

Übereinstimmendes Ergebnis einer guten Beobachtungspraxis ist eine intensive Beziehung zu den Kindern. Sie stellt eine vertrauensbildende Maßnahme dar, die Erzieherin und Kind näherbringt, deshalb ist Ausgangspunkt und Folge jeder Beobachtung die Beziehungsebene: „Die Kunst ist nicht, darüber nachzudenken, was wir an Beobachtungen machen, sondern was wir für eine Beziehung zu den Kindern haben. Und wie haben wir ihnen erklärt, warum wir das tun?" (Schweitzer 2006, S. 18)

Es gibt ein altes Sprichwort: „Was du nicht willst, was man dir tu, das füg auch keinem andern zu." Man braucht nur einen kurzen Perspektivwechsel vorzunehmen und sich in die Lage des Kindes versetzen, dann ist klar: Von wohlmeinenden Menschen lasse ich mich gerne beobachten, von anderen nicht. Es steht immer im Hintergrund die Frage: Warum werde ich beobachtet, und was wird damit gemacht?

Im Rahmen von externen Qualitätsüberprüfungen kommt es immer häufiger vor, dass Erzieherinnen selbst beobachtet werden. Meine Erfahrungen als Evaluatorin zeigen, dass sie nichts so fürchten wie dieses. Beobachtet zu werden, fühlt sich an wie Kontrolle, wie ertappt zu werden dabei, etwas falsch zu machen, wie einer öffentlichen Bewertung ausgesetzt zu sein. Es zeigt sich aber jedes Mal, dass die Erfahrung eines wertschätzenden Feedbacks zu hoher Zufriedenheit und oft zu Aussagen wie diesen führt: „Das bräuchten wir öfter, wer schaut schon so genau hin, was wir machen, und schätzt das." Also, nicht bewerten und zensieren, sondern wertschätzen und achten!

Positiver Blick und glaubwürdiges Feedback

Die Fragen, mit denen beobachtet wird, sind: Welche Stärken zeigt das Kind, was kann es schon gut, wo könnten aufbauend darauf nächste Entwicklungsschritte hingehen? Damit hat der Paradigmenwechsel von der Defizitorientierung zum Stärkenansatz auch für die Aufgabe der Beobachtung Geltung. Diese Blickveränderung fällt oft schwer, ja, selbst diese Perspektive auf die eigene Person ist ungewohnt. Oft ist es Erzieherinnen peinlich, wenn die Aufgabe lautet: „Sagen Sie drei positive Dinge über sich selbst." Studierende in der Ausbildung nehmen sich vor, sich gegenseitig Positives zu sagen, das auch ins eigene Portfolio eingetragen werden soll, weil es ihnen schwerfällt, dies selbst zu tun. Ist die Fähigkeit, gut zuhören zu können, eine Stärke oder eine Selbstverständlichkeit? Ist das Interesse an naturwissenschaftlichen Phänomen („Dreht sich das Wasser im Ablauf rechts oder links herum?") bloße Neugierde oder Hinweis auf ein besonderes Interesse?

Der positive Blick könnte verwechselt werden mit „Lobhudelei", das ist eine zunehmend geäußerte Skepsis. Einerseits ist es noch ein weiter Weg, bis Erwachsene sich selbst und Kinder mit wertschätzendem und stärkenorientiertem Blick betrachten und ihnen nicht als Erstes ins Auge fällt, was misslingt oder wo Defizite liegen. Andererseits darf der positive Blick nicht dazu führen, billiges Lob auszuschütten, das nicht ernst genommen wird oder zu unrealistischer

Selbsteinschätzung führt. Selbstwirksamkeit kann sich nur entwickeln, wenn ich lerne, mich realistisch einzuschätzen, realistisch mit meinen Stärken und meinen Entwicklungspotenzialen, aber auch mit Entwicklungsnotwendigkeiten und Grenzen. Es ist auch wichtig, gut damit umgehen zu können, wenn einem rückgemeldet wird, dass man etwas besser machen könnte. Hier helfen die zwei Worte „schon" und „noch" weiter: Was kann ich *schon* gut? Was gelingt mir *schon* sehr? Was will ich *noch* lernen? Wo kann ich mich *noch* entwickeln?

Wertschätzendes Feedback hilft, nächste Schritte zu wagen: „Ich brauche meinen Ordner, der macht mich mutiger", so sagte ein Kind zu seiner jungen Erzieherin, die Bildungsmappen mit den Kindern angelegt hatte. Der Stärkenansatz darf nicht zu neuem „höher, schneller, weiter" führen und jeden unter Druck setzen oder ausgrenzen, der etwas nicht kann und vielleicht auch nie lernen wird. So lautet eine Forderung an die Erzieherinnen in der Qualitätsentwicklung nach dem Situationsansatz (Grundsatz 10) denn auch: „Erzieherinnen erkennen unterschiedliche Potenziale und Ressourcen der Kinder. Sie erkennen den spezifischen Förderbedarf einzelner Kinder und reagieren gezielt darauf." (Preissing 2003, S. 29) „Sie erkennen und stärken Ressourcen von Kindern mit Beeinträchtigungen. Gemeinsam mit Kindern suchen sie die Stärken jedes einzelnen, verhelfen Kindern zu Erfolgserlebnissen und vermitteln Verständnis für mögliche Schwächen." (a.a.O., S. 30)

Kommunizieren und Dokumentieren

Beobachtungen sind keine einsamen Angelegenheiten – sie sind ohne den Austausch mit den Beobachteten nicht zu denken. Und sie sind zu ergänzen durch vielfältige Gespräche. Eine Erzieherin, die nach dem Situationsansatz arbeitet, lässt sich daran messen, ob sie im kontinuierlichen Diskurs mit Kindern, Eltern und anderen Erwachsenen herausfindet, was Schlüsselsituationen im Leben der Kinder sind, und ob sie dabei
- Kinder ermuntert, ihre Erwartungen, Ideen, Visionen, ihre Fragen, Ängste und Kümmernisse zu äußern;
- die unterschiedlichen Ausdrucksformen und -möglichkeiten der Kinder beachtet, insbesondere jene der Kinder im vorsprachlichen Alter;
- individuelle und gemeinsame Gespräche führt, in denen Kinder ihre Sichtweisen auf die Dinge und Begebenheiten, ihre Wünsche und Vorstellungen darstellen können. (Grundsatz 2, Preissing 2003, S. 18)

Die Dokumentation dessen, was von Kindern erfahren und beobachtet worden ist, gehört zur weiteren Aufgabe heutiger Erzieherinnen. In diesem Buch gibt es zahlreiche Beispiele gelungener Dokumentationsverfahren, gemeinsam mit Kindern und Eltern (vgl. Awenius, Becker, Hardenberg, Keil, Metz, Ries-Schemainda, Till, Schnell und Ulrich-Uebel). Auch hier gilt die Devise: Die Dokumentation gehört dem Kind und seinen Eltern, es kommt nur hinein, was das Kind dort haben will, und hineinsehen darf nur, wem es Kind und Eltern erlauben. Die Dokumentation ist ein Beleg der Entwicklung des Kindes und hilft zum Erwerb lernmethodischer Kompetenzen („Damals habe ich noch nicht alleine schneiden können"; „Hier habe ich aus Zufall eine 8 geschrieben"; „Hier zeige ich der Mama, was ich heute alles gemacht habe").

Bildung wird sichtbar, und Prozesse werden nachvollziehbar (GEW 2006). Die Reflexion bei Auswahl und Interpretation der aufzubewahrenden Dokumente (wie Lerngeschichten, Fotos, künstlerische Produkte) vertieft das Verständnis zwischen Erzieherin und Kind und Eltern. Im Beitrag auf S. 58 ff. wird diese Form der Bildungsbegleitung deshalb auch als Coaching beschrieben. Kinder sind stolz auf diese Belege ihres Könnens und kommentieren anerkennend, wie z. B. im evangelischen Kindergarten in Lorsch: „Ich find's cool, dass da so viel über mich drin steht", „Da steht was drin, was ich selbst nicht vergessen will."

Daniela Kobelt Neuhaus

1.2 Wenn Ressourcenorientierung draufsteht, muss sie auch drin sein!

Beobachten und Dokumentieren als Auftrag in den Bildungsplänen

Alle Bundesländer in Deutschland haben in den letzten Jahren Bildungsprogramme, -pläne oder -empfehlungen herausgegeben. Die meisten Bildungspläne betreffen das Kindergartenalter, wobei inzwischen immer mehr die Erweiterung nach unten und oben angestrebt wird.

Die schriftlichen Bildungskonzeptionen werden von den Ländern zum Teil verbindlich als Programm, zum Teil als Plan, als Empfehlung oder als Orientierung verstanden. In diesem Beitrag werden die unterschiedlichen Bezeichnungen für die Bildungs- und Erziehungskonzepte der Länder weitgehend ignoriert. Das erscheint legitim, weil es hier nicht um Verbindlichkeit der Umsetzung, sondern um den Aspekt Beobachtung und Dokumentation und dessen Verankerung geht. Stellvertretend für alle Bezeichnungen wird der Einfachheit halber der Begriff Bildungsplan verwendet.

Die Bildungspläne der einzelnen Länder sind unterschiedlich konkret und umfangreich und differieren selbst in den Inhalten. Der Grund dafür liegt möglicherweise in länderspezifischen Traditionen der Elementarpädagogik und in der Entstehungsgeschichte der Pläne. In einzelnen Ländern, zum Beispiel in Rheinland-Pfalz, sind die Empfehlungen das Ergebnis einer landesweiten Beteiligung der Praxis bei der Festlegung der zentralen Inhalte und bei der Formulierung des Bildungsverständnisses. Andere Länder wie Baden-Württemberg, Berlin oder das Saarland haben ihre Pläne bzw. Programme durch ExpertInnen schreiben lassen, die auch die Implementierung begleiten. Bayern und Hessen wiederum wählten eine Mischung aus Expertenvorgaben und kritischer Praxiserprobung, die dann zu einem theoretisch fundierten und mit Praxisbeispielen angereicherten Bildungs- und Erziehungsplan zusammengefasst wurden.

Perspektivenwechsel

Gemeinsam ist den Bildungsplänen, dass sie ein „neues" Bild vom Kind skizzieren und damit verbunden auch eine moderne bzw. postmoderne Vorstellung über kindliche Lernprozesse transportieren wollen. In einigen Plänen wird von einem Perspektivenwechsel gesprochen. Kinder werden als autonome oder selbstbestimmte Lerner in den Mittelpunkt des Bildungsgeschehens gerückt, aber kein Plan beschreibt sie als Kinder, die Bildung aus sich selber schöpfen und sich Weltwissen unabhängig von ihrer Mitwelt aneignen. Kinder nutzen von Anfang an ihre Lernumgebung, ihre Bezugspersonen und die Dinge, die sie erreichen können, um sich neue Anregungen zu verschaffen und bereits gemachte Erfahrungen zu überprüfen: Selbst wenn mal mehr, mal weniger die Autonomie der Kinder in ihren Bildungsprozessen in den Vordergrund gerückt wird, sind sich die Bildungspläne darin einig, dass Kinder auch und vor allem soziale Wesen sind.

Nicht allen Bildungsplänen gelingt es gleich gut, die Verbindung zwischen der traditionellen pädagogischen Praxis und der Perspektivenverschiebung herzustellen. Fakt ist, dass sich landauf landab pädagogische Fachkräfte ungewohnten – zum Teil als paradox empfundenen – Anforderungen gegenübersehen. Einerseits haben sie einen Bildungsauftrag und werden dafür verantwortlich gemacht, wenn Kinder bei PISA oder anderen Überprüfungen schlecht abschneiden. Sie sollen Kinder zum Lernen motivieren und ihre Basiskompetenzen stärken. Scheinbar widersprüchlich stehen dem die Ergebnisse moderner Forschung gegenüber, die Kinder als selbsttätige und selbstbestimmte Lerner beschreiben.

Veränderte Aufgabenschwerpunkte

Fachkräfte verstehen, dass sie nicht (mehr) die pädagogischen Macherinnen und Anleiterinnen sein sollen, dass der „Nürnberger Trichter" ausgedient hat und dass Kinder nicht gebildet werden können. Man kann sich nur selber – niemand kann einen anderen bilden. Jeder braucht aber andere, um sich zu bilden.

Diese Erkenntnis allein führt aber noch nicht zum Bild jener modernen Fachkraft, die kindliche Lernprozesse moderiert oder begleitet, die kindliche Handlungs- und Denkvorschläge aufgreift und mit Gegenvorschlägen beantwortet, die die kindliche Eigentätigkeit unterstützt. Um dies zu können – das wird in der Mehrheit der neuen Bildungspläne auch so gesehen –, benötigen Erzieherinnen umfassende Kompetenzen für das Beobachten, Interpretieren und Dokumentieren sowie für das Reflektieren kindlicher und eigener Bildungsprozesse. Bis auf wenige Ausnahmen identifizieren alle Bildungspläne Beobachten und Dokumentieren als die zentrale Aufgabe für pädagogische Fachkräfte.

Die Anforderungen richten sich dabei wesentlich auf ein verändertes Rollenverständnis der pädagogischen Fachkräfte. Sie stellen tradierte pädagogische Haltungen in Frage und verlangen permanente Aufmerksamkeit sowie regelmäßige Selbstreflexion und Metakommunikation von Einzelnen und Teams.

Theorie und Praxis

Die meisten Erzieherinnen verstehen schnell, dass angeleitete, schablonisierte Angebote nur zum Teil den Bildungshunger der Kinder stillen. Aber was ist gelingendes Lernen aus der Sicht des Kindes? Woran können Erzieherinnen sehen, welches die Faktoren sind, die selbsttätiges Lernen fördern? Wie stellt man fest, was entwicklungsangemessen, was von Kindern als förderlich, was als hinderlich empfunden wird? Welche Formen der Beobachtung sind zur Beantwortung welcher Fragen hilfreich? Welche Dokumentationen sind nützliche Grundlagen wofür? Und wie müssen Beobachtung und Dokumentation sein, damit sie sowohl die Kinder-Gemeinschaft als auch kindliche Individualität und Selbstbestimmung erfassen?

Geben Bildungspläne Auskunft zu diesen Fragen? Eher kaum. Bildungspläne fordern zum intensiven und systematischen Dialog über gelingende Bildungsprozesse in den Einrichtungen und zu einer gemeinsamen Suche nach den geeigneten Instrumenten heraus. So gesehen haben jene Erzieherinnen Recht, die angesichts der Anforderungen ausrufen: „Was sollen wir denn sonst noch alles tun?" In der Tat fordern die Bildungspläne „eine neue Qualität" für die Arbeit der Pädagoginnen. Neues ist zunächst immer mit Anstrengung verbunden, auch mit Kränkung. Schließlich arbeiten viele Erzieherinnen schon jahrelang kompetent, reflektiert und erfolgreich. Eltern und Kinder waren mit ihnen zufrieden und bestätigten dadurch die Qualität der Arbeit „ihrer" Erzieherin. Und nun heißt es, Kinder früher, besser, intensiver, gezielter zu beobachten, Lernprozesse genauer zu dokumentieren und trotzdem die Selbstbestimmung von Kindern zu respektieren!

In Seminaren mit pädagogischen Fachkräften und Leiterinnen zum Thema Beobachten und Dokumentieren wurde festgestellt, dass Bildungspläne von Fachkräften gleichsam verlangen, neue Blickwinkel einzunehmen, das Bild von sich und von der Pädagogik, das Bild von Kindern und ihren Entwicklungsprozessen neu zu bewerten:

- Kinder sollen „realitätsgerecht positiv" wahrgenommen und verstanden werden, d.h., den „klugen Lerner" im Kind zu entdecken, Ressourcen und Stärken des Kindes zu sehen. Das Beobachten und Dokumentieren geschieht nicht zufällig, sondern soll regelmäßig haltbare Informationen über die kindliche Entwicklung liefern, die für die weiteren Bildungs- und Entwicklungsprozesse genutzt werden können.
- Erwachsene sollen sich selbstkritisch prüfen, ob sie den neuen Anforderungen für die Begleitung der klugen Lerner genügen, ob ihre Angebotspalette alle Bildungsressourcen der Kinder anspricht und ob sie motivierend genug wirken.

Dabei gilt es, blinde Flecken auszumachen, rosa Färbungen zu vermeiden und Zerrbilder als solche wahrzunehmen. Objektive Beobachtungen geben nur wieder, was hineingegeben wurde. Ich werde real nicht schöner dadurch, dass ich mich im Spiegel freundlich anlächle, nicht kompetenter oder gar klüger, indem ich vor dem Spiegel das Einmaleins aufsage, auch wenn ich mir das noch so sehr wünsche. Interpretationen sind nur bedingt hilfreich, Beschönigungen oder Verschlimmerungen sind leicht zu übersehen.

Hier haben die Autorinnen und Autoren einiger Bildungspläne bereits geahnt, dass es nur mit vereinten Kräften gehen wird, Kinder und Pädagogik neu und möglichst real zu denken.

Methoden zur Spiegelung der Wirklichkeit

In einigen Bildungsplänen wird Beobachtung als gemeinsame Aufgabe vieler gesehen. Die meisten Bildungspläne machen keine Vorgaben über die Instrumente, die zur Beobachtung eingesetzt werden sollen, weisen gegebenenfalls eher darauf hin, dass es das Instrument nicht gibt und dass es in jeder Einrichtung entwickelt werden sollte. Aber mehrperspektivische Beobachtung wird fast durchgängig empfohlen. Erzieherinnen, andere Fachkräfte, Eltern usw. sollen gemeinsam und prozesshaft am Bildungsgeschehen mit Kindern mitarbeiten und dabei in regelmäßigem „Dialog" mit dem Kind bleiben. Wahrgenommenes wird ko-konstruktiv bewertet. Unter Dialog ist dabei nicht nur ein sprachlicher Austausch zu verstehen, sondern ein einfühlsames, neugieriges und respektvolles Miteinander-Wege-Suchen aller Beteiligten. In diesem Prozess zählt die Sichtweise der Kinder auf ihre Bildungsprozesse und auf das Tun der pädagogischen Fachkraft genauso wie Beobachtungen der pädagogischen Fachkraft und jene der Eltern, die ihre Erkenntnisse über die Entwicklung ihrer Sprösslinge mit einbringen sollen.

So weit so gut. Wie kann das in der Praxis realisiert werden? Finden wir in Bildungsplänen jenen entscheidenden Tipp, wie pädagogische Fachkräfte zusammen mit Kolleginnen, Eltern und Kindern alle „Sinnestäuschungen" ausschalten und „die Realität hinter dem Spiegel" sehen lernen?

Bernhard Eibeck (2006, S. 59–65) hat für die GEW zusammengestellt, inwiefern das Thema Beobachten und Dokumentieren in den Bildungsplänen vorkommt. Ich habe seine Ausführungen ergänzend recherchiert und versuche nachstehend, Schlüsse für den pädagogischen Alltag und die Verwertbarkeit der Bildungsplanvorgaben zu ziehen sowie die Konsistenz von Inhalt und Form der Pläne zu bewerten. Dabei leiten mich folgende Fragen:

Wenn Ressourcenorientierung draufsteht, muss sie auch drin sein!

1. Wird Beobachtung als grundlegende Aufgabe von pädagogischen Fachkräften gesehen? In welchem Umfang wird sie konkretisiert und inhaltlich beschrieben?
2. Wird Dokumentation als Teil des pädagogischen Handlungskonzeptes verstanden, oder ist sie eher zierendes Beiwerk und ein Ersatz der früheren „Bastelprodukte", die den Entwicklungsstand der Kinder demonstrierten?
3. Gibt es handlungsleitende Vorgaben für die Beobachtung und Dokumentation und ihre Umsetzung? Wenn ja – inwiefern entsprechen sie dem Bild vom Kind/dem Bild vom Lernen, das dem Plan zugrunde gelegt wird?

BADEN-WÜRTTEMBERG

Orientierungsplan für Bildung und Erziehung in Tageseinrichtungen für Kinder in Baden-Württemberg — Pilotphase | Stand 2005, 128 S.

▶ http://www.km-bw.de/servlet/PB/-s/bo3r7b16u7g5z16flxy1kbh7f6c5 mtwx/show/1182991/OrientierungsplanBawue_NoPrintversion.pdf
▶ Der Orientierungsplan wird seit Herbst 2005 in Kindergärten erprobt und ab 2009 für alle Kindertageseinrichtungen in Baden-Württemberg verbindlich sein.
▶ Hrsg.: Ministerium für Kultus, Jugend und Sport Baden-Württemberg

Inhalte im Bildungsplan zum Thema Beobachtung und Dokumentation

Punkt 5 in Kapitel A: Grundlagen des Orientierungsplans. Hier wird auf die Bedeutung von Beobachtung hingewiesen, ohne allerdings konkret zu werden: *„Eine anregende Umgebung herstellen, positive emotionale Bindung ermöglichen, Kinder beobachten und ermutigen sind sehr wichtige Aufgaben des pädagogischen Fachpersonals der Kindergärten."* (S. 22) Diesem Satz folgt eine kuriose Gegenüberstellung: *„Aber auch im Kindergarten gibt es Situationen, die ein aktives Einwirken der Erzieherin oder des Erziehers erforderlich machen, sei es durch Anbieten von Informationen, durch Vorgaben und Anforderungen an das Kind oder durch korrigierendes Eingreifen. (...) Niemand kann sich seinen Lebensraum und seine Kultur allein durch eigene Aktivität und Erfahrung, allein durch direktes Lernen aneignen, sondern muss auf Erfahrungen und Wissen anderer zurückgreifen."* (S. 22)

„Eine schriftliche Dokumentation der individuellen Bildungs- und Entwicklungsprozesse jedes einzelnen Kindes, die in den Besitz der Eltern übergeht, soll nach der Erprobungsphase des Orientierungsplans verbindlich werden. Verschiedene Erprobungsformen dienen dazu, eine standardisierte Dokumentation zu entwickeln." (S. 69)

Bewertung

Die im Bildungsplan formulierten Ziele sind verbindlich und an den Entwicklungsschritten der Kinder in unterschiedlichen Lernfeldern orientiert. Zentrale Fragen sind „Was will das Kind?" und „Was braucht das Kind?".

Es scheint, dass die Position der Fachkräfte in diesem Plan besonders gestärkt wird. Sie sollen nämlich nicht ohne Einfluss bleiben und den Rahmen in Form von Regeln und Strukturen vorgeben. Der Vermittlung von Traditionen und Ritualen wird ein hoher Stellenwert eingeräumt. Die Fachkraft wird deutlich als Vorbild und Mitgestalterin der Bildungsprozesse gesehen. Das Mitspracherecht von Eltern und Kindern ist sekundär.

Es werden zu jedem Entwicklungsfeld der Kinder Fragen als Denkanstöße formuliert, die pädagogische Fachkräfte bei der (Selbst-)Beobachtung leiten könnten. Die Denkanstöße richten sich weniger auf die konkreten Entwicklungserfolge der Kinder, sondern nehmen die anregende Umgebung in der Einrichtung und die Haltung der Fachkräfte selbst unter die Lupe. Diese sind in höchstem Maße geeignet, im Team miteinander ins Gespräch zu kommen.

In den Vereinbarungen zum Orientierungsplan, die im Anhang des Plans zu finden sind, wird auf die nötige Qualifizierung der Fachkräfte in kontinuierlicher Beobachtung und Dokumentation hingewiesen.

BAYERN

Der Bayerische Bildungs- und Erziehungsplan für Kinder in Tageseinrichtungen bis zur Einschulung (Endfassung) | Stand 2005, 489 S.

- ▶ http://www.ifp-bayern.de/cms/BEP_Endfassung.pdf
- ▶ Mit Praxisbeispielen der Modelleinrichtungen im Anhang.
- ▶ Hrsg.: Bayerisches Staatsministerium für Arbeit und Sozialordnung, Familie und Frauen

Inhalte im Bildungsplan zum Thema Beobachtung und Dokumentation

Der *„Beobachtung und Dokumentation der Lern- und Entwicklungsprozesse des Kindes"* ist ein eigenes Kapitel (S. 464–468) gewidmet. Sinn und Zweck von Beobachtung, Grundsätze der Beobachtung und Methoden werden dargestellt. Es sollen die Entwicklung, das Lernen und das Verhalten der Kinder beobachtet und dokumentiert werden, um sich einen *„Einblick in Lern- und Entwicklungsprozesse"* zu verschaffen und *„... um die Qualität von pädagogischen Angeboten festzustellen und weiterzuentwickeln..."*. Beobachtungen und Dokumentationen sind Schlüsselprozesse für Erziehungs- und Bildungsqualität. Sie sind einerseits Ausgangspunkte für pädagogische Planungen und ergeben andererseits Rückmeldungen über die Ergebnisse pädagogischen Handelns.

Es werden drei Methoden empfohlen: Sammeln von Produkten der Kinder, freie Beobachtungen und Aufzeichnungen, strukturierte Formen wie standardisierte Beobachtungs- und Einschätzbögen.

An außenstehende Dritte, wie zum Beispiel Schulen, dürfen die Beobachtungsdaten grundsätzlich nur mit Einwilligung der Eltern übermittelt werden.

Bewertung

Beobachtung und Dokumentation sollen für alle Kinder gezielt und regelmäßig erfolgen, d. h. nicht nur anlass- oder absichtsbezogen.

Inhaltlich geht es um die im Bildungs- und Erziehungsplan aufgeführten Kompetenz- und Lernbereiche, die beobachtet werden sollen.

Die verwendeten Beobachtungsmethoden sollen in der Einrichtung möglichst einheitlich sein und wissenschaftlichen Kriterien genügen (objektiv, zuverlässig, gültig). Es wird davon ausgegangen, dass eine Beobachtungsmethode alleine nicht ausreicht, deshalb soll mehrperspektivisch vorgegangen werden.

Gemäß dem ko-konstruktiven Bildungsverständnis werden Beobachtungen als Basis und Anlass für Gespräche mit Kindern gesehen.

Es wird deutlich auf den Sozialdatenschutz hingewiesen.

BERLIN

Das Berliner Bildungsprogramm für die Bildung, Erziehung und Betreuung von Kindern in Tageseinrichtungen bis zu ihrem Schuleintritt | Stand 2004, 133 S.

- ▶ http://www.senbjs.berlin.de/bildung/bildungspolitik/berliner_bildungsprogramm/berliner_bildungsprogramm_2004.pdf
- ▶ Hrsg.: Senatsverwaltung für Bildung, Jugend und Sport, Berlin

Inhalte im Bildungsplan zum Thema Beobachtung und Dokumentation

Beobachtung und Dokumentation werden im Kapitel „pädagogisch-methodische Aufgaben" aufgegriffen.

Im Mittelpunkt der Beobachtung steht die Entwicklung des einzelnen Kindes, aber auch die Situation der Kindergemeinschaft.

Beobachtungsziele sind
- Beachtung der individuellen Voraussetzungen, Anlagen, Interessen und Entwicklungsprozesse jedes Kindes, um zu wissen, was Kinder brauchen
- Sicherstellung einer kontinuierlichen Förderung von Kompetenzen, die als besonders wünschenswert angesehen werden („im Sinne von Richtzielen" (S. 27)), unter Nutzung von Expertenwissen, Elternbeteiligung und herkömmlichen Entwicklungsskalen
- Erstellung von Bildungsbiografien

Bewertung

Beobachten und dokumentieren gehören zu den als unerlässlich erachteten Aufgaben der pädagogischen Fachkräfte, die Kinder in ihren Bildungsprozessen unterstützen wollen. Dabei wird für jede Beobachtung Klarheit über deren Absicht vorausgesetzt.

Das Bildungsprogramm beschreibt detailliert die Arbeitsschritte der Beobachtung und setzt den Kontextbezug, die gemeinsame Reflexion im Team, die Dokumentation der Reflexion und deren Erörterung mit Kind und Eltern als Prämisse.

Unbedingte Transparenz und Orientierung am lernenden Kind in seinem Lebensumfeld als zentrale Anliegen des Bildungsprogramms werden auch in den Beobachtungs- und Dokumentationsverfahren sichtbar.

BRANDENBURG

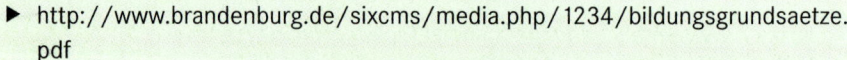

Grundsätze elementarer Bildung in Einrichtungen der Kindertagesbetreuung im Land Brandenburg | Stand 2004, 27 S.

▶ http://www.brandenburg.de/sixcms/media.php/1234/bildungsgrundsaetze.pdf
▶ Hrsg.: Ministerium für Bildung, Jugend und Sport des Landes Brandenburg

Inhalte im Bildungsplan zum Thema Beobachtung und Dokumentation

Ziel der Grundsätze ist es, sicherzustellen, dass allen Kindern in den Tageseinrichtungen des Landes die erforderlichen und ihnen angemessenen Bildungsmöglichkeiten eröffnet werden.

Die Kompetenzen der Kinder sollen in den einzelnen Bildungsbereichen durch regelmäßige Beobachtungen erfasst und gezielt reflektiert werden. (S. 4) Die Beobachtungen liefern *„Ansatzpunkte für unterstützende und fördernde Angebote. Sie werden dokumentiert und für die Zusammenarbeit mit den Eltern genutzt."* (S. 6)

Die Bildungsbereiche geben dem pädagogischen Konzept einen Rahmen, der Planung eine Orientierung, der Beobachtung und der Reflexion ein Auswertungsraster. (S. 1)

Als wichtige Grundlage wird die stetige Qualifizierung der pädagogischen Fachkräfte gesehen: Aktualisierung des Fachwissens, Selbstreflexion und Unterstützung im Team. (S. 4)

Bewertung

Zentrales Anliegen der Brandenburger Grundsätze ist die Bildungsförderung, die in bestimmten Bildungsbereichen erfolgen soll.

Beobachtungspraxis wird vorausgesetzt. Es gibt keine Vorgaben darüber, wie Beobachtung auszusehen hat und in welcher Form Dokumentationen gestaltet werden sollen.

Die Praxisbeispiele und die Formulierung legen Ressourcenorientierung nahe, aber zwischen den Zeilen wird hier Beobachtung deutlich als Bestandsaufnahme gesehen, die den Förderbedarf entdeckt und weniger die vorhandenen Bildungsaktivitäten der Kinder beschreibt.

BREMEN

Rahmenplan für Bildung und Erziehung im Elementarbereich
Bremen | Stand 2004, 42 S.

- ▶ http://217.110.205.153/private/aktuell/images/Rahmenplan.pdf
- ▶ Hrsg.: Freie Hansestadt Bremen. Der Senator für Arbeit, Frauen, Gesundheit, Jugend und Soziales
- ▶ Als Ergänzung zum Bremer Rahmenplan für Bildung und Erziehung im Elementarbereich (2004) entstand in einem Kooperationsprojekt der Universität Bremen mit dem Senator für Arbeit, Frauen, Gesundheit, Jugend und Soziales, unter Entwicklung von Prof. Johannes Merkel, das Internet-Handbuch.
- ▶ http://www.handbuch-kindheit.uni-bremen.de/

Inhalte im Bildungsplan zum Thema Beobachtung und Dokumentation

Im Kapitel 6.2 „Kinder verstehen" wird festgehalten, dass *„zu einer qualifizierten Tätigkeit in den Einrichtungen gehört (...), Beobachtungen schriftlich festzuhalten. Über deren Auswertung können Entwicklungsverläufe der Kinder über längere Zeiträume verfolgt und überblickt werden. Sie liefern die Grundlage für Planungen und Teambesprechungen. Die Beobachtungen anderer Fachkräfte können damit verglichen und die eigenen Wahrnehmungen ergänzt werden. Zugleich dienen sie als Material für Besprechungen mit oder Beratung von Eltern. Sie helfen auch, mit den Kindern selbst über ihre Entwicklung zu sprechen.*

Bei der Einschätzung von Beobachtungen ist zu berücksichtigen, dass Bildungsprozesse in Sprüngen verlaufen und dass die Beziehungen der Kinder in der Familie sowie ihre Stellung in der Kindergruppe großen Einfluss auf ihre Entwicklung haben."

Schwerpunkte der Beobachtung sollen die Stärken des Kindes und seine Entwicklungsfortschritte sein. *„Das schriftliche Dokumentieren der Wahrnehmungen und Beobachtungen sowie das Beschreiben der kindlichen Aktivitäten und das Festhalten der Resultate sind eine wichtige Grundlage für die Gestaltung der fortlaufenden Arbeit mit den Kindern. Dazu dienen die Auswertungen von Aufzeichnungen (zum Beispiel über Aktivitäten und Äußerungen von Kindern) und das Führen von Entwicklungsbögen."*

„Durch die Dokumentation ... werden den Kindern die eigenen Lernerfahrungen bewusst gemacht. Zugleich nehmen die Eltern Einblick in die Bildungsarbeit der Einrichtung."

Bewertung

Der Bremer Bildungsplan stellt Beobachtung und Dokumentation als wesentliche Arbeit der Fachkräfte dar. Die Beobachtung wird, ähnlich wie in anderen umfangreichen Bildungsplänen, vielschichtig gefordert.

Konkret wird der Plan, indem er eine lerngeschichtliche Dokumentation fordert: *„Für jedes Kind wird eine Mappe angelegt, in die auch die Kinder selbst Eintragungen veranlassen oder Zeichnungen und Gegenstände einfügen können. Damit werden sowohl den Kindern selbst als auch den Erziehungsberechtigten die Entwicklungsfortschritte verdeutlicht. Diese Aufzeichnungen bleiben für die Eltern jederzeit einsehbar und werden ihnen übergeben, wenn die Kinder die Einrichtung verlassen. Sie sollten eine Grundlage für die individuelle Förderung in der Schule sein."* (S. 32)

HAMBURG

Hamburger Bildungsempfehlungen für die Bildung und Erziehung von Kindern in Tageseinrichtungen | Stand 2005, 84 S.

▶ http://fhh.hamburg.de/stadt/Aktuell/behoerden/soziales-familie/kita/bildung/bildungsempfehlungen.html
▶ Hrsg.: Behörde für Soziales, Familie, Gesundheit und Verbraucherschutz, Hamburg

Inhalte im Bildungsplan zum Thema Beobachtung und Dokumentation

Im Abschnitt „Pädagogisch-methodische Aufgaben" finden sich Aussagen zu Beobachten und Dokumentieren. Die aufgeführten Ziele geben eine Orientierung, an der Ressourcen des Kindes, eventuelle besondere Begabungen oder Beeinträchtigungen frühzeitig erkannt und entsprechende Unterstützungsmaßangebote geplant werden können. Beobachtet wird *„die Entwicklung des einzelnen Kindes"* und *„die Situation der Kindergemeinschaft"*.

Es werden Regeln, Qualitätskriterien und Arbeitsschritte beschrieben. Dem Beobachten, Entdecken, Erkunden und Erproben kommt eine zentrale Funktion zu, die auch im Hamburger Bildungsplan Grundschule wieder aufgegriffen wird.

Bewertung

Die Hamburger Bildungsempfehlungen sind dem Berliner Bildungsprogramm sehr ähnlich.

Entsprechend der wertschätzenden Haltung Kindern und Eltern gegenüber, die sich hinter diesem Bildungsplan verbirgt, spielen analog zum Berliner Programm Beobachten und Dokumentieren eine zentrale Rolle und werden ebenfalls konkret und schrittweise dargestellt.

HESSEN

Bildung von Anfang an – Entwurf des Bildungs- und Erziehungsplans für Kinder von 0–10 Jahren in Hessen | Entwurf mit Stand 2005, 133 S.

- http://www.kultusministerium.hessen.de/irj/HKM_Internet?cid=d6edd99ab3c6c73e0d2dc2f0e02715b9
- http://www.sozialministerium.hessen.de/irj/HSM_Internet?cid=640ed3f6d665dc95cd5f58280218f288
- Hrsg.: Hessisches Kultusministerium und Hessisches Sozialministerium

Inhalte im Bildungsplan zum Thema Beobachtung und Dokumentation

Der Dokumentation kindlicher Lern- und Entwicklungsprozesse wird im Kapitel „Laufende Reflexion und Evaluation" ein eigener Abschnitt gewidmet.

Systematische Beobachtung und Dokumentation sind Voraussetzungen, die *„Lern- und Entwicklungsprozesse jeden Kindes zu erkennen, zu erschließen und durch individuelle Lernbegleitung zur vollen Entfaltung zu bringen."* (S. 38)

Die Dokumentation ist *„eingebettet in einen umfassenden Handlungsablauf. Dieser beinhaltet die systematische Auswertung und Reflexion von Aufzeichnungen, die Ableitung pädagogischer Zielsetzungen und Planungen, die Umsetzung dieser Planungen, die Selbst-Evaluation der Ergebnisse pädagogischen Handelns."* (S. 121)

Es soll für jedes Kind eine Dokumentation angelegt werden, die nicht nur anlassbezogen, sondern gezielt und regelmäßig erfolgt. Dafür soll es innerhalb jeder Einrichtung ein einheitliches Dokumentationsschema geben, und die Dokumentation soll die Sichtweisen von Kindern und Eltern mit einbeziehen. (S. 122)

Die Beobachtung jedes Kindes soll die folgenden vier Ebenen mit einbeziehen:
- Ergebnisse kindlicher Aktivitäten
- Aufzeichnungen von Gedanken und Aussagen von Kindern
- Freie Beobachtungen
- Strukturierte Formen der Beobachtung (S. 122)

Bewertung

Der Bildungs- und Erziehungsplan baut auf der kontinuierlichen Beobachtung auf, die unerlässlich ist, um die Entwicklungsaufgaben der Kinder zu entdecken und ko-konstruktiv zu begleiten.

Welche Beobachtungsmethoden genutzt werden sollen, wird nicht vorgegeben. Empfohlen wird, unterschiedliche Beobachtungsmethoden zu nutzen, um der Vielschichtigkeit und Komplexität der kindlichen Entwicklung gerecht zu werden, d. h., von den Einrichtungen wird ein ko-konstruktives Entwickeln von Beobachtungsqualität erwartet.

Dies ist eine hohe Herausforderung an die Praxis. Sie führt u. a. dazu, dass altbewährte Beobachtungsraster aus der Schublade gezogen werden, obwohl sie, alleine angewendet, nicht mit dem Bildungsverständnis übereinstimmen, das der Plan transportieren will.

Konsistenz in Zielen und Inhalten bis zum Ende der Grundschulzeit erfordert einen intensiven Aushandlungsprozess zwischen allen Bildungsorten über den Umgang mit Beobachtungsdaten. Der Bildungsplan setzt auch hier auf ko-konstruktive Lösungen zwischen den Beteiligten, die dem jeweiligen Kontext angemessen sind. Ein hoher Anspruch, für den qualifiziert werden muss.

MECKLENBURG-VORPOMMERN

Rahmenplan für die zielgerichtete Vorbereitung von Kindern in Kindertageseinrichtungen auf die Schule | Stand 2004, 92 S.

- ▶ http://www.sozial-mv.de/doku/Inhalt_Rahmenplan.pdf
- ▶ Fassung vom 1. August 2004 wurde auf der Grundlage des Bildungsplans für die pädagogische Arbeit mit Fünfjährigen erarbeitet.
- ▶ Hrsg.: Sozialministerium des Landes Mecklenburg-Vorpommern

Inhalte im Bildungsplan zum Thema Beobachtung und Dokumentation

Zur Bildungs- und Lerndokumentation werden keine ausführlichen Aussagen gemacht.

Im Zentrum des Plans stehen Anbahnung und Festigung einer stabilen Lernhaltung.

Beim Aufbau und der Weiterentwicklung von kindlichen Haltungen kommt *„dem pädagogischen Fachpersonal eine besonders sorgfältig wahrzunehmende Auswahl-, Gestaltungs-, Beobachtungs-, Unterstützungs- und Motivationsfunktion zu."* (S. 16)

Bewertung

In diesem Plan wird der Übergang vom traditionellen Bild des Lernens nach Programm zum modernen ko-konstruktiven Lernen deutlich sowie darin liegende Widersprüchlichkeiten, wenn es noch nicht ganz gelingt. Dies wird zum Beispiel in Vorschlägen zu Inhalt und Gestaltung und in den anschließenden Fragen zur Reflexion des Alltags sichtbar. Gefragt wird aus Kinderperspektive: *"Wie kann ich Erlebnisse und Geschichten durch Bewegungen so darstellen, dass die anderen Kinder sie verstehen?"* Antwort: *"Die Kinder werden angehalten, Personen und Ereignisse hinsichtlich ihrer Charakteristik durch Bewegungen zu beobachten und bei der Umsetzung in eigene Darstellungen viel Fantasie zu entwickeln."* (S. 33)

NIEDERSACHSEN

Orientierungsplan für Bildung und Erziehung im Elementarbereich niedersächsischer Tageseinrichtungen für Kinder (Endfassung) | Stand 2005, 60 S.

- http://cdl.niedersachsen.de/blob/images/C3374461_L20.pdf
- Hrsg.: Niedersächsisches Kultusministerium

Inhalte im Bildungsplan zum Thema Beobachtung und Dokumentation

Im Kapitel „Die Arbeit in der Tageseinrichtung für Kinder" gibt es einen eigenen Abschnitt „Beobachtung und Dokumentation – Grundlagen methodischen Vorgehens". Außerdem enthält das Kapitel „Qualitätsentwicklung und -sicherung" einen Abschnitt „Beobachtung und Dokumentation als Instrument der Qualitätssicherung".

„In regelmäßigen Abständen wird ausnahmslos jedes Kind beobachtet. Aufzeichnungen können in Bildungs- und Lerndokumentationen des Kindes zusammengetragen werden und halten vor allem konkrete Lerngeschichten und Eigenproduktionen des Kindes fest." (S. 39)

Die Aufzeichnungen dürfen nur mit Einwilligung der Eltern an Dritte weitergegeben werden. *„Über die Planung und Dokumentation der pädagogischen Arbeit besteht eine gute Möglichkeit, eine Erziehungspartnerschaft zwischen Erzieherinnen und Eltern aufzubauen."* (S. 39)

Die Aufzeichnung von Bildungs- und Lerngeschichten dient dazu, die Entwicklung eines Kindes kontinuierlich zu dokumentieren. Ziel ist die individuelle Bildungsbegleitung der Kinder in einem ihnen angemessenen Entwicklungstempo.

Bis zum Schuleintritt werden die Lernpotenziale und die Entwicklung des Kindes systematisch als Entwicklungsverlauf dokumentiert. (S. 51)

Bewertung

Im niedersächsischen Bildungsplan hat Beobachtung einen zentralen Stellenwert, und es wird sehr konkret beschrieben, wie sie aussehen kann. Feste Beobachtungszeiten sollen in den Alltag der Einrichtung integriert, alle Beobachtungen zeitnah dokumentiert werden.

Als eine Möglichkeit der Dokumentation wird die Herstellung von Bildungsbüchern oder Portfolios für jedes Kind dargestellt, die Identifikationsprozesse unterstützen, Wertschätzung vermitteln und das Selbstbewusstsein und die Fähigkeit des Kindes zur Selbstreflexion fördern.

Das niedersächsische Bildungsbuch gehört dem Kind. Es bestimmt mit über seinen Inhalt und über seine Verwendung (zum Beispiel wer darin lesen darf und was darin aufgenommen wird). Es erhält sein Bildungsbuch als Eigentum, wenn es die Einrichtung verlässt. Auch wenn im Alltag sicher die Eltern die Entscheidung über die Weitergabe der Dokumentationen beeinflussen, finde ich es beachtenswert, dass hier die Kinder als Eigentümer ihrer dokumentierten und kommentierten Entwicklungsprozesse genannt sind.

Die Dokumentation des Beobachteten bildet eine Grundlage für die Reflexion im Team, für Gespräche mit den Eltern und – in ausgewählten Fällen – für die gemeinsame Reflexion mit dem Kind (zum Beispiel eine Videoaufnahme gemeinsam ansehen).

Es wird für die Interpretation als hilfreich angesehen, wenn mindestens zwei Kolleginnen die gleiche Situation beobachtet haben und ihre unterschiedlichen Wahrnehmungen in die pädagogische Diskussion einbringen.

NORDRHEIN-WESTFALEN

Bildungsvereinbarung NRW – Fundament stärken und erfolgreich starten | Stand 2003, 24 S.

- http://www.callnrw.de/php/lettershop/download/865/download.pdf
- Hrsg.: Ministerium für Schule und Weiterbildung des Landes Nordrhein-Westfalen

Inhalte im Bildungsplan zum Thema Beobachtung und Dokumentation

Wenn die Eltern oder anderen Erziehungsberechtigen sich damit schriftlich einverstanden erklärt haben, wird angestrebt, dass die pädagogische Fachkraft Beobachtungen als Niederschrift des Bildungsprozesses des einzelnen Kindes dokumentiert.

Eltern werden in einem Merkblatt über *„Sinn und Zweck der Bildungsdokumentation"* (S. 8) informiert, und es wird ihnen das Recht eingeräumt, der Dokumentation zu widersprechen. Als wesentlich für die Zusammenarbeit mit der Grundschule wird gesehen, durch die den Eltern oder anderen Erziehungsberechtigten zur Verfügung gestellten Dokumentationen den Entwicklungsverlauf aufzuzeigen.

Bildungsdokumentationen über jedes einzelne Kind sind Grundlage für die interne Evaluation. (S. 9)

Bewertung

In der „Bildungsvereinbarung NRW" werden, wie in anderen Bildungsplänen für Kitas, Beobachtung und Dokumentation als Pflichtaufgaben sozialpädagogischer Fachkräfte benannt.

Entsprechend dem geringen Umfang der Bildungsvereinbarung steht nichts Ausführlicheres im Plan.

RHEINLAND-PFALZ

Bildungs- und Erziehungsempfehlungen für Kindertagesstätten in Rheinland-Pfalz | Stand 2004, 71 S.

▶ http://www.mbfj.rlp.de/Wir_ueber_uns/publikationen/Jugend/bildungs-und-erziehungsempfehlungen.pdf
▶ Hrsg.: Ministerium für Bildung, Frauen und Jugend in Rheinland-Pfalz

Inhalte im Bildungsplan zum Thema Beobachtung und Dokumentation

Bildungs- und Lerndokumentationen ist ein eigenes Kapitel gewidmet (S. 95–100). Sie sind ein *„grundlegender Bestandteil zukünftiger Bildungs- und Erziehungstätigkeit in Kindertagesstätten"*, wichtige Grundlage für die Reflexion des Handelns der Erzieherinnen und den Diskurs im Team. *„Vorgefertigte Raster sind daraufhin kritisch zu überprüfen, ob sie der Entwicklungsoffenheit und der Ressourcenorientierung eines jeden Kindes gerecht werden."* (S. 49)

Es wird angestrebt, dass über jedes einzelne Kind eine Bildungs- und Lerndokumentation geführt wird. Kinder und Eltern sollen wirkungsvoll in die Aufgaben der Dokumentation einbezogen werden.

Bildungs- und Lerndokumentationen werden als Beitrag zur Qualitätssicherung und Entwicklung der pädagogischen Arbeit gewertet.

Bewertung

Entsprechend der kind- und ressourcenorientierten Haltung sollen Bildungs- und Lerndokumentationen insbesondere die intraindividuelle Entwicklung der Kinder begleiten und dokumentieren.

Die professionelle Beobachtung soll im Alltag eingebettet werden und im Dialog im Team, mit Eltern und Kindern reflektiert sowie an neuen wissenschaftlichen Erkenntnissen gemessen werden.

Vorrang sollen die kritische Reflexion und die prozesshafte Entwicklung von Methoden haben, die *„statt des schnellen Griffs nach Dokumentationsvorlagen und -rastern"* (S. 99) angewendet werden.

SAARLAND

Bildungsprogramm für saarländische Kindergärten | Stand 2006, 21 S.

- http://www.bildungsserver.saarland.de/16488.htm
- Hrsg.: Ministerium für Bildung, Kultur und Wissenschaft des Saarlandes

Inhalte im Bildungsplan zum Thema Beobachtung und Dokumentation

Es gehört zu den ständigen Aufgaben der Erzieherinnen, die Entwicklungsfortschritte der Kinder genau zu beobachten und ihre Beobachtungen zu dokumentieren. So wird die Grundlage geschaffen, sich in regelmäßigen Abständen mit den Eltern jedes Kindes über seine Entwicklung auszutauschen. Erzieherinnen und Eltern können gezielt und gemeinsam überlegen, wie sie die beste Unterstützung für die Entwicklung der Kinder geben können und ihr Handeln aufeinander abstimmen. Dabei weist der Bildungsplan besonders auf die sorgfältige Trennung von beobachteten Sachverhalten, von Erklärungsversuchen und Bewertungen hin. *„Die Erzieherinnen sollten sich bei ihren Erklärungen und Bewertungen zunächst auf die dokumentierten Beobachtungen beziehen. Allgemeine Einschätzungen zur Person des beobachteten Kindes sollten, soweit es geht, zurück-*

gestellt werden. Hier ist eine kollegiale Kontrolle hilfreich. So können subjektive Begrenzungen in der Wahrnehmung und in der Interpretation korrigiert werden." (S. 38)

Bewertung

Das saarländische Bildungsprogramm zeigt ebenso wie das Berliner Bildungsprogramm und die Hamburger Bildungsempfehlungen deutlich die Handschrift derselben Autorin aus dem Institut für den Situationsansatz.

Entsprechend ist auch der saarländische Bildungsplan sehr konkret, handlungsorientiert und wertschätzend.

SACHSEN

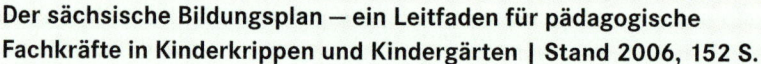

Der sächsische Bildungsplan – ein Leitfaden für pädagogische Fachkräfte in Kinderkrippen und Kindergärten | Stand 2006, 152 S.

▶ http://www.kita-bildungsserver.de/content/bildungsplan_volltext.php
▶ Hrsg.: Sächsisches Staatsministerium für Soziales

Inhalte im Bildungsplan zum Thema Beobachtung und Dokumentation

Im Kapitel „Didaktisch-methodische Überlegungen" ist ein Abschnitt dem Wahrnehmen, Beobachten und Reflektieren und einer dem Dokumentieren gewidmet.

Beobachtung und Dokumentation werden als Merkmale professionellen Handelns in Kindertageseinrichtungen gewertet und nicht unabhängig von den Beobachteten genutzt. Ausgangspunkt ist die Überlegung, dass Kinder, so sie an ihrer Bildung aktiv beteiligt sind, auch an der Dokumentation ihrer Bildungs- und Lerngeschichten mitwirken, die als Reflexionsgrundlage für die pädagogischen Fachkräfte und die Planung der Angebote dienen sollen.

„*Dokumentationen bilden für jedes Kind die Möglichkeit zu erfahren, wie sie lernen und sich die Welt aneignen. Erzieherinnen ermöglichen sie den Erwerb und die Weiterentwicklung von methodischen Fähigkeiten, und sie beugen Fehlinterpretationen bzw. Fehlbewertungen von Geschehenem vor. Auf der Grundlage individueller Dokumentationen kann im Verlauf der Zeit eine Chronik für die gesamte Einrichtung geschrieben werden, die Einblick in die vielgestaltige professionelle Arbeit gibt.*

Fragen des Datenschutzes sind einzuhalten, das heißt, Dokumentationen können nicht ohne Weiteres an Dritte ausgehändigt werden" (S. 34), bieten aber Anlässe, um mit Eltern ins Gespräch zu kommen und sich mit ihnen über die Entwicklung ihrer Kinder auszutauschen.

Bewertung

Um individuelle Fähigkeiten und Fertigkeiten eines Kindes wahrzunehmen und zu fördern, bedarf es der Beobachtung, Dokumentation und Reflexion von Lernprozessen bei Kindern. Sie sind grundlegend für eine pädagogische Praxis.

Auch der sächsische Plan geht davon aus, dass sich die pädagogischen Fachkräfte im Team über ein geeignetes Beobachtungs- und Dokumentationsverfahren verständigen und dieses dann in der gesamten Einrichtung einführen.

Dokumentationen werden als bedeutungsvoll für alle Beteiligten gesehen.

Wohltuend konkret wird der sächsische Plan mit Blick auf Rahmenbedingungen: *"Für die Bildungsarbeit gilt es, im pädagogischen Alltag zeitliche und finanzielle Ressourcen aufzuschließen. Ebenso müssen Zeiten für die Vor- und Nachbereitung, für den Austausch mit Fachberaterinnen, aber auch für die Dokumentation von Bildungs- und Lerngeschichten sowie für die eigene Fort- und / oder Ausbildung zur Ermöglichung der qualifizierten Arbeit bereitgestellt werden."* (S. 8)

SACHSEN-ANHALT

bildung: elementar - Bildung als Programm für Kindertageseinrichtungen in Sachsen-Anhalt | Entwurf 2004

- ▶ http://www.bildung-elementar.de/ad_bildungsprogramm.pdf
- ▶ Hrsg.: Kooperation von Projektgruppe bildung: elementar, Martin Luther-Universität, Halle, und Zentrum für Sozialforschung e. V., Halle
- ▶ Gefördert vom Ministerium für Gesundheit und Soziales Sachsen-Anhalt

Inhalte im Bildungsplan zum Thema Beobachtung und Dokumentation

Beobachtung wird als die Voraussetzung gesehen, um Kinder wahrnehmen zu können. Sie wird als Schlüssel für jede Anregung und Förderung betrachtet.

Zu jedem einzelnen Bildungsbereich werden Fragen vorgeschlagen, die die Beobachtungsarbeit der Erzieherinnen leiten können. Die Fragen sind offen formuliert, z. B.:

"Was ist dem Kind angenehm, was nicht? Wie zeigt das Kind, was ihm angenehm oder unangenehm ist? Wie äußert es seine Bedürfnisse? Welche körperlichen Aus-

drucksformen nutzt das Kind, um seine Gefühle auszudrücken? Woran zeigt sich, dass sich das Kind wohlfühlt? [...]" (S. 47)

Es gibt keine differenzierten Aussagen zum Bereich der Bildungs- und Lerndokumentation.

Bewertung

Die Leitfragen zu den einzelnen Bildungsbereichen sind sehr konkret und praxisnah sowie wertschätzend formuliert und bedürfen der Absprache vieler Beobachterinnen, sollen angemessene Antworten gefunden werden.

Bei der detaillierten Beobachtungsstrukturhilfe erstaunt es, dass der Dokumentation kein Platz eingeräumt wird. Allerdings wird im Bildungsprogramm darauf hingewiesen, dass zeitliche Ressourcen, wie sie heute den pädagogischen Fachkräften zur Verfügung stehen, oft noch nicht einmal dazu reichen, jedes Kind in jedem Kindergartenjahr zu beobachten.

SCHLESWIG-HOLSTEIN

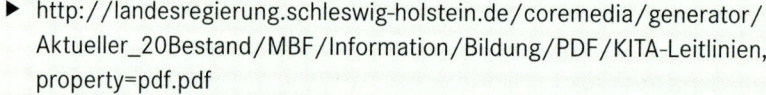

Erfolgreich starten – Leitlinien zum Bildungsauftrag von Kindertageseinrichtungen | Stand 2004, 31 S.

▶ http://landesregierung.schleswig-holstein.de/coremedia/generator/ Aktueller_20Bestand/MBF/Information/Bildung/PDF/KITA-Leitlinien, property=pdf.pdf
▶ Hrsg.: Ministerium für Bildung, Wissenschaft, Forschung und Kultur des Landes Schleswig-Holstein

Inhalte im Bildungsplan zum Thema Beobachtung und Dokumentation

Von Erzieherinnen wird erwartet, dass sie *„Bildungsbegleiter/innen mit hoher Beobachtungs- und Bindungsfähigkeit"* (S. 10) sind.

Im Kapitel „Zur Rolle der Erzieherinnen und der Erzieher" wird formuliert, dass Kindertagesstätten vor der Aufgabe stehen, Verfahren zu entwickeln, die geeignet sind, Bildungsprozesse von Kindern zu dokumentieren, auszuwerten und mit den Eltern zu besprechen.

Hier wird die Aufgabe, geeignete und ressourcenorientierte Dokumentationsverfahren zu entwickeln, als Voraussetzung gesehen und gleichzeitig den einzelnen Einrichtungen übertragen. (S. 10)

Bewertung

Der Bildungsplan stützt sich auf die Methoden des Situationsansatzes: Erkunden, Entscheiden, Handeln, Nachdenken.

Ausgehend von der Prämisse, dass Bildung von Kindern wesentlich Selbstbildung ist, und ausgehend von der Grundannahme, dass Bildung vor allem geschieht, wenn Kinder in ihren eigenen Angelegenheiten ernst genommen werden, wird hier Partizipation zu einer zentralen Komponente der Beobachtung und Dokumentation.

THÜRINGEN

Thüringer Bildungsplan bis 10 Jahre – Arbeitsdokument | Stand 2006, 134 S.

▶ http://www.thueringer-bildungsplan.de/

Inhalte im Bildungsplan zum Thema Beobachtung und Dokumentation

Es finden sich keine dezidierten Aussagen zur Bildungs- und Lerndokumentation.

Die Leitlinien frühkindlicher Bildung werden als Arbeitsgrundlage für die konzeptionelle Arbeit in Kitas verstanden. Sie wollen Anstoß zur Innovation sein, indem sie durch Fragestellungen Pädagoginnen herausfordern. Eine Frage unter vielen ist zum Beispiel: *„Wie beobachte ich die Entwicklung jedes Kindes, und wie dokumentiere ich meine Beobachtungen?"* (S. 5)

Bewertung

Das Arbeitsdokument beschreibt im Unterschied zu anderen Plänen nicht, was sein soll, sondern versucht, Pädagoginnen durch Fragestellungen zur Entwicklung eines eigenen Beobachtungs- und Dokumentationskonzeptes anzuregen.

Es wird auf konkrete Handlungsempfehlungen verzichtet. Die Kreativität aller Beteiligten und die Individualität jeder Kindertageseinrichtung sind Ausgangspunkt, um die im Nationalen Kriterienkatalog genannten Qualitätskriterien zu erfüllen.

Auswertung

Es gibt keinen Bildungsplan, der nicht Beobachtung und Dokumentation als elementare Grundlagen qualitätsvoller Pädagogik sehen würde. Die Wahrnehmung der Themen jedes einzelnen Kindes bildet den Ausgangspunkt für die Planung der Angebote. Häufig wird betont, dass Beobachtungen und Dokumentationen auch für die Zusammenarbeit mit Eltern eine wichtige Grundlage sind und Kinder in die Erkenntnisse über sie mit einbezogen werden sollen.

Unbestritten bleibt – sieht man von Thüringen und Sachsen-Anhalt ab –, dass es methodische Fertigkeiten wie Beobachtung und Dokumentation sind, die die Basis für eine gelingende Bildungsarbeit in Kindertageseinrichtungen bilden. Der Weg, wie das kindliche Lernen in der täglichen Praxis beobachtet wird, trägt dazu bei, die kindlichen Bildungsprozesse zu verstehen und dieses Verständnis gut zu nutzen (vgl. Carr 2001). „Verstehen" wird als Annäherung an das selbsttätige Kind und dessen Tun gesehen.

„Wenn sich pädagogische Praxis so gewandelt hat, dass nun nicht mehr das reine Faktenwissen vermittelt werden soll, sondern die Frage, wie der Mensch lernt und wie er zum Bedeutungsgehalt von Fakten vordringt, dann müssen Erzieher/innen mehr als bisher und sehr sensibel wahrnehmen, wie sich Mädchen und Jungen ihre Bedeutungen der Dinge konstruieren" (vgl. Kita-Bildungsserver Sachsen, www.kita-bildungsserver.de) und wie sie im Kontext Kompetenzen miteinander (ver-)handeln. Die Bildungsbemühungen pädagogischer Fachkräfte liegen darin, Kindern zu helfen, ihre Wege der Bedeutungskonstruktion zu erkennen – also das Lernen zu lernen, Probleme zu lösen und miteinander zu kommunizieren.

Grundvoraussetzung für die Beobachtung ist eine positive, den Kindern zugewandte Grundstimmung. (Kita-Bildungsserver Sachsen) Kinder beobachten heißt, ihnen mit Aufmerksamkeit zu begegnen. Ein wohlwollender, ermutigender Blick auf Kinder vermag, die Ressourcen, Stärken und Entwicklungsprozesse jedes einzelnen Kindes zu erfassen. Chancengleichheit in der Dokumentation und möglichst vielseitige Anregung von kindlichen Bildungsprozessen werden dadurch gewährleistet, dass für jedes Kind sehr verschiedene Lernsequenzen dokumentiert werden, die erst zusammengenommen eine ganz individuelle und nur für dieses Kind gültige Lerngeschichte hervorbringen.

Manche Bildungspläne unterstützen pädagogische Fachkräfte ähnlich wie Qualitätsleitfäden (z. B. „Qualität im Dialog entwickeln" oder „Qualität im Situationsansatz") mit Fragen, die direkt an sie selber gerichtet sind (z. B. Baden-Württemberg) oder Fragen, die geeignet sind, sich dem Kind anzunähern (z. B. Sachsen-Anhalt oder Thüringen). Die Fragen können ganz einfach sein: Was fasziniert ein Kind? Was mag ein Mädchen oder ein Junge? Was mag ein Mädchen oder Junge nicht? Welches ist ihr/sein Lieblingsessen? Welche Farbe ist ihre/ seine Lieblingsfarbe? Welche Stärken hat ein Mädchen/ein Junge? Welche Bedürfnisse und emotionalen Befindlichkeiten signalisieren die Kinder? Die Suche nach Antworten auf solche Fragen sendet in der Kommunikation das Signal aus: „Ich bin an dir interessiert. Erzieherinnen können auf diesem Weg authentische Erfahrungen machen und Besonderheiten jedes Kindes erkennen und akzeptieren lernen. Sie nehmen anerkennend und wertschätzend an den Erlebnissen der Kinder teil, erhalten ganzheitliche Erkenntnisse zu jedem Kind und finden Ansatzpunkte zur Stärkung seiner Entfaltungsmöglichkeiten.

Zusammenfassend kann zum Stellenwert von Beobachtung und Dokumentation in Bildungsplänen folgende Quintessenz gezogen werden:

- **Beobachten** setzt Wahrnehmen voraus und mithin eine gerichtete Aufmerksamkeit auf Aktivitäten und Aussagen von Kindern. Es existiert eine Vielzahl von Beobachtungsformen, -instrumenten und -schwerpunkten, um Themen und Interessen der Kinder zu erkennen und festzuhalten. Mit der Fokussierung auf bestimmte Fragestellungen lassen sich Beobachtungen strukturieren. Welche Formen von Beobachtung für welche Fragestellungen in welchem Kontext geeignet sind, wird in den jeweiligen Einrichtungen diskutiert. Die Entscheidung soll das im Bildungsplan vorgegebene Bild vom Kind und das gemeinsame Bildungsverständnis berücksichtigen. Wenn Ressourcenorientierung draufsteht, muss auch Ressourcenorientierung drin sein! Kinder sollten in einem gewissen Turnus beobachtet werden, um regelmäßig Informationen über ihre Fähigkeiten und Fertigkeiten, ihre Theorien und Gedanken über das Lernen und das Weltverständnis zu erhalten. Einzelbeobachtungen sind in der Abstimmung mit Wahrnehmungen von Kolleginnen und Kollegen abzugleichen. Das benötigt vor allem Zeit und ein entsprechendes Methodenrepertoire der Gesprächsführung und Kommunikation, das sich nicht aus den Bildungsplänen erschließt, sondern aus der Ausbildung mitgebracht werden muss bzw. in Fortbildungsmaßnahmen erworben wird. Die zeitlichen Ressourcen, insbesondere die Verfügungszeiten, sind oft der veränderten Rolle und den Aufgaben (intensive Einzel- und Gruppenbeobachtung sowie Dokumentation) der pädagogischen Fachkräfte nicht angemessen.

- **Dokumentieren** ist zum Erkennen und Verstehen der Selbstbildungsprozesse von Kindern unumgänglich. Die meisten Bildungspläne verweisen darauf, dass nur eine kontinuierliche Dokumentation kindlicher Verhaltensweisen Veränderungen und Entwicklungen von Kindern erkennen lässt und gleichzeitig als Fundament für die weitere Arbeit dient. Dokumentiert wird mit Papier und Stift, auf Karteikarten oder im Tagebuch, am Computer, mit dem Fotoapparat oder der Videokamera. Als Dokumentationsgegenstände werden Gedanken, Handlungen und Produkte der Kinder vorgeschlagen. Pädagogische Fachkräfte sollen sich im Team über geeignete Dokumentationsverfahren verständigen und diese dann in der gesamten Einrichtung einführen und anwenden. Eine Ausnahme bilden die Bildungs- und Lerngeschichten, die in einigen Bildungsplänen als zentrale Dokumentationsform vorgeschlagen werden (z. B. Bremen, Sachsen, Rheinland-Pfalz und Nordrhein-Westfalen). Einzelne Bildungspläne, zum Beispiel der sächsische, geben bis ins Detail vor, wie Dokumentationen gestaltet werden könnten, etwa „Das Erste Mal"-Erlebnisse. Dabei geht es darum, den Zeitpunkt zu dokumentieren, an dem das Kind das erste Mal etwas getan, zum Beispiel den Anorak allein zugemacht hat. Bei „Ich als Kind"-Dokumentationen wird jedes Jahr zum Geburtstag eine neue Seite im Buch begonnen. Zum aktuellen Foto erzählt das Kind, was es schon gut kann, was es gern können möchte, wer seine Freunde sind, was es für eine Lieblingsfarbe hat und vieles mehr.

- **Reflexion** gehört insbesondere dann zum professionellen pädagogische Können, wenn man davon ausgeht, dass Kinder nicht nur Adressaten für die mehr oder weniger gut gemeinten Absichten von Gesellschaft, Erwachsenen oder Schule sind, sondern Individuen, die von Beginn des Lebens an befähigt sind, die Welt, die sie umgibt, von den eigenen Ressourcen ausgehend zu begreifen, um in ihr befriedigend leben zu können. Pädagogisch unterstützte Bildungsprozesse greifen diese Ressourcen auf, differenzieren, erweitern sie und fordern sie zu neuen Aufgabenstellungen heraus. Wie weit man dabei gehen kann, wird durch Verständigung mit den Kindern abgesteckt. Die Reflexion zwischen Erwachsenen (Erzieherinnen, Fachberaterinnen, Mütter und Väter), zwischen Kindern und zwischen Erwachsenen und Kindern dient vor allem der Gestaltung von Lernsituationen im Alltag. Nicht alle Bildungspläne beteiligen die Kinder selber am Austausch über angemessene Spiel- und Lernangebote sowie Projekte und an Entscheidungen darüber, welche Personen, Materialien, Zeitressourcen und Erfahrungsräume nötig sind, um die kindliche Weiterentwicklung und Entfaltung zu unterstützen. Das gilt auch für die Frage des Umgangs mit Produkten bzw. Ergebnissen der Kinder. In einigen Bildungsplänen werden Kinder als Ko-Konstrukteure ihrer Bildung jedoch sehr ernst genommen, und es wird empfohlen, sie anzuhören, wenn es um Entscheidungen geht, die sie betreffen (Berlin, Bremen, Hessen, Nordrhein-Westfalen, Sachsen, Schleswig-Holstein).

- **Rahmenbedingungen:** Es ist klar, dass Beobachtung und Dokumentation einen für sie günstigen zeitlichen und organisatorischen Rahmen brauchen. Bildungspläne ignorieren bis auf wenige Ausnahmen, dass beides nicht einfach Anforderungen sind, welche die Erzieherinnen zusätzlich zu ihrem Arbeitspensum bewältigen müssen. Vielmehr sollten Beobachtung und Dokumentation unterstützen, dass Kinder ihren forschenden Lernprozess zunehmend eigenständiger voranbringen können. Sie sind ein professionelles Mittel, welches das Tun der Erzieherin von der Orientierung an Angeboten zur Orientierung an den Themen der Kinder umsteuert. Und sie verändern die Rolle der Fachkräfte von einer Person, die sich vorwiegend als Gebende und Lehrende sieht, zu einem Menschen, der die Lern- und Forschungsprozesse des Kindes herausfordert, begleitet und mitgestaltet. Die institutionellen Rahmenbedingungen müssen auch didaktische Rahmenbedingungen sichern, welche die Eigeninitiativen der Kinder stärken und dadurch Zeit freigeben, in der die Erzieherin sich aufmerksam darauf einstellen kann, zu entdecken, was Kinder tun und denken. Die Bildungspläne gehen in den Anforderungen an pädagogische Fachkräfte stillschweigend davon aus, dass die Teams in den Einrichtungen in der Lage sein werden, sich die nötigen Rahmenbedingungen für eine bildungsförderliche Atmosphäre selber zu schaffen. Darin liegt möglicherweise ein Trugschluss, und es müsste bildungspolitische Konsequenzen geben, damit diese Ansprüche gelingend in Praxis umgesetzt werden können.

Bildungspläne unterstützen durch ihre Forderung nach Beobachtung und Dokumentation die kindlichen Bildungs- und Entwicklungsprozesse, denn Beobachtung und Dokumentation, so wie sie in den meisten Bildungsplänen verstanden werden, dienen als Werkzeuge zur systematischen Erkundung der Ressourcen und Potenziale, die Kinder für ihre Entwicklungsaufgaben einbringen. Dokumentationen halten Wege und Standorte von Bildungsprozessen fest und machen sie dem Nach-Denken zugänglich.

Cornelia Becker

1.3 Kein Wissen ohne Beobachtung
Beobachtung als Forschungsinstrument

Beobachtungen sind ein wesentlicher Teil des täglichen Lebens. Wir beobachten ständig und ziehen daraus Schlüsse über unsere Umgebung. Die Beobachtung ist die Wurzel der Wissenschaft. Sie unterscheidet sich von der reinen Betrachtung dadurch, dass sie in den Kontext einer Theorie eingebunden ist. Das bedeutet, dass über die Beobachtung nachgedacht wird, um anschließend eine Einordnung in bestehende Konstrukte vorzunehmen.

Der Unterschied zwischen wissenschaftlicher Beobachtung und alltäglichen Beobachtungen liegt in der Systematik und Zielgerichtetheit. Wissenschaftliche Beobachtung ist also ganz allgemein das aufmerksame, planmäßige und gezielte Wahrnehmen von Vorgängen, Ereignissen und Verhaltensweisen.

Im Wissenschaftskontext spielt die Beobachtung eine große Rolle. Gleichzeitig wird aber auch der Bezug zur Wirklichkeit thematisiert. Nicht zufällig befindet sich in dem Wort *Wahrnehmung* das Wort *wahr*. Wahrheit legt nahe, dass eine von der Beobachtung unabhängige Wirklichkeit existiert, die sich von Scheinbarkeit unterscheidet. Die Frage nach der Gültigkeit der aufgrund von Beobachtung gewonnenen Erkenntnisse stellt sich daher.

Trotz all dieser Überlegungen sind Beobachtungen unverzichtbar für die Wissenschaft. Ohne Beobachtung gibt es kein Wissen, auch wenn das Wissen auf einen bestimmten Bezugspunkt, nämlich den Beobachter, zurückzuführen ist. Betrachten wir daher die Wurzeln dieser Methode in der Sozialforschung und fragen nach dem Erkenntnisgewinn.

Kein alter Hut – der Methodenklassiker

Das wohl berühmteste Projekt teilnehmender Beobachtung in der deutschsprachigen Sozialforschung wird in der 1933 veröffentlichten Studie „Die Arbeitslosen von Marienthal" beschrieben. Dabei hat eine Gruppe von österreichischen Sozialpsychologen unter der Leitung von Marie Jahoda und Kurt Lazarsfeld am Beispiel der von der niedergegangenen Textilindustrie geprägten Kleinstadt Marienthal sozio-psychologische Auswirkungen von Arbeitslosigkeit nachgewiesen und gezeigt, dass Arbeitslosigkeit nicht zur Revolution, sondern vielmehr zur Resignation führt.

Was kann man von diesem Klassiker lernen? Wieso spielt hier Beobachtung eine so wichtige Rolle? Man hätte die Arbeitslosen doch einfach befragen können, wie sie ihre Situation einschätzen.

Nun, das hat man auch. In qualitativen Interviews wurden die Lebensgeschichten der Arbeiter erhoben und Hausbesuche gemacht. Die Arbeiter haben Zeitverwendungsbogen ausgefüllt, Kinder wurden über ihre Wünsche und Zukunftsträume befragt, Mahlzeiten wurden dokumentiert und historische Materialien ausgewertet. Die Forscher haben beispielsweise den Zustand der Wohnung und der Kleidung und die Gehgeschwindigkeit beobachtet, diese Beobachtungen mit den Aussagen und Daten in Beziehung gesetzt und daraus ihre Schlüsse gezogen. Die Beobachtungen sicherten einerseits die Erkenntnisse aus den Befragungen ab, lieferten aber auch darüber hinausgehende Daten. Eine Befragung über Fragebögen hätte sicher auch zu aufschlussreichen Ergebnissen geführt und die Hypothesen überprüfen können. Jedoch erfuhren die Forscher mit Hilfe der Beobachtungen mehr über den Verlust der Zeitstruktur und den Grad der Verzweiflung der Familien, die von der Arbeitslosigkeit betroffen waren, als es über die reine Befragung möglich gewesen wäre. Sie begannen, mehr davon zu verstehen, was der Verlust der Arbeit für die soziale Gemeinschaft als kollektives Schicksal bedeutete. Sie beobachteten die Auflösung der Zeitstruktur und die Schrumpfung des psychologischen Lebensraums hautnah (vgl. Diekmann 1998, S. 465 ff.).

Beobachten hilft zu verstehen. Man könnte also sagen, dass Beobachtung die Wurzel des Verstehens ist. Ethnologische Studien und Sozialreportagen haben deshalb schon immer auf diese Methode gesetzt.

Halten wir zunächst einmal fest: Die Beobachtung ist ein spezifischer Zugang zu sozialen Phänomenen, bei dem die Erkenntnis nicht auf direkter Auskunft beruht wie bei der Befragung, sondern indirekt durch den Forscher aufgenommen wird. Beobachtetes Verhalten kann andere Interpretationen nach sich ziehen als erfragtes Verhalten, bei dem immer mit dem Problem der sozialen Erwünschtheit zu rechnen ist. Verhaltensbeobachtung kann der Befragung haushoch überlegen sein, wie eine Untersuchung des Verkehrsverhaltens aus der Schweiz zeigt. Hier gaben 72 Prozent der Befragten an, immer ein Zeichen zu geben, wenn sie den Zebrastreifen überqueren wollen. Tatsächlich taten dies aber nur 10 Prozent. Das überzeugt eigentlich, trotzdem ist im Gegensatz zu Naturwissenschaften und ethnologischen Studien in der Sozialwissenschaft die Beobachtung etwas aus der Mode gekommen.

Wenn heute Beobachtung in der Sozialforschung eingesetzt wird, dann häufig verdeckt, z. B. bei der Beobachtung von Sekten oder Jugendgangs. Das kann allerdings leicht zur Sozialreportage werden, die zwar einen anschaulichen Ausschnitt aus der Wirklichkeit gibt, aber wissenschaftlichen Kriterien nicht unbedingt genügt. Handelt es sich beim Instrument Beobachtung also doch eher um eine unwissenschaftliche Methode? Sie wird im pädagogischen Alltag eingesetzt – ist sie demnach gerade noch für Kinder gut genug, und ansonsten lassen wir sie in der Schublade? Was ist aus der Methode geworden, deren Ursprung die Wurzel der Wissenschaft war, wie oben gezeigt wurde? Ist sie auf eine pädagogische Spielwiese reduziert worden, die keinerlei Anspruch auf Überprüfbarkeit haben muss?

Was also ist problematisch an der Beobachtung? Dies führt uns zu einer Analyse der sogenannten Beobachterfehler, also den scheinbaren methodischen Schwächen der Beobachtung.

Validität, Reliabilität und Überprüfbarkeit – Beobachter als Messinstrument

Ein Wort zur Objektivität: „Man kann alles beobachten, aber nicht jeder ist geeignet für eine objektive Beobachtung. Hier gilt auch das sozialarbeiterische Prinzip: Distanz zu nehmen und zu wahren, um die Chancen der Objektivität zu erhöhen." (Bango 2000, S. 110)

Dieses Zitat zeigt ziemlich deutlich, was passiert, wenn man den Beobachter oder auch den Forscher mit einem Messinstrument verwechselt. Sehen wir uns daher einmal die Validität und Reliabilität von Messinstrumenten an, um die Ergebnisse dann auf den Beobachter anzuwenden.

Was macht eigentlich die Zuverlässigkeit eines Messinstrumentes aus? Unter Validität (Gültigkeit eines Messinstrumentes) versteht man das Ausmaß, in dem das Messinstrument tatsächlich das misst, was es messen soll. Ein Instrument ist dann reliabel, wenn keine zufälligen Fehler die Messung beeinflussen.

Was tut ein Mensch, der beobachtet? Er nimmt Daten auf, verarbeitet oder interpretiert sie und zeichnet sie auf. Legt man hier die gleichen Maßstäbe an wie für ein Messinstrument, so drängen sich vielfältige Fehlerquellen auf, die sozusagen gar nicht zu vermeiden sind, denn ein Mensch kann – wie oben gezeigt – nicht objektiv beobachten. Und ein Mensch kann auch nicht das Beobachtete objektiv beurteilen.

Bedeutet dieser Befund, dass Beobachtung als Methode aufgrund ihrer Fehleranfälligkeit im wissenschaftlichen Abseits landet und höchstens für schwierige praktische Fälle taugt, bei denen streng wissenschaftliche Methoden versagen?

Tatsächlich geht es darum, zu zeigen, dass die Beobachterfehler in der Forschung für die praktische Pädagogik gar keine „Fehler" sind, sondern im Gegenteil sogar konstruktiv genutzt werden können. Der Vorteil qualitativer Methoden, so auch der Beobachtung, liegt gerade in der Offenheit für individuelle Unterschiede der Perspektiven, indem das Wissen und Handeln der Betreffenden zum Forschungsgegenstand genutzt wird. So setzt sie an den subjektiven und sozialen Bedeutungen an, die mit dem Gegenstand verknüpft sind (vgl. Flick 1996, S. 15 ff.).

Im Verständnis qualitativer Forschung ist die soziale Wirklichkeit kommunikativ bedingt. Demnach sind es die Menschen, die durch ihr Handeln und ihre Kommunikation Wirklichkeiten schaffen und verändern. Dazu dient die ständige Interpretation der beobachteten Wirklichkeit aufgrund des vorhandenen Vorwissens. Für die Konstruktion von Wirklichkeit sind also Vorgänge der Wahrnehmung und der Deutung wesentlich, die sowohl auf der individuellen als auch der kollektiven Ebene zu verorten sind. Daher sind nach meiner Ansicht die Berücksichtigung von Wahrnehmungsvorgängen und sprachlicher Symbolik wichtige Voraussetzungen für die qualitative Forschung. Hier hilft es überhaupt nicht, die Beobachter mit Messinstrumenten zu vergleichen. Vielmehr sollten die subjektiven Voraussetzungen der Beobachter und die Bedingungen, unter denen Beobachtung stattfindet, als Variablen des Ergebnisses beschrieben und bei der Interpretation berücksichtigt werden.

Lassen Sie uns im Folgenden einige Beobachterfehler auf den Unterschied zwischen objektivierter Forschung und praktischer Pädagogik hin überprüfen.

Nach Schnell (1999) gibt es u.a. folgende häufige Beobachterfehler:
- die Neigung, zu milde zu urteilen. Gerade in der praktischen pädagogischen Arbeit sollte aber ein positiver Blick vorhanden sein;
- die Sammlung von „Merkwürdigkeiten". Nun können es gerade diese „Merkwürdigkeiten" sein, die der Pädagogin eine Perspektive auf die Ressourcen des Kindes öffnen. Diese Ressourcen dienen dazu, Bildung zu ermöglichen;
- das „going native" – es bedeutet, dass die Forscher teilweise die Sicht der zu beobachtenden Akteure übernehmen und so ihre Urteilsfähigkeit beeinträchtigt würde. In der pädagogischen Praxis ist dies, ähnlich wie in der Ethnologie, kein Problem, da dies gerade das Verstehen einer fremden Kultur ermöglicht und sozusagen die Perspektive erweitert. Kinder stellen für Erwachsene teilweise schon eine Art fremde Kultur dar, die man verstehen will.

So könnte man sagen, in der praktischen Pädagogik kehren wir ein Stück zurück zu den Wurzeln der Methode, bei der es noch stärker um Beschreiben und Verstehen ging und weniger um Messen und Vergleichen ...

Problematisch scheint mir auch die Tendenz, Beobachtetes nach einer Anfangshypothese zu formen, die unverrückbar feststeht und methodisch überprüft werden soll. Auch im pädagogischen Alltag ist zu beobachten, dass man Kinder beispielsweise immer in bestimmten Situationen sieht und sich so eine Hypothese bildet, die man immer wieder zu bestätigen versucht. Daraus entsteht dann schnell eine sich selbst erfüllende Prophezeiung.

Ziel einer vernünftigen Beobachtung muss es aber sein, anfänglich gebildete Hypothesen durch die Beobachtungen zu überprüfen und möglicherweise zu verwerfen bzw. neue Hypothesen zu bilden. Die Kriterien für die Beobachtung werden also im Austausch mit anderen (und mit dem Kind!) weiterentwickelt und befinden sich möglicherweise in einem ständigen Prozess der Überprüfung.

„Fehlinterpretationen" finden bei diesem Vorgehen ihren Platz, weil sich die Beobachterinnen über ihre verschiedenen Sichtweisen ständig austauschen und sich bewusst darüber sind, dass Menschen unterschiedlich wahrgenommen werden. Unterschiedliche Wahrheiten bergen auch unterschiedliche Entwicklungschancen.

Zusammengefasst lässt sich über Beobachtung als Methode das Folgende festhalten:

Wahrnehmung ist ein äußerst komplexer Vorgang, der viel Kompetenz auf Seiten der Beobachter erfordert, aber gleichzeitig wesentlich mehr Spielraum für Assoziationen und Reflexionen bietet als andere, sogenannte objektivere Methoden. Die unterschiedlichen Beobachtungsergebnisse eröffnen den Beteiligten gerade eine Perspektivenerweiterung, z. B. auf die Bildungsressourcen der Kinder.

Die Wahrnehmungs- und Aufnahmekapazität der Beobachterinnen trägt dazu bei, dass möglichst viele Perspektiven gesehen und reflektiert werden können. Denn genau um diese Vielfalt geht es, wenn der Einblick in Lernprozesse des Kindes geschehen soll. Und genau diese Vielfalt sollte unser Erkenntnisinteresse sein, wenn es darum geht, mit Kindern auf die Bildungsreise zu gehen.

Cornelia Becker

1.4 Zur Konstruktion von Wirklichkeit
Objektive Beobachtung gibt es nicht

> *„Du kannst über die Wirklichkeit nichts aussagen, wenn du nur die sichtbare Oberfläche der Dinge beschreibst, die jedermann vor Augen hat. Die Wirklichkeit steckt hinter den Dingen, und man kann nur in Bildern von ihr sprechen. Du kannst sie nicht packen, wie du eine Katze beim Schwanz packst. Wenn dir eine solche Rede geheimnisvoll vorkommt, dann hast du noch nicht viel von der Wirklichkeit begriffen", sagte der sanfte Flöter zu Lauscher.*
> (Hans Bemmann: Stein und Flöte, und das ist noch nicht alles)

Wenn das Thema Beobachtung jemandem nahegebracht werden soll, der sich bisher nicht damit auseinandergesetzt hat, dann fällt meist der Satz: „Man muss sich halt bemühen, möglichst objektiv zu beobachten." Alle, die sich schon länger damit beschäftigen, wissen, wie unterschiedlich das sein kann, was wir beobachten. Auf die Frage: „War das wirklich so?", antworten die Gefragten mit: „Ja, klar, das habe ich doch genau gesehen!" Spätestens bei dem Austausch von Ergebnissen über eine Beobachtung fällt auf, dass es mindestens zwei Wirklichkeiten geben muss, vielleicht auch mehr. Dann beginnt man sich zu fragen, woher das kommt. Um eine Erklärung zu finden, wird meist der Konstruktivismus angeführt. Wahrnehmung sei halt subjektiv, damit müsse man leben. Diese Schlussfolgerung mag zwar nachvollziehbar sein, hilft aber nicht weiter, wenn wir mit den Beobachtungen etwas anfangen wollen. Daher soll in diesem Beitrag erklärt werden, was sich hinter dem Begriff Konstruktivismus verbirgt und warum wir uns tatsächlich damit auseinandersetzen sollten.

Die Wahrnehmung nimmt im Konstruktivismus einen großen Stellenwert ein. Will man den Konstruktivismus definieren, so ist er die Theorie darüber, wie eine Instanz Wirklichkeiten hervorbringt. Die Beschaffenheit der Wirklichkeit ist dabei nicht von Interesse, sie ist nicht objektiv wahrnehmbar. Für die Konstruktivisten ist einzig die Vorgehensweise relevant, wie die jeweilige Wirklichkeit konstruiert wird. Dies geschieht über die Verarbeitungsweise des Gehirns, der Biologie und Physiologie der Wahrnehmungsapparatur aus individueller Sicht. Wahrnehmungsleistungen sind lebensnotwendig, sie dienen der Orientierung und sind Voraussetzung für soziales Lernen. Der Wahrnehmungsinhalt muss verlässlich sein. Aber es ist für den Menschen nicht notwendig, über eine „direkte Abbildung" der Realität zu verfügen, um einen „realistischen" Umwelteindruck zu erhalten. Ein Beispiel: Eine vertraute Person kann auch dann immer noch stabil wahrgenommen werden, wenn sie verzerrt dargestellt ist. Das bekannte Wahrnehmungsschema ist gespeichert und somit konstruierbar, auch ohne dass es direkt wahrgenommen werden muss. Ebenso ist es mit der Wahrnehmung von Gestalt. Formen, Farben, Figuren und Bewegung werden gesetzmäßig wahrgenommen, wobei mehrere parallele Systeme beteiligt sind. Es läuft also nicht einfach eine Decodierung bestimmter visueller Reize schematisch ab, sondern es handelt sich um einen aktiven Aufbau einer visuellen Gestalt aufgrund erlernter Konzepte. Beobachten ist also untrennbar mit Verstehen verbunden, auch wenn nicht alle Vorgänge dem Bewusstsein zugänglich sind und auch nicht sein müssen.

Der Hauptanteil der Wahrnehmung ist eine Konstruktion des Wahrnehmungssystems. Dies kann man sich leicht vergegenwärtigen, wenn man an die sinnlichen Eindrücke denkt, die im Traum erlebt werden. Die Konstruktion geschieht hier über Vorgänge, die unserem Bewusstsein nur begrenzt zugänglich sind.

Zusätzlich spielen die Sprache, die Medien, die Kultur und die Gesellschaft eine wichtige Rolle bei der Wahrnehmung von Wirklichkeit. Sie beeinflussen das, was wir sehen oder auch bereits auswählen. Wirklichkeit wird also subjektiv vom Betrachter produziert.

Zusammengefasst geht es bei der Analyse aus konstruktivistischer Sicht nicht um die Frage nach „der" Realität oder „der" Wahrheit, sondern um einen Vergleich von Wirklichkeiten.

Beim Beobachten kann dies zu einem Konflikt führen. Bei der Beobachtung machen sich Erzieherinnen ein Bild, das subjektiv ist. Sie können nach der konstruktivistischen Auffassung als geschlossenes System nur auf eigene Zustandsänderungen reagieren, was bedeutet, dass sich eigentlich nur innerhalb der eigenen Grenzen etwas abspielt. Übersetzt würde das bedeuten: Wir nehmen nur unseren eigenen Zustand oder, anders ausgedrückt, unsere eigene Wirklichkeit wahr. Das, was außen ist, ist uns nicht zugänglich, sondern nur das, was sich in uns selbst abspielt. Die objektiv vorhandene Welt spielt nur deshalb eine Rolle, weil sie diese Zustandsänderung herbeiführt.

Nach neueren Erkenntnissen der Systemtheorie kann man die Geschlossenheit der Systeme in Frage stellen, doch dies soll hier nicht weiter erörtert werden (vgl. dazu Becker 2006).

Wichtig ist, wie wir mit dem Vergleich von Wirklichkeiten umgehen können, wenn wir beobachten, da es für unsere Wahrnehmung nach dieser Auffassung keine objektive Gemeinsamkeit gibt. Für uns alleine betrachtet, spielt das keine Rolle. Beim Beobachten führt dies jedoch zu Irritationen, wenn wir Ergebnisse vergleichen.

Das Problem scheint nicht lösbar, wenn man nicht auf gemeinsame Konstrukte aufbauen kann.

Dies soll an dem folgenden Beispiel erläutert werden: Ein kurze Szene wird von verschiedenen Beobachterinnen erfasst. Drei Kinder hüpfen nacheinander von der Treppe, eins fällt dabei hin. Das scheint relativ unverfänglich zu sein. Diese Szene lässt sich sachlich beschreiben, ohne große Unterschiede zu sehen. Und doch setzt jede Beobachterin einen anderen Schwerpunkt bei der Beschreibung. Die Vorerfahrung mit den Kindern, das Umfeld der Szene und vieles mehr beeinflusst unsere ausschnitthafte Wahrnehmung. Bei Beobachtungsübungen kann man dies mit Hilfe der Brillenmetapher überspitzen. Setzt man sich die Brille der Geschlechterdifferenz auf, sieht man den Jungen, der zuerst hüpft, und die Mädchen, die danach springen. Setzt man sich die Brille der Gruppendynamik auf, sieht man, dass zwei Kinder das Hüpfen des ersten Kindes nachahmen. Durch die Brille der Motorik sieht man das Kind, das es nicht auf Anhieb schafft, eine Treppenstufe herunterzuspringen usw.

Jetzt stellt sich völlig zu Recht die Frage: Und was nun? Was fangen wir denn mit diesen unterschiedlichen Wahrnehmungen an? Wenn jede etwas anderes sieht, was hilft uns das?

Die Lösung des Dilemmas liegt in dem Prozess des Verstehens. Um aufeinander eingehen zu können, müssen wir verstehen, was die anderen tun. Das heißt, wir müssen Wahrgenommenes ständig interpretieren. Das tun wir für uns alleine im Alltag, ohne jedes Mal darüber nachzudenken. Beim Thema Beobachtung aber lernen wir ja gerade die Trennung der Beschreibung von der Interpretation.

Doch wenn man sich aus konstruktivistischer Sicht fragt, ob wir als Beobachterinnen etwas objektiv wahrnehmen können, kann man nur antworten: Nein. Dies ist nicht möglich! Trotzdem gibt es eine objektive Wirklichkeit, die wir verstehen wollen.

> *„Dann war wohl auch die Geschichte, die Rikka erlebt haben soll, nur ein solches Bild?", fragte Günli. „Damit magst du recht haben", sagte der sanfte Flöter. Als er jedoch die Erleichterung auf Günlis Gesicht sah, setzte er hinzu: „Das heißt allerdings nicht, dass diese Dinge nicht wirklich geschehen wären."*
>   (Hans Bemmann: Stein und Flöte, und das ist noch nicht alles)

Wir nehmen aufgrund unserer physischen, psychischen, kulturellen Voraussetzungen einen oberflächlichen und ausgewählten Ausschnitt der objektiven Wirklichkeit wahr. Wenn wir es dabei belassen, dann haben wir natürlich nicht viel von der Beobachtung. Spannend wird es erst, wenn wir das, was unter der Oberfläche liegt, verstehen wollen. Es ist sinnlos, darüber zu streiten, welcher der oberflächlichen Ausschnitte nun der wahre ist. Eher müssen wir uns darum kümmern, wie wir das Oberflächliche interpretieren, damit wir beginnen können zu verstehen. Wir verstehen dann nämlich, dass hinter der kurzen Szene ganz viele Wahrheiten liegen, die zu Tage treten, wenn viele Beobachterinnen ihre Wirklichkeit konstruieren. Die Szene wird von vier Beobachterinnen subjektiv viermal unterschiedlich wahrgenommmen. Subjektiv ist aber nicht das Gegenteil von objektiv, denn das würde bedeuten, dass alle Interpretationen falsch sind. Subjektiv sind die vier Bilder der Wirklichkeit schon, doch sie lassen uns vier Stücke der objektiven Wirklichkeit verstehen, indem wir mit der Interpretation kreativ umgehen und unter die Oberfläche gehen.

Somit ist die zentrale Schlussfolgerung aus der Beschäftigung mit dem Konstruktivismus die folgende: Wir mögen in unserer Wahrnehmung einzeln gesehen begrenzt sein, aber nicht in der Interpretation und im Austausch darüber.

Christine Lipp-Peetz

1.5 Die Qual der Wahl
Kriterien zur Auswahl eines Beobachtungsinstruments

Zurzeit finden Erzieherinnen ein großes Angebot an Materialien zur Beobachtung von Kindern. Was hilft ihnen, sich für das eine oder gegen das andere zu entscheiden? Vermutlich geben letztlich Versuch und Irrtum, eigene Erfahrungen und eine Mischung aus fachlich fundierten Informationen und Zufällen den Ausschlag. Das ist eine wirklichkeitsnahe und praktikable Vorgehensweise. Eine schlechte Alternative wäre, sich sklavisch an eine Beobachtungsvorgabe zu halten und dabei ungute Gefühle zu unterdrücken, die signalisieren: „Irgendwas stimmt nicht, ich beobachte nur Banalitäten oder das, was ich schon erwartet habe." Auch Zweifel wie „Ob Aufwand und Gewinn für die Arbeit wirklich in einem richtigen Verhältnis stehen?" sollten ernst genommen werden.

Auswahlkriterien können lange Wege des Erprobens und des Versuchs und Irrtums verkürzen. Hier werden neun Kriterien für gute Beobachtungsmaterialien zur Diskussion gestellt. Sie sind abgeleitet aus allgemeinen Erkenntnissen der Wahrnehmungspsychologie und basieren auf eigenen Erfahrungen mit verschiedenen Beobachtungskonzeptionen, die vor dem Hintergrund der Leitgedanken des Situationsansatzes ausgewertet wurden.

1. Kontextbezug
2. Trennung zwischen Wahrnehmung und Interpretation
3. Reflexion der eigenen Gefühle
4. Perspektivenwechsel
5. Klarheit über die „Beobachtungs-Brille"
6. Wertschätzende Dokumentation
7. Dialog mit dem Kind
8. Anhaltspunkte für Konsequenzen
9. Austausch mit Kolleginnen

1. Kontextbezug

Jedes Verhalten ist bezogen auf einen personalen oder materiellen Bezugsrahmen zu interpretieren. Wenn dieser unbekannt ist oder nicht beachtet wird, kann es zu einer völlig falschen Einschätzung der Situation kommen, und man wird dem Beobachteten nicht gerecht.

Ein Kind wirkt z. B. gereizt, traurig oder reagiert empfindlich. Was ist der Situation vorausgegangen? Wurde es gekränkt, hat es sich beim Ballspielen verletzt, mit der besten Freundin gestritten, oder liegt etwa ein Freund nach einem Unfall im Krankenhaus? Oder: Wie lange ist das Kind schon im Kindergarten, ist es mit der Umgebung, den Personen vertraut oder noch in der Eingewöhnungsphase? Erst der Kontext ermöglicht die Einordnung des Beobachteten.

Prüfstein: Wird nach dem Kontext der beobachteten Situation gefragt?

Auch wenn nicht alle Hintergründe bekannt sein können, erinnert allein die Frage daran, vorsichtig mit Schlussfolgerungen oder Verallgemeinerungen zu sein.

2. Trennung zwischen Wahrnehmung und Interpretation

Die Wortwahl bei der Beschreibung zeigt, ob wahrgenommen oder ob bewertet wird. Nur, wer genau aufschreibt, was gesehen, gehört oder mit anderen Sinnesorganen wahrgenommen wurde, kann begründen, warum ein bestimmter Eindruck entstanden ist. Nur dann entgeht man Stigmatisierungen und ist in seinem Feedback für andere – auch für das Kind – nachvollziehbar.

Es ist z. B. ein Unterschied, ob geschrieben steht: „Larissa klopft ärgerlich an die Tür und stört die Gruppe." Oder: „... klopft laut an die Tür, öffnet diese, wirft sie gegen die Wand und rennt auf die Erzieherin zu." Ob es um Ärger, Störung oder etwas anderes geht, weiß man in diesem Moment noch nicht.

Prüfstein: Wird auf sorgfältige Beschreibung des Wahrgenommenen Wert gelegt?

3. Reflexion der eigenen Gefühle

Charakteristisch für Beobachtungen ist, dass das Wahrgenommene beim Betrachter selbst Gefühle auslöst: Ich ärgere mich über das schreiende Kind – ich habe Mitleid mit dem kleinen Jungen, der am Fenster sitzt und seiner Mutter winkt – ich freue mich über das kleine Mädchen, das laut „Nein!" ruft und sich das Bilderbuch nicht wegnehmen lässt.

Ob diese Gefühle auch dem Gefühl des Kindes entsprechen, weiß ich nicht. Ich registriere die Emotionen, die bei mir entstehen. Manchmal sind diese ein Hinweis darauf, wie es auch dem Kind geht (Übertragung) oder ein Zeichen von Empathie, weil ich das Kind sehr gut kenne und viel von ihm weiß. Manchmal hat es aber nichts mit dem „Kind vor mir", sondern nur mit dem „Kind in mir" zu tun (wie der Psychoanalytiker Bruno Bettelheim zu trennen pflegte).

Prüfstein: Wird man aufgefordert, den eigenen Gefühlen nachzuspüren?

4. Perspektivenwechsel

Ist sich eine Beobachterin klar darüber, welche Gefühle und Gedanken eine beobachtete Situation in ihr auslöst, wird sie sich wahrscheinlich unvoreingenommener in die Rolle des Beobachteten hineinversetzen und sich vorstellen können, wie es dem Beobachteten gehen könnte, wohl wissend, dass das eine Vermutung und keine Erkenntnis ist. Ich denke mir, das Kind könnte stolz darauf sein, sich gewehrt zu haben, oder ich stelle mir vor, dass das Kind unentschieden ist, ob es lieber wieder mit der Mama heimgehen oder im Kindergarten bei seinen Freunden bleiben möchte ... Ich stelle es mir vor, aber ich weiß es nicht! Ein solcher Blickwechsel hilft lediglich, sich bewusst zu machen, dass ein anderer Mensch in dieser Situation anders empfinden könnte als man selbst, oder er hilft, eine erste spontane Reaktion zu stoppen, weil einem in den Sinn kommt, dass es – aus Sicht des Kindes – auch anders aussehen könnte. Das Vorgehen dient also der Kontrolle und ist als solches ein hilfreiches Instrument, um andere als anders wahrnehmen zu können und auch, um nicht vorschnell bisherige Erfahrungen auf eine neue Situation zu übertragen.

Prüfstein: Wird daran gedacht, die Perspektive des Beobachteten einzunehmen?

5. Klarheit über die „Beobachtungs-Brille"

Je nachdem, worauf ich besonders achte, fallen mir Dinge auf, und andere übersehe ich. Man nennt dies auch selektive Wahrnehmung. Wenn mich die Lernvoraussetzungen der Kinder interessieren, dann kann ich z. B. auf die von Margaret Carr definierten vier Lerndispositionen achten (Interesse und Engagement, Standhalten bei Herausforderungen und Schwierigkeiten, sich mitteilen, ausdrücken und mit anderen austauschen können, Beitrag für die Lerngemeinschaft). Ich könnte aber auch die Signale für Engagiertheit nach Laevers fokussieren (Ausdauer, Genauigkeit, Reaktionsbereitschaft, verbale Äußerungen, Zufriedenheit). Oder ich könnte mich daran wagen, die Selbstbildungspotenziale nach Schäfer/Strätz erkennen zu wollen. Trage ich die geschlechtsbewusste Brille, fällt mir eher auf, was Mädchen und was Jungen tun und sagen – mit dem vorurteilsbewussten Blick bin ich sensibler für Stigmatisierung oder Differenzierung im Umgang mit unterschiedlichen Herkünften und Kulturen. Oder will ich den zugrunde liegenden Bildungsplan als Orientierung nehmen? Meist sieht man nur das, wonach man sucht – und setze ich mir die Brille selbst auf, dann steuere ich auch das Verfahren selbst.

Prüfstein: Werden Schwerpunkte für die Beobachtung vorgeschlagen, sind diese transparent und einleuchtend?

6. Wertschätzende Dokumentation

Es gibt phantasievolle Möglichkeiten der Dokumentation. Überzeugend sind Lerngeschichten für Kinder, und viele Erzieherinnen schätzen die Form des Briefes an das Kind als Feedback. Auf jeden Fall muss klar sein, dass Kinder die Adressaten sind, und dem positiven Blick muss eine wertschätzende Sprache folgen. Respekt als dominante Haltung, sowohl bei der Beobachtung als auch in der Dokumentation, äußert sich in der Wortwahl, im Tonfall und der Art, Fragen zu stellen. Alle Erfahrungen der Praxis beweisen: Wertschätzung hat Auswirkungen auf die Qualität der Beziehung zwischen Kind und Erwachsenem, auch dann, wenn etwas nicht verstanden wird, Anlass zur Sorge gibt oder etwas nervt.

Prüfstein: Liegt den vorgeschlagenen Dokumentationsformen eine wertschätzende Haltung und der Stärkenansatz zugrunde?

7. Dialog mit dem Kind

Eine der fünf Grunddimensionen des Situationsansatzes ist die Partizipation. Das bedeutet: Beobachtung und Dokumentation darf nicht über die Köpfe der Kinder hinweg geschehen. *Mit* den Kindern heißt auch hier die Devise: Kindern wird – altersangemessen – erklärt, dass und warum im Kindergarten beobachtet wird. Sie haben das Recht, eine Beobachtung abzulehnen oder zu kommentieren. Ebenso kann der Impuls zur Beobachtung von ihnen selbst ausgehen. Darin liegt der besondere Reiz: Kinder nehmen Stellung zu dem, was die Erzieherin sieht und zu dem, was sie sich dabei denkt. Sie können damit ggf. etwas richtigstellen („Ich bin nicht hin- und hergerannt, sondern überall da, wo ich hin wollte, war schon jemand."), oder sie können erklären, *wie* sie etwas gelernt haben, warum sie dieses oder jenes interessiert, und was sie als Nächstes tun möchten.

Ein solches Gespräch ist auch eine wichtige Hilfe, lernmethodische Kompetenzen zu entwickeln, ein Bewusstsein dafür zu bekommen, wo die eigenen Stärken liegen, welche Art des Lernens einem besonders behagt, zu wissen, was man weiß und kann und was man als Nächstes angehen möchte.

Prüfstein: Ist vorgesehen, mit Kindern über das Wahrgenommene und Interpretierte in Austausch zu kommen?

8. Anhaltspunkte für Konsequenzen

Beobachtungen und Dokumentationen nehmen nicht wenig Zeit und Kraft in Anspruch. Deshalb muss sich dieser Aufwand auch lohnen: lohnen für die Kinder und für die Erwachsenen. Es darf kein Selbstzweck, keine Arbeitsbeschaffung für Erzieherinnen oder blindes Nachahmen eines pädagogischen Modetrends sein.

Alle Erfahrung zeigt, dass Kinder die erhöhte Aufmerksamkeit für sich als angenehm und als Aufwertung ihres Selbstgefühls erleben. Erzieherinnen berichten übereinstimmend von einer Intensivierung der Beziehungsqualität. Dies ist schon für sich eine begrüßenswerte Wirkung, denn Bindung erleichtert Bildung.

Über die Beziehungsqualität hinaus dient die Beobachtung als Basis für gezielte Unterstützung des Bildungsprozesses, zum Beispiel für die individuelle Förderung, für die Bereitstellung eines adäquaten räumlichen und materiellen Angebots, für Projektplanung oder Alltagsgestaltung.

Prüfstein: Wird nach pädagogischen Konsequenzen gefragt, und sind mehrere möglich?

9. Austausch mit Kolleginnen

Beobachtet wird individuell, und verantwortlich für die Dokumentation ist jeweils auch eine Erzieherin. Wenn aber unterschiedliche Sichtweisen als Bereicherung betrachtet werden, sollte ein Beobachtungskonzept die Möglichkeit vorsehen, dass mehrere Bezugspersonen beobachten und regelmäßige Besprechungen im Team stattfinden.

Prüfstein: Sieht das Konzept den Austausch mit Kolleginnen vor?

Nun können Sie sich vielleicht etwas entspannter auf die Fülle der Angebote stürzen, vergleichen und das auswählen oder kombinieren, was für die eigene Arbeit am besten passt. Dazu viel Erfolg!

Entsprechend den vorgestellten Kriterien und auf der Basis ausgewählter kompatibler Beobachtungskonzepte wurde für die Ausbildung von Erzieherinnen an der Evang. Fachschule für Sozialpädagogik in Darmstadt ein Beobachtungsbogen zusammengestellt, der auch für die Praxis geeignet ist (vgl. S. 270 ff. in diesem Buch).

Christine Lipp-Peetz

1.6 Portfolios – mehr als ein Dokumentationssystem

Bildungscoaching für Kinder und andere Studierende

Wie ein Lauffeuer verbreitet sich ein Wort in der Kindergarten-Szene: *Portfolio*. Was steckt hinter diesem – für die Pädagogik neuen – Begriff, den man bisher nur aus der Wirtschaft kannte? Ein Fachwörterbuch für Erzieherinnen definiert ihn so: „Ein *Portfolio* beinhaltet die Bildungsbiografie eines Kindes bzw. macht diese nachvollziehbar. Alle relevanten Dokumente, die Aussagen zu Bildungs- und Entwicklungsprozessen von Kindern betreffen, werden in einem Portfolio strukturiert gesammelt. Portfolios können in Ordnern oder Mappen gesammelt werden. Im Unterschied zu bloßen Sammelmappen kommt den Portfolioinhalten eine bestimmte Bedeutung innerhalb des Bildungs- und Entwicklungsprozesses der Kinder zu. Den vielfältigen Materialien des Kindes (Bilder, Zeichnungen, gebastelte Werke) werden kurze Reflexionen beigefügt, die z. B. Aussagen der Kinder über ihre Werke beinhalten." (Vollmer 2005, S. 113)

Etwas anderes als die vertrauten Sammelmappen mit Bildern und Bastelprodukten soll es folglich sein. Der Unterschied besteht darin, dass die Produkte nach ihrer Botschaft über den Bildungs- und Entwicklungsweg des Kindes ausgewählt werden und die Kinder mitbestimmen, was aufbewahrt wird und was nicht. Kurze Reflexionen oder auch Lerngeschichten kommentieren die Auswahl. Dabei können ausdrücklich auch die Kinder selbst ihre Werke oder ihre Entstehungsgeschichte kommentieren. Nun ließe sich einwenden: Sprechen die Werke der Kinder nicht für sich selbst, muss man sie jetzt auch noch erklären? Hier kommt ein zweites Kriterium ins Spiel: Es geht bei einem Portfolio immer um Produkte, aber in gleichem Maße auch – und das ist das Neue – um Prozesse. Darum, wie das Kind zu seinem Ergebnis gekommen ist, was seine Lernerfahrung dabei war, was Ergebnis und Weg über erfolgreiche Lernstrategien des Kindes aussagen.

Also mehr als ein Modewort und mehr als ein bloßes Dokumentationssystem für Kinder im Kindergarten. Wenn man seine Tragweite richtig erkennt, markiert und stützt der Begriff eine veränderte Haltung zu Bildung und Bildungsbegleitung im Lebensverlauf, stellt eine „Biografie des Lernens" dar (Müller 2006 b, S. 3). Entsprechend beschäftigt sich dieser Artikel zwar im Kern mit dem Kindergarten, geht aber weit darüber hinaus, indem er aufzeigt, wie diese Arbeit im Kindergarten eingebettet ist in eine Reform des gesamten Bildungswesens.

In Schweden gibt es bereits seit längerer Zeit ein vom Kindergarten bis zum Abitur abgestimmtes Curriculum mit individueller Dokumentation durch Portfolios. Wenn wir uns dies zum Vorbild nehmen, sollten wir aber auch die dahinter stehende Bildungsidee übernehmen, die man als Selbstregulierung und Dialog beschreiben könnte – und nicht auf die Idee kommen, dass Vereinheitlichung und Kontrolle das Wesentliche seien (vgl. Jansa 2005, S. 27)!

Im Rahmen der als Bologna-Prozess bekannten Vereinheitlichung des europäischen Hochschulwesens bekommt das Portfolio einen wichtigen Stellenwert in der Abschlussprüfung. Als Teil der Präsentation der persönlichen Berufsbiografie trägt es dazu bei, „dem Ideal des Studierenden näherzukommen, der seinen eigenen Lernprozess reflektiert und im Sinne von ‚Self-Assessment' seinen weiteren Weg plant" (Döbrich/Frommelt 2003, S. 5). Zur Zeit wird in der Lehrerausbildung in Hessen erprobt, wie die Portfolio-Arbeit dort einbezogen werden kann mit dem Ziel, bis zum Jahre 2008 den Prototyp eines Portfolios für die zweite Phase der Lehrerausbildung zu entwickeln (vgl. Umsetzungsverordnung zum Hessischen Lehrerbildungsgesetz, LbG-UVO vom 16.3.2005).

Wenn Lehrkräfte an Schulen über eigene Portfolio-Arbeit zu „Experten des Lernens wie des Lehrens" werden sollen (Meissner 2004, S. 1), dann gilt das genauso für Pädagoginnen in Tageseinrichtungen für Kinder. Auch hier gibt es erste Gehversuche mit Bildungsdokumentationen in der Erzieherausbildung (vgl. Jansa 2006, S. 48 ff. und S. 259 in diesem Buch).

Könnte es also sein, dass in einigen Jahren die Schule von oben und unten „in die Zange genommen wird"? Angehende Pädagogen weisen ihre Kompetenzen durch ein Qualitäts-Portfolio nach, und Kindergartenkinder sind es gewohnt, dass ihre Lernleistungen von klein auf individuell gewürdigt, dokumentiert und reflektiert werden. Doch es finden sich auch heute schon Schulen, die als Ausdruck eines neuen Bildungsverständnisses mit Portfolios arbeiten. Auch davon ist in diesem Beitrag zu lesen.

Der Portfolio-Ansatz als Teil eines grundsätzlichen Wandels in der Leistungsbeurteilung

In einer vor kurzem vorgelegten Dissertation (Jabornegg 2004) wird aufgeschlüsselt, wie das Portfolio zu einer prinzipiell anderen Auffassung von Leistungsbewertung führt: weg von der Bewertung durch Noten, hin zu qualitativen Gutachten von komplexen Ergebnissen des Denkens und Handelns (a. a. O., S. 153). Zu diesem Paradigmenwechsel gehört, dass das Curriculum nicht nach Fächern und Lernzielen strukturiert ist, sondern nach Kompetenzen und fächerübergreifenden Inhalten und Prozessen. In den neuen Bildungsplänen für den Kindergarten geschieht genau dieses: Nirgends gibt es reine Fächerkanons mit zugeordneten Zielen und Inhalten. Alle betonen die Bedeutung von Lernprozessen und Kompetenzfeldern und stellen Ideen für fächerbezogene Lerninhalte vor. Im Hessischen Bildungs- und Erziehungsplan z. B. sind die einzelnen Bildungsbereiche konsequent den erstrebenswerten Kompetenzen untergeordnet (dem starken, kommunikationsfreudigen, kreativen, forschenden ... Kind). Dies irritiert manchen, erreicht aber vielleicht gerade dadurch seinen Zweck, nämlich zu verhindern, dass Inhalte einfach abgehakt werden. Wissen veraltet schnell, aber Medienkompetenz, Entdeckerfreude, Phantasie oder Verantwortungsbewusstsein behalten ihren Wert.

Betonung der Prozessorientierung und des selbstgesteuerten Lernens

In den Portfolios sollen komplexe Erfahrungen dokumentiert werden, wie Lernstrategien, Problemlösungsverhalten, metakognitive Kompetenzen – kurz alles, was zu einem stärker selbstgesteuerten Wissenserwerbs und -transfer gehört. Damit wird die Eigenverantwortung für Lernen im Konzept des lebenslangen Lernens betont und Bewusstheit über eigene Lernstile gefordert.

Diesem Verständnis tragen wiederum die Bildungspläne für den Elementarbereich Rechnung, indem die lernmethodische Kompetenz als bedeutsames Ziel eingeführt wird. Entsprechend wird auch im Situationsansatz neuerdings zu den bekannten drei Qualifikationen – Autonomie, Solidarität und Sachkompetenz – als vierte die lernmethodische Kompetenz hinzugefügt.

Ausweis eigener Stärken

Andreas Müller, Leiter eines Schweizer Internats, veranschaulicht die Arbeit am Portfolio in der dortigen Schule mit folgendem Szenario: „Angenommen, ein Grafiker besucht einen neuen Kunden. Was wird er ihm wohl präsentieren? Das Schulzeugnis? Die Abschlussnoten der Kunstgewerbeschule? Wohl kaum! Dafür würde er bestenfalls ein müdes Lächeln ernten. Nein, er wird ihm zeigen, was er kann. Er wird dem potenziellen Kunden eine repräsentative Auswahl von Arbeiten vorlegen. Er wird ihm vor Augen führen, was er an einschlägigen Leistungen erbracht, was er an Erfahrungen vorzuweisen hat. Kurz: Er lässt ihn Einblick nehmen in sein Portfolio." Und er folgert daraus: „Was für Grafik, Architektur oder Kunst bewährte Praxis ist, kann ja für die Schule nicht von Übel sein. Im Gegenteil: Schulisches Lernen – Prozesse und Ergebnisse – lässt sich wirkungsvoll in Form von Portfolios zur Darstellung bringen." (Müller 2006b, S. 3)

Die Arbeit am Portfolio als dialogischer Prozess
Interessante Dokumentationsformen für Tageseinrichtungen von Kindern zeichnet aus, dass die Beobachtungen mit den Kindern besprochen werden. Dies beginnt bei der Information über die Beobachtung. Erika Kazemi-Veisari sprach

als Erste vom „Mitwisser-Recht" des Kindes. Es beinhaltet auch, dass Kinder in konkreten Situationen Beobachtungen ablehnen können. In den in diesem Buch vorgestellten Kriterien zur Auswahl von Beobachtungs- und Dokumentationsformen ist der Dialog mit dem Kind unabdingbar. Er leitet sich auch aus den Prinzipien des Situationsansatzes ab, der das Kind als Akteur seiner Entwicklung sieht. Damit befinden wir uns in Übereinstimmung mit einer anderen Definition (der Northwest Evaluation Association) von Portfolio, die für viele Fachleute maßgebend ist. In ihr wird davon gesprochen, dass in einem Portfolio enthalten sein muss:
- Beteiligung der Lernenden bei der Auswahl der Inhalte
- Auswahlkriterien für die Inhalte
- Kriterien, um den Wert des Portfolios zu beurteilen und
- Beweise für die Selbstreflexion der Lernenden

(Jabornegg 2006, S. 158).

Andreas Müller berichtet aus seiner Praxis der Internatsschule, dass die Arbeit am Portfolio „ein dynamischer, kommunikativer Prozess" sei. „Die Lernenden haben auf diese Weise die Möglichkeit, selbstwirksam Einfluss zu nehmen auf die Beurteilung ihrer Kompetenzen. Sie werden in die Lage versetzt, ihr Wissen und Können anhand ausgewählter Dokumente weitgehend selbstbestimmt darzustellen und nachzuweisen." (Müller 2006 b, S. 5)

In allen Praxisartikeln in diesem Buch finden sich beeindruckende Beispiele für die Kommunikation mit Kindern und darüber, was sie und wie sie gelernt haben. Dies führt zu einem weiteren Gesichtspunkt im Umgang mit den Portfolios: Alle sprechen von einer sichtlich gestiegenen Wertschätzung der Kinder.

Wertschätzender Umgang

„Apropos Wertschätzung: Lernportfolios bergen ein erhebliches Potenzial an emotionaler Energie. Denn: Jedes Dokument erzählt im Prinzip eine kleine Erfolgsgeschichte. Damit verbinden sich Erlebnisse, Erfolgserlebnisse eben. Könnenserfahrungen. Das Portfolio erhält damit gleichsam die Funktion einer Art Tagebuch des pfleglichen Umgangs mit sich selbst. Das bewusste Nachdenken über das, was gelungen ist, stärkt den Glauben an die eigenen Fähigkeiten." (Müller 2006 b, S. 6) Was Andreas Müller schreibt, kann von vielen Erzieherinnen mittlerweile bestätigt werden. Nehmen wir als anrührenden Beleg dafür, dass dies auch bereits für die Jüngsten gilt, den Kommentar eines sechsjährigen Jungen, den Martina Hardenberg dokumentiert: „Das vergesse ich mein Leben nicht, dass du das für mich aufgeschrieben hast!" (Vgl. S. 139 in diesem Buch)

Selbstdarstellung und konstruktives Feedback = Bildungs-Coaching

Die sorgsame Beachtung des individuellen Lernwegs und -fortschritts, die Reflexion eigener Stärken und die Entwicklung maßgeschneiderter Vorhaben erinnert an eine gelungene Supervision oder ein persönliches Coaching. Wo sonst kennen wir eine derart empathische Beschäftigung mit eigenen Erfahrungen, der Unterstützung nächster Schritte und deren Auswertung?

Ein Portfolio für sich alleine hat begrenzten Wert. Erst die Auseinandersetzung mit einem aufmerksamen Gegenüber schöpft seine Möglichkeiten voll aus. Dies gilt für jedes Alter, ob Kindergartenkind, Schüler oder angehende Erzieherin.

In diesem Buch gibt es viele Beispiele dafür, wie positiv auf eine intensive individuelle Begleitung reagiert wird (vgl. z. B. die drängenden Nachfragen nach einer neuen Sternstunde bei Baumann, Jung, S. 152 ff.). Auch Erfahrungen in der Ausbildung zeigen, dass die regelmäßigen Leistungs-Feedback-Gespräche der Dozentinnen mit einzelnen Studierenden sehr beliebt sind. Die letzten Reflexionsrunden im Elisabethenstift in Darmstadt ergaben, dass die Studierenden mehr Zeit für Portfolio-Gespräche in selbstgewählten Kleingruppen wünschen und eine begrenzte Öffentlichkeit in sog. Portfolio-Konferenzen erproben wollen. Sie hatten auch die Idee, schriftliche Kommentare von Mitstudierenden in das eigene Portfolio aufzunehmen. So gerne in einen positiven Spiegel geschaut wird, so selbstkritisch wird mit eigenen Schwächen umgegangen. Gewünscht wird kein Schönreden, sondern eine ehrliche Aussage auch zu Entwicklungsnotwendigkeiten oder -möglichkeiten. Diese Aufgabe stellt sich vermutlich insgesamt für die Arbeit mit Portfolios. Selbstverständlichkeiten müssen nicht gelobt werden, da fühlen sich auch kleine Kinder nicht ernst genommen. Auf die Glaubwürdigkeit eines Feedbacks kommt es an und auf seine wertschätzende Formulierung.

In dem eingangs mehrfach zitierten Schweizer Internat gehört Coaching zum Konzept: *„Jedes Kind wird auf seinem Lernweg begleitet und unterstützt von einem persönlichen Coach. Seine Aufgabe heißt: Hilfe zur Selbsthilfe. In Zusammenarbeit mit den Eltern gilt es, Standortbestimmungen vorzunehmen, Möglichkeiten zu erörtern, Ziele zu formulieren und in persönliche Entwicklungsschritte umzusetzen."* (www.institut-beatenberg.ch/2004/Uber_uns/Philosophie – Stichwort „Coach", 8.8.2006) *„Der Schritt vom Lehren zum Lerncoaching heißt mithin, sich von einigen schulmeisterlichen Prinzipien zu lösen. (...) Ein Denken und Handeln, im Stile von ‚Ich-weiß-etwas-was-du-nicht-weißt', verbunden mit entsprechend klaren Funktionsaufteilungen zwischen dem fragenden Lehrer dort oben und dem antwortenden Schüler hier unten, öffnet kaum Spielräume für eine inspirierend-herausfordernde Interaktionskultur. Anders sieht es aus, wenn Schüler (und Lehrer) den Fokus auf die gelingenden Faktoren zu richten beginnen, statt auf Defizite. Denn zwangsläufig verändert sich ihre Konstruktion der schulischen Wirklichkeit. (...)*

Logisch: Wer sich erfolgreich erlebt, verhält sich anders, als wenn er dauernd eins aufs Dach kriegt. Damit zeigt sich: Lerncoaching ist zuerst und vor allem eine Haltung." (Müller 2006a, S. 6f.)

In der Reflexion erster Erfahrungen mit Portfolios in der deutschen Lehrerausbildung gelangt man zu ähnlichen Konsequenzen: *„Portfolioarbeit stellt Beratungsanforderungen an die Ausbilder/innen ..., denn die erhöhte Selbstverantwortung der Referendar/innen verändert das Beratungsverhältnis (...), aber auch die Art der Kommunikation. Gemeinsame Einschätzungen des jeweils erreichten Ausbildungsstands sowie Zielvereinbarungen stellen eine neue Qualität in der Ausbildung dar."* (Meissner 2004, S. 3)

Bildungs-Coaching für Kinder, Reflexions-Gruppen für PädagogInnen

Die intensive Begleitung von Selbstbildungsprozessen bei Kindern verändert die Erzieherin-Kind-Beziehung. Zur bisherigen Rolle als Erzieherin kommt die einer Supervisorin oder eines Coachs hinzu. In einer Langzeitweiterbildung (zur Fachkraft für den Situationsansatz), in der alle Teilnehmerinnen Lerngeschichten der Kinder (teilweise in Form von Briefen an die Kinder) und die daraus entstandenen Gespräche vorlasen, stand am Ende die klare Erkenntnis: Diese Sorgfalt in der Wahrnehmung und Interpretation, die Empathie im Feedback und die daraus resultierende Intensität der Beziehung führen zwangsläufig zur Frage nach der eigenen Kontrolle, zur Reflexion der Reflexion. Die Notwendigkeit einer gründlichen Selbstüberprüfung – wie sie sich für jede Beraterin stellt – wird sich bei dieser Arbeitsweise in Zukunft auch für Erzieherinnen neu stellen. Das heißt: Beratung oder Coaching auch für die Bildungsbegleiterinnen!

Coaching oder Ko-Konstruktion

In der bundesdeutschen Frühpädagogik hat sich der Begriff Coaching noch nicht etabliert, obwohl man zur Zeit nach Begriffen sucht, die den neuen Formen der Lernbegleitung angemessen sind. Im Definitionsversuch des „,Sozialpädagogischen Coaching" von Bernd Birgmeier (2006, S. 200) sind Ähnlichkeiten zur bisher ausgeführten Bildungsbegleitung zu erkennen:
- Sichtbarmachen von Stärken, Fähigkeiten, Einstellungen und Neigungen
- Unterstützung von Weiterentwicklung
- soziale Kompetenzen
- Lernen, Leben und Handeln von Menschen
- stärkeorientierte Veränderung von Denk-/Verhaltensweisen
- Potenzialentfaltung, Ermutigung, das Finden neuer Lösungen
- Optimierung vorhandener Kräfte und Potenziale
- Befähigung zum selbständigen Handeln
- Verbesserung von Selbstmanagement.

Der Coach ist nicht jener, der alles besser weiß, sondern derjenige, der dem Cochee hilft, den für ihn passenden (Bildungs-)Weg zu finden und gut weiterzugehen.

Im Hessischen Bildungs- und Erziehungsplan findet man unter Moderierung von Bildungsprozessen den Begriff Ko-Konstruktion. Darunter wird Lernen durch Zusammenarbeit verstanden. „Der Schlüssel der Ko-Konstruktion ist die soziale Interaktion, sie fördert die geistige, sprachliche und soziale Entwicklung. Das Kind lernt, indem es seine eigenen Ideen und sein Verständnis von der Welt zum Ausdruck bringt, sich mit anderen austauscht und Bedeutungen aushandelt. Der reine Erwerb der Fakten tritt somit in den Hintergrund. (HSM und HKM 2005, S. 94) Pädagogische Bezugspersonen können mit Kindern Wissen ko-konstruieren, indem sie die Erforschung von Bedeutung stärker betonen als den Erwerb von Fakten. Für den Erwerb von Fakten müssen Kinder beobachten, zuhören und sich etwas merken. Die Erforschung von Bedeutung dagegen heißt, Bedeutungen zu entdecken, auszudrücken und mit anderen zu teilen ebenso wie die Ideen anderer anzuerkennen. Ko-Konstruktion wird durch den Einsatz von Gestaltung, Dokumentation und Diskurs unterstützt." (a.a.O., S. 95)

Dokumentation als neue Aufgabe in der Pädagogik, vom Kindergarten bis zur Ausbildung von PädagogInnen, dient dazu, den sich selbst bildenden Menschen nicht alleine zu lassen, sondern ihm eine qualifizierte Bildungsbegleitung anzubieten. Dann wird sein oder ihr Portfolio Abbild einer lebenslangen Lernbewegung sein.

100 Möglichkeiten, wie ein Portfolio aussehen kann

Wie sehen Portfolios nun eigentlich aus? Es gibt in der Fachliteratur keine eindeutigen Festlegungen dazu. Müller (2006a, S. 4) unterscheidet drei Formen: das Arbeits-, das Beurteilungs- und das Präsentations-Portfolio. Jabornegg (a.a.O., S. 160ff.) spricht von neun Portfolio-Typen. In der hessischen Lehrerausbildung geht man von einer Zweiteilung aus: einem Entwicklungs- oder Prozess-Portfolio, das ein Element der Selbststeuerung und -reflexion ist und in der eigenen Hand verbleibt; es dient auch der Reflexion mit dem Ausbilder. Das andere ist das Qualifizierungs-Portfolio, das Teilnahme- und Leistungsnachweise enthält (Meissner 2004, S. 4). Insgesamt geht es bei den Portfolios jeweils sowohl um Prozess- als auch um Produktorientierung.

Alle Autoren sprechen davon, dass man sich bei einer solchen Sammlung klar sein muss, wofür man sie anlegt; dass es eigene Kriterien geben soll, was in die Mappe oder den Ordner kommt. Und dann kann das Portfolio 100 Gesichter haben. Jansa (2005, S. 23ff.) gibt in seinem Artikel einen Überblick über bekannte Portfolios im Elementarbereich: von Reggio über Pen Green bis Neuseeland. Die Erfahrungen von Fachkräften in der Arbeit nach dem Situationsansatz hat er nicht im Blick. Diese Lücke wird in unserem Buch geschlossen. Wir zeigen Beispiele exzellenter Beobachtungs-, Dokumentations- und Dialog-Kulturen nach diesem Konzept. Eine beispielhafte Gliederung aus der Praxis einer zertifizierten Situationsansatz-Einrichtung findet sich in Kapitel 4 des Buches (ab S. 216).

Daniela Kobelt Neuhaus

1.7 Reflektierte Beobachtung und dialogische Beziehung
Zur Unterstützung lernmethodischer Kompetenzentwicklung

Nie mehr im Leben kann so viel gelernt werden wie in den ersten Lebensjahren. Ausgehend von dieser wissenschaftlich vielfach begründeten Erkenntnis fordern bildungsorientierte Fachkräfte in den letzten Jahrzehnten, dass die Kinderzeit nicht „verspielt", sondern Lernen effektiv und effizient optimiert werden sollte. Erkenntnisse über das Wie, Wann und Warum des Lernens müssten eine gute didaktische und methodische Aufbereitung des Lernstoffs zur Folge haben, der dann Kindern „beigebracht" werden könnte. Entwicklungsangemessene und lernmotivierende Angebote und Projekte wurden in Curricula bzw. in Bildungs- und Erziehungspläne gegossen, damit sie allen Kindern Chancengleichheit und höchstmögliche Förderung garantieren.

Neuere Bildungspläne befürworten die Neubewertung des Lernens im Elementarbereich ebenfalls. Sie gehen aber zusätzlich von kompetenten Kindern aus, die dem Bildungsangebot durchaus wählerisch gegenüberstehen, die Lernmethoden selber bestimmen und auf vielfältigen Wegen zu Erkenntnissen und Wissen kommen. „Lernmethodische Kompetenz" ist ein relativ neuer Begriff, der in diesem Zusammenhang verwendet wird. Er setzt sich zusammen aus den drei Wörtern „Lernen", „Methode" und „Kompetenz".

Lernen

… an sich ist ein überlebensnotwendiges Geschehen. Um selbsttätig und erfolgreich das Leben zu meistern, gilt es, lebenspraktisches Wissen und Problemlösungskompetenzen zu erwerben. Dazu gehört als Erstes ein Problembewusstsein: Ich stelle z. B. fest, dass ich friere! Wenn ich nicht frieren will, muss ich erfahren, was wärmt. Das kann ich tun, indem ich andere, ähnlich frierende Lebewesen beobachte und deren Verhalten imitiere, etwa ihre Kleidung oder die Bedienung eines Ofens. Ich kann aber auch selber (zufällig) erfahren, wie mir warm wird, und diese Erfahrung in einem kühlen Moment als Erinnerung reaktivieren, d. h. mich bewegen, mich reiben oder heißen Kaffee trinken.

Problemorientiertes Lernen ist sicher die bedeutendste Form des Lernens. Ausgangspunkt für das Lernen an schwierigen, neuen oder unangenehmen Situationen ist immer die Problemwahrnehmung. Habe ich das Problem erkannt, muss ich in einem zweiten Schritt meine Beobachtungskompetenz vom Problem weg hin zu den Lösungsmöglichkeiten richten. Das ist ein Willensakt bzw. ein kognitiver Prozess, der von der Bedeutung des Problems für mich und mein Dasein beeinflusst wird. Ist das Problem ernsthaft, wird es mir möglicherweise leichter fallen, nach Lösungsmethoden für das Problem zu suchen, d.h. mein Verhalten, eventuell meine Einstellungen oder mein Denken auf das Ziel „Problem gelöst" auszurichten. Im dritten Schritt wird die Angemessenheit von Aufwand und Ertrag überprüft: Hat sich die Lösungsmethode als angemessen gezeigt, um das Problem zu bewältigen, oder gibt es andere, bessere Methoden? Ist die Lösung selber zufriedenstellend? Wenn Menschen zufrieden sind mit dem Ergebnis ihres Verhaltens, kann es sein, dass der Lernprozess an dieser Stelle abgeschlossen wird. Es gibt jedoch noch andere Lernformen, die Stagnation im Lernen verhindern:

Eine davon ist die *„schlichte" Neugier*, die dem Menschen angeboren ist. Er steckt seine Nase immer in Dinge, die einfach „interessant" scheinen. Solche Interessensgebiete werden selbstmotiviert mit Problemen/Fragestellungen belegt, an denen dann Wissen „um seiner selbst willen" vermehrt wird. Warum, wenn nicht aus bloßer Neugierde, würde ein Kind sich mit dem Krabbelgetier in der Erde befassen? Es gibt kaum Eltern, die das Kind von sich aus begeistert dazu anleiten würden.

Eine andere Lernform ist die Ansammlung von Kenntnissen, die daraus entsteht, dass der *Wissensfortschritt* auf einem Gebiet für andere Lernbereiche Folgen hat. Will das Kind seiner Mama einen Brief schreiben, den sie selber lesen und verstehen kann, dann muss es sich zwangsläufig darum bemühen, dass die richtigen Bilder, Buchstaben und eventuell die richtige Sprache auf den Brief kommen.

Der Bedarf an *vernetztem Wissen* ist eine der häufigsten Lernmotivationen. Allerdings gibt es inzwischen so viel zu wissen und zu können, dass Menschen sehr genau überlegen müssen, was sie wann, wie und warum lernen. Und genau hier sind wir bei der lernmethodischen Kompetenz.

Lernmethodische Kompetenz

... ist die Fähigkeit, über das eigene Lernen nachzudenken und es zur Bewältigung der Informations- und Wissensmenge einzusetzen, die auf einen einstürmt. Je größer die potenzielle Wissensmenge in der Welt wird, desto bedeutsamer wird das Wissen über den Umgang mit Informationen, die der Problemlösung dienen, der Neugier geschuldet sind oder als Anforderung von außen auf einen zukommen. Es gilt erprobte, bewährte und bekannte Methoden des Lernens sinnvoll zum neuen Lernen einzusetzen, sich nicht zu verzetteln und sich selber reflexiv immer wieder zu vergewissern, wo man sich auf dem Weg der Kompetenzerweiterung gerade befindet.

Lernmethodische Kompetenz hat viel mit Kognition zu tun, mit Denken also. Man bezeichnet sie auch als „metakognitive Kompetenz". „Meta" ist eine griechische Vorsilbe, die deutlich macht, dass eine Aussage auf einer höheren Ebene getroffen wird als auf der aktuellen Handlungsebene. Meta-Kognition oder Meta-Denken ist dementsprechend das zusätzliche *Denken über das Denken* im konkreten Handlungsprozess. In der Kindertageseinrichtung zielt lernmethodische Kompetenz wesentlich darauf, dass Kinder über ihr Handeln nachdenken und dann über dieses Nachdenken und seine Ergebnisse eine eigene „Theorie" entwickeln. Das heißt, metakognitive Lernarrangements ermöglichen den Kindern das Bewusstsein, *dass* sie lernen, *was* sie lernen und *wie* sie lernen (Fthenakis 2005).

Darüber hinaus sind sie der Auslöser für die Planung und Steuerung neuer Lernprozesse. Das Kind steuert und reguliert kognitive Vorgänge, indem es soziale und individuelle Formen von Metakognition und Selbststeuerung einsetzt. (Gisbert 2004) Es stellt sich selber Fragen und Aufgaben, um zu überprüfen, ob es einen Sachverhalt verstanden hat und ob die Situation oder der Sachverhalt mit seinem Lebensumfeld vereinbar ist. Metakognition dient auch der Entwicklung von Gedächtnisstrategien, um sich etwas zu merken. Hat sich die Lernmethode bzw. die Lernstrategie bewährt, so kann sie auch in anderen Situationen gezielt erneut eingesetzt werden. War die Lernstrategie unbefriedigend, muss eine neue gesucht werden.

Lernen wird also nicht erst durch lernmethodische Kompetenzen gelernt, sondern die metakognitive Fähigkeit verbessert allenfalls Lerntempo, Lernmethoden und -strategien und führt somit zu einem effektiven Wissenserwerb bzw. zu effizientem Lernverhalten in neuen Situationen. (Schäfer 2005)

Erwachsene sind Unterstützer in diesem Prozess, wobei metareflexive Lernunterstützung nach Ansicht einiger AutorInnen (Gisbert 2003, Schäfer 2005) erst möglich wird, wenn Kinder ausreichend bewusstseinsfähig sind und noch besser, wenn dieses Bewusstsein auch sprachlich ausgedrückt werden kann. Vergleichen wir jedoch die lernmethodische Fähigkeit bzw. metakognitive Kompetenz mit anderen Kompetenzbereichen, so ist die Annahme durchaus berechtigt, dass ihre Entwicklung sehr viel früher beginnt als während und nach der Sprachentwicklung und als das von der Mitwelt hörbar wahrzunehmende „Bewusstsein" des Kindes über seine Handlungen. Etwas gewagt ist vielleicht der Vergleich mit der Entwicklung der moralischen Kompetenz, d.h. mit der Entwicklung des Gewissens und der Einsicht über „Gut" und „Böse". Aber mir bleibt immer das Bild des kleinen Jungen in Erinnerung, der sich wackelig stehend mit einer

Hand an der Stereoanlage festhält und mit der anderen mit ausgestrecktem Zeigefingerchen versucht, das Ding in Gang zu bringen. Dabei schaut er über die Schulter und wartet auf eine Reaktion der im Raum befindlichen Erwachsenen, die in ein Gespräch vertieft scheinen. Immer wieder schaut er, ob nicht das gewohnte „Nein" kommt. Er sucht nach der externen Instanz, die ihm von außen Unterstützung bietet, ihm sozusagen (Ein-)Halt gebietet. Er schüttelt mit Kopf und ganzem Körper ein deutliches „nein, nein". Und dann findet sein Zeigefinger den Knopf und die Erwachsenen merken unsanft auf. Das Kind erschrickt selber über seine Fähigkeit, in voller Lautstärke einen Rocksong in den Raum zu holen und setzt sich gleich auf den Po. In Windeseile ist es weggekrabbelt – immer wieder sich versichernd, ob nicht von irgendwo her eine Reaktion kommt. Sein Gesicht spricht Bände zwischen Stolz, Schuldbewusstsein und Angst, aber auch Lust am entstandenen Ergebnis.

Die Parallele zum metakognitiven Ansatz sehe ich in der vorübergehenden „Auslagerung" des Bewusstseins und des Denkens in die Mutter oder die zuständigen Erwachsenen. Stellvertretend für Kinder machen diese in moralisch-ethischen Bildungsprozessen immer wieder deutlich, was geht und was nicht geht. Sie übernehmen – sicherlich etwas platt ausgedrückt – sozusagen das Denken für die Kinder, ausgehend von ihren Beobachtungen, die sie am / mit dem Kind gemacht hat. Und wie der stete Tropfen den Stein höhlt, so gehen die von außen zur Verfügung gestellten Analysen über Gut und Böse langsam aber sicher in die Kinder ein, beeinflussen deren Tun und Denken. In der oben geschilderten Szene war deutlich, dass das Kind das Wort „nein" schon kannte und es auch mit bestimmten Situationen/Handlungen in Verbindung brachte. Trotzdem nutzte es jetzt die Gelegenheit zu neuen Lernschritten, weil es einen Hauch von Freiheit (gedankliche Abwesenheit der Erwachsenen) spürte. Dieses Vakuum war es nun in der Lage auszufüllen – zunächst normkonform, dann abenteuerlustig.

Lernmethodische Kompetenzentwicklung – Rolle der Erwachsenen

Analog zur externen moralischen Instanz stelle ich mir zum metakognitiven Ansatz pädagogische Fachkräfte vor, die den Kindern lernmethodische Kompetenzen vorleben und die Kinder durch stellvertretendes (verbalisiertes) Denken und Reflektieren unterstützen. Eine Variante dieser Begleitung ist sichtbar bei engagierten Müttern ganz kleiner Kinder oder auch bei qualifizierten Krippenerzieherinnen, die (teilweise instinktiv) alles kommentieren, was das Kind tut oder was sie mit dem Kind tun. Sie werden nicht müde, dem Kind zu schildern, was es gerade tut, welchen Gesichtsausdruck es hat, auch was es fühlt, erlebt usw., selbst wenn sie damit möglicherweise meilenweit neben den „echten" Gefühlen des Kindes liegen. Nachvollziehbar ist, dass dieses Begleitsprechen und -denken aufhört, sobald das Kind selber in der Lage ist, seine Handlungen verbal zu begleiten. Meines Erachtens verstummen viele Fachkräfte und Eltern zu früh oder zu extrem, so dass Kinder insbesondere in der bedeutsamen Zeit des Spracherwerbs zu wenig Anleitung für das Denken über das Denken bekommen.

Mir ist bisher keine Forschungsarbeit bekannt, die einen solchen Zusammenhang untersuchen würde. Auch sonst gibt es erst wenige wissenschaftlich gesicherte Untersuchungen zum Thema lernmethodische Kompetenz. Pramling-Samuelson (2002) verdanken wir einige sehr praxisnahe Beschreibungen und systematische Untersuchungen zum metakognitiven Ansatz. Unter anderem hat sie bestätigt, dass kleine Kinder wahrscheinlich noch nicht in der Lage sind, Reflexionen zu einzelnen Verhaltensweisen zu verallgemeinern. D. h. wenn der Junge „weiß", dass er den Knopf der Stereoanlage nicht bedienen darf, gilt das nicht für alle anderen interessanten Knöpfe! Oder bei Kindergartenkindern muss das Projekt „Bauernhof" von den Kindern nicht unbedingt mit dem Besuch des Bauernhofs im Dorf in Verbindung gebracht werden. Dort ist vielleicht der Traktor, das kleine Kätzchen oder die Kuh so wichtig, dass sie alles andere überlagern. Im besten Fall wird ein Kind feststellen, dass das keine Kuh ist wie die im Buch. Dass jedoch das „Wesen des Bauernhofs" in Kühen oder Traktoren sowie in dem, was damit gemacht wird, besteht, können viele Kinder erst viel später nachvollziehen. Sie nehmen wahr, beobachten aufmerksam, aber bleiben im konkreten Hier und Jetzt verhaftet. Zum Glück, denn sonst würde, was häufig bei Kindern mit Ängsten oder mit besonderen Begabungen geschieht, die Neugierde an der aktuellen Situation massiv gebremst, weil nicht mehr das Beobachten im Vordergrund stünde, sondern das Wissen, das aus einer möglicherweise doch sehr anderen Situation stammt. Ein Beispiel dafür, wie „Vorwissen" Kinder beschäftigen kann:

Eine Mutter musste zum Besuch beim Förster sowohl ihren fünfjährigen Sohn als auch ihre dreijährige Tochter mitnehmen. Die Tochter redete, ganz anders als sonst, ständig dazwischen, wollte wissen, wo der Wolf sei und ob der Förster sein Gewehr wirklich dabei habe. Eigentlich ganz logisch: Wald plus Förster plus Blockhütte gleich Rotkäppchen. Auf die Frage des Försters an die Kindergruppe: „Was habt ihr heute gelernt?", gaben die Älteren Details an, z. B. das „Käfernest" unter der Rinde eines gefällten Baumes, das die Kinder ausgebuddelt hatten und das der Förster zum Anlass für Erklärungen nutzte. Das kleine Mädchen konnte nur wiederholen, was ihr Bruder gesagt hatte, wahrscheinlich war es froh, dass der Wolf nicht gekommen war, aber immer noch ziemlich verunsichert, weil sie nach wie vor nicht wusste, wo er denn steckte. Ein Ausflug in den Zoo oder den Wolfspark mit den gut eingesperrten Tieren könnte diesem

Kind vielleicht helfen, seine Angst zu überwinden, so dass der Wald wieder zum interessanten Lernort werden kann.

Ein anderes Beispiel für die Verhaftung im Konkreten liefert Gisbert (2003): *„Simeon hat im Kindergarten an einem Projekt teilgenommen, in dem die Zeit behandelt wurde. Es wurde über Sekunden, Minuten und Stunden gesprochen, die Kinder haben von Tagen, Monaten und Jahren etwas gehört, selbst erfahren, dass Zeit manchmal schnell und manchmal langsam zu vergehen scheint, und herausgefunden, wie viele Stunden ein Tag im Kindergarten hat. Es wurde darüber gesprochen, dass es bestimmte Zeiten für das Mittagessen und das Spielen gibt und wie die Menschen wohl früher die Zeit gemessen haben, als es noch keine Uhren gab. In diesem Projekt haben er und die anderen Kinder auch – um das abstrakte Konzept der Zeit besser verstehen zu lernen – aus Pappe eine Uhr mit beweglichen Zeigern gebastelt. Als Simeon später gefragt wurde, was er gelernt hat, hat er gesagt: ‚Ich habe gelernt, eine Uhr zu machen'."*

Lernen bedeutet für Simeon, dass er etwas *tun* kann, was er vorher nicht konnte – eine Uhr basteln. Die Erzieherinnen aber wollten den Kindern *Wissen* über die abstrakten Konzepte der Zeit und der Temperatur nahebringen. Sie hatten in ihrer Ausbildung gelernt, dass Kinder etwas lernen, indem sie mit gegenständlichen Materialien hantieren und selbst etwas herstellen. Gleichzeitig hatten sie die Vorstellung, dass etwas zu lernen bedeuten würde, möglichst breites geistiges Wissen über einen Sachverhalt zu erwerben. (Gisbert 2003, S. 2)

Marco, der ein ähnliches Projekt in der Kita erlebt hat, berichtete mir bei einem Besuch: „Wir haben heute die Zeit gelernt." Auf meine Bitte, etwas mehr zu erzählen, führte er mich zur Uhr über der Tür. „Ich kann sie noch nicht lesen." Penetrant fragte ich nach, ob er sie denn lesen lernen möchte. Aber er war schon halb weggehüpft, als er mir über die Schulter zurief: „Ja, wenn ich groß bin."

Marco zeigt, dass Kinder sich nicht unbedingt dann mit Lerninhalten befassen wollen, wenn Erwachsene das wichtig finden. Sie befassen sich mit Dingen, die für sie aktuell Bedeutung haben. Was das jeweils sein könnte, müssen Pädagoginnen herausfinden, indem sie die vielen Tätigkeiten der Kinder wahrnehmen, beobachten und indem sie das Handeln der Kinder durch Kommentare, erweiterte Angebote und Fragen aufgreifen. Lernkompetente Erwachsene, d.h. neugierige, problemlösende und aufmerksame Erwachsene sind ein wichtiges Vorbild für das metakognitive Denken der Kinder und für das kindliche Weiterlernen im sozialen Kontext.

Reflektierte Beobachtungen als Grundlage für Lernangebote

Die Bildungspläne und der gesellschaftliche Druck nach möglichst früher Förderung führen dazu, dass Erzieherinnen sich genötigt fühlen, aktiv in das Lernen der Kinder einzugreifen, indem sie Projekte entwickeln, Lernräume dekorieren, Werkstätten einrichten, und dass sie ein schlechtes Gewissen bekommen, wenn sie „nur" beobachten und begleiten. Auf der anderen Seite gibt es genügend gesicherte Erkenntnisse, dass Kinder vor allem dann gut lernen, wenn sie ihre eigenen Themen verfolgen und Schritt für Schritt ihre Kompetenzen erweitern können. Werden Kinder sozusagen von einem Angebot oder Projekt ins nächste geleitet oder von einem Ausflug zum nächsten beobachtet, so kann die beste stellvertretende metakognitive Begleitung nicht darüber hinwegtäuschen, dass hier unter dem Deckmantel „entwicklungsangemessene Bildungsprozesse" das Bastelangebot von früher durch ein modernes Bildungsangebot ersetzt wird, die Haltung dazu aber dieselbe bleibt, nämlich: Kinder sollen lernen und zwar das, was Erwachsene für sie vorgesehen haben. Schäfer (2005, S. 9) befürchtet sogar, dass das „metakognitive Kind ... ein Kind (ist), das offensichtlich zu allem angeleitet werden muss", und er fragt sich: „Wo bleibt hier das kompetente Kind, sein Ideenreichtum, seine Neugier und sein Forschergeist, also die Eigenschaften des Kindes, die eine postmoderne Position ausmachen?"

Die Kunst der professionellen Fachkräfte besteht darin, die Balance zu finden. Es gilt, einzelne Lernaktivitäten so zu organisieren, dass die Kinder bewusst erleben können, *dass* sie lernen, *was* sie lernen und *wie* sie lernen. Dies geschieht zum Beispiel durch begleitende Kommentierung der selbst initiierten Aktivitäten des Kindes durch die Pädagogin sowie durch gezielte Reflexion über das Lernen und den Lernprozess. Zentrales Anliegen sollte sein, Kinder zum Nachdenken anzuregen, ohne Lösungen vorwegzunehmen. Wichtig dabei ist, den Kindern möglichst viele Gelegenheiten für selbsttätiges und forschendes Lernen zu bieten, um ihre Kompetenz zur eigenständigen Steuerung des Lernprozesses zu stärken. Wichtig ist aber auch, dass die Erzieherin aus ihrem Wissensfundus zu den Themen der Kinder neue Aspekte beisteuert und sorgfältig prüft, ob Kinder diese Angebote wahrnehmen und sich zu eigen machen können. Sie kann die Denk- und Lernprozesse der Kinder erweitern, indem sie z. B. Problemstellungen vorgibt, Fragen stellt, Vorschläge unterbreitet, Aufgaben zunehmend schwieriger und komplexer gestaltet, Informationen und Materialien zur Verfügung stellt oder „Gelerntes wiederholt".

Das bedeutet, Erzieherinnen „schweben" sozusagen beobachtend über sich selber und über dem Kind. Und letztlich geht es nicht um das Kind und seine Lernprozesse, sondern darum, dass die lernmethodische Kompetenz sich zwischen den Beteiligten entwickelt.

Lernmethodische Kompetenz braucht dialogische erzieherische und Bildungsbedingungen, die Kinder als Subjekte ihres Tuns anerkennen. Das heißt, Erzieherinnen haben die wichtige Aufgabe, dafür zu sorgen, dass die Didaktik nicht eine Pseudo-Autonomie ermöglicht, die sich leider allzu oft hinter dem Begriff Partizipation versteckt. Es kann nicht darum gehen, Projekte *für* Kinder vorzubereiten und sie dann auswählen lassen, ob sie sich lieber mit dem Zoo oder mit dem Straßenverkehr beschäftigen wollen.

Eine Didaktik, die sowohl das neue Bild vom (kompetenten) Kind als auch die notwendige Steuerung von Lernprozessen im Blick hat, kann nur auf der Basis einer positiven Beziehung bzw. einer sozialen Interaktion stattfinden. Lernen, Denken und Verstehen werden nicht als isolierte individuelle Prozesse aufgefasst, sondern als Gegenstand sozialer Aushandlungsprozesse. Dieser sozialkonstruktivistische Ansatz sieht Wissenserwerb als ko-konstruktiven Prozess, in dem Interaktionen, individuelle Deutungen und soziale Übereinkunft eine zentrale Rolle spielen. Für die Begleitung als auch die Reflexion von Lernprozessen spielt die reflektierte Beobachtung eine entscheidende Rolle.

Was heißt das für die Pädagoginnen in der Praxis?

Um Kinder beim *Lernen als Tun* hin zum *Lernen als Wissen* und zum *Lernen als Verstehen* (Pramling-Samuelson, nach Gisbert 2003) zu begleiten, d. h. um die kindliche Realitätsverhaftetheit in Denken zu verwandeln, das von der konkreten Situation abstrahiert und zu „Weltverstehen" führt, gilt es, die Lernkonzepte der Kinder zu erweitern.

Nachstehend versuche ich, diese Aufgabe in vier Schritten darzustellen, wobei ich immer davon ausgehe, dass es um ein ko-konstruktives Geschehen geht, wenn Kinder und Erwachsene sich an Lernprozesse wagen. Mit den Termini von Milani Comparetti (1996) orientiert sich die PädagogIn am Verhaltens-„Vorschlag" der Kinder, an deren Fähigkeit, Umweltgegebenheiten aufzugreifen, auf sie einzuwirken und sie sich zu eigen zu machen. Den Vorschlag der Kinder gilt es zu erkennen, aufzugreifen und mit einem „Gegenvorschlag" zu beantworten. Die „kreative Differenz" zwischen Vorschlag und Gegenvorschlag ist die Spanne, die im Dialog zur Entwicklung von neuen Erkenntnissen führt.

1. Kinder in ihrem „Lernen lernen" zu unterstützen, heißt zunächst, ihnen ihre Lernprozesse bewusst zu machen.

Kinder wissen nicht immer, dass sie lernen. Viele Dinge, glauben sie, können sie irgendwann einfach. Typisch für diesen Glauben ist die Antwort von Marco im obigen Beispiel auf die Frage nach seinem Interesse am Verstehen der Uhr: „Wenn ich groß bin." Dieses Kind hat höchstwahrscheinlich den Eigenanteil in

Lernprozessen noch nicht erkannt, hat noch nicht begriffen, dass Lernprozesse gesteuert, Wissen erarbeitet und Verstehen erworben werden kann.

Das Bewusstmachen von Lernprozessen kann
a) durch Reflexion bereits vollzogener Lernprozesse,
b) durch Spiegeln aktuell wahrgenommener Lernprozesse oder
c) ausgehend von konkreten Spiel- und Lernsituationen durch Nachfragen nach individuellen Lernplänen
geschehen.

Auch Geschichten und Bilderbücher eignen sich zur Reflexion von Lernprozessen, wenn nicht nur der Inhalt des Buches und die Ästhetik der Bilder Gegenstand der gemeinsamen Diskussion ist, sondern auch das Lernen selbst.

Grundlage für den metareflexiven Dialog mit Kindern ist die wertschätzende Beobachtung ihres individuellen Handelns sowie ihres Verhaltens in der Kindergemeinschaft. Solche Beobachtungen müssen unbedingt dokumentiert sein, d. h. schriftlich oder per Foto / Video festgehalten werden, um sie Kindern „spiegeln" zu können. Damit ist auch deutlich, dass es nicht darum gehen kann, nun jeden Schritt des Kindes ins „Lernbewusstsein" zu holen. Das wäre überhaupt nicht leistbar. Pädagoginnen müssen eine Auswahl treffen. Vertreterinnen des kokonstruktiven Ansatzes werden bereits die Beobachtungsauswahl gemeinsam mit dem Kind treffen. Bei kleineren Kindern werden sie sich an häufigen Tätigkeiten orientieren, größere Kinder können gefragt werden, worauf die Erzieherin ihren Beobachtungsfokus richten soll. Sie wird selbstverständlich aufgrund ihres pädagogischen Wissens und ihrer Wahrnehmungen von Besonderheiten beim Kind Vorschläge machen, d. h., sie wird das Kind fragen, ob sie besonders sein Bewegungsverhalten beobachten soll, sein Spielen oder seine Konflikte mit anderen. Ideen zur Förderung von Lernbewusstsein sind:

Zur Reflexion von bereits vollzogenen Lernprozessen:
- Kinder sprechen von sich aus manchmal über Dinge, die sie bereits gelernt haben. Sie sind z. B. kein Baby mehr, brauchen keine Windel mehr wie „das neue Kind" in der Einrichtung. Solche Bemerkungen können aufgegriffen werden. Dabei ist es bedeutsam, die Eigenleistung des Kindes im Entwicklungsschritt vom Windelkind zum Mädchen oder Jungen herauszuarbeiten. Das könnte z. B. sein, das Wahrnehmen der vollen Blase oder das regelmäßige Zur-Toilette-Gehen oder auch das unangenehme Gefühl einer nassen Hose, das vom Kind vermieden werden wollte usw. Solche Gespräche können ganz nebenbei laufen, etwa während des Wickelns eines Kindes.
- Eine Kollegin erzählte, dass sie mit dem Kind an den Ort der Beobachtung geht bzw. auch unabhängig von Beobachtung mit den Kindern durch die Einrichtung geht mit der Frage: „Was hast du da gelernt?" Den Kindern fällt

dazu nach einigem Nachdenken viel ein. Die Kollegin berichtete sogar, dass ein Kind später zu ihr kam und erzählte, was es „draußen" gelernt hatte, weil beim Rundgang das Außengelände vergessen worden war (nach einem Bericht von Christine Lipp-Peetz aus einem Kurs im Elisabethenstift 2006). Die Idee der Kollegin ist gut, allerdings ist ihre Frage sehr produktorientiert. Kinder könnten durch eine solche Frage zur Vermutung kommen, dass es – um gut dazustehen – wichtig sei, eine möglichst große Ansammlung von „Gelerntem" aufzuzählen. Bei einer Lernerforschungs-Begehung könnten zusätzliche Fragen den Kindern verdeutlichen, dass es nicht so sehr darum geht, viel zu wissen und zu können, sondern vor allem um das Nachdenken über das Lernen. Fragen, die eher auf Lernstrategien zielen, könnten sein: „Weißt du noch, wie du das gelernt hast? Wofür brauchst du das, was du gelernt hast? Gibt es noch mehr Dinge, die du lernen möchtest? Wie willst du diese neuen Dinge lernen?" etc.

Zur Begleitung von aktuellen Lernprozessen:
- Beobachtungen (Schriftliches, Fotos, Filme usw.) und Produkte von Kindern, die aktuell festgehalten werden, können mit dem Kind/den Kindern besprochen werden. Ziel ist es, den Kindern laufend mitzuteilen, welche persönlichen Entwicklungen man von außen wahrgenommen hat – zum einen bezüglich der Veränderungen der Lerninhalte und zum anderen bezüglich der aktiven Rolle des Kindes in seinen Lernprozessen. Zum Beispiel: „Hast du bemerkt, wie du dein Schreiben entwickelt hast? Schau, so hast du deinen Namen im Frühjahr geschrieben, und jetzt schreibst du ihn so – was ist passiert? Was hat sich verändert? Warum?" Für solche Reflexionen ist ein Lerntagebuch oder ein Portfolio sehr geeignet.
- Die beobachteten Unterschiede in den Lernprozessen der Kinder können bewusst genutzt werden, um Kinder anzuregen. In der Kindergruppe kann zum Beispiel darüber nachgedacht werden, wer wie seinen Namen richtig zu schreiben gelernt hat. Das Nachdenken über die unterschiedlichen Lernmöglichkeiten unterstützt Kinder im kreativen Umgang mit Lernen.
- Aufgrund ihrer Beobachtungen werden Erzieherinnen den Kindern Vorschläge machen oder Fragen stellen, die Kinder anregen, weiterzudenken oder neue Kompetenzen zu erwerben. „Ich habe deinen Sandtunnel gesehen, auf den du so stolz warst – ist ja inzwischen wieder zusammengefallen. Hast du eine Idee, wie du einen Tunnel so machen kannst, dass er hält?" oder: „Was bringt es dir jetzt, wenn du deinen Namen schreiben kannst? Reicht das, um einen Brief oder eine Karte aus dem Urlaub zu schreiben?"

Zur Entwicklung individueller Lernpläne:
- Größere und sprachkompetente Kinder können beispielsweise im Planungskreis/Morgenkreis gefragt werden, wer heute was lernen möchte und wie sie

das tun wollen. Vielleicht kann dann auch geklärt werden, ob das Kind für seinen individuellen Lernprozess noch etwas braucht. Wenn diese planerische Form gewählt wird, ist es wichtig, dass die Erwachsenen hinterher (abends, am Ende der Woche oder auch spontan) nachfragen, ob der geplante Lernprozess stattfinden konnte, wenn ja, wie das Kind sein Vorhaben gestaltet hat, wer beteiligt war usw., und wenn nein, was hinderlich war. (Hier geht es um das Ernstnehmen von Kindern!)

- Manche Kinder würden gerne anderen von ihrem Wissen und Können etwas abgeben, Bilderbücher vorstellen oder anderen Kindern eine Einführung in Zahlen geben etc. Sie festigen damit eigene Kompetenzen, und gleichzeitig ermöglicht dieses Vorgehen auch, eine kindgerechte Didaktik zu entdecken. Kinder brauchen dabei nicht immer Erwachsene zur Unterstützung, es ist aber gut, mit ihnen im Vorfeld zu überlegen, wie das denn gehen könnte, dass sie andere Kinder etwas lehren und was sie dazu benötigen. Auch eine Nachbereitung empfiehlt sich. Im Morgenkreis können solche Lehrangebote angekündigt werden. Es kann auch gefragt werden, wer daran teilnehmen möchte. Erwachsene können hier durch Vorschläge zum TeilnehmerInnenkreis steuernd eingreifen, wenn sie beobachten, dass manche Kinder gar keine Interessen zeigen, indem sie diese direkt ansprechen.

2. Lernmethodische Kompetenz entwickelt sich vom Konkreten zum Abstrakten im Lebensumfeld des Kindes.

Lernen ist nicht etwas Zusätzliches in einem Menschenleben, sondern das Leben an sich ist Lernen. Dies gilt es, Kindern (und sich selber vielleicht auch) immer wieder in Erinnerung zu rufen. D. h. Lernen geschieht am leichtesten dort, wo man schon erste Erfahrungen gemacht hat. In diesem Sinne sollten Lernarrangements immer auf der konkreten Lebenswelt der Kinder aufbauen. Jedes bedeutsame Tun und Erleben eines Kindes liefert einen ganzheitlichen Lernwert, beinhaltet Inhalt, Struktur und einen Lernprozess zwischen Konstruktion (etwas neu entwickeln) und Dekonstruktion (etwas durch Auseinandernehmen erforschen). Beobachtungen von kindlichem Tun, Informationen zum kindlichen Lebensumfeld und eine sorgfältige Analyse der Lernumgebung sind eine immer wieder zu aktualisierende diagnostische Grundlage, auf der die Erzieherin den Dialog mit dem Kind und seinen Eltern führt und neue Lernprozesse anregt.

3. Lernen ist ein dialogisches Geschehen an einem Thema.

Als eine der zentralen Fragen begegnet mir immer wieder die nach dem „Thema" des Lernens: „Was sind für Kinder bedeutsame Themen?" Meines Erachtens ist diese Frage falsch gestellt. Sie müsste eher lauten: „Warum machen Kinder ein bestimmtes Thema zu einem für sie bedeutsamen?" Wenn Bildung eine zentrale frühkindliche Beschäftigung ist, gilt es, Kinder zu motivieren, sich mit vielfältigen Themen zu befassen. Erzieherinnen benötigen ihre diagnostische Kompetenz (vgl. oben), um die Ausgangslage jedes Kindes, seine Fähigkeiten, seine aktuellen Lernkonzepte und sein Wissen einzuschätzen und sie zu Themen des erlebbaren Alltags in Bezug zu setzen. Das kann das Wetter sein, die Gruppe als Spielpartner oder der Bäcker im Ort. Kinder sind prinzipiell interessiert, wenn sie merken, dass die Themen etwas mit ihnen zu tun haben, dass sie durch vermehrtes Wissen in einem Gebiet auch auf anderen Gebieten einen Vorteil haben usw. Letztlich ist es unbedeutend, wer das Thema für Projekte oder Lernprozesse einbringt: Eine Idee wird nur zum Thema, wenn sie die Gedanken und Interessen der Kinder aufgreift und ihre eigenen Entwicklungsvorhaben unterstützt (vgl. Milani Comparetti 1996). Pramling spricht in diesem Zusammenhang vom Prinzip der Gegenseitigkeit (nach Gisbert 2003, S. 191). Die Erfüllung des Prinzips der Gegenseitigkeit erfordert, dass Erzieherinnen die Themen aus der Perspektive der Kinder betrachten können. Das können sie wiederum nur, wenn es ihnen gelingt, die Beobachtungen über Kinder immer auch unter der Fragestellung zu betrachten „Was brauche ich, Kind, nun?" (vgl. Kobelt Neuhaus 1997, S. 206 f., Kobelt Neuhaus 2001, S. 752).

Um einen entwicklungsförderlichen Dialog in Gang zu halten, benötigen Erzieherinnen über die Beobachtungskompetenz hinaus sowohl fundierte entwicklungspsychologische Kenntnisse als auch ein inhaltliches Wissen über bestimmte Themen, um im Einzelfall entscheiden zu können, wie Wissensinhalte angeboten werden müssen, damit verschieden kompetente Kinder in unterschiedlichem Alter sie verstehen können.

4. Lernmethodische Kompetenz ist kein Ergebnis, sondern ein Prozess.
Wichtig ist, Kinder zum Nachdenken anzuregen, ohne Lösungen vorwegzunehmen. Die Pädagogin kann die Denk- und Lernprozesse der Kinder erweitern, indem sie vor allem eine gute Fragekultur entwickelt. Wie schwierig Aufgaben sein dürfen und welche Informationen und Materialien Kinder in ihren Lernprozessen brauchen, finden Erzieherinnen heraus, wenn sie ständig in einer Art fragender Beziehung zu den Kindern bleiben. Ihr Auftrag ist, Aufschluss über das kindliche Denken zu erhalten und Kinder zu veranlassen, so viel wie möglich über ihr Denken preiszugeben. (Gisbert 2003, S. 198) Kinder sollen lustvoll ihr Wissen und Inhalte ihres Denkens präsentieren.

Die Erkenntnisse über die lernmethodischen Kompetenzen von Kindern wiederum fließen laufend in die pädagogische Planung ein. Es reicht also nicht, einmal jährlich vor dem Elterngespräch ein Kind „rundum" zu beobachten. Die interessanten lernförderlichen Informationen über kindliche Entwicklung liegen im stetigen intraindividuellen Vergleich, d. h. in den Erkenntnissen über individuelle Handlungsfortschritte, Wissenserweiterung und Verstehenskompetenz der einzelnen Kinder, die mit den Kolleginnen ausgetauscht werden. Das Wissen um die Fortschritte kindlichen Denkens und Handelns wiederum ist Gegenstand der Selbstevaluation der modernen Erzieherin. Sie findet darin Aufschluss über die Wirksamkeit ihrer Lernbegleitung. Insofern kann man sagen, dass reflektierte Beobachtung einen Baustein im pädagogischen Prozess darstellt. Sie ist Voraussetzung für ein ko-konstruktives Bildungsverständnis.

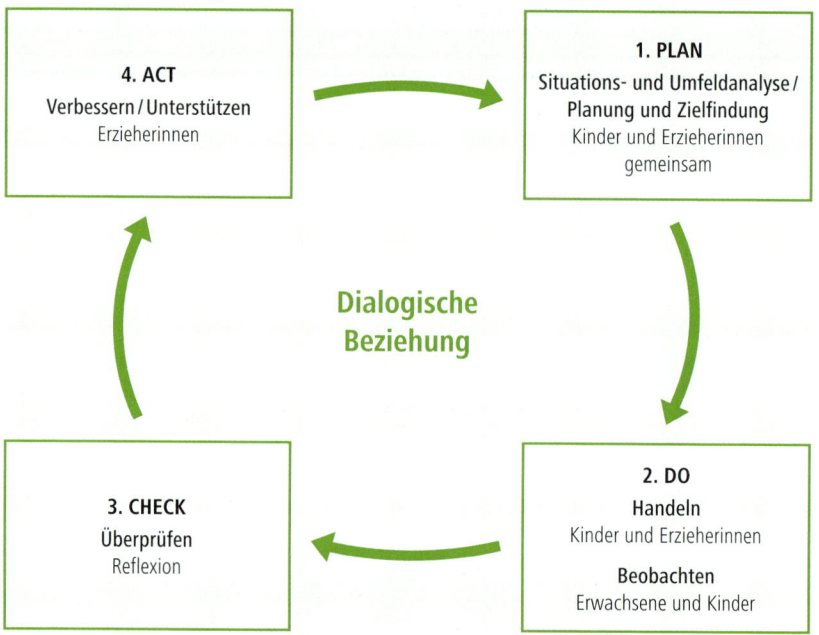

Kirsten Ewald, Sandra Merker

1.8 Das Kind vor mir oder die Erwachsene in mir?

Zum Umgang mit eigenen Gefühlen beim Beobachten anderer

Häufig erleben wir Erwartetes beim Beobachten, aber auch immer wieder Unerwartetes. In solch einem Fall sind wir überrascht. Warum? Beobachten wir ausschließlich, um unsere Hypothesen zu untermauern, oder dient die Beobachtung nicht vielmehr der Entdeckung des Unerwarteten? Warum unterlaufen uns dann immer wieder typische Beobachtungsfehler, die Beobachtetes hin zu Erwartetem „korrigieren"? Und welche Rolle spielen hierbei unsere Gefühle?

Beobachterin: Sandra Merker
Name des Kindes: Jennifer (geändert)
Alter: 3 Jahre
Beobachtungsdauer: 10 Minuten
Beobachtungssituation: Jennifer spielt im Bauzimmer mit Lisa (3 Jahre) Arzt.

Jennifer liegt auf dem Boden. Lisa holt eine Kette und steckt sie Jennifer in den Mund. Jennifer hält ganz still. Als ihr die Kette aus dem Mund fällt, steckt Lisa sie ihr wieder hinein. Danach kommt sie zu mir und sagt: „Weißt du, wir spielen Doktor." Ich lächle sie an und nicke. Sie geht zurück. Da die Kette nochmals aus Jennifers Mund gefallen ist, steckt sich Jennifer diese nun selbst hinein. Jan (3 Jahre) kommt hinzu. Er hat einen Holzstab in der Hand (wie ihn ein Arzt benutzt, um einem in den Mund zu schauen) und beugt sich über Jennifer. Er steckt ihr den Stab in den Mund und zieht ihn wieder heraus. Lisa verlässt die Spielsituation. Tom (3 Jahre) kommt hinzu, auch mit einem Holzstab in der Hand. Die beiden klopfen ihre Stäbe über Jennifers Gesicht aneinander. Jennifer bewegt sich nicht und verfolgt mit den Augen die Bewegungen der Stäbe. Dann schließt sie ihre Augen und hält wieder ganz still. Nun stecken die Jungen die Stäbe beide gleichzeitig in Jennifers Mund und fragen abwechselnd „Tut das weh, tut das weh?". Jennifer muss fast würgen und greift leicht nach der Hand des einen Jungen, so dass er den Stab nicht weiter in ihren Mund schieben kann.

> Ich teile Jennifer mit, dass sie es sofort sagen kann, wenn sie das Spiel nicht mehr mitspielen will. Sie nickt, lässt die Jungen dann aber weitermachen. Diese klopfen nun wieder ihre Stäbe über Jennifers Gesicht zusammen. Nach einigen Minuten sagt einer der Jungen: „So, fertig." Er hilft Jennifer, sich aufzusetzen. Nun werden die Plätze getauscht, und einer der Jungen ist der Patient.
>
> **Was macht die Situation mit mir?**
>
> Ich habe ein komisches Gefühl und muss mich sehr zurückhalten, nicht gleich einzugreifen, als die Jungen Jennifer die Stäbe in den Mund stecken. Jennifer kommt mir ausgeliefert vor. Ich fühle mich unwohl, die Situation mit anzusehen.

Diese Beobachtungssituation aus der Praxis bereitet der Beobachterin „komische" Gefühle. Warum hält sie es für wichtig, sich mit den eigenen Gefühlen während der Beobachtung auseinanderzusetzen? Geht es nicht vielmehr um das Kind, sollte es nicht im Mittelpunkt ihrer Beobachtung stehen? Sollte man die eigenen Gefühle nicht grundsätzlich „außen vor" lassen, wenn es um das Beobachten geht?

Der Mensch konstruiert sich seine Wirklichkeit (P. Watzlawick)

Was treibt uns dazu, bestimmte Interpretationen nahezulegen? Welche Ereignisse ziehen unsere Aufmerksamkeit auf sich? Warum gerade diese Ereignisse? Bei welchen Ereignissen beobachten wir lieber nicht? Wann schauen wir weg und vermeiden eine ausführliche Beobachtung? Nach welchen Kriterien wählen wir entsprechende Situationen aus? Was macht uns neugierig?

Ein nicht unwesentlicher Bestandteil der Ausbildung angehender Erzieherinnen besteht in der Auseinandersetzung mit der eigenen Biografie. Warum?

Die Erfahrungen, die wir im Verlauf unseres Lebens machen, beeinflussen unsere Interpretation der Welt, wir „konstruieren" unsere ganz persönliche Welt auf der Basis unserer Erlebnisse, unseres Standpunkts. Dementsprechend beeinflusst unsere persönliche Weltsicht auch die Interpretation unserer – auch der professionellen – Beobachtungen.

Dabei sind es die Gefühle, welche die Aufmerksamkeitsrichtung der Erzieherin lenken. Diese Gefühle hängen eng mit den Lebenserfahrungen der eigenen Biografie zusammen, ein Grund dafür, dass wir uns immer wieder ins Bewusstsein rufen sollten, inwiefern unsere Aufmerksamkeitsrichtung etwas mit eigenen Lebenserfahrungen, Stärken und Schwächen zu tun hat. Beobachtungen bestehen dementsprechend nicht nur aus dem sinnlich, sondern auch aus dem emotional Wahrgenommenen. So sind sie sehr individuell von der jeweiligen Person abhängig. Daher kommt es, dass unsere Beobachtungen häufig stark voneinander abweichen oder dass jeder Beobachter einen anderen Schwerpunkt setzt. Auf der Grundlage unserer eigenen persönlichen Erfahrungen nehmen wir also wahr, was wir für bedeutungsvoll, für „beobachtenswert" halten – mit unter Umständen nicht unerheblichen Konsequenzen für das betroffene Kind.

> **Weitere Gedanken zur Beobachtung – kurze Auswertung**
>
> Als ich die Situation auswertete, machte ich mir meine eigene Gefühlslage immer wieder bewusst. Ich fand es nicht gut, was Jennifer alles mit sich machen ließ. Meine bisherigen Einschätzungen über Jennifers geringes Selbstbewusstsein und Selbstwertgefühl bestätigten sich zunächst. Dann versuchte ich, die Situation einmal von einem anderen Blickwinkel aus zu sehen. Was passiert tatsächlich in dieser Situation? Was könnte ich noch feststellen, außer dass Jennifer sich offensichtlich nicht wehrt? Ich tauschte mich mit Kolleginnen aus. Vielleicht mochte Jennifer das Gefühl, umsorgt zu werden? Ich versuchte, mich an eigene Spielsituationen dieser Art zu erinnern. Welche Rolle nahm ich am liebsten ein? Ich hatte am liebsten die Rolle des Patienten, des Babys, des Verletzten. Denn es war schön, ich genoss es, von den anderen umsorgt zu werden. Ging es Jennifer eventuell genauso?

Wichtig bei der professionellen Beobachtung ist, dass sich die Beobachterin darüber klar werden muss, welche eigenen Gefühle bei der Beobachtung zum Tragen kamen und warum.

Diese Gefühle können sich über viele Bereiche erstrecken. So können sie beispielsweise auf dem Norm- und Wertesystem der Erzieherin basieren. Unsere Normen und Werte beruhen auf den Sozialisationsbedingungen, unter denen wir aufwachsen. Es kommen eigene Erfahrungen und Prägungen unserer Kindheit zum Tragen. Welche Erfahrungen habe ich beispielsweise mit meiner eigenen Sexualität gemacht, mit Gewalt oder dem Gefühl, ausgeliefert zu sein? Hatte ich als kleines Mädchen Angst vor „wilden" Jungen, war ich eher brav und angepasst, oder habe ich mich durchgesetzt? Welches Rollenbild wurde mir vermittelt, welches Rollenverhalten halte ich selbst – eventuell unbewusst – für angemessen? Hierbei können verdrängte Erfahrungen eine Rolle spielen, also Erfahrungen, die unserer Erinnerung nicht oder nur sehr schwer zugänglich sind. Auch so genannte Projektionen sind möglich, eigene Ängste, die ich dem Menschen vor mir zuschreibe, da ich sie mir selber nicht zugestehen kann.

Gefühle enthalten außerdem wichtige Informationen über die Zusammenhänge und Beziehungen, die das beobachtete Geschehen prägen. Zum einen stellt das Beobachten an sich eine Form der Beziehung dar. Zum anderen kommen die Beziehungen zwischen den beobachteten Kindern, aber auch die zwischen der Beobachterin und dem Kind zum Tragen. Die Erzieherin in unserem Beispiel hält Jennifer für ein Kind, das sich selbst nicht wehren kann, das wenig Selbstbewusstsein hat. Eine Auswirkung dieser Beziehung auf die Beobachtungssituation ist bspw. das „komische" Gefühl und das Bedürfnis einzugreifen, Jennifer zu schützen. Auf Grundlage dieser Beziehung wird die Erzieherin andere Beobachtungsausschnitte für bedeutsam halten, als wenn sie Jennifer für ein selbstbewusstes, durchsetzungsfähiges Mädchen hielte.

Von großer Wichtigkeit ist, sich dieser Beziehungen und ihrer Gefühlsqualitäten bewusst zu werden, bevor daraus wertende Urteile gezogen oder Handlungsmöglichkeiten abgeleitet werden dürfen. Hilfreiche Fragen können dabei sein:
- Was empfinde ich über meine Körperwahrnehmungen?
- Was fühle ich (Emotionen)?
- Haben diese Gefühle mit dem beobachteten Geschehen zu tun oder eher mit mir?

Subjektivität ist ein untrennbarer Bestandteil der Beobachtung. So zeichnet sich professionelle Beobachtung unter anderem dadurch aus, Unterstützung, Feedback und kollegiale Supervision von Kolleginnen einzuholen.

Beobachtung kann nicht einfach als eine isolierte Technik angesehen werden, die es zu erlernen gilt. Professionelle Beobachtung ist vielmehr elementarer Bestandteil der pädagogischen Arbeit und eine „Kunst", die viel mit der Auseinandersetzung mit mir selbst zu tun hat. Was ich beobachte, erzählt mir immer auch etwas über mich selbst.

Beobachtungen bieten – sowohl für das beobachtete Kind als auch für mich selbst – eine Chance, Neues zu entdecken – sowohl an mir als auch an dem Kind –, neue Wege zu gehen, umzudenken, Fähigkeiten zu entfalten.

Aus dem Beobachten des Erwarteten kann ein (unerwartetes) entdeckendes Beobachten werden, vorausgesetzt, es wird mit Reflexion verbunden und damit, mich selber und meine Gefühle mit zu beobachten und wahrzunehmen.

Fazit der Beobachtung

Dieses Beobachtungsbeispiel macht unserer Ansicht nach deutlich, wie wir uns von unseren Gefühlen schnell beeinflussen lassen, und Einschätzungen von Situationen in völlig andere Richtungen laufen können. Es lohnt sich deshalb immer, nochmals eine andere Perspektive einzunehmen und sich seiner Gefühle bewusst zu werden. Schnell bewertet man Situationen anders oder fühlt sich bestätigt: „Ja, das passt in mein bisheriges Bild. Wusste ich's doch!" Zudem wurde mir deutlich, wie sich mein Blick und die Wertschätzung gegenüber Spielsituationen verändert. Eigentlich weiß man es ja – abwarten, erstmal genau hinsehen –, aber oft tut man es im Alltagsstress doch nicht. Wäre ich in dieser Situation vielleicht gerade erst ins Zimmer gekommen, als die Jungen Jennifer die Stäbe in den Mund schoben, hätte ich dies möglicherweise gleich unterbunden, weil ich die Situation als so bedrohlich und verletzend empfand. Ich hätte den Kindern und vor allem Jennifer dadurch jedoch einen großen Erfahrungswert genommen. Nämlich selbst zu spüren: Jetzt geht es mir zu weit, oder das ist für mich schön, ich genieße es. Dies könnte Jennifers Selbstbewusstsein sogar stärken. Zum einen durch eine körperliche Erfahrung – sich selbst spüren heißt, sich seiner selbst bewusst werden –, zum anderen dadurch, dass sie im Mittelpunkt stand. Sie war das Zentrum des Spiels und konnte es jederzeit beenden. Vielleicht gab auch meine Anwesenheit ein Stück Sicherheit und half Jennifer in der Situation. Es war ein Vertrauen da – ich werde hier beachtet, und mir kann nichts passieren.

Dieter Lotz

1.9 „Das Wesentliche ist für das Auge unsichtbar"[*]

Heilpädagogische Aspekte einer verstehenden Beobachtung

Kinder mit (drohender) Behinderung und mit erhöhtem Entwicklungsrisiko haben das Recht auf gleichberechtigte Teilhabe und auf Vermeidung von Benachteiligungen, so steht es in den jeweiligen Bildungsplänen. Die Mitarbeiterinnen von Kindertagesstätten sollen diese Kinder ganz selbstverständlich integrieren und deren Stigmatisierung vermeiden. Und sie haben präventive Aufgaben, indem sie Entwicklungsprobleme verhindern und Entwicklungsrisiken frühzeitig erkennen sollen. Bei (drohender) Behinderung sind die Kinder und deren Familien angemessen zu unterstützen.

Je mehr ein Kind beeinträchtigt ist in seinen körperlichen Funktionen oder in seinen geistigen Fähigkeiten, desto intensiver und spezieller kann sich die Beziehung gestalten. Die Ausdrucks- und Verhaltensweisen dieser Kinder geben PädagogInnen, Eltern und Geschwisterkindern manchmal Rätsel auf. Wir können sie oft nicht so ohne weiteres verstehen wie andere Kinder ohne Behinderung.

Ich denke an den dreijährigen Meric, der mit Vorliebe auf einer Couch hin und her wippt. Er spricht noch nicht, sondern lautiert nur. Ärzte vermuten bei ihm einen frühkindlichen Autismus. Die vierjährige Mira lässt sich kaum zum Spielen bewegen. Meist sitzt sie auf ihrem Stuhl und schaut den anderen Kindern zu. Bei ihr wurde ein allgemeiner Entwicklungsrückstand diagnostiziert. Der sechsjährige Dominic fällt durch ständiges Herumrennen auf; bei Gruppenaktivitäten „stört er massiv".

Diese und viele Kinder mit anderen Auffälligkeiten können wir nicht *fragen*, warum sie sich so und nicht „normal" verhalten. Gleichzeitig wollen wir am liebsten in sie hineinschauen und Ursachen für ihre Eigenheiten finden. Manchmal fühlen wir uns auch verunsichert, wenn wir abwägen, ob wir dieses Kind so sein lassen oder ob und in welcher Weise wir intervenieren sollten.

Bevor wir konkrete pädagogische Maßnahmen planen, sollten wir versuchen, die Kinder, die uns Sorgen machen, zu *verstehen*. Der Schweizer Heilpädagoge

---

[*] Das Zitat in der Überschrift stammt von Antoine de Saint-Exupéry.
Ich danke meiner Frau Marion Lotz, Heilpädagogin, für ihre konstruktive Kritik und ihre fachkompetenten Impulse zu meinem Beitrag in diesem Buch.

Paul Moor sagte: „Erst verstehen, dann erziehen!" Im Folgenden stelle ich mein Konzept einer „verstehenden Beobachtung" vor.

Was heißt Verstehen?

Verstehen heißt nicht, vorrangig Gründe oder Ursachen herauszufinden, was Aufgabe einer erklärenden Naturwissenschaft wäre, sondern Sinn und Bedeutung individueller Lebensäußerungen in Sprache zu bringen, zu interpretieren. Zwar steht das Subjektive im Vordergrund des Verstehens, aber es strebt ein höheres Niveau an als das bloße Vermeinen, sofern es durch Argumente begründet und nachvollziehbar ist.

Verstehen ist nicht gleichzusetzen mit billigen oder akzeptieren. Wir können beispielsweise ein aggressives Verhalten eines Kindes verstehen, in dem wir einen Zusammenhang mit elterlichen Verhaltensweisen erkennen. Ein Verhalten, in dem andere geschlagen oder verletzt werden, ist jedoch nicht akzeptabel. Verstehen hat den Anspruch, sich selber oder einen anderen Menschen in möglichst vielen Lebenszusammenhängen kennenzulernen. Einfühlen und Hineindenken sind Übungswege zum Selbst- und Fremdverstehen. Wenn wir einen Menschen verstehen wollen, bemühen wir uns, uns in seine Lage hineinzuversetzen und ihn gewissermaßen von innen her zu verstehen: Mit welchen Augen sieht das Kind seine Welt? Im Prozess des Verstehens identifiziere ich mich zeitweise mit dem anderen. Der Verstehende kann einen anderen möglicherweise wesentlich besser verstehen als er sich selbst, wenn beispielsweise bei einem Kind Selbstdistanz, Reflexionsfähigkeit oder Erfahrungen noch nicht ausgeprägt sind.

Eine verstehende Beobachtung erfolgt nicht aus der Distanz, sondern innerhalb einer Beziehung und aufgrund von Beziehung. Sie ist mehr als nur teilnehmend. Sie ist, wie der Erziehungswissenschaftler Theodor Rütter sagte, *anteilnehmend*. Dabei nehmen alle meine Sinne mein Gegenüber wahr: Ich spüre, höre, rieche, be-greife und sehe möglichst genau hin. Der andere wird sinnbildlich „einverleibt": Ich nehme ihn in meine Wirklichkeit mit hinein (Intake). Und im Prozess dieser bewussten Wahrnehmung entwickelt sich eine gerichtete Beobachtung auf die Eigenheiten dieses Menschen.

Im Verlauf dieser unmittelbaren Beziehung wird mir mein Gegenüber immer vertrauter. Anfangs überwiegt die intuitive Wahrnehmung, und allmählich entsteht in mir ein Bild von meinem Gegenüber, und ich finde Begriffe, mit denen ich seine Persönlichkeitseigenschaften und Befindlichkeiten zu versprachlichen suche. Wie wirkt das Kind auf mich?

Die vierjährige Mira wirkt verschlossen, rezeptiv, also aufnehmend. Sie scheint Mühe zu haben, sich zu aktivieren, sich zu bewegen und sich in einem angemessenen Sinne emotional zu äußern. Der dreijährige Meric zeigt beunruhigende Starrheit; er scheint sich selber stimulieren zu müssen. Der sechsjährige Dominic wirkt überbeweglich, scheint nicht zu bremsen zu sein, weder durch sich selber noch durch andere.

Die Begriffe, mit denen ich meine Beobachtungen beschreibe, beziehen sich zunächst eher auf Defizite. Aber das ist nicht das Einzige. Ich entdecke auch Sympathisches: ein charmantes Lächeln von Dominic, das schöne Gesicht von Meric und bei Mira einen zarten, feingliedrigen Körper. Mir fällt auf, dass der Blickkontakt von allen drei Kindern freundlich ist und Erwartungen signalisiert. Blicke, Berührungen und Stimme vermitteln eine beziehungsstiftende Resonanz. Ich versuche, diese Sinneseindrücke bewusst wahrzunehmen.

Die Wahrnehmungen und Beschreibungen der äußeren Erscheinungen eines Menschen führen zu weiteren Fragen und Hypothesen, die sich auf biografische Aspekte, organische Funktionen und auf psychische und soziale Bedingungen beziehen.

Biografische Aspekte beinhalten bspw. anamnestische Informationen, aber im Kontext emotionaler Erlebnisse. So hat eine Behinderung oder Krankheit, eine elterliche Trennung oder ein Krankenhausaufenthalt in der Biografie eines Kindes immer auch emotionale Folgen, denen man nachspüren sollte. Organische Funktionsbeeinträchtigungen sind durch Ärzte, Logopäden und andere Berufsgruppen abzuklären. Psychische Bedingungen, die zu erkunden sein können, sind beispielsweise Stressfaktoren wie Streit, Lärm, Deprivation und Befindlichkeiten wie Ängste, Labilitäten, Aggressionspotenzial. Zu den sozialen Bedingungen gehören beispielsweise Armut, Arbeitslosigkeit, Bildungsabschlüsse der Eltern.

Die verstehende Beobachtung hat innerhalb der Heilpädagogischen Diagnostik eine zentrale Bedeutung. Ziel ist es, einen Menschen im Kontext möglichst all seiner Lebensbezüge zu verstehen, um herauszufinden, was er für seine weitere Entwicklung braucht. Auf diese Weise entsteht ein individueller Hilfe- und Bildungsplan, der im Laufe der Begleitung und Förderung immer wieder aktualisiert werden muss.

Weil eine verstehende Beobachtung in einer Beziehung erfolgt, ist sie keinesfalls eindimensional. Auch mein Gegenüber beobachtet mich, wie ich spreche, wie ich mich verhalte, wie ich mich auf ihn einlasse. Die Art und Weise meiner Zuwendung beeinflusst seine Offenheit oder bedingt im ungünstigen Falle seine Verschlossenheit mir gegenüber. Beobachter und Beobachteter befinden sich in einem wechselwirksamen Prozess. In den konkreten Interaktionen bilden sich jeweils eigene und unterschiedliche Erkenntnisse voneinander. Aktionen und

Reaktionen von Sprechen und Handeln wechseln sich ab, und es entsteht ein Dialog – zwischen zwei Beobachtern!

Als professioneller Dialogpartner entdecke ich mich sowohl als Beobachter wie auch als Beobachteter. Der eigentliche Bildungsprozess ist wechselseitig. Mit den ihm zur Verfügung stehenden Ausdrucksmöglichkeiten vermittelt mir der andere, was er für *seine* Entwicklung, für *seine* Sinnerfüllung braucht. Und er korrigiert mich mit seinen Ausdrucksmitteln, wenn ich das ihm Entsprechende nicht treffe.

Auf der anderen Seite lasse ich mein Gegenüber teilhaben an meinen Gedanken, meinen Interessen, meinen Verhaltensweisen, sofern sie für ihn eine Bedeutung haben könnten. Als Beobachteter bin ich auch Vorbild: Meine Begeisterung, meine Lebensfreude können anstecken sein und ermutigen.

Interessen – Differenzierungen – Diskrepanzen – Selbstdistanz

Zu den Leitthemen einer verstehenden Beobachtung zählt die Frage nach den *Interessen*. Meric schaukelt, Mira schaut anderen Kindern zu, und Dominic rennt scheinbar ziellos durch die Kita. Bedeuten diese Verhaltensweisen das jeweilige Hauptlebensinteresse dieser Kinder? Vielleicht. Sicher ist, dass jeder als Person angenommen werden will, trotz seiner Behinderungen oder Verhaltensauffälligkeiten. Wir wissen auch, dass Entwicklungsimpulse für Kinder mit Behinderung und jene mit erhöhtem Entwicklungsrisiko in viel stärkerem Maße *von außen* kommen müssen als bei Kindern ohne Behinderung. Neue Interessen müssen geweckt werden, wenn sie nicht von alleine gefunden oder entäußert werden können. Dabei knüpfen wir an das Beobachtete an: Vielleicht schaukeln wir in derselben Weise mit Meric mit oder gehen mit ihm auf eine Schaukel. Vor Mira könnten wir ein kleines Theaterstück aufführen (bspw. Jeux dramatiques), um ihr später eine Rolle zum Mitspielen anzubieten. Und mit Dominic könnten wir Walderlebnisse organisieren.

Hier geht es natürlich nicht um Rezepte, sondern um die Idee, beobachtete Interessen aufzugreifen und allmählich zu variieren. Auf diese Weise ermöglichen wir bei einem Kind *Differenzierungen* des ihm Bekannten. Wer genügend Unterscheidungserfahrungen hat, kann besser entscheiden. Als Pädagogen sind wir für jene Unterscheidungserfahrungen mitverantwortlich, für die Entscheidungen hingegen ist der andere verantwortlich. Montessoris pädagogische Prinzipien der sensiblen Phasen (Interesse), der vorbereiteten Umgebung (Unterscheidungen) und der freien Wahl (Entscheidungen) stimmen mit diesem Ablauf überein. Und die Vorgehensweise des Situationsansatzes, der stets eine gründliche Analyse vor die Zielbestimmung und das Handeln stellt, passt gut zu meinem Konzept der verstehenden Beobachtung.

Wer Unterscheidungserfahrungen hat, erfährt möglicherweise *Diskrepanzen*.

Diskrepanzen stellen ein Missverhältnis dar zwischen Ist und Soll. Diskrepanzen sind Unzufriedenheiten mit der eigenen Person oder mit Situationen. Unzufriedenheiten oder Unstimmigkeiten sind ein wesentlicher Beweggrund für Veränderungen. Die Intensität dieses eigenen Diskrepanzerlebnisses beeinflusst und bestimmt das Anspruchsniveau und den Willen zur Veränderung. Differenzierungen und Diskrepanzen sind die Bedingung für *Selbstdistanz*. Selbstdistanz bedeutet die Fähigkeit, zu sich selber Stellung beziehen zu können. Ich kann mich erkennen, einschätzen und bewerten. Jeder führt mit sich ständig einen inneren Dialog. Was ist mir wichtig, was ist mir unwichtig? Für was will und kann ich Verantwortung übernehmen? Wofür will ich leben?

Interessen, Differenzierungen, Diskrepanzen und die sich ausbildende Fähigkeit zur Selbstdistanz können wir einfühlend und hineindenkend beobachten. Mit Hilfe dieser Phänomene erkennen wir eine Entwicklung und können sie fördern und begleiten. Gleichzeitig bahnen wir auch bei Menschen mit schwersten Behinderungen Bildungsprozesse an.

Eine verstehende Beobachtung weist über das objektiv Sichtbare hinaus, indem sie sich bemüht, das für einen Menschen Wesentliche wahrzunehmen und zu interpretieren.

> *„Ach, des Anschauens, siehe, ist eine Grenze, und die geschaute Welt will in der Liebe gedeihen. Werk des Gesichts ist getan. Tue nun Herzwerk an den Bildern in dir, jenen gefangenen."*
>
> (R. M. Rilke)

Hartmut Gerstein

1.10 Wem gehört die Beobachtung?
Juristische Überlegungen aus Sicht des Datenschutzes

Ausgangspunkt für juristische Überlegungen zum Datenschutz bei der Dokumentation und Begleitung von Bildungsprozessen im Kindergarten ist das vom Bundesverfassungsgericht 1983 in seiner Entscheidung zur Volkszählung entwickelte Grundrecht auf informationelle Selbstbestimmung. Nach Auffassung des Gerichtes wird unter den Bedingungen der modernen Datenverarbeitung der Schutz des Einzelnen gegen unbegrenzte Erhebung, Speicherung, Verwendung und Weitergabe seiner persönlichen Daten von dem allgemeinen Persönlichkeitsrecht des Art. 2 Abs. 1 in Verbindung mit Art. 1 Grundgesetz umfasst. Das Grundrecht gewährleistet insoweit die Befugnis des Einzelnen, grundsätzlich selbst über die Preisgabe und Verwendung seiner persönlichen Daten zu bestimmen. Diese Grundüberlegungen aus dem Volkszählungsurteil gelten im Prinzip unabhängig von der Verarbeitungsform, also auch für Daten und Informationen in Akten sowie aus Sammlungen von Texten und Bildern.

Bei der Beobachtung und Dokumentation von Bildungsprozessen geht es primär um die Beachtung der Persönlichkeitsrechte des Kindes. Diese werden von den Eltern treuhänderisch wahrgenommen. Eltern können stellvertretend für ihr Kind gegen Datenschutzverstöße vorgehen, aber auch unter Beachtung des Kindeswohls für das Kind Einverständniserklärungen abgeben und Entscheidungen über die Verwendung treffen. Möglicherweise sind aber neben dem Kind auch die Eltern „Betroffene" im Sinne des Datenschutzes. Dies ist beispielsweise der Fall, wenn Aussagen des Kindes über seine Eltern dokumentiert werden.

Personenbezogene Daten sind Angaben über persönliche und sachliche Verhältnisse eines Menschen. Der Persönlichkeitsschutz umfasst daneben auch Tondokumente sowie Fotos und Filmaufnahmen. Hierbei sind Verwertungsrechte und das „Recht am eigenen Bild" zu beachten. Beim Schutz personenbezogener Daten kommt es nicht primär darauf an, ob es sich um besonders brisante Angaben handelt. Aus dem Zusammenhang gerissen können auch scheinbar harmlose Daten ein Persönlichkeitsbild verfälschen. Personenbezogene Daten sind nicht nur Angaben, die den Klarnamen der Person enthalten. Es genügt, wenn der Bezug auf eine bestimmte Person („Vater von Max") oder bestimmte Personen („Eltern von Laura") hergestellt werden kann. Man spricht dann von personenbeziehbaren Daten. Datenschutzrechtlich irrelevant sind lediglich anonymisierte Daten (z. B. für statistische Zwecke) oder pseudonymisierte Daten.

Diese unterliegen allenfalls dem Schutz von Betriebs- und Geschäftsgeheimnissen.

Grundsätze für die Kindergartenarbeit

Die Erhebung, Speicherung und Nutzung personenbezogener Daten ist in der Kindertagesstättenarbeit nicht grundsätzlich verboten und in vielen Fällen sogar unabdingbar (Führen von Adressenverzeichnissen, Anwesenheitslisten, Informationen über Allergien und Unverträglichkeiten etc.). Wichtig ist nur, dass im Sinne des Persönlichkeitsschutzes in der Einrichtung eine Kultur des Umgangs mit personenbezogenen Daten herrscht, die einen Missbrauch ausschließt. Dazu gehört die Beachtung folgender Grundsätze:

- *Grundsatz der Erforderlichkeit:* Es sollte immer darauf geachtet werden, dass nur personenbezogene Daten erhoben werden, die zur Erfüllung des Zwecks, d.h. für die Erziehung, Bildung und Betreuung des Kindes in der Tageseinrichtung und die dafür notwendigen Verwaltungsvorgänge, erforderlich sind. Es dürfen keine Daten auf Vorrat gespeichert werden mit der vagen Begründung, sie könnten später vielleicht irgendwie benötigt werden. In manchen Fällen ist zu fragen, ob es ausreicht, Daten der Kinder anonymisiert oder in Statistiken zu verarbeiten.
- *Grundsatz der Zweckbindung:* Personenbezogene Daten dürfen nur für den Zweck verwendet werden, für den sie erhoben wurden. Daher ist es immer notwendig, den Zweck der Datenerhebung festzulegen und Daten zu löschen, wenn der Zweck entfallen ist. Bei der Beobachtung geht es vorrangig um den Entwicklungsstand, das Verhalten und die Engagiertheit des Kindes in der Kindertagesstätte. Dabei wird oft mit strukturierten Erfassungs- und Einschätzbögen gearbeitet, die dazu beitragen sollen, dass die Beobachtungen fachlich geleitet werden und dass es bei der Auswertung zu vergleichbaren und gesicherten Ergebnissen kommt. Hinzu kommen als ergänzende Instrumente standardisierte Erhebungsbögen. Beobachtungen sind immer nur Momentaufnahmen. Sie werden gemacht, um individuellen Förderungsbedarf zu erkennen oder Entwicklungsprobleme festzustellen, um Eltern z. B. zum Übergang in die Grundschule gezielte Rückmeldungen über ihr Kind zu geben oder auch Hinweise darüber zu gewinnen, welche Angebote im Kindergarten weiterentwickelt werden sollten. Wichtig ist, dass dieser Kontext erhalten bleibt und die Informationen über das Kind nicht in späteren Zusammenhängen genutzt werden und wie ein Etikett an ihm „kleben" bleiben.
- *Grundsatz der Nichtdiskriminierung:* Personenbezogene Daten mit besonders sensiblem Inhalt, die für die Betroffenen zu einer Diskriminierung führen können, dürfen nicht oder nur unter sehr beschränkten Voraussetzungen erhoben, gespeichert oder an Dritte weitergegeben werden. Hierzu können z. B.

Krankheitsdaten sowie Leistungs- und Verhaltensdaten gehören. Im Zusammenhang mit Beobachtung und Dokumentation in Kindertagesstätten sind einige Beobachtungsbögen nicht nur pädagogisch fragwürdig, sondern auch datenschutzrechtlich bedenklich, weil sie den Blick auf Defizite des Kindes fokussieren oder zu voreiligen negativen Folgerungen und Festlegungen verleiten. Hier ist zu fragen, ob auf die Erhebung dieser problematischen Daten nicht verzichtet werden sollte. Auf jeden Fall ist bei sensiblen Daten besonders auf die Sicherheit und den Schutz vor unbefugtem Zugriff zu achten.
- *Grundsatz der Transparenz:* Mit dem Recht auf informationelle Selbstbestimmung wäre nach dem Volkszählungsurteil des Bundesverfassungsgerichts „eine Gesellschaftsordnung und eine sie ermöglichende Rechtsordnung nicht vereinbar, in der Bürger nicht mehr wissen können, wer was wann und bei welcher Gelegenheit über sie weiß." Wo immer dies möglich ist, muss ein Bürger die Möglichkeit haben, über die Verarbeitung seiner Daten mitzubestimmen. Insofern ist es nicht nur Ausdruck effizienter Erziehungs- und Bildungspartnerschaft, sondern auch datenschutzrechtlich geboten, dass Eltern umfassend über die mit der Bildungs- und Lerndokumentation einhergehende Erhebung personenbezogener Daten und den weiteren Umgang mit dem Dokumentationsmaterial informiert werden und die Gelegenheit erhalten, ihre Meinung aktiv einzubringen.

Rechtliche Grundlagen

Die Suche nach den rechtlichen Grundlagen für den Datenschutz in Kindertagesstätten allgemein und insbesondere bei der Beobachtung und Dokumentation von Bildungsprozessen gestaltet sich auf den ersten Blick wie ein Verwirrspiel:

- Der jugendhilferechtliche Sozialdatenschutz in den §§ 61–68 SGB VIII regelt die Erhebung, Speicherung, Nutzung und Übermittlung personenbezogener Daten, die im Zusammenhang mit der Aufgabenerfüllung in der Kindertagesstätte anfallen. Die Vorschrift verweist außerdem auf den allgemeinen Sozialdatenschutz in § 35 SGB I und in den §§ 67–85a SGB X. Normadressat für die Vorschriften der Bände des Sozialgesetzbuches (SGB) sind jedoch nur die *(öffentlichen) Sozialleistungsträger.* Dies sind z. B. städtische Kindergärten, wenn die Stadt zugleich Träger des Jugendamtes ist. Nach § 61 Abs. 1 S. 3 SGB VIII gilt dies entsprechend auch für Kindertagesstätten in Trägerschaft von Ortsgemeinden oder Gemeindeverbänden. Auch wenn Kommunen für die Trägerschaft von Kindertageseinrichtungen privatrechtliche Eigenbetriebe bilden, gelten die Datenschutzvorschriften des SGB. Die *Kontrolle des Datenschutzes* bei den kommunalen Trägern ist Aufgabe der jeweiligen Landesdatenschutzbeauftragten. Eingaben und Beschwerden sind an ihn zu richten. Datenschutzbeauftragte sind unabhängig und an keine Weisung gebunden. Sie haben jedoch keine Möglichkeit datenschutzwidrige Handlungen zu verbieten. Festgestellte Verstöße können sie beanstanden und in ihren Berichten an die Parlamente öffentlich machen.

- Da das SGB nur die öffentlichen Sozialleistungsträger verpflichtet, sind für die *freien Träger* von Kindertageseinrichtungen die Datenschutzvorschriften des SGB VIII und der übrigen Bände des Sozialgesetzbuchs nicht anwendbar. In Fällen, wo freie Träger die Leistungen im Auftrag des öffentlichen Trägers erbringen, hat das beauftragende Jugendamt gemäß § 61 Abs. 3 SGB VIII sicherzustellen, dass die Einhaltung des Sozialdatenschutzes auch beim beauftragten Träger gewährleistet ist. Man spricht hier von „abgeleiteten Normadressaten". Der freie Träger einer Kindertageseinrichtung hat jedoch ein eigenständiges, nicht vom Träger der öffentlichen Jugendhilfe abgeleitetes Betätigungsrecht. Seine Verpflichtung zur Einhaltung des Datenschutzes ergibt sich aus dem Betreuungsvertrag mit den Eltern des Kindes. Es handelt sich dabei um eine vertragliche Nebenpflicht, die sich aus den §§ 241 Abs. 2, 242 BGB ableitet. Die Prinzipien des Datenschutzes werden damit im Rahmen der Betreuung des Kindes Ausdruck der Fürsorgepflicht für das Wohl des Kindes. Spezielle Datenschutzvorschriften enthält das Bundesdatenschutzgesetz (BDSG), das Regelungen für die Bundesbehörden enthält und gleichzeitig auch Geltung für sogenannte nichtöffentliche Stellen, also auch für freie Träger hat. Für diese gilt es jedoch nur, soweit bei der Erhebung, Verarbeitung oder Nutzung Datenverarbeitungsanlagen verwendet werden. Wenn Beobachtungs- und Dokumentationsunterlagen in Akten gesammelt werden, kann auf das BDSG nicht zurückgegriffen werden. Beim Einsatz von Computern liegt die *Kontrolle des Datenschutzes* bei den Datenschutzaufsichtsbehörden der Länder, die dem Innenministerium des jeweiligen Landes unterstehen und zumeist bei den Regierungspräsidien angesiedelt sind. In den Stadtstaaten Berlin, Hamburg und Bremen sowie in Mecklenburg-Vorpommern, Nordrhein-Westfalen, Schleswig-Holstein und im Saarland sind die Datenschutzbeauftragten zugleich Datenschutzaufsichtsbehörde.

- Für die *kirchlichen Träger* gelten Sonderregelungen. Religionsgemeinschaften und kirchliche Organisationen können nach Art. 104 Grundgesetz in Verbindung mit Art. 137 Weimarer Reichsverfassung ihre inneren Angelegenheiten selbst regeln und sind insoweit nicht dem staatlichen Recht unterworfen. Dies gilt auch für privatrechtlich verfasste Organisationen, die in ihrem Wesen dem Kernbereich der Kirche zuzuordnen sind, z.B. für Caritas und Diakonie und die von ihnen betriebenen Einrichtungen sowie für sonstige kirchliche Kindergärten. Die Kirchen haben sich jedoch eigene Datenschutzvorschriften gegeben, die in ihren Grundzügen den staatlichen Vorschriften entsprechen. Die *Kontrolle des Datenschutzes* im kirchlichen Bereich obliegt den Datenschutzbeauftragten der Kirchen. Diese zu finden und das anwendbare Recht festzustellen, kann sich im Einzelfall als schwierig erweisen, da die Bistumsgrenzen in der Regel nicht den Ländergrenzen folgen. Im Zweifelsfall würden Eingaben beim staatlichen Datenschutzbeauftragten wegen eines Datenschutzverstoßes in einer kirchlichen Einrichtung an den zuständigen kirchlichen Datenschutzbeauftragten weitergeleitet.

- Die Einhaltung von Vorschriften für den *Datenschutz* kann auch *über Verträge* verbindlich gemacht werden. In Arbeitsverträgen werden die Mitarbeiterinnen und Mitarbeiter in der Regel auch zur Verschwiegenheit und zur Einhaltung des Datenschutzes verpflichtet. Auf grobe Verstöße kann der Arbeitgeber mit arbeitsrechtlichen Maßnahmen (Abmahnung, bei wiederholten Verstößen verhaltensbedingte Kündigung) reagieren. Viele Betreuungsverträge von freien Trägern enthalten Klauseln, die diese zur Einhaltung der Vorschriften des jugendhilferechtlichen Sozialdatenschutzes verpflichten. Die Verpflichtung wird dann nicht mehr aus allgemeinen vertraglichen Nebenpflichten und dem Prinzip von Treu und Glauben abgeleitet, sondern beruht auf einer konkreten Vereinbarung mit den Eltern. Auch wenn der Träger – etwa bei Einführung von Beobachtungsbögen – die Einhaltung der Vorschriften des Datenschutzes zusichert, wird diese Verpflichtung zur Nebenpflicht aus dem Betreuungsvertrag.

Zulässigkeit des Führens von Bildungs- und Lerndokumentationen

In Kindertagesstätten stellt sich die Frage, ob es grundsätzlich zulässig ist, dass die Erzieherinnen über die Kinder Bildungs- und Lerndokumentationen anlegen, in denen Einzelangaben über Lernfortschritt, soziales Verhalten, Förderbedarf und andere personenbezogene Daten festgehalten werden. Dabei muss zunächst geprüft werden, ob die systematische Beobachtung und Dokumentation zu den fachlichen Aufgaben einer Kindertagesstätte gehört, ob also die Datenerhebung für die rechtmäßige Aufgabenerfüllung erforderlich ist (Grundsatz der Erforderlichkeit).

Die Beobachtung und Dokumentation der individuellen Bildungs- und Lernentwicklung des Kindes gehört inzwischen zu den fachlichen Standards der Arbeit in Kindertagesstätten. In den Bildungsplänen und -empfehlungen der Länder werden Bildungs- und Lerndokumentationen ausdrücklich gefordert. In Rheinland-Pfalz gibt es hierfür sogar einen gesetzlichen Auftrag. Gemäß § 2 Abs. 1 Satz 2 Kindertagesstättengesetz ist für die Förderung der Gesamtentwicklung des Kindes „die Beobachtung und Dokumentation der kindlichen Entwicklungsprozesse unter Beachtung der trägerspezifischen Konzeption und des Datenschutzes erforderlich". Beobachtung und Dokumentation sind daher vom Erziehungs- und

Bildungsauftrag des Kindergartens gedeckt und grundsätzlich zulässig. Es bedarf hierfür keiner ausdrücklichen Genehmigung durch die Eltern.

Dennoch sollten die Personensorgeberechtigten aus Gründen der Transparenz darüber informiert werden, dass Bildungs- und Lerndokumentationen über das Kind angelegt und fortgeschrieben werden. Ein geeigneter Ort hierfür ist der Betreuungsvertrag. Die Eltern können mit ihrer Unterschrift ihr ausdrückliches Einverständnis zum Führen von Bildungsdokumentationen geben, wobei gleichzeitig die Verpflichtung der Kindertagesstätte festgelegt werden kann, dass dabei die Regeln des Datenschutzes eingehalten werden und die Eltern die Möglichkeit erhalten, die Dokumentationsmappen für ihre Kinder einzusehen (Akteneinsichtsrecht, s. unten). Wenn für die Beobachtung standardisierte Erhebungsbögen verwendet werden, wäre es sinnvoll, die Elternvertretung in die Entscheidungsfindung mit einzubeziehen und alle Eltern über den Inhalt der Bögen zu informieren.

Besonders problematisch sind — wie oben bereits ausgeführt — Beobachtungsbögen, die den Blick allein auf Unzulänglichkeiten und Defizite des Kindes lenken. Ob derartige defizitorientierte Beobachtungsbögen überhaupt in Kindertagesstätten eingesetzt werden sollten, ist nicht nur eine Frage der fachlichen Qualität der Arbeit der Kindertagesstätte, sondern es ist zweifelhaft, ob diese Form der Dokumentation dem Grundsatz der Erforderlichkeit entspricht und von dem Einverständnis der Eltern ausgegangen werden kann.

„Akteneinsicht"

Soll den Eltern ein Recht auf „Akteneinsicht" in die Bildungs- und Lerndokumentationen der Kindertagesstätte über ihr Kind gewährt werden? Der Datenschutz darf nicht als Argument für ein Vetorecht der Eltern gegen das Führen von Dokumentationen im Kindergarten herhalten. Diese Position, die sich mit der fachlichen Notwendigkeit von Beobachtung und Dokumentation begründet, kann nur dann gehalten werden, wenn den Eltern auf der anderen Seite die Möglichkeit eröffnet wird, die Unterlagen einzusehen. Die Erziehungspartnerschaft zwischen dem pädagogischen Team der Kindertagesstätte und den Eltern gebietet es, dass hier ein Austausch stattfindet. Eltern sollten daher nicht nur auf Nachfrage Einsichtsmöglichkeiten erhalten, sondern aktiv auf diese Möglichkeit hingewiesen werden.

Allerdings muss auch berücksichtigt werden, dass Bildungs- und Lerndokumentationen Momentaufnahmen sind, die die Position des Beobachters mit einbeziehen, und dass es oft für die Interpretation wichtig ist, den Kontext der Entstehung zu kennen. Es kann sich daher als sinnvoll erweisen, wenn bei der

Akteneinsicht die Möglichkeit für Rückfragen an das pädagogische Personal besteht.

Manche Beobachtungs- und Planungsunterlagen enthalten auch von den Eltern auszufüllende Beobachtungsbögen, in denen bspw. abgefragt wird, mit welcher Stimmung das Kind vom Kindergarten nach Hause kommt, wie es zu Hause spielt oder ob es sich in der Kindergruppe akzeptiert fühlt. Beobachtung und Dokumentation wird so als gemeinsame Aufgabe von Kindergarten und Eltern angesehen. Fragen der Akteneinsicht stellen sich nicht.

Aufbewahrung und Weitergabe von Portfolios und Beobachtungsbögen

Um möglichem Missbrauch vorzubeugen, sind Unterlagen mit personenbezogenen Daten in Kindertageseinrichtungen so aufzubewahren, dass sie vor unbefugtem Zugriff geschützt sind. Damit ist aber nicht gemeint, dass Beobachtungsbögen oder Portfolios unbedingt in Stahlschränken weggeschlossen werden müssen. Je nach Inhalt kann es allerdings notwendig sein, sie im Büro oder im Personalraum zu lagern, um sie vor neugierigen Kindern oder Besuchern zu schützen.

In anderen Fällen gehört es zum Konzept der Portfolios, dass die Kinder jederzeit nachschauen und zeigen können, was sie geschaffen und geschafft haben. Hier wird der Datenschutz durch Vereinbarungen mit den Kindern gewährleistet, indem jeder im Prinzip nur in seine eigenen Unterlagen schauen darf und die „Einsicht in fremde Akten" nur mit Zustimmung des Betroffenen erfolgen darf. Die Kultur des Umgangs mit fremden Daten wird so spielerisch zum Lernziel im Kindergarten.

Die Weitergabe von Unterlagen und personenbezogenen Informationen an Dritte ohne Zustimmung des Betroffenen ist ein schwerwiegender Eingriff in das Recht auf informationelle Selbstbestimmung. Mit dem Argument, dass die Zusammenarbeit zwischen Kindergarten und Grundschule heute wichtiger denn je ist und in einigen Ländern gesetzlich gefordert wird, scheinen jedoch die Schranken des Informationsaustauschs zu schwinden. Besinnt man sich hingegen auf die Grundprinzipien des Datenschutzes, so können zunächst die Fälle als unproblematisch angesehen werden, bei denen die Eltern über Art und Inhalt der an die Schule weitergegebenen Informationen informiert wurden und diese vorab ihr Einverständnis bekundet haben.

Bei dem von manchen Lehrern geforderten Einblick in die Unterlagen des Kindergartens oder bei der Weitergabe von Informationen über die Leistung und das Verhalten von Kindergartenkindern durch die Erzieherinnen ist die naheliegende Frage, aus welchem Grund dies ohne das Wissen der Eltern vonstatten gehen soll. Hierfür gibt es keine triftigen Gründe. Daher ist in solchen Fällen grundsätzlich das Einverständnis der Eltern einzuholen. Unter dem Gesichtspunkt der Erziehungspartnerschaft ist es noch besser – und wird von uns geraten –, die Unterlagen den Eltern auszuhändigen, damit diese frei entscheiden können, ob und wenn ja, welche Informationen sie an die Grundschule weitergeben wollen.

Nach dem Grundsatz der Erforderlichkeit sind personenbezogene Daten nur solange aufzubewahren, wie es der Zweck der Erhebung erfordert. Dementsprechend ist zu prüfen, ob die Dokumentationen über den Entwicklungs- und Lernfortschritt eines Kindes nach Ende der Kindergartenzeit noch weiter aufgehoben werden dürfen. Auch für diese Frage bietet sich eine einfache Lösung an: Da die Dokumentationen für die pädagogische Arbeit nach Ausscheiden des Kindes nicht mehr notwendig sind, gibt es keinen Grund, sie aufzubewahren. Sie können daher am Ende der Kindergartenzeit den Eltern des Kindes ausgehändigt werden.

Datenschutz als Qualitätsmerkmal

Datenschutz in Kindertagesstätten sollte nicht als reines Rechtsproblem begriffen werden. Vielmehr geht es um den Respekt vor der Persönlichkeit des Kindes und damit um ein pädagogisches Grundverständnis. Erziehung und Bildung im Kindergarten beruht auf der Unterstützung von Lernprozessen, in denen das Kind in der Auseinandersetzung mit seiner Umwelt Sinn und Bedeutung sucht. Im Mittelpunkt steht das aktiv lernende Kind als Subjekt pädagogischen Handelns von Erzieherinnen und Eltern. Mit dieser Grundhaltung ist die Orientierung am Kindeswohl, der Schutz der Persönlichkeitsrechte, die Berücksichtigung des Kindeswillens und die Beteiligung des Kindes an Entscheidungen sowie die Einbeziehung der Eltern eine selbstverständliche Konsequenz, die sich in Konzeptionen und Leitbildern wiederfindet und als wichtiges Qualitätsmerkmal für gute Arbeit in Kindertagesstätten verstanden werden muss. Dies bei der Beobachtung und Dokumentation zu verwirklichen, ist Aufgabe und Herausforderung für jede gute Kindertageseinrichtung.

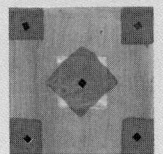 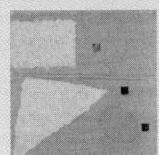  

2 Praxis – mit Kindern

Monika Awenius

2.1 Lernen in Weiterstadt
Wie ein Bildungsbuch in der offenen Arbeit entsteht

Die Diskussion um die Ergebnisse der PISA-Studie wird auch im Elementarbereich verstärkt geführt. Dabei reichen die Forderungen von vorzeitiger Einschulung bis zu einer Rückkehr zur klassischen Vorschulerziehung. Dass es Veränderungen, Verbesserungen geben muss, ist unbestritten. Das heißt jedoch nicht, Entwicklungen einfach hinzunehmen. Ich denke vielmehr, dass wir selbst analysieren sollten, welche Erfahrungen wir aus der Praxis mitbringen, welche Erkenntnisse uns die Forschung liefert, was Experten sagen, um dann Veränderungen mitgestalten zu können.

Wir haben vor einiger Zeit im Team beschlossen, unsere Kindergartenkinder kontinuierlich zu beobachten und zu erkunden, wie sich Kinder ihre Welt konstruieren, was sie sagen und was sie tun. Wir fragen uns: Wie lernen Kinder, welche Voraussetzungen begünstigen ihr Lernen, und was können wir Erzieherinnen dazu beitragen, Lernprozesse zu unterstützen oder herauszufordern?

Unsere bisherigen Entwicklungsbögen schienen uns nicht mehr geeignet. Wir brauchten einerseits Beobachtungsbögen, um den neuen Fragen nachzugehen, und andererseits eine Dokumentationsform, welche die konkreten Ergebnisse aus den Beobachtungen und darüber hinaus die Bildungsbewegung der Kinder aufzeigt.

Dazu bietet sich eine Dokumentationsform an, die das jeweilige Kind in seinem individuellen, eigenständigen, konstruierenden Tun zeigt, mit seinen individuellen Fähigkeiten, Kompetenzen und Wertvorstellungen. Die Voraussetzungen und Ziele einer solchen Dokumentation in Form eines „Bildungsbuches" und die Verbindung zum Qualitätsbegriff im Situationsansatz werden an erschiedenen Stellen in diesem Buch ausführlicher dargestellt (vgl. z.B. Martina Hardenberg, S. 121 ff.).

In meinem Beitrag konzentriere ich mich auf die Rahmenbedingungen, die Umsetzung des Vorhabens mit der gemeinsamen Entwicklung des Bildungsbuchs und ein erstes Resümee unserer Erfahrungen in Weiterstadt, einer Kleinstadt bei Darmstadt.

Bildungseinrichtungen in Weiterstadt

Bereits vor Veröffentlichung der PISA-Studie wurde in der Stadt Weiterstadt, unter Beteiligung der pädagogischen Fachkräfte und der Familien vor Ort, die Weiterentwicklung im Bereich der Betreuung und Bildung von Kindertagesstätten vorangetrieben.

Der erste Schritt galt der Ermittlung des an den Familien orientierten Betreuungsbedarfs. Das Ergebnis dieser Familienbefragung galt als Start für das Konzept „KITA 2000", welches den Familien flexiblere und individuellere Gestaltungsmöglichkeiten in der Betreuung bietet.

Im zweiten Schritt ging es darum, die Kindertagesstätten als Bildungseinrichtungen zu sehen, sich auf gemeinsame Bildungsinhalte zu verständigen, Bildungsbereiche festzulegen und diese mit Qualitätskriterien zu versehen. Als Ergebnis der Qualitätsinitiative der städtischen Kindertagesstätten entstand die Broschüre „WISSEN BIETEN ... LERNEN LASSEN", die die Bildungskultur und das Bildungskonzept der städtischen Kindertagesstätten aufzeigt. Zur Sicherstellung der Rahmenbedingung für die pädagogischen Fachkräfte wurde eine Dienstvereinbarung erarbeitet, in der Verfügungs- und Fortbildungszeiten garantiert sind. In den pädagogischen Fachtreffen werden die Bausteine für die pädagogische Konzeption erarbeitet, die für alle städtischen Einrichtungen verbindlich umzusetzen sind. Dazu gehört auch der Baustein „Beobachten und Dokumentieren".

Der Bildungsbeirat der Stadt Weiterstadt

Zum Bildungsbeirat in Weiterstadt gehören Vertreter der Schüler- und Elternschaft, der städtischen Kindertageseinrichtungen, der evangelischen Kirche, der Schulen einschließlich der Betreuungsangebote, der Jugendförderung, der Tagespflege und der Stadtverwaltung. Der politische Auftrag lautet, als Expertengremium die lokale Bildungspolitik zu begleiten und zu beeinflussen, d. h., Projekte, Maßnahmen und innovative Entwicklungen zu fördern und weiterzuentwickeln. Schwerpunkt ist dabei die Gestaltung des Übergangs und die Zusammenarbeit von Kindertageseinrichtungen und Schule. Es soll ein Netzwerk zur Sicherung von Bildung und Betreuung im übergreifenden Verbund der Kooperation für Kinder und Jugendliche entwickelt und stabilisiert werden.

Wie das Beobachtungsverfahren entwickelt wurde

2004 hatten wir im Team beschlossen, künftig für jedes Kindergartenkind ein „Bildungsbuch" anzulegen. Ich möchte kurz den Weg beschreiben, den wir bis zur Umsetzung gegangen sind.

Dazu reflektierten wir zunächst unsere Beobachtungserfahrungen mit folgenden Fragen:

Ziele

Die Beobachtung ist Handwerkszeug. Über die Beobachtung gewinnen wir Einblicke, erkennen Bildungsprozesse und vertiefen unser Verständnis vom kindlichen Handeln. Aus den reflektierten Beobachtungsergebnissen leiten wir pädagogische Bildungsangebote ab und schaffen eine Grundlage für individuelle Förderung.

Das Kind zu beobachten, bedeutet für uns, das Kind zu beachten und zu achten. Achten setzt voraus, dass das Kind, das beobachtet werden soll, informiert wird und mit der Beobachtung einverstanden ist. Eltern und Kinder sollen wissen, dass wir beobachten und warum wir beobachten.

Beobachtungsfokus

Beim Beobachten richten wir unseren Blick auf das Kind und sind offen dafür, was es sagt und tut. Wir wollen mehr vom Kind erfahren, wie es sich fühlt und was ihm gut tut. Wir wollen das Kind in seinem Tun und Handeln besser verstehen. Wir wollen seinen Interessen, Neigungen und Stärken nachspüren. Wir wollen erkennen, mit welchen Bildungsthemen es sich auseinandersetzt, was es für sich bearbeitet, welche Lernzugänge es dafür wählt, welche Lernstrategien es auswählt und welche Bildungsbereiche es bevorzugt, wie und mit wem das Kind sich bildet.

Es ist uns wichtig, den Blick auf das einzelne Kind und seine individuelle Entwicklung auszurichten, um allen Kindern angemessene Entwicklungsangebote machen zu können, dieses gilt gleichermaßen für Kinder mit Behinderung.

Wir werden jedes Kind regelmäßig und systematisch, in verschiedenen Situationen, zu unterschiedlichen Zeiten und in den einzelnen Bildungsbereichen beobachten.

Die Beobachtung wird schriftlich festgehalten. Die Beobachtung wird mit mindestens einer Kollegin reflektiert.

Wichtige Beobachtungsergebnisse werden dem Gesamtteam vermittelt.
- Wir richten den Fokus auf die Themen und Interessen des Kindes.
- Wir berücksichtigen die Lerndispositionen von Margaret Carr (2002).
- Wir nehmen die Bildungsbereiche aus dem Hessischen Bildungs- und Erziehungsplan auf.
- Wir richten unseren Blick auf Engagiertheit und Wohlbefinden.
- Wir beachten eventuelle Entwicklungsrisiken.

Beobachtungsverfahren

Für die Beobachtungen suchten wir systematische Verfahren, die uns Struktur geben, worauf wir zu achten haben, die andererseits aber offen genug sind, um die besonderen Bildungs- und Lernwege der einzelnen Kinder zu verstehen und sie zu verfolgen. Nach der Erprobungsphase entschieden wir uns für zwei Hauptbeobachtungsbögen: die *Lerngeschichten* (Laewen, Andres 2002) und den von uns aus verschiedenen Elementen zusammengestellten Beobachtungsbogen *Kita Zauberkiste*. Zusätzlich verwenden wir ein- bis zweimal Verfahren, um Freundschaften, soziale Beziehungen und Kontakte, die Position der Kinder innerhalb der Gruppe zu ermitteln sowie die Lernzugänge des Kindes zu erkennen.

Zur Ermittlung des Entwicklungsstands oder zum Erkennen eventueller Entwicklungsrisiken benutzen wir Material aus Bellers Entwicklungstabelle (Beller 2004), „Die Abenteuer der kleinen Hexe" (Schönrade/Pütz 2003) und „Grenzsteine der Entwicklung" (Michaelis 2003).

Beteiligung

An erster Stelle stehen dabei die Kinder, dann die Erzieherinnen und schließlich die Eltern. Alle werden von Anfang an mit einbezogen, denn die persönliche Beteiligung stellt für mich den Schlüssel für Identifikation, Akzeptanz und Motivation dar.

Wem gehört die Beobachtung?

Die systematischen Beobachtungsbögen sind das Handwerkszeug der Erzieherinnen. Sie unterstützen uns darin, unseren Fokus auszurichten, Gesehenes und Gehörtes schriftlich zu erfassen und fachlich zu analysieren. Die bildungsrelevanten Ergebnisse und -prozesse werden von der Bezugserzieherin in Form von Lerngeschichten ins „Bildungsbuch" geschrieben und *gehören dem Kind*. Sie können jederzeit von Kindern und Eltern eingesehen werden.

Der Weg zum Bildungsbuch

Kinderkonferenz

Wir haben den Kindern vorgestellt, was wir als Erzieherinnen vorhaben, konkret heißt das: Wir wollen von den Kindern viel erfahren. Wir wollen wissen, was sie spielen oder lernen, mit wem sie das tun und was ihnen dabei wichtig ist. Wir haben über den Begriff Beobachten gesprochen und was er bedeutet. Wer beobachten kann, wann wir beobachten können, was wir beobachten können und was nicht beobachtet werden soll. Die Kinder fanden Beobachten überwiegend toll, einige Kinder konnten oder wollten nichts dazu sagen, waren jedoch nicht dagegen. Einige Kinder wollten selbst auch beobachten, entweder andere Kinder oder die Erzieherin. Die Intimsphäre (Toilettengang) soll nicht beobachtet werden.

Elternabend

Beim Elternabend haben wir unser Vorhaben vorgestellt und uns ausführlich dem Thema Beobachten gewidmet. Folgende Fragen haben wir inhaltlich bearbeitet: Warum beobachten wir? Was beobachten wir? Wie beobachten wir? Wie spiegelt sich die Beobachtung im pädagogischen Alltag wider? Wie werden Kinder und Eltern informiert und was geschieht mit den Beobachtungsergebnissen? Ich legte besonderen Wert auf die Vermittlung des Begriffs *„Be(ob)achten"* und welchen Ansatz und welche Haltung wir damit verbinden.

Den meisten Eltern war es wichtig, dass ihr Kind regelmäßig und von verschiedenen Erzieherinnen beobachtet wird. Außerdem sollten wir den Blick nicht nur auf die Bildungsthemen und die Interessen der Kinder, sondern auch auf Entwicklungsauffälligkeiten richten.

Beobachtungszeichen und schriftliche Information

Wir haben uns mit den Kindern auf ein Zeichen verständigt, an dem alle erkennen, wer gerade beobachtet. Unser Symbol zeigt ein Auge. Die Erzieherin oder das Kind, die beobachten, tragen das Zeichen als Hinweis darauf, nicht gestört zu werden.

Für Eltern hängt eine Information zur Beobachtung und zu den Zielen aus, das Beobachtungszeichen wird vorgestellt.

Vereinbarung im Team

Das im Team erarbeitete Beobachtungs- und Dokumentationskonzept und legt Verbindlichkeiten fest. Ein Auszug:

„Gerade im Bereich Beobachten und Dokumentieren ist Transparenz und Dialog untereinander wichtig, deshalb geht es vorrangig darum, ein Vertrauensverhältnis zu Eltern und Kindern aufzubauen, welches Durchsichtigkeit zulässt und gleichzeitig Sicherheit und Vertrauen birgt. Uns ist deshalb Folgendes wichtig: Wir besprechen Beobachtungen innerhalb des Teams, wir besprechen sie mit dem jeweiligen Kind und seinen Eltern, wir geben keine Informationen ohne Zustimmung an Dritte, und wir sprechen im Beisein des Kindes nicht über das Kind, sondern mit dem Kind."

Veränderung von Strukturbedingungen
- Jede Erzieherin erhält einmal pro Woche eine garantierte Beobachtungszeit, in der sie mehrere Beobachtungen machen kann.
- Den Beobachtungstag trägt die Erzieherin im Wochenplan für alle ersichtlich ein. Das hilft gerade in der offenen Arbeit dabei, verbindliche Zeiten zu sichern.
- Wir nutzen die 14-tägigen Kinderbesprechungen, um Beobachtungsergebnisse ins Team einzubringen und gruppenübergreifende Bildungsangebote und Förderunterstützung festzulegen. Dies ist Grundlage für die Planung in der offenen Arbeit und legt Verantwortlichkeit fest.
- Wir haben für die Beobachtungsauswertungen einen Kinderordner angelegt und eine Vorlage „Besprechungsprotokoll" entwickelt, das uns mehr Effektivität in der Kinderbesprechung gewährleisten und zusätzlich zur Transparenz im Team beitragen soll.
- Jede Kollegin nutzt die Möglichkeit, ihre Beobachtung mit einer Kollegin oder im Team auszuwerten und zu analysieren. Wir nutzen unsere Dienstbesprechungen und internen Fortbildungen, um uns in der Erprobungsphase gegenseitig zu unterstützen.
- Wir beobachten, auch anhand von Videoaufnahmen, beschreiben unsere Beobachtung, stellen uns die Ergebnisse gegenseitig vor und vergleichen diese.
- Wir machen mehrere Beobachtungen von einem Kind. Wir verfolgen die Bildungsprozesse und schreiben Lerngeschichten oder bildungsrelevante Ergebnisse in Briefform an das Kind (s. die Beispiele ab S. 142 und ab S. 146).
- Zu zweit oder gemeinsam legen wir fest, welche Bildungsangebote oder -unterstützung das Kind braucht. Bildungsrelevante Beschreibungen werden für jedes Kind in einem Ordner gesammelt und spiegeln damit den Bildungsverlauf des Kindes wider (Bildungsbiografie).
- Für das Schreiben der Lerngeschichten ist die Bezugserzieherin verantwortlich, sie wird dabei von den Erzieherinnen unterstützt, die Schwerpunkte oder Projekte innerhalb der pädagogischen Arbeit übernommen haben.
- Beim Schreiben von Lerngeschichten wollen wir uns gegenseitig helfen und bereichern, indem wir eine Schreibwerkstatt gründen. Darin wollen wir üben, die bildungsrelevanten Aspekte in kurzer, klarer und wertschätzender Form zu formulieren.

Dialog mit Kindern und Eltern
Wir besprechen nach Möglichkeit die Beobachtung mit dem Kind. Wir möchten vom Kind wissen, ob wir es richtig gesehen haben und welche Sichtweise und Meinung es selbst dazu hat. Wir achten die Aussagen des Kindes und halten sie in wörtlicher Rede fest. Die Beobachtungsbesprechung muss für das Kind verständlich und wertschätzend sein. Ziel ist es, das Kind als Partner zu ver-

stehen, der sich verantwortungsbewusst mit seinem Lernen und Handeln identifiziert. Darüber hinaus kann die Erzieherin das Kind motivieren, neue Ziele, Handlungsmöglichkeiten oder Lösungen zu finden.

Mit den Eltern vergleichen und besprechen wir die Beobachtungsergebnisse in den regelmäßigen Elterngesprächen. Gemeinsam legen wir notwendige Entwicklungsunterstützung und nächste Entwicklungsherausforderungen fest.

Die Besprechungen werden von fast allen Kindern gewünscht. Sie wollen wissen, was wir gesehen haben und was wir dazu denken. Ein Gespräch über sich selbst zu führen, ist jedoch für die meisten Kinder ungewohnt und gestaltet sich daher auch sehr unterschiedlich. Sie hören zu, manchmal lachen sie oder belächeln unsere Schilderung, sprechen über das, was ihnen wichtig ist, und teilen uns durchaus auch ihre Sichtweise mit. Die Kinder fühlen sich beachtet und ernst genommen in ihrer Person und ihrem Tun. In der Besprechung mit unseren jüngsten Kindern ist der Austausch bei einzelnen Kindern noch etwas eingeschränkt. Wir wollen aber die Beachtung und Wertschätzung allen Kindern zukommen lassen, dafür erhalten wir immer wieder ein Lächeln, ein zustimmendes Kopfnicken oder auch klare Aussagen.

Die Besprechung mit den Eltern findet in den regelmäßigen Entwicklungsgesprächen statt, diese werden in unserer Einrichtung schon jahrelang praktiziert und finden schon immer großen Anklang, da es für Eltern in der Regel immer interessant ist, sich über ihr Kind auszutauschen.

Was gehört in ein Bildungsbuch?

In einem Bildungsbuch werden alle Informationen über die Bildungsprozesse des Kindes zusammengeführt. Eine Lerngeschichte ist das Ergebnis mehrerer analysierter Beobachtungen, das den Bildungsprozess darstellt, die Bildungsrelevanz aufzeigt, die Kompetenzen eines Kindes oder ein Bildungsergebnis beschreibt. Die bildungsrelevanten Aspekte werden in Form von Lerngeschichten für das Kind aufgeschrieben. Gemeinsam legen wir fest, welche Bildungsangebote oder Bildungsunterstützung das Kind braucht. Die Lerngeschichten werden für jedes Kind in einem Ordner (Bildungsbuch) gesammelt und spiegeln damit den Bildungsverlauf (Bildungsbiografie) eines jeden Kindes wider.

Wie unsere Bildungsbücher aufgebaut sind, ist am Ende dieses Beitrags dokumentiert (s. S. 110 ff.).

Was ist bedeutsam und bildungsrelevant?

- Die Eingewöhnungszeit in der Kita: Wie hat das jeweilige Kind den Übergang gemeistert, was war für das Kind bedeutsam, was hat ihm dabei geholfen, wel-

che Spielbereiche hat es gewählt, wie und mit wem hat es erste Kontakte geknüpft?
- Die Interessen der Kinder
- Die bevorzugten Tätigkeiten der Kinder
- Ihre Stärken
- Die Freunde, Beziehungen und sozialen Kontakte zu Kindern und zu Erwachsenen und die Art der Kontaktaufnahme
- Die Bildungsthemen der Kinder: Was sie bearbeiten und mit wem sie es bearbeiten
- Welche Lernzugänge und Bildungsbereiche sie auswählen
- Die Lernstrategien, mit denen sie sich ihre Welt erklären und sich neues Wissen aneignen
- Wie engagiert sie bei ihrem Tun sind und wer oder was sie in ihren Lernbemühungen stützt und fördert
- Die Bereitschaft oder Fähigkeit, sich mit neuen Anforderungen auseinanderzusetzen und daran teilzuhaben
- Der Umgang mit neuen Situationen und Veränderungen
- Welche Beiträge leistet das Kind für die Gruppe oder Gemeinschaft?
- Der Übergang in die Schule: Was interessiert sie, was bewegt sie, welche Wege der Auseinandersetzung und Annäherung wählen sie, was äußern sie an Wünschen?

Dokumentation

Lerngeschichten, Spielsituationen, Gesprächsprotokolle, Projekte, Ausflüge, Interviews, Zitate, Anekdoten, Steckbriefe, Fotos, Produkte, Bilder, Schriftgrafiken

Die Kinderkonferenz

In der Gruppenkonferenz haben wir den Kindern erzählt, dass wir ein Bildungsbuch für jedes Kind anlegen wollen, in dem alles, was wir beobachtet und mit ihnen besprochen haben, als kleine Geschichte aufgeschrieben wird. Bei der Besprechung war uns wichtig, dass sich alle Kinder zum Bildungsbuch äußern können, dass sie der Gruppe mitteilen, was für sie wichtig ist und in das Buch gehört, wer es gestalten und wer es anschauen darf.

Unsere Kinder nannten unter anderem:
- Was ich spiele
- Fotos von meinen Freunden
- Ein Bild von mir
- Meine Erzieherin
- Ausflüge, Projekte

- Was ich schon kann
- „Es wird von meiner Bezugserzieherin geschrieben, und ich darf meine gemalten Bilder und Fotos einkleben."
- „Das darf jeder anschauen, dem *ich* es zeigen will."

Die Wünsche der Eltern

Auf dem Elternabend zum Bildungsbuch stellten wir die Wünsche der Kinder vor und forderten die Eltern auf, in Kleingruppen zu diskutieren, was für sie in ein Bildungsbuch gehört und was ihnen dabei wichtig ist.

Der Begriff „Bildungsbuch" weist aus der Sicht einiger Eltern zu stark auf Schule hin. Den Eltern war es wichtig, dass ihr Kind im Kindergarten zwar auch lernt, die Methoden sollten sich aber von schulischem Lernen unterscheiden – Stichwort spielerisch lernen. Im Einzelnen formulierten die Eltern detaillierte Wünsche. Aus der umfangreichen Ideensammlung werden hier einige Punkte dokumentiert, die die Rolle der Eltern beleuchten (ausführlicher zum Thema s. den Abschnitt „Praxis mit Eltern" ab S. 173):

Die Eltern können das Bildungsbuch mitgestalten und es jederzeit einsehen. Wie das im Einzelnen aussehen könnte, wurde an dem Elternabend nicht definiert. Mögliche Aktivitäten könnten sein: Elternbrief, in dem sich die Familie vorstellt, positive Mitteilung aus dem Entwicklungsgespräch, Themen, die das Kind vom Kindergarten in die Familie transportiert und was sich daraus entwickelt.

Entwicklungsgespräche auf der Grundlage des Bildungsbuches sollten halbjährlich stattfinden und etwa eine halbe Stunde dauern.

Die Dokumentation sollte ein realistisches Bild vom Kind zeigen, mit dem es sich identifizieren kann, das aufzeigt, was das Kind im Kindergarten macht, was ihm wichtig ist und was es schon alles für sich erreicht hat.

Strittig war die Frage, ob auch kritische Sichtweisen ins Buch aufgenommen werden sollten. Die Eltern waren sich einig darüber, dass die Erzieherinnen problematisches Verhalten direkt mit dem Kind besprechen, es aber nicht im Buch dokumentieren. Probleme oder Entwicklungsrisiken sollten im Entwicklungsgespräch behandelt werden.

Erste Erfahrungen und Folgerungen

Anfangs haben wir versucht, aus jeder Beobachtung eine Lerngeschichte zu schreiben. Inzwischen schaffen wir es schon eher, das Bildungsanliegen des Kindes zu erkennen und es in seiner Prozessentwicklung zu begleiten und zu stützen. Als vorteilhaft hat sich die kontinuierliche Begleitung der Erzieherinnen in den einzelnen Bildungs- und Funktionsbereichen herausgestellt, da die Erzieherin die Möglichkeit hat, die jeweiligen Kinder längerfristig in ihrer Entwicklung zu verfolgen. Wir benötigen dazu viel Zeit und müssen kontinuierlich beobachten.

Zeit ist im Moment unser Hauptthema. Wir bemerken, dass vor allem die Besprechungszeiten im Team trotz strukturierter Festlegung nicht ausreichen. Ich denke, dass es sich hier um Anfangsschwierigkeiten handelt und wir lernen müssen, uns kürzer und effizienter auszutauschen. Die Erfahrung wird zeigen, ob uns das von mir entwickelte Besprechungsprotokoll dabei unterstützen kann oder ob wir einen anderen Weg einschlagen müssen.

Auch bei den Entwicklungsgesprächen, die auf Wunsch der Eltern zweimal jährlich stattfinden sollen, müssen wir über Veränderungen nachdenken. Der Wunsch der Eltern deckt sich zwar mit dem der Erzieherinnen, doch ist der zeitliche Aufwand kaum zu bewältigen. Wir müssen also ein Maß finden, das Ziel gut zu erreichen, den Anforderungen gerecht zu werden und uns dabei nicht selbst zu überfordern. Das muss mit den Beteiligten ebenso wie mit dem Träger klar kommuniziert werden.

Kinder und Eltern habe ich bislang als tolle Partner erlebt, die aktiv mitgestalten und sich identifizieren. Die Kinder in ihrem Tun und ihrem Engagement für ihr Bildungsbuch zu erleben, macht mich besonders stolz und bestätigt mich darin, noch mehr Vertrauen und Zutrauen in die Kinder zu setzen.

Die Eltern haben mich in der bisherigen Entwicklung positiv überrascht, im Gegensatz zu den Teamkolleginnen hatten sie viel weniger inhaltliche Bedenken. Sie nutzten den Austausch in Elterngesprächen und an drei thematischen Elternabenden: „Wie lernen Kinder und was bedeutet das für die Kindertagesstätte?", „Beobachten in der Kindertagestätte", „Ein Bildungsbuch im Kindergarten".

Ich stelle eine erfreuliche Veränderung in der Elternschaft fest: Vor ein paar Jahren wurden die Kinder und kindliches Lernen und die damit verbundenen Anforderungen an die pädagogische Arbeit noch eher defizitorientiert beurteilt, heute überwiegt eine Sichtweise, die an den Stärken der Kinder ansetzt.

Reflexion nach einem Jahr Praxiserfahrung
Im Team kommen wir nach dem ersten Jahr zu folgenden Erkenntnissen:

- Durch die regelmäßigen Beobachtungen sind es unsere Kinder gewöhnt, dass das Beobachten dazugehört. Bei der Frage „Darf ich dir heute zusehen, was du machst?" schauen die Kinder kurz von ihrer Tätigkeit auf, stimmen zu, und nach kurzer Zeit scheint unsere Anwesenheit bereits vergessen zu sein. Die Kinder widmen sich ihrem Spiel, versinken darin und fühlen sich durch unsere Anwesenheit weder gestört noch beeinflusst. Unsere anfänglichen Bedenken, dass die Kinder womöglich ihr Spielverhalten aufgrund unserer Anwesenheit verändern, sind also nicht eingetreten.

- Durch das kontinuierliche Beobachten hat sich die Beziehung zu den einzelnen Kindern verändert, die Erzieherinnen kommen den Kindern viel näher. Der Sinn des Wortes „Beobachten" zeigt sich für uns im Beachten der Kinder und in der Achtung vor dem, was sie tun, sagen und denken. Die Kinder fragen nach oder fordern uns auf: „Du hast gesagt, dass du mich mal wieder beobachten willst, das hast du heute gar nicht gemacht". Kinder wollen gesehen werden, wollen wichtig sein, sie wollen beachtet werden. Sie wollen, dass wir beobachten, was sie tun und dieses anerkennen.
- Wir benutzen weiterhin verschiedene Beobachtungsformen und -bögen und setzen diese je nach Bedarf ein. Neu hinzugekommen ist der Beobachtungsbogen des Deutschen Jugendinstituts (DJI 2004), dessen Inhalte jedoch schon Grundlage von anderen Beobachtungsbögen waren.

In erster Linie möchten wir die Themen und Interessen der Kinder erfahren. Unsere Rolle dabei ist die der Beobachterin, die das Gesehene und Gehörte annimmt, es mit ihren Kenntnissen und ihrem Wissen abgleicht, aber auch die der Forscherin, die ihre Beobachtung und Wahrnehmung dem Kind mitteilt. Im Dialog wird die Erzieherin entweder Bestätigung für das finden, was sie gesehen und wahrgenommen hat, oder auch die Chance haben, dass sich ein Gespräch entwickelt, das Einblicke, Sichtweisen oder Hintergründe liefert, die weit über das Beobachtete hinausgehen.

Wir wollen das Bewusstsein beim Kind stärken für das, was es erreicht und geschafft hat, was es lernen konnte, welche Ziele es verfolgte, wie es an Dinge herangegangen ist, wie es Lösungen entwickelt hat oder sich Hilfe organisieren konnte, aber auch, was ihm als Kind schwerfiel, was ihm Probleme bereitete. Dann werden die Kinder angeregt, über Alternativen nachzudenken: Was würde mir gut tun, was würde mir helfen, welche Idee könnte ich dazu entwickeln, um in der Zukunft auf Handlungsmöglichkeiten zugreifen zu können, die zu weiteren Erfolgserlebnissen verhelfen.

Bei diesem ressourcenorientierten Blick erlebt das Kind, dass
- sich jemand interessiert, sich Zeit nimmt und ihm Aufmerksamkeit schenkt
  = *Selbstwertgefühl und Selbstsicherheit,*
- es Wertschätzung erfährt
  = *Selbstwertgefühl und Sicherheit,*
- es als handelnde Person Prozesse mitgestalten und Einfluss nehmen kann
  = *Partizipation und Selbstwirksamkeit,*

- ihm etwas zugetraut und ihm Verantwortung übertragen wird
  = *Selbstvertrauen und Verantwortungsübernahme,*
- es eine positive und konstruktive Rückmeldung erfährt
  = *positives Selbstbild und realistische Selbsteinschätzung,*
- ihm jemand dabei hilft, eigene Stärken und Schwächen zu erkennen
  = *positive Selbsteinschätzung und Selbstvertrauen,*
- es angeregt wird, positiv und konstruktiv zu denken und Ziele zu entwickeln
  = *Optimismus und Zuversicht,*
- es zur Suche nach eigenen Lösungen ermutigt wird
  = *Problemlösefähigkeit und Verantwortungsübernahme,*
- es ermutigt wird, seine Gefühle zu benennen und auszudrücken
  = *Gefühlsregulation und Impulskontrolle.*

Im Dialog mit dem Kind liegen eine Menge resilienzfördernde Faktoren, die es zu entdecken gilt. Wir Erzieherinnen sollten ein Bewusstsein dafür entwickeln, welche Entwicklungsunterstützung wir unseren Kindern bieten können, wenn wir in einem angemessenen Umfang, der das Kind nicht überfordert, realistische, alters- und entwicklungsangemessene Dialoge mit den Kindern führen, die sie bestärken, ermutigen, ihnen etwas zutrauen und Erwartungen mit erreichbaren Zielen an sie stellen. Diese Sichtweise und die oben genannten Ziele stimmen mit den Anforderungen überein, die der Hessische Bildungs- und Erziehungsplan stellt.

Im Hinblick auf eine frühe und qualifizierte Förderung der Kinder und den gesellschaftlichen Stellenwert unseres Berufsbildes wird es immer wichtiger werden, die pädagogisch abgeleitete Unterstützung regelmäßig zu überprüfen und die Selbstevaluation als begleitendes Überprüfungsverfahren in die Arbeit zu integrieren. Eine ausgezeichnete Unterstützung bietet dabei das Buch von Christa Preissing, „Qualität im Situationsansatz" (2003). Dieses schließt den begleitenden, inhaltlichen Transfer gegenüber allen Beteiligten ein und stellt damit eine gute Basis für den regelmäßigen Dialog mit Kindern und Eltern dar.

Wir haben ein Jahr für die Erprobungsphase vereinbart, danach werden wir unsere Erfahrungen und Ergebnisse mit den Beteiligten auswerten. Die Auswertung werden wir in Form gemeinsamer Gruppennachmittage mit Kindern und Eltern gestalten.

Meine Aufgabe sehe ich weitergehend darin, den Prozess zu begleiten, Fragen und Themen aufzugreifen und diese gemeinsam mit dem Team zu bearbeiten. Gut ist, dass wir in der Fortbildung sehr durch unseren Träger unterstützt und von unserer Fachberatung kontinuierlich begleitet werden.

Was für mich immer mehr an Bedeutung gewinnt, ist der Austausch mit Bündnispartnern außerhalb der Kita. Hier stellt sich für mich die Möglichkeit dar, neue pädagogische Aspekte zu erörtern und einzelne Themen aus verschiedenen Perspektiven zu diskutieren. Dabei entstand die Idee von regelmäßigen, regional organisierten Austauschtreffen.

Aufbau des Bildungsbuchs

Anfangsteil
Die Kindertagesstätte
Die Familie
Der Kennenlerntag
Der Start in den Kindergarten
Die Bezugserzieherin

Hauptteil
Der Steckbrief „Das bin ich"
Interessen und Stärken
Wichtige Erlebnisse
Bevorzugte Tätigkeiten
Freunde
Lerngeschichten:
– Bildungsthemen
– Bildungsbereiche und Lernzugänge
– Lernkompetenzen

Schlussteil
Der Übergang zur Schule
Der Abschied

Differenzierte Gliederung des Bildungsbuchs
Die Bildungs- und Lernprozesse aus den Beobachtungen bestimmen den Schwerpunkt im Bildungsbuch. Die Kommentare der Kinder dazu werden aufgenommen. Dialoge mit dem Kind und Werke des Kindes fließen ins Bildungsbuch mit ein. Elternbeiträge sind ausdrücklich erwünscht.

- Der Kindergarten stellt sich vor
  Foto vom Logo
  Skizze der Lern- und Funktionsräume
  Welche Möglichkeiten haben die Kinder in der Kita Zauberkiste?

- Die Familie stellt sich vor mit Foto und kurzem Text
  Anregungen zur Gestaltung:
  Das sind wir: Foto
  Zu uns gehören:
  Wir wohnen seit .... in der .... Straße
  So wohnen wir: Wohnung, Haus, eigenes Zimmer, Garten etc.
  Wir sprechen folgende Sprachen:
  Großeltern:
  Haustiere:
  Freunde, Nachbarn:
  Hobbys und Vereine der Familienmitglieder:
  Das mögen wir, das tun wir am liebsten:
  Das ist uns wichtig:
  Der Kennenlerntag
  Hausbesuch oder ein Treffen vor dem Kindergartenbeginn
  Beschreibung: Wie ist das Treffen verlaufen, was war für das Kind und die Bezugserzieherin wichtig und bedeutsam?

  Foto und Aussagen des Kindes

- Der Start in den Kindergarten
  Die Eingewöhnungszeit
  Wie hat das Kind den Übergang gemeistert?
  Was war für das Kind bedeutsam und wichtig?
  Was hat dem Kind bei der Übergangsgestaltung geholfen oder es unterstützt?
  Welche Spielbereiche hat es sich ausgewählt?
  Wie und mit wem hat es erste Kontakte geknüpft?

- Die Bezugserzieherin stellt sich mit Foto und Text vor
  Name:
  Gruppe:
  Profil:

- Der Steckbrief
  (Beschreibung und Interview im jährlichen Steckbrief)
  Die Interessen und Stärken des Kindes
  (Aufzeichnungen aus den Beobachtungen und den Gesprächen mit dem Kind):
  Was ist für das Kind bedeutsam?
  Worauf richtet es sein Augenmerk?
  Was teilt es in der Kinderkonferenz mit?

Was kann es gut?
Worin zeichnet es sich besonders aus?

- Wichtige Erlebnisse aus der Kindergartenzeit
  Geburtstage
  Ausflüge / Feste
  Projekte
  Gespräche
  Bevorzugte Tätigkeiten des Kindes

  Aufzeichnungen aus den Beobachtungen und Spielprotokollen:
  Was tut es gerne?
  Beliebte Spielbereiche oder Aktivitäten

- Freunde
  (Ergebnisse aus den Beobachtungen und dem Soziogramm)
  Hat das Kind Beziehungen und Kontakte?
  Feste Freundschaften oder regelmäßige Kontakte
  Wie regelmäßig wird es von anderen als Spiel- und Kontaktpartner gewählt?
  Wie gestalten sich Beziehungen und soziale Kontakte zu Kindern?
  Beziehungen und soziale Kontakte zu Erwachsenen
  Welchen Weg wählt es zur Kontaktaufnahme?
  Umgang mit Konflikten

- Die Lerngeschichten des Kindes
  (Beobachtungsergebnisse)
  Welches Thema / Schema bearbeitet das Kind?
  Mit wem bearbeitet es sein Thema?
  Welche Wege geht es dabei?
  Welche Bildungsbereiche und Lernzugänge wählt es aus?
  Auf welche Lernstrategien greift es zurück, um sich seine Welt zu erklären und sich neues Wissen anzueignen?

- Die Lernkompetenzen des Kindes
  (Beobachtungsbogen mit den Lerndispositionen)
  Wie engagiert und ausdauernd ist es bei seinem Tun?
  Wer oder was stützt oder fördert seine Lernbemühungen?
  Wie zeigt sich die Bereitschaft oder Fähigkeit, sich mit neuen Anforderungen auseinanderzusetzen?
  Wie kommunikativ ist es, und wobei lässt es andere teilhaben?
  Wie geht es mit neuen Situationen und Veränderungen um?
  Wie geht es mit Konflikten um (Streitkultur)?
  Welchen Beitrag leistet es für die Gruppe oder Gemeinschaft?

- Übergang zur Schule
  (Inhalte aus dem Schulkinderprojekt)

  Beschreibung des Übergangsprozesses
  Was interessiert das Kind, mit welchen Fragen setzt es sich auseinander?
  Welchen Weg der Auseinandersetzung und Annäherung mit seinem Thema wählt es?
  Was äußert es an konkreten Vorstellungen und Wünschen?
  Welche Kontakte erlebt das Kind im Vorfeld:
  – Schulbesuch
  – Teilnahme am Unterricht
  – Teilnahme am Expertengespräch
  – Besuch der Lehrerin
  Wie hat es sich auf die Schule vorbereitet?

- Der Abschied
  Wir gestalten den Abschied so, dass sich die Kinder individuell mit ihren Bedürfnissen beteiligen können.
  Das Abschiedsfest
  Der Abschiedsbrief
  Abschiedswünsche

- Beiträge der Eltern
  Inhalte aus den Elterngesprächen
  Lernprozesse, die Eltern bei ihrem Kind beobachten
  Kindergartenthemen, die sich auf die Familie übertragen
  Elternbrief an das Kind

- Resümee der Entwicklung innerhalb der Kindergartenzeit

Martina Becker

2.2 Mein Computerbüchlein
Kinder erstellen ihr Portfolio am PC selbst

Das Beobachten und Dokumentieren von Lernschritten der Kinder ist mittlerweile in den Tageseinrichtungen ein fester Bestandteil der täglichen Arbeit geworden. Während unserer Teilnahme am Forschungsprojekt „Kindergarten und Computer" interessierte uns, wie Kinder für sich selbst mit der Möglichkeit umgehen, eigene Lernschritte zu erfassen und zu benennen. Und wir wollten für unseren Bildungsbereich „Umgang mit dem Computer" ein eigenes Bildungsbuch erstellen, das fortlaufend von den Kindern geführt wird. Schließlich genießen wir Erwachsenen auch die Bestätigung, eine Aufgabe gemeistert zu haben und ein Produkt vorweisen zu können.

Das Forschungsprojekt Kindergartenkinder und Computer (2003–2005) zielte auf die Erforschung von Sozialisationseffekten und pädagogischen Handlungsmöglichkeiten in Tageseinrichtungen für Kinder.

Durch die Arbeit im Forschungsprojekt ergaben sich für die Kita verschiedene Projekte, die zum Teil bis heute im Bereich Merchandising und Öffentlichkeitsarbeit der Kita eingesetzt werden.

Entstehung des Computerbüchleins

In unserer Kita ist es üblich, dass sich Kinder für unterschiedliche Projekte entscheiden. An der Computer-Gruppe nahmen 20 Kinder teil. Sie wurden während des Arbeitens am PC beobachtet, befragt, gefilmt und hatten verschiedene Aufgaben zu bewältigen. Ganz schnell erwarben die Kinder Fähigkeiten im Umgang mit der Technik und erkannten selbst, wie viel mehr sie in kurzer Zeit konnten. Die Kinder hatten immenses Interesse und großen Einsatz gezeigt, so dass wir ihnen die Gelegenheit geben wollten, etwas aus dieser Zeit zu „behalten". Ohne ihre (Mit-)Arbeit hätte das Forschungsprojekt kaum gelingen können. Die von ihnen geleistete Arbeit sollte ihnen bewusst sein, und sie sollten genauso wie wir einen Gewinn haben, etwas, das bleibt und auch später noch Erinnerungen wachruft.

Auf die Frage, wie so etwas aussehen könnte, sagten Kinder:
- Das kann wie ein Schulheft sein.
- Meine Freunde / meine Mama sollen es auch sehen.
- Ich will es selber haben.

- Einige Mädchen, die gerade im Schreibfieber waren und Sekretärin spielten, wollten unbedingt etwas hineinschreiben.
- Einige Jungen, die während der Arbeit am PC neue Freundschaften geschlossen hatten, wollten: „Mein Freund soll auch im Buch sein".
- Wir Erwachsenen waren der Meinung, dass auch konkrete Fähigkeiten, die im Laufe des Forschungsprojektes erworben wurden, in das Computerheftchen hineingehören.
- Die Kinder sollten die Möglichkeit haben, ihr Können selbst abzufragen und zu dokumentieren (daraus entstand der Teil im Heft, in dem Kinder ankreuzen können).

Aufgrund dieser Aussagen wurde das Heftchen zunächst grob entworfen und dann wieder mit interessierten Kindern und speziell mit Kindern aus dem Forschungsprojekt besprochen und weiterentwickelt. Einige neue Bedingungen wurden gestellt. So war es den Kindern sehr wichtig,
- dass sie viel selbst machen und auch entscheiden, in welcher Form Einträge und Gestaltung stattfinden. Daraus entstand z.B. die Möglichkeit, ein Bild mit Hand oder Computer zu erstellen;
- dass das Buch so verziert werden konnte, wie es jede/r wollte;
- dass man das Büchlein mit nach Hause nehmen kann. Es sollte den Kindern gehören.

So entstand die jetzige, gewollt einfache und schmucklose Form. Ein Heft im DIN-A5-Format mit 14 Seiten. Die erste Seite zur Vorstellung des jeweiligen Kindes und die letzte Seite mit einem kleinen Text, der sich eher an Erwachsene richtet, zur Erklärung, wann und warum das Büchlein entstanden ist. „So sieht ein Computer aus" ist eine Seite überschrieben.

Eine andere Seite heißt „Mein Gemälde mit Paint", eine weitere „Das sind meine Freunde und ich am Computer". Das liebste Computerspiel konnte beschrieben oder gemalt werden, und auch eine Seite mit dem Titel „Ich kann schon am Computer schreiben" wurde angelegt. Auf zwei Seiten des Buches stehen konkrete Fragen – es geht um Fähigkeiten im Umgang mit dem PC. Die Seite heißt „Ich kann schon ..." und bietet den Kindern die Möglichkeit, durch einfaches Ankreuzen einzelne Tätigkeiten und Fähigkeiten zu dokumentieren. Dazwischen finden sich mehrere Seiten für eigene Notizen, die Kinder frei gestalten können.

Für die meisten Kinder war es die Chance, so viel wie möglich selbst zu gestalten. Schon die Entscheidung einzelner Kinder über das eigene Foto, das den Einband zieren sollte, dauerte schier endlos. Viele Fotos wurden geschossen und manche noch im PC bearbeitet, bis jedes Kind zufrieden war. Unterschiedlichste Materialien wurden zusammengestellt, um das Computerheftchen zu gestalten: Farben und Glitzerpulver, Kleber und funkelnde Steinchen und Sternchen. Bei

der Gestaltung kam es ganz nebenbei zu anregenden Gesprächen über Kunst, nach dem Motto: „Was mir gefällt, ist schön."

Begleitung während der Bearbeitung des Computerbüchleins

Die Begleitung durch uns Erwachsene war individuell auf das Kind bzw. bei Gruppenarbeiten auf die Kinder zugeschnitten. Es gab so viele Hilfen wie benötigt wurden. Anreize, um das Eintragen in das Büchlein nicht zu vergessen, wurden von uns Erzieherinnen gegeben. Ganz oft fragten auch Eltern nach und betrachteten gemeinsam mit ihren Kindern die Fortschritte. Das Interesse der Eltern war eine große Motivation für die Kinder.

Fast immer trafen sich mehrere Kinder und arbeiteten zusammen. Abschauen und Nachmachen erlaubten sich die Kinder untereinander.

Wenn Kinder ihre Fähigkeiten selbst einschätzen

Das ist eine aufregende Sache, wenn ein Kind sein Computerbüchlein holt und ankreuzt, was es schon kann. Es fragt sozusagen selbst seine Fähigkeiten ab und notiert, was es kann. Das Kind ist nicht mehr nur darauf angewiesen, sich von Erwachsenen sagen zu lassen, wie gut es schon ist. Vielmehr entscheidet es selbst, wann es sich „prüft" und wie weit es mit der „Prüfung" gehen möchte. Es ist auch eine aufregende Sache, wenn der begleitende Erwachsene feststellt,

 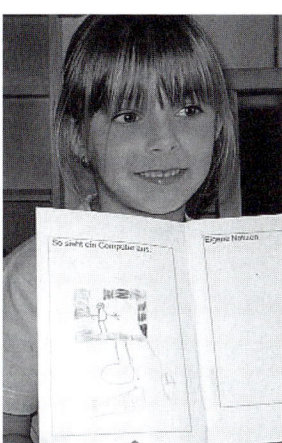

Larissa (fünf Jahre) schaut sich den Computer an und malt ihn detailgetreu in ihr Computerbüchlein. Das Ergebnis präsentiert sie stolz.

dass das Portfolio nicht fertig wird oder auch die Lernschritte nicht bewältigt werden können. Vielleicht, weil das Kind mit weniger zufrieden ist oder die Motivation nicht ausreicht. Wir gehen davon aus, dass die Selbsteinschätzung authentisch ist. Kinder brauchen die Möglichkeit, sich realistisch einzuschätzen. Im Vergleich mit anderen Kindern und gleicher Aufgabenstellung kann das Kind erkennen, welche Fähigkeiten es bisher erworben hat. Wir Erwachsene können an einem realistischen Punkt der Fähigkeiten ansetzen und Kinder weiter unterstützen.

Im Gespräch bleiben

An Gesprächsprotokollen mit vier Fünfjährigen lässt sich zeigen, wie weit ein Kind kommen kann und will.

Auf meine Frage „Wie hat dir das Malen, das Schreiben und das Ankreuzen gefallen?" antwortete Justus: *„Das war mir schwer. Die Kreuze machen war einfach. Ich kann schon den Computer anmachen und ich kann schon ein Spiel anmachen. Das kann ich von zu Hause. Der Alexander will mir helfen, dann werde ich mit dem Buch fertig. Das dauert so lange. Ich kann das später fertigmachen. Wenn ich wieder kann"*.

Nell hatte eine andere Motivation entwickelt und sagte*: „Mir gefällt das Büchlein so gut. Das Schreiben war sehr schön. Ich habe alle Buchstaben, die ich kenne, geschrieben. Lisa hat mir geholfen. Ich wollte auch rechnen. Im Büchlein sind keine Zahlen. Das Ankreuzen war ganz leicht, das mache ich im Kindergarten schon an den Listen und so. Das ist leicht. Ich habe der Anika das Malen gezeigt. Sie kann das nicht so gut. Ich kann das sehr gut."*

Natürlich hatte mich auch interessiert, wie die Kinder mit dem Büchlein zukünftig umgehen wollten.

Nell meinte dazu: *„Mein Büchlein hat mir so gut gefallen. Das Machen meine ich. So mit dem Glitzer und so. Schön ist auch, dass ich alles angekreuzt habe. Jetzt kann ich alles, und jeder muss es glauben. Ich habe auch schon ein Freundebuch geschenkt bekommen, da schreiben jetzt auch meine Freunde rein. Wie in meinem Computerbuch. Wenn ich lesen kann, dann lese ich meiner kleinen Cousine vor, was ich alles mal im Kindergarten gelernt habe."*

Anika nahm sich Folgendes vor: *„Mein Büchlein soll in meinem Zimmer im Regal stehen. Da ist auch mein Seepferdchen. Das habe ich gerade bekommen. Dann habe ich zwei Sachen, die ich gelernt habe. Dann verlerne ich den Computer auch nicht mehr. Das Schwimmen verlernt man auch nicht mehr. Meine Omi will dann auch was reinschreiben. Nur wenn ich das erlaube, weil das ja mein Buch ist."*

Björn wusste noch nicht so genau, wie es weitergeht: *„Ich weiß nicht, was ich mit dem Buch mache. Ich will es behalten, aber mein Papa sagt, das will er aufheben. Vielleicht will er immer gucken. Meine Mutter guckt auch immer. Die können doch schon am Computer spielen. Jetzt kann ich das auch und jetzt kann ich das meinem Bruder mal zeigen."*

Lisa und Nell (beide fünf Jahre) schreiben gemeinsam einen Text. Sie haben sich Worte vorgeschrieben und geben nun die Buchstaben in den PC ein. Weil sie befürchten, den Überblick zu verlieren, haken sie die geschriebenen Buchstaben gleich ab.

Erkenntnisse während der Bearbeitung

Der Teil im Büchlein, der die Fähigkeiten der Kinder im Umgang mit dem PC abfragt und angekreuzt werden muss, war besonders aufschlussreich. Nicht alle Kinder konnten den „Test" gleich bestehen. Das war auch nicht das Ziel. Es ging ja darum, seinen Fähigkeiten entsprechend nach und nach die Kompetenzen anzukreuzen. Die Kinder verglichen sich auch untereinander, und immer wieder war zu beobachten, dass sie miteinander ein Problem angingen oder sich konkrete Hilfestellungen gaben. Stärkere Kinder halfen den schwächeren Kindern. Und Schwächere fragten von sich aus Stärkere nach Hilfe. Kinder mit unterschiedlichen Fähigkeiten hatten ein gemeinsames Ziel.

Es wurden auch neue Strategien entwickelt, um selbst gesetzte Ziele zu erreichen.

Nicht alle Kinder wurden in einem Zeitraum von sechs Monaten mit ihrem Heftchen ganz fertig. Das war auch nicht fest vorgegeben. Wir wollten ja vor allem erreichen, dass sich die Kinder mit dem Produkt beschäftigten und ihre eigenen Fähigkeiten zu einem bestimmten Arbeitsbereich selbst und individuell dokumentierten. Dabei konnten sie auch lernen, dass man nicht alles kann und auch nicht unbedingt können muss, sich vielmehr Hilfe holen kann und sich ggf. mit Misserfolgen auseinandersetzen und damit umgehen muss.

Abschluss

In jedes Heftchen kam am Ende ein ganz persönlicher Brief an das Kind. Darin wurde über die Zeit der Zusammenarbeit am PC geschrieben. Inhalte sind der allgemeine Kontakt, das Verhalten und die Entwicklung des jeweiligen Kindes. Der Brief soll Beobachtungen aus meiner Erwachsenensicht für das Kind verständlich darlegen. Auch eine kleine persönliche Botschaft, wie ich die Zusammenarbeit mit dem Kind empfunden habe, steht darin. Wertschätzung und direkte persönliche Ansprache prägen den Stil des Briefes an das Kind.

Kinder und Eltern waren sehr interessiert an diesem kleinen Brief. Er stellte für sie wohl eine Art Zeugnis dar, und alle waren sehr stolz darauf. Sehr oft musste ich die Briefe den Kindern vorlesen, manches Kind verlangte von mir, sie Freunden vorzulesen. Andere äußerten ihr Erstaunen: „Das habe ich gemacht?", „So bin ich?", fragten sie und wollten den Brief gleich nochmal hören.

Beobachtungen und Rückblick

Kinder wissen verhältnismäßig gut, zu welchen Leistungen sie in der Lage sind. Sie trauen sich etwas zu und bringen viel Energie auf, um ihr Ziel zu erreichen. Gerade in Situationen, in denen Kinder frei arbeiten und ein Ansprechpartner da ist, der Hilfen geben *kann*, aber sich nicht ständig einmischen *muss*, haben die Kinder viel Initiative gezeigt.

Die intensive Beobachtung und Begleitung seitens der Erwachsenen erlaubten im Projekt eine individuelle Begleitung für schwächere Kinder, und sie verstärkten die Motivation für alle Beteiligten.

Das etwas andere Portfolio

Portfolios für ausgewählte Arbeitsbereiche sind ein ganz besonderer Anreiz für mich geworden. Warum nicht einzelne Bereiche extrahieren und Momentaufnahmen dokumentieren? Besonders dann, wenn Kinder hoch motiviert sind. Kinder haben so viele Bereiche, in denen sie ganz eigene Lernschritte machen, in denen sie besonders befähigt sind. Diese Beobachtungen sollten nicht nur im allgemein geführten Portfolio eingereiht werden, sondern besonders herausgestellt werden.

Dabei lassen sich auch andere Themen erkennen, wie z. B. bei Lisa (fünf Jahre): Während der Bearbeitung ihres Computerbüchleins fiel mir auf, dass sie großes Interesse hatte, mit ihrer Mama hier in der Kita zu sein – dies war der Auftakt zu manchem gemeinsamen Kaffeestündchen ...

Martina Hardenberg

2.3 Hier spielt sich Bildung ab
Kinder reden mit Erwachsenen übers Lernen

> Manuel baut mit seinem Freund Paul eine Steinschleuder. Er legt ein langes Holzbrett über eine Holzwalze, platziert einen Baustein auf das eine Ende des Holzbrettes und schlägt blitzschnell mit der Hand auf das andere Ende. Der Baustein fliegt im hohen Bogen durch die Luft und schlägt mit lautem Krachen gegen das Fenster. Manuel und Paul hüpfen laut lachend auf und ab. „Ja!", ruft Manuel. „Er fliegt ganz weit!" Der nächste Stein fliegt, diesmal größer noch und lauter beim Aufschlagen. Ich werde aufmerksam, schaue hinüber zu den beiden Jungen und sehe, wie sie weitere Steine durch den Bauraum katapultieren.

Vor einigen Monaten noch hätte ich vermutlich meinen Unmut über den Lärm und die Gefahr durch umherfliegende Steine geäußert und die beiden Jungen mit Nachdruck gebeten, diese Aktivität einzustellen. Seit einiger Zeit jedoch beschäftige ich mich im Rahmen einer Weiterbildung zum Situationsansatz mit Bildungsprozessen von Kindern, und dies zeigt nachhaltige Wirkung auf mein Verhalten als Erzieherin: Statt Ärger zu empfinden, regt sich jetzt bei mir Interesse an dem, was die beiden Jungen da tun: Worum geht es ihnen, welcher Frage gehen sie nach, wie gehen sie dabei vor? Ich frage sie, ob ich beobachten darf, wie sie die Steine fliegen lassen, und sie stimmen zu. Ich bitte sie, bei ihren Flugbahnen zu beachten, dass kein Schaden entsteht. Dann klemme ich mir mein „Beobachterin"-Schild an und greife nach Papier und Stift. Jetzt fällt mir auf, dass die beiden Jungen darüber diskutieren, wer von ihnen beim Bedienen ihrer Steinschleuder „dran ist". Paul sagt, jeder dürfe zweimal, und dann würden sie sich abwechseln, das sei doch gerecht. Immer größere Steine werden bewegt. Schließlich stellen sie gemeinsam eine ganze Kiste voller Holzsteine auf das Brett, die sie dann nur noch mit Mühe überhaupt bewegen können. Schon beim Beobachten fokussiere ich meinen Blick auf die Frage: „Was spielt sich denn hier eigentlich an Bildung ab?"

Später, bei meiner Analyse der Beobachtung, entdecke ich, dass es wahrscheinlich um physikalische Gesetze geht, um Flugbahnberechnungen bei unterschiedlichen Gewichten, um die Technik der Hebelwirkung, aber auch um die Beziehung der beiden Jungen untereinander: Wer ist jetzt dran? Was können wir gemeinsam bewirken? Was ist gerecht? Es scheint also auch um das Aushandeln von Regeln und Moral zu gehen.

Auch in ihrer Beziehung zu mir ist etwas in Bewegung geraten: Die beiden Jungen erleben mein Interesse an ihrem Tun, diese Wertschätzung führt später dazu, dass sie mich immer wieder hinzurufen, wenn sie etwas Interessantes und für sie selbst Bedeutsames tun, sie fordern mich auf, ihre Beschäftigungen zu beachten, zu notieren, zu fotografieren und für ihren „Bildungsordner" festzuhalten.

Diese Beobachtung hat auch eine Bedeutung für meine Aufgabe als Erzieherin: Ich nehme mir vor, mit meinen KollegInnen über die Bereitstellung von Material nachzudenken, das Kinder herausfordert, weitere technische oder physikalische Experimente zu erproben.

Situationsanalyse

Der Bildungsauftrag von Kindertagesstätten ist im SGB VIII / KJHG (Kinder- und Jugendhilfegesetz) gesetzlich verankert. Im § 22 wird definiert, dass die Aufgabe der Kindertageseinrichtungen die „Betreuung, Bildung und Erziehung des Kindes umfasst". Gefordert wird die „Entwicklung des Kindes zu einer eigenverantwortlichen und gemeinschaftsfähigen Persönlichkeit" (BMFSFJ 1999). Die Bedürfnisse von Kindern und ihren Familien werden als Ausgangspunkt des Bildungsauftrages genannt und die Beteiligung der Erziehungsberechtigten an Entscheidungen in wesentlichen Angelegenheiten der Tageseinrichtung gefordert. Diesen Anspruch eines jeden Kindes auf Bildung gilt es, in der Praxis zu erfüllen. Zur Umsetzung dieses Auftrages bieten die *Grundsätze des Situationsansatzes* (vgl. Preissing 2003) eine konkrete Grundlage. Mit meinem Praxisbericht hoffe ich, einen Beitrag zur Umsetzung qualifizierter Bildungsarbeit in meiner Kita zu leisten.

Was heißt Bildung?

Voraussetzung für den Zugang zu den Bildungsprozessen von Kindern war für mich die Auseinandersetzung mit dem Begriff Bildung.

Nach der Veröffentlichung der PISA-Studie (vgl. Deutsches PISA-Konsortium 2001) und ihren alarmierenden Ergebnissen für das deutsche Bildungssystem ist die Diskussion um den Bildungsbegriff erneut in Bewegung geraten. Wissenschaftler und Politiker beschäftigen sich intensiv mit der Frage, was Bildung heute leisten muss angesichts der gesellschaftlichen Veränderungen in unserem Land. Die Wissensgesellschaft hat die Industriegesellschaft abgelöst, Bildung ist der Schlüssel zu wirtschaftlichem Erfolg. Lebenslanges Lernen ist angesagt, denn das Wissen von gestern scheint schon heute überholt, veraltet in einem Prozess von immer schneller werdendem Tempo. Auch Eltern und pädagogische Fachkräfte sind angesichts der großen Bedeutung von Bildung verunsichert. Die Frage beschäftigt sie, was und wie Kinder heute lernen müssen, um adäquat auf die vielfältigen Anforderungen des Lebens vorbereitet zu sein.

Über eine eindeutige, allgemein akzeptierte Definition des Bildungsbegriffs gibt es in der aktuellen pädagogischen Fachliteratur noch keinen gültigen Konsens. Einigkeit scheint jedoch darin zu bestehen, dass es sich um einen ganzheitlichen Prozess handelt, den Barbara Senckel so zusammenfasst:

„Der Begriff Bildung bezeichnet sowohl die gedanklichen, sittlichen und ästhetischen Inhalte, die ein Mensch aufnimmt und mit denen er sich (auch in seinem praktischen Tun) auseinandersetzt, als auch den Prozess der sich dadurch ereignenden Persönlichkeitsformung, und schließlich das Ergebnis, den geistig-seelisch-sittlich geformten Menschen. Bildung umfasst somit die Art des Verstehens, Wissens, Könnens, Gestaltens, Benehmens, Glaubens, des sittlichen und sozialen Verhaltens." (Senckel 2004, S. 12)

Die Bestimmung, was Bildung sei, scheint abhängig zu sein vom zugrunde liegenden Menschen- und Weltbild. *„Die meisten neuen Definitionen verstehen Bildung einseitig als Dienst an der werdenden Persönlichkeit bei ihrer Selbstsuche, Selbstfindung, Selbstverwirklichung oder Selbstbestimmung."* (Ebd.) In diesem Verständnis dient Bildung der Entfaltung des Menschen um seiner selbst willen.

Demgegenüber steht eine Sicht von Bildung, die immer auch die Entwicklung sozialer Kompetenzen wie Solidarität, Gemeinschaftsfähigkeit und Verantwortung der Gesellschaft gegenüber meint. In diese Richtung weist auch das Humboldt'sche Bildungsverständnis, das Hartmut von Hentig zusammenfasst:

„Bildung ist die Anregung aller Kräfte des Menschen, damit diese sich über die Aneignung der Welt in wechselseitiger Ver- und Beschränkung harmonisch-proportionierlich entfalten und zu einer sich selbst bestimmenden Individualität oder Persönlichkeit führen, die in ihrer Idealität und Einzigartigkeit die Menschheit bereichere." (Hentig 1996, S. 40)

Es geht also um die „Anregung aller Kräfte" und die „Aneignung der Welt", aber auch um Selbstbestimmung und den Bezug zu anderen Menschen, und Bildung zielt auf die „Bereicherung der Menschheit".

Der Situationsansatz knüpft an dieses Bildungsverständnis an und versteht Bildung als Aneignungstätigkeit: *„Bildung heißt immer ‚sich bilden', sich selbst ein Bild machen, ist Selbstbildung. In dem ‚sich ein Bild machen' stecken subjektive Wahrnehmungen und Deutungen. Das bedeutet, dass ein Mensch sich nur selbst bilden, nicht gebildet werden kann. Er ist Konstrukteur seiner Entwicklung, seines Weltbildes."* (Preissing 2003, S. 111)

Dieses Bildungsverständnis sieht das Kind als handelndes Subjekt: Es bildet sich selbst und versucht von Anfang an mit allen ihm zur Verfügung stehenden Möglichkeiten, die Welt zu verstehen und sie mit Bedeutung zu versehen. Von diesem Bildungsverständnis gehe ich aus und verstehe in diesem Sinne Bildungsprozesse von Kindern immer auch als Selbstbildungsprozesse.

Selbstbildungsprozesse von Kindern

Das Bild, das Kinder sich von der Welt machen, ist nicht lediglich ein Abbild der „wirklichen" Welt, sondern eine eigene Konstruktion, in die Vorstellungen und Erfahrungen des Kindes einfließen. Deshalb spricht man bei dieser Aneignungstätigkeit auch von Konstruktion von Weltbildern. Dabei geht es zum einen um das Bild, das ein Kind sich von sich selbst in der Welt macht, aber auch um das Bild der anderen in dieser Welt und um die Beziehung zwischen beiden. Wesentlich ist für das Kind, das Weltgeschehen zu erleben und zu erkunden, selbsttätig handelnd die Welt zu entdecken und zu begreifen.

Diese Erkenntnisse werden bestätigt durch aktuelle Ergebnisse aus der neurobiologischen Forschung. Untersuchungen bei Säuglingen und Kleinkindern führten zu der Erkenntnis, dass Kinder vom ersten Tag ihres Lebens an über Kompetenzen verfügen, mit denen sie sich die Welt aneignen. Hirnforscher weisen darauf hin, dass Kinder gerade in den ersten Lebensjahren mit unglaublicher Intensität und Geschwindigkeit lernen. Bildung beginnt also nicht erst im Schulalter. Rainer Strätz fasst diese Ergebnisse so zusammen: *„Die Neurobiologie zeigt uns, wie ein Kind seine Entwicklung ‚in die eigenen Hände nimmt'. Es verarbeitet, ordnet und bewertet auf individuelle Weise die Erfahrungen, die es macht, es sucht aktiv ‚lehrreiche' neue Erfahrungen und Herausforderungen."* (Strätz 2003, S. 177)

Weltaneignung kann also nur über die eigene Auseinandersetzung mit ihr, durch die Eigenaktivität des Kindes in Form von Beobachten, Erleben, Erfahren, Erproben, Experimentieren und Überprüfen ermöglicht werden. Dabei suchen Kinder stets Sinn und Bedeutung und den Bezug zu sich selbst. Der Situationsansatz weist darauf hin, dass Bildungsprozesse immer in soziale Bezüge eingebettet und an „sinnstiftende" Fragen gebunden sind: *„Wer bin ich? Zu wem gehöre ich? Wer sind die anderen? Was passiert um mich und um uns herum? Was war vor mir und was kommt nach mir? Über solche sinnstiftenden Fragen werden Bildungsprozesse für Kinder bedeutsam."* (Preissing 2003, S. 41)

Kinder lernen ganzheitlich, d. h. mit allen Sinnen. Kindliches Lernen beginnt mit sinnlichen Wahrnehmungen. Schon Célestin Freinet wusste aus Erfahrung, was heute wissenschaftlich abgesicherte Gewissheit ist: *„Kinder lernen unter Einsatz all ihrer Sinne. Und: Wenn sie nur genügend Anregung dazu haben, lernen sie* *auch aus eigenem Antrieb. Am besten lernen sie, wenn die ganze Person beteiligt ist."* (Klein/Vogt 1998, S. 23)

Kinder brauchen verlässliche Erwachsene, die Verständnis für sie und ihre Anliegen haben und sie in ihrem Drang nach Welterkundung begleiten und unterstützen. Wenn Kinder sich vorbehaltlos mit ihrer ganzen Persönlichkeit, also mit ihren Stärken und Schwächen, angenommen fühlen und Wertschätzung erfahren, stärkt das ihr Selbstvertrauen und somit ihre Eigenständigkeit. Hier spricht man auch von einer „sicheren" Bindung. Kinder können zu mehreren Erwachsenen eine solche Bindung aufbauen, auch zu der Erzieherin.

Die wertschätzende Grundhaltung der Erzieherin ist Voraussetzung für die Bildungsprozesse von Kindern in der Kindertagesstätte. In einer Atmosphäre, die geprägt ist von Anerkennung und Verständnis, in der Fehler als positive Lernchancen gelten, können Kinder sich mit all ihren Sinnen und Kräften ihren Bildungsprozessen widmen.

Wenn Erwachsene Kinder als Subjekte achten und anerkennen, die eine eigene Sicht einbringen, welche Beachtung verdient, und Kinder wiederum die Erwachsenen deshalb anerkennen, weil sie sich auf die Vorstellungen von Kindern wertschätzend einlassen, spricht man von wechselseitiger Anerkennung: „Wichtige Bildungsprozesse sind offensichtlich davon abhängig, dass die beteiligten Kinder und die Erwachsenen sich wechselseitig mit ihren jeweiligen Besonderheiten wahrnehmen und schätzen können." (vgl. Leu 1999)

Nur in der Auseinandersetzung mit anderen können Kinder Wert-, Moral- und Normverständnis entwickeln. Sie müssen mit „gleichwertigen" Partnern über den Sinn von Regeln verhandeln können, über Gerechtigkeit und Fairness. Hier erscheint es besonders wichtig, dass Erwachsene sich mit ihren Vorstellungen und Urteilen zurückhalten, um Kindern die notwendigen Freiräume für ihre Aushandlungsprozesse zuzugestehen. Bildung findet also auch in der Interaktion mit anderen statt und wird deshalb Ko-Konstruktion genannt.

Der Situationsansatz als Bildungsansatz räumt den Bildungsprozessen von Kindern einen zentralen Stellenwert ein und weist darauf hin, dass Lernen an konkrete Situationen und reale Tätigkeiten gebunden ist. Ganzheitliches Lernen orientiert sich an den Erfahrungen und Interessen der Kinder:

„Erzieherinnen analysieren, was Kinder können und wissen und was sie erfahren wollen. Sie eröffnen ihnen Zugänge zu Wissen und Erfahrungen in realen Lebenssituationen." (Konzeptioneller Grundsatz Nr. 3 des Situationsansatzes, vgl. Preissing 2003)

Die Qualitätsansprüche, die sich aus diesem Grundsatz ableiten, fordern Erzieherinnen dazu auf, Voraussetzungen für eine anregungsreiche Lernkultur zu schaffen und gemeinsam mit Kindern Lern- und Erfahrungsmöglichkeiten sowohl innerhalb als auch außerhalb der Kindertageseinrichtung zu erschließen. Ganz konkret weist der Situationsansatz darauf hin, dass Erzieherinnen durch systematische und gezielte Beobachtungen versuchen sollen herauszufinden, welche Interessen, Fragen und Probleme die Kinder beschäftigen und welche Themen sie interessieren.

Die Bildungsaufgaben der Erzieherinnen umfassen dabei unter anderem die Beobachtung und Dokumentation der Bildungsbewegungen der Kinder. Es geht um Kompetenzen von Kindern und um die Beschreibung ihrer individuellen Bildungsgeschichten als Ausgangspunkt für Planung.

Bildungs- und Lerngeschichten

Hans Rudolf Leu vom Deutschen Jugendinstitut beschreibt die Arbeit mit Bildungs- und Lerngeschichten als einen Weg zur Umsetzung und Qualifizierung des Bildungsauftrages im Elementarbereich. (Leu 2003) Die inhaltliche Nähe zum Situationsansatz und dem dort beschriebenen Bildungsverständnis ist deutlich erkennbar. Leu bezieht dabei das Konzept von Margaret Carr (2002) ein, das von Lerndispositionen und Lernstrategien von Kindern ausgeht. Dieser Ansatz zielt auf die Identifikation der individuellen Bildungswege und -verläufe von Kindern.

Die Situation in meiner Praxis

Bislang hatte ich vor allem dann gezielt beobachtet, wenn es Schwierigkeiten oder Auffälligkeiten bei einem Kind gab, und mein Blick war dabei weniger auf die Stärken und Kompetenzen der Kinder gerichtet als auf Probleme und Defizite. Diese Beobachtungen blieben in meinen eigenen Unterlagen und fanden höchstens bei Elterngesprächen Verwendung. Oftmals gestalteten sich meine Beobachtungen aus vermeintlicher Zeitnot sehr flüchtig, die Ergebnisse waren demzufolge bruchstückhaft. So blieben mir wahrscheinlich viele Informationen über die Themen und Interessen der Kinder verborgen.

Eine individuelle Dokumentation der Bildungsprozesse von Kindern auf der Basis von Beobachtungen gab es in unserer Kindertagesstätte bislang noch nicht. In meinem Umfeld war mir zu dieser Zeit auch noch keine Einrichtung bekannt, die Erfahrung mit solchen Dokumentationen hatte.

Eltern zeigen sich durchweg sehr interessiert an der Bildung und Entwicklung ihrer Kinder. Die ständig wiederkehrenden Bildungsdebatten scheinen aber auch zu einer Verunsicherung beizutragen. Viele Eltern fordern eine gezielte Förderung ihrer Kinder, wobei häufig die traditionelle „Vermittlung" von Fähig-

Hier spielt sich Bildung ab

Giulia zeigt stolz eine Dokumentation in ihrem Bildungsordner.

keiten und Kenntnissen gemeint ist. Die Sicht vom Kind als Erkenntniswesen, das sich selbst bildet und für diese Selbstbildungsprozesse Begleitung und Unterstützung braucht, ist für viele Eltern neu. Die Bildungsangebote der Kindertagesstätte sind für sie deshalb oft schwer nachvollziehbar und müssen transparent gemacht werden.

Ich nahm mir deshalb vor, Bildungsprozesse von Kindern gezielt und systematisch zu beobachten, zu analysieren und zu dokumentieren, mit dem Ziel, diese Prozesse besser verstehen und unterstützen zu können. Dabei wollte ich Kinder, Eltern und Kolleginnen mit einbeziehen.

Die folgenden Fragen interessierten mich hierbei besonders: Werde ich gezielte und systematische Beobachtung und die Dokumentation von Bildungsprozessen in meiner Praxis angesichts der gegebenen Rahmenbedingungen überhaupt umsetzen können? Welche Beobachtungsverfahren eignen sich besonders für das Aufspüren von Bildungsprozessen? Werde ich so meinen Blick für die Kinder und ihre Themen verändern? Wie gehe ich mit problematischen und kritischen Beobachtungen um? Welche Kompetenzen brauche ich, um die Beobachtungen entschlüsseln zu können und wie kann ich meine KollegInnen mit einbeziehen? Welche Dokumentationsform wird sich daraus entwickeln? Wie können Kinder und Eltern dabei partizipieren und profitieren? Wird es mir gelingen, durch das Praxisvorhaben die Bildungsprozesse der Kinder professioneller begleiten und unterstützen zu können?

Ziele des Praxisvorhabens

Auf der Basis der pädagogischen Ziele des Situationsansatzes – Autonomie, Solidarität und Kompetenz – sollten in dem Praxisvorhaben die Selbstbildungsprozesse von Kindern anerkannt und unterstützt werden. Ich wollte Kinder ermutigen, selbstbestimmt und im sozialen Bezug tätig zu sein und ihre Lernkompetenzen zu erweitern. Es war mir ein besonderes Anliegen, die Würde der Kinder zu respektieren und sie deshalb von Anfang an einzubeziehen in die Ziele und Umsetzung. Sie sollten nur mit ihrem Einverständnis beobachtet, die Dokumentationen nicht *über,* sondern *mit* den Kindern gestaltet werden.

Die folgenden vier Punkte leiteten mich bei meinem Praxisvorhaben:

1. Ziele, die ich mir selbst stecke:
- Die mir zur Verfügung stehende Vorbereitungszeit so strukturieren, dass die notwendige Zeit zur Verfügung steht für Beobachtungen und die Analyse mit KollegInnen sowie für die Erstellung von Dokumentationen.
- Mein theoretisches Basiswissen über kindliche Entwicklung auffrischen, um das Beobachtete besser verstehen zu können.
- Eine geeignete Beobachtungsform finden und erproben für das „Aufspüren" von Bildungsprozessen.
- In den Analysen von Beobachtungen Lerndispositionen identifizieren.
- Kinder, Eltern und KollegInnen in das Praxisvorhaben einbeziehen.
- Durch gezielte und systematische Beobachtung Bildungsprozesse der Kinder wahrnehmen und dokumentieren.
- Bildungsthemen, die ich entdecke, „beantworten", d. h. aufgreifen, durch verschiedene Angebote darauf eingehen.
- Bildungsthemen, die mir wichtig erscheinen und auf die Kinder nicht von selbst kommen, an die Kinder herantragen, im Sinne von „zumuten".
- KollegInnen neugierig machen, interessieren, motivieren zur Partizipation.
- Gemeinsam mit Kindern und Eltern eine Dokumentationsform entwickeln.
- Durch das Praxisvorhaben eine „Brücke" zu den Eltern bauen, Dokumentationen als eine Grundlage für Elterngespräche einsetzen.
- Eltern die Bildungsarbeit der Kindertagesstätte transparent zu machen.

2. Qualifikationen, die ich als Erzieherin brauche:
- Wertschätzende Grundhaltung anderen gegenüber.
- Neugierde, Lernbereitschaft, Offenheit für Neues, auch Ungewöhnliches.
- Fehlerfreundlichkeit: Fehler als Chancen werten, die zu Lernerfahrungen zählen.
- Die Bereitschaft und Fähigkeit, das eigene Verhalten, die eigene Denkweise immer wieder neu zu reflektieren, mich also stets auch als Lernende zu begreifen.

3. Erfahrungen, die ich Kindern ermöglichen möchte:
- Kinder werden von uns ErzieherInnen geachtet und wertgeschätzt, ihr Tun hat für uns Erwachsene Sinn.
- Kinder erfahren, dass wir ihnen zutrauen, sich selbst zu bilden.
- Anerkennung ihrer individuellen Lernwege
- Kinder erleben Autonomie, indem sie selbst darüber entscheiden, ob und wie die Beobachtungen und Dokumentationen gestaltet werden, und indem sie sich aktiv daran beteiligen können.
- Anerkennung und Unterstützung bei ihren Bildungsprozessen, indem wir uns für ihre Themen und Fragen interessieren und auf unterschiedlichste Weise darauf eingehen. Schlüsselqualifikationen wie Wissbegier, Kreativität und Initiative werden dadurch gefördert.
- Kinder erfahren durch die Beobachtung und Dokumentation ihrer Bildungsprozesse positive Verstärkung beim Erwerb von Schlüsselkompetenzen wie Lernkompetenz, Eigenständigkeit, Sozial- und Sach-Kompetenzen.
- Kinder erhalten durch die Dokumentationen einen Einblick in ihre eigenen Bildungs- und Entwicklungsschritte.

4. Erfahrungen, die Eltern machen können:
- Wir erkennen Eltern als Experten für ihre Kinder an und streben eine Zusammenarbeit mit ihnen im Sinne einer Erziehungs- und Bildungspartnerschaft an.
- Ihr Kind wird gesehen, wahrgenommen, begleitet und gefördert.
- Auch die Themen der Eltern werden wahrgenommen und aufgegriffen.
- Eltern partizipieren, indem sie bildungsrelevante Beobachtungen vom häuslichen Umfeld, aber auch von Ausflügen und Reisen mit den Kindern in die Dokumentationen einbringen.
- Eltern erhalten mehr Einblick in die Bildungsarbeit der Kindertagesstätte.
- Eltern können die Bildungswege ihrer Kinder anhand der Beobachtungen und Dokumentationen verfolgen und nachvollziehen.

Einführung in der Praxis

Aus den vielen unterschiedlichen Beobachtungsverfahren, die in der aktuellen Fachliteratur beschrieben werden, scheinen mir die von Laewen und Andres (2002) vorgestellten Beobachtungsbögen besonders geeignet, um die Bildungsthemen von Kindern zu entdecken. Entlang der Schritte beobachten, subjektive Anteile bewusst machen, Perspektivenübernahme und fachliche Reflexion mit Kolleginnen führt dieses Verfahren zu der Frage, welche Schlüsse aus der Beobachtung zu ziehen sind für das weitere pädagogische Handeln. Diese Schritte ergänze ich durch den „Dialog mit dem Kind", der zwischen Beobachtung und

Reflexion entstehen kann. Diese Schritte lege ich meinen Beobachtungen zugrunde, beziehe dabei aber auch die Schlüsselaspekte der Leuvener Engagiertheits-Skala (Laevers 1997) für Kinder mit ein. Obwohl ich nicht systematisch nach dieser Skala vorgehe, habe ich in der Auseinandersetzung und Übung mit dem Material gelernt, Engagiertheit und Wohlbefinden als Kriterien zur Einschätzung der Bildungsrelevanz von kindlichem Tun in der Reflexion meiner Beobachtungen zu berücksichtigen.

Voraussetzungen für die Analyse / fachliche Reflexion

Um Beobachtungen entschlüsseln und interpretieren zu können und um Hypothesen aufstellen zu können, erschien es mir wichtig, mein theoretisches Fachwissen über Entwicklungspsychologie aufzufrischen bzw. zu vertiefen. Mich beschäftigte die Frage, welche Bildungs- und Entwicklungsthemen für Kinder im Vorschulalter vorrangig von Bedeutung sind angesichts des neuen Verständnisses von Selbstbildungsprozessen.

Umgang mit den eigenen Gefühlen

Im fachlichen Diskurs wird die Klärung der eigenen, oft biografisch begründeten Anteile an den Beobachtungen betont. Emotionen wie Freude, Interesse, Betroffenheit, aber auch Langeweile, Angst oder Wut sollten als solche erkannt und zugeordnet werden. Diese sehr persönlichen Anteile in die Dokumentationen mit aufzunehmen, erscheint nicht unproblematisch. Schon das Bewusstsein, dass diese von den Eltern gelesen werden, beeinflusst die Offenheit, mit der solche eigenen Gefühle wahrgenommen und zugestanden werden. Aus diesem Grunde habe ich in meiner Beobachtungspraxis eine „doppelte Buchführung" eingeführt, bei der eben diese emotionalen Aspekte intern für meine eigene Dokumentation festgehalten werden und ich dann sorgfältig abwäge, welche Anteile ich in die externe Dokumentation, also in die Bildungsordner, aufnehme und welche nur meiner eigenen Information dienen, um zwischen meiner eigenen Gefühlswelt und der der Kinder zu trennen.

Partizipation

Wesentlich für die Umsetzung meines Praxisvorhabens ist die Partizipation aller Beteiligten. Im konzeptionellen Grundsatz 7 des Situationsansatzes wird die Forderung nach Mitgestaltung von Kindern am Leben in der Kindertagesstätte deutlich: *„Erzieherinnen unterstützen Kinder in ihrer Selbständigkeitsentwicklung, indem sie ihnen ermöglichen, das Leben in der Kindertageseinrichtung aktiv mitzugestalten."* (Preissing 2003, S. 157)

Kinder aktiv in das Praxisvorhaben mit einzubeziehen, bedeutet, sie zu achten und wertzuschätzen. Jedes Kind erfährt dabei, dass seine Meinung und seine Gefühle wichtig sind und es zur Mitentscheidung und Mitgestaltung aufgefordert wird. Diese Erfahrung ist auch die Voraussetzung für die Entwicklung von Achtung und Wertschätzung anderen Menschen gegenüber. Die Beteiligung von Kindern durch eigenes Erleben, Erfahrung und Tätigsein ermöglicht ihnen die Entwicklung einer demokratischen Haltung (vgl. Doyé/Lipp-Peetz 2002, S. 19).

Ebenso wichtig ist mir die Beteiligung von Eltern und KollegInnen. Ihnen mein Praxisvorhaben transparent zu machen und sie mit ihren Erfahrungen und Kompetenzen einzubeziehen, ist elementar für die Umsetzung.

Es wurden im Team auch Bedenken zu meinem Praxisvorhaben geäußert, wobei es vorrangig darum ging, wie mir diese umfangreiche Aufgabe gelingen könne angesichts meiner sonstigen Aufgaben und insbesondere unter den gegebenen Rahmenbedingungen. Diese Bedenken konnte ich gut nachvollziehen, wobei ich es als besondere Herausforderung betrachtete, mein Praxisvorhaben trotzdem zu realisieren und gut zu reflektieren.

Kinderkonferenzen

Auch den Kindern hatte ich schon mehrfach von der Fortbildung erzählt, so dass einige von ihnen wussten, dass ich dort „lerne, wie ich Kinder besser verstehen kann", wie ein Mädchen es ausdrückte. In einer Kinderkonferenz stellte ich den Kindern mein „Beobachterin"-Schild vor, auf dem unter dem Wort Beobachterin zwei Augen gemalt sind. Das Schild soll symbolisieren: Diese Erzieherin beobachtet gerade und kann sich jetzt nicht um andere Dinge kümmern. Deshalb muss auch immer eine zweite Erzieherin in dieser Zeit für die Kinder erreichbar sein. Ich erzählte ihnen von meinem Praxisvorhaben und erklärte anhand eines praktischen Beispiels aus dem Gruppengeschehen, mit welchem Ziel ich sie beobachten wollte. Viele Kinder fanden die Idee gut und wollten gerne beobachtet werden. Ein Junge sagte, dass er nicht beobachtet werden wollte, und wir vereinbarten, dass ich jedes Kind vorher frage, ob ich es in der jeweiligen Situation beobachten darf oder nicht. Ich bot den Kindern an, ihnen immer anschließend das Notierte vorzulesen und mit ihnen zu klären, ob sie damit einverstanden sind, was ich schriftlich über sie festhalte.

In einer weiteren Kinderkonferenz besprachen wir die Möglichkeit, aus den Beobachtungen einen Lerngeschichten- bzw. Bildungsordner für jedes Kind zusammenzustellen. Die Kinder hatten gleich viele Ideen zur Gestaltung einer solchen Dokumentation: Sie wünschten sich Geschichten und Fotos ihrer Aktivitäten, auch Fotos ihrer Bauwerke. Sie wollten selbst Bilder davon malen, was sie gerade lernen, und von zu Hause einen Ordner ihrer Wahl mitbringen. In einer weiteren Konferenz überlegten wir gemeinsam mit den Kindern, was ihre Eltern beitragen könnten zu ihren Bildungsordnern. Sie wünschten sich, von ihren Eltern auch zu Hause beim Spielen und Lernen beobachtet zu werden. Fotos von der Familie, von Freunden oder von Haustieren wurden ebenso genannt wie Fotos von Festen, Ausflügen oder Urlaub. Die Ideen der Kinder hielten wir schriftlich fest, um sie am darauf folgenden Elternabend mit einzubeziehen.

Dialog mit den Kindern

Anfangs schienen einige Kinder sich bei der Beobachtung nicht so recht wohlzufühlen, obwohl sie der Beobachtung zuvor zugestimmt hatten. Sie schauten immer wieder zu mir her und schienen sich ganz anders als sonst zu verhalten. Diese Unsicherheiten verschwanden aber nach und nach. Inzwischen fordern einzelne Kinder die Beobachtung ein: „Kannst du mich mal wieder beobachten, mit Aufschreiben und Vorlesen und allem?" Besonderes Interesse zeigten viele Kinder daran, das Beobachtete anschließend vorgelesen zu bekommen. Daraus entwickelte sich oft gerade bei älteren Kindern ein interessanter Dialog, manchmal korrigierten sie meine Aufzeichnungen oder machten aufschlussreiche Anmerkungen über ihre Gefühle oder über die Hintergründe ihres Verhaltens. Diese Aussagen der Kinder ergänzen dann die Dokumentation.

Jasmin beobachtet die Erzieherin und hat sich dafür das „Beobachterin"-Schild ausgeliehen.

Inzwischen ist das Beobachten schon so zum gewohnten Bestandteil des Gruppengeschehens geworden, dass Kinder diese Aktivität mit in ihr Rollenspiel aufnehmen. Jasmin, sechs Jahre alt, übernimmt gerne verantwortungsvolle Aufgaben in der Gruppe. Hier beobachtet sie die Erzieherin und hat sich zu diesem Zweck das „Beobachterin"-Schild ausgeliehen. Sie fragt vorher, ob sie beobachten darf, und notiert, was die Erzieherin tut. Kinder beobachten eben auch uns ganz genau.

Bildungsbriefe entstehen

Aus der Überlegung heraus, dass jedes Kind ganz persönlich angesprochen werden soll, wählte ich eine Briefform, die mit der persönlichen Anrede an das Kind gerichtet ist und von mir als Beobachterin unterschrieben wird. Mit diesen „Bildungsbriefen" möchte ich die Subjektivität der Dokumentation unterstreichen und dem Kind sagen: „Diese Erzieherin hat dich beobachtet, sie hat ihre eigenen Interpretationen hinzugefügt und war auch emotional beteiligt." Da sich inzwischen mehrere ErzieherInnen an den Reflexionen und Dokumentationen beteiligen, ist es für Kinder und Eltern wichtig zu wissen, von wem diese erstellt wurden.

Inhaltlich geben die „Bildungsbriefe" die Beobachtung in Kurzform wieder, dann folgt die Interpretation und die Hypothese darüber, um welches Bildungsthema es dem Kind geht und auf welche Weise das Kind dabei vorgeht. Wenn möglich, wird eine Beziehung zu einer anderen Beobachtung hergestellt, in der es um ein ähnliches Bildungsthema geht. Der Brief endet mit dem Ausblick, was wir Erzieherinnen anbieten können, um das Kind in dieser Thematik weiter zu unterstützen. Wesentlich sind in den Bildungsbriefen stets die wertschätzenden Anmerkungen der Erzieherin über die Bildungsleistungen des Kindes. Beispiele solcher Bildungsbriefe befinden sich im Anhang zu diesem Artikel, ab S. 142 (mit dem freundlichen Einverständnis der Kinder und ihrer Familien).

Elterngespräche und Interviews
Für die Partizipation der Eltern orientiere ich mich am Grundsatz 13 des Situationsansatzes: *„Eltern und Erzieherinnen sind Partner in der Betreuung, Bildung und Erziehung der Kinder."* (Preissing 2003, S. 33)

Im Sinne einer „Bildungs- und Erziehungspartnerschaft" war es mir wichtig, die Eltern von Anfang an in das Projekt einzubeziehen Meine Kollegin und ich führten mit ihnen individuelle Gespräche, in denen wir unsere gegenseitigen Vorstellungen und Erwartungen über die Zusammenarbeit austauschten. Gleichzeitig nutzten wir diese Gespräche, um den Eltern die Beobachtungs- und Dokumentationsvorhaben vorzustellen. Die meisten Eltern zeigten sich sehr interessiert und angetan von der Idee der Bildungs- und Lerndokumentationen und konnten sich eine eigene Beteiligung gut vorstellen. Um möglichst viele Informationen von den Eltern über die bisherige Entwicklung ihres Kindes, über Interessen, Fragen, Vorlieben, Bildungsthemen, soziale Kontakte etc. aus dem häuslichen Umfeld zu erfahren, entwarf ich einen Interview-Fragebogen. Das schriftlich festgehaltene Interview gab den verschiedenen ErzieherInnen der Gruppe wichtige Zusatzinformationen über die Entwicklung des jeweiligen Kindes und wurde in den Bildungsordner mit aufgenommen, wenn Kind und Eltern damit einverstanden waren (s. Kasten auf S. 134).

Eltern-Interview-Fragebogen für die Dokumentation von Bildungsprozessen von Kindern

(Alle Angaben sind selbstverständlich freiwillig und werden nur für die interne Dokumentation verwendet.)

- Name des Kindes: _____ Geburtsdatum: _____

- Namen der Eltern: _____

- Geschwister, Name, Alter, Beziehung zum Kind: _____
  _____

- Großeltern, Namen, Wohnort, Beziehung zum Kind: _____
  _____

- Welche Kontakte hat das Kind noch? (Krabbelgruppe, Freunde, Babysitter, Tagesmutter) _____
  _____

- Angaben zur allgemeinen Entwicklung, Besonderheiten, Auffälligkeiten:
  _____

- Sprachliche Entwicklung, Vorlieben, Neigungen: _____
  _____

- Motorische Entwicklung, Vorlieben, Talente: _____
  _____

- Womit beschäftigt sich Ihr Kind besonders gerne und oft? _____
  _____

- Was kann Ihr Kind besonders gut? _____
  _____

- Womit hat Ihr Kind Schwierigkeiten? _____
  _____

- Besondere Abneigungen, Ängste: _____
  _____

- Erkrankungen: _____
  _____

- Einschneidende Erlebnisse: _____
  _____

- Sonstige Bemerkungen: _____
  _____

Die Bildungsordner entstehen

Nachdem die ersten Beobachtungen in Form von Bildungsbriefen dokumentiert waren, gestalteten wir mit den Kindern die Ordner, die sie von zu Hause mitgebracht hatten: Ihr Name und ein Portrait von ihnen wurden zur einfachen Erkennung vorne aufgeklebt. In einem ersten Brief an die Kinder formulierte ich, worum es in diesem Ordner geht (s. S. 142). Diesen Brief las ich den Kindern einzeln vor, bevor sie ihn in ihren Bildungsordner zu den ersten Beobachtungen hefteten.

Als jedes Kind zwei oder drei Beobachtungen in seinem Ordner gesammelt hatte und diese mit Fotos oder Zeichnungen ergänzt worden waren, luden wir die Eltern in die Kindergruppe ein, um gemeinsam mit ihrem Kind in aller Ruhe Einblick in den Ordner zu nehmen. Fast alle Eltern folgten dieser Einladung, und die Kinder waren engagiert dabei, ihren Eltern alles zu zeigen und zu erklären. Einige Eltern mussten ihrem Kind immer wieder aus dem Ordner vorlesen. Die Rückmeldungen waren durchweg positiv. Die Mutter eines dreijährigen Mädchens sagte: „Das war so schön, ich musste meiner Tochter alles viermal vorlesen!" Eine andere Mutter meinte: „Schade, dass es so einen Bildungsordner nicht schon gab, als meine ältere Tochter in die Kita ging." Ein Vater stellte fest, dass die Dokumentation ihm einen guten Einblick in das Erleben seines Sohnes in der Kindertagesstätte verschaffte.

Elternabend zum Thema „Wie bildet sich mein Kind?"

Ein weiterer Schritt zur Einbeziehung der Eltern war der Elternabend zum Thema „Wie bildet sich mein Kind? – Bildungsprozesse beobachten und dokumentieren". Das Thema schien die Eltern sehr anzusprechen, denn der Abend war sehr gut besucht.

Als Einstieg in das Thema forderten wir die Eltern dazu auf, in fünf unterschiedlichen „Spielsituationen" Selbstbildungsprozesse zu erfahren, wie sie auch von ihren Kindern erfahren werden könnten. Auf die von uns vorgegebenen Aufgaben, bspw. in einer Kleingruppe gemeinsam ein Bauwerk aus einem Magnetbaukasten zu konstruieren, ließen sich die Eltern mit ernsthaftem Interesse, aber auch mit Humor ein. Die Erfahrungen wurden anschließend ausgetauscht. Es ging um das Aushandeln ihrer Rolle in der jeweiligen Gruppe, um Führerschaft und Durchsetzung eigener Ideen und Vorstellungen, aber auch um das Einbringen eigener Vorerfahrungen und die Komplexität, die eine Aufgabe bekommt, wenn viele sich daran beteiligen.

Anhand vieler praktischer Beispiele aus dem Alltag ihrer Kinder in der Kita erläuterte ich ausführlich die theoretischen Hintergründe für unser Vorhaben. Meine Kollegin stellte dann die von uns eingesetzten Beobachtungsbögen vor.

Danach ging es um die Frage, wie die Eltern sich an den Bildungsordnern beteiligen könnten. Ihre Kinder hatten ja bereits in der letzten Kinderkonferenz viele Vorschläge und Wünsche geäußert, die wir den Eltern auf Zetteln zur Kenntnis gegeben hatten. Gemeinsam entwickelten wir weitere Vorschläge zur Partizipation von Eltern, die ebenfalls auf Zetteln festgehalten wurden. Hier einige Beispiele:

- Beobachtungen zu den Fragen, was das Kind gerne tut, womit es sich beschäftigt, was es besonders gut kann, welche Fragen, Wünsche, Bemerkungen es äußert, mit wem es gerne zusammen ist
- Fotos aus dem familiären Umfeld und von bedeutsamen Ereignissen im Leben des Kindes
- Beschreibungen von Lernprozessen und von besonderen Aktivitäten zu Hause
- Anekdoten
- Brief der Eltern an das Kind, wie sie die Kindergartenzeit ihres Kindes erleben

Im Anschluss daran baten wir die Eltern, sich aus den Vorschlägen von Kindern, Eltern und ErzieherInnen die für sie in Frage kommenden Aufgaben auf vorbereitete Blätter zu notieren und diese zu Hause für die Bildungsordner zu gestalten. In der abschließenden Reflexionsrunde äußerten sich viele Eltern sehr positiv und zeigten Interesse und Bereitschaft, sich selbst zu beteiligen.

Eltern beteiligen sich an den Bildungsordnern

Eltern erstellten beeindruckende und wertschätzende Dokumentationen über Lernschritte und -wege ihrer Kinder, über die Beziehung zu den Geschwistern, über das geliebte Haustier, einen interessanten Ausflug, das erste geschriebene Wort und vieles mehr. Das Foto am Anfang dieses Beitrags zeigt Giulia, vier Jahre alt, die gerade ihren Freunden eine Dokumentation in ihrem Bildungsordner zeigt. Ihre Mutter hatte mit Giulia zusammen Fotos und Geschichten von zu Hause zusammengetragen. Ein Vater entwarf gemeinsam mit seinem Sohn einen phantasievollen Plan für den Spielplatz, den sie in ihrem Garten errichten wollten. Eine andere Familie ist gerade dabei, Tonbandaufnahmen von besonderen Ereignissen im Leben ihres Sohnes zu machen.

Konsequenzen aus Beobachtungen

Die Beobachtungen zogen unterschiedliche Konsequenzen für die Kinder nach sich. Diese umfassen insbesondere:

- Intensivierung der Beziehungen zwischen Kind und Erzieherin durch tieferes Verständnis für das Verhalten der Kinder: Dies macht sich vor allem in

schwierigen Situationen bemerkbar; die Kinder öffnen sich mir gegenüber stärker, wenn sie Probleme haben.
- Anpassung der Angebote für Kinder an ihre aktuellen Interessen und Bedürfnisse, auch Veränderungen der Raumgestaltung, um auf die aktuellen Themen der Kinder einzugehen. Einige Beobachtungen zeigten, dass einzelne Kinder sich intensiv mit Buchstaben, Symbolen und Schrift beschäftigen. Um ihnen dafür eine anregungsreiche Umgebung zur Verfügung zu stellen, steuerte ich die Idee eines echten Kinderbüros bei, und sie waren begeistert dabei, das Büro zu planen und einzurichten; so brachte z. B. ein Mädchen von zu Hause den ausrangierten PC ihrer Mutter mit.
- Neue Themen, die aufgegriffen werden und als Planungsgrundlagen dienen (wie z. B. Mädchen und Jungen, Arbeit, Freundschaften).
- Verbesserung der Erziehungs- und Bildungspartnerschaft mit den Eltern, einmal durch die Tatsache, dass ich viel mehr vom Kind erfahre als bisher und somit konkretere Aussagen über die Entwicklung des einzelnen Kindes machen kann, zum anderen dadurch, dass wir gemeinsam an den Bildungsdokumentationen arbeiten und uns darüber in Entwicklungsgesprächen austauschen.
- Eine Veränderung in der Wahrnehmung der Eltern von ihrem Kind; viele Eltern übernehmen den positiven Blick auf ihr Kind aus den Beobachtungen. Die Mutter eines dreijährigen Jungen sagte zu mir: „Ich habe nach diesem Gespräch und dem Elternabend meinen Blick auf mein Kind verändert. Ich sehe jetzt, was er alles leistet und was er schon kann. Das macht vieles für mich leichter, und ich bin sehr dankbar für diese Anregung."
- Veränderung der Wahrnehmung von Kindern: Offensichtlich wird einigen Kindern durch die Beschäftigung mit den eigenen Lernprozessen eine Reflexion der eigenen Handlungen möglich. Ein vierjähriges Mädchen spielte im Rollenspiel, dass eine große Flut kommt, und brachte sich und viele Tiere davor in Sicherheit. Im anschließenden Dialog mit ihr erfuhr ich, dass sie die Geschichte der Arche Noah als Buch kennt und Angst bekommen hatte vor dieser Flut. Sie sagte: „Ich hatte Angst, und da spiel ich halt Flut, dann hab ich auch keine Angst mehr, weil das is ja nicht echt." Sie erkannte also selbst, dass sie im Spiel ihre Angst überwinden konnte! Das hat mich sehr beeindruckt, und ich schrieb ihr dies natürlich auch in ihr Bildungsbuch.
- Veränderungen der Rahmenbedingungen für einzelne Kinder, z. B. die Verlängerung der Aufenthaltszeit in der Kita: Ich beobachtete einen vierjährigen englischen Jungen, der seit einem Jahr die Kita besucht. Nach unserer früheren, doch eher oberflächlichen Einschätzung schien das Kind recht gut in die Gruppe und die Spiele mit anderen Kindern integriert zu sein. Die gezielte Beobachtung ergab allerdings, dass es keine gemeinsamen Spiele waren: Der Junge spielte zwar in unmittelbarer Nähe der anderen Kinder, eine

Kommunikation fand aber nicht statt. Im anschließenden Dialog mit ihm (ich fragte ihn schließlich auf Englisch, da er mich nicht zu verstehen schien) sagte er: „I want to play with them, but they won't let me!" Diese Beobachtung führte zu einem Gespräch mit den Eltern, in dem ich erfuhr, dass im Elternhaus gar kein Deutsch gesprochen wird, obwohl seine drei Geschwister fließend Deutsch sprechen. Wir vereinbarten, dem Kind einen Tagesplatz zur Verfügung zu stellen, damit er mehr Zeit mit deutschsprachigen Kindern (und Erzieherinnen) verbringt. Diese Maßnahme führte innerhalb weniger Wochen zu einer erheblichen Verbesserung seiner Deutschkenntnisse und auch seiner Kontakte zu anderen Kindern. Eine erneute gezielte Beobachtung bestätigte, dass er seitdem mehrere Freundschaften knüpfen konnte.

Achtung, Praxisfalle!

In der Absicht, für jedes Kind einen möglichst umfassenden Bildungsordner anzulegen, liegt auch die Versuchung, gerade angesichts der wenigen zur Verfügung stehenden Zeit eine „Abkürzung" einzuschlagen. Damit meine ich solche Dokumentationen, die nicht auf der Basis von professioneller Beobachtung und Reflexion entstehen, sondern auf das schnelle Füllen des Ordners zielen mit Fotos und vermeintlichen Beobachtungen, die nur flüchtig, durch kurze, wenig reflektierte Eindrücke der Erzieherin entstanden sind. Diese Vermischung der Dokumentationsformen hatte sich bei mir bereits „eingeschlichen", als ich unter Zeitdruck geriet, weil ich mir vorgenommen hatte, rechtzeitig vor dem Elternabend für jedes Kind zwei oder drei Dokumentationen zu erstellen. Bildungsdokumentationen können vielfältige Formen der Gestaltung beinhalten, und ein solches „Fotoalbum mit Anmerkungen" kann natürlich auch mit aufgenommen werden in den Bildungsordner, aber mir erscheint es wichtig, dies auch als solches zu bewerten. Ich erkannte, dass die geschilderte Abkürzung zwar Zeit spart, die „professionelle" Beobachtung mit Reflexion aber nicht ersetzen kann. Die Rahmenbedingungen entscheiden also in hohem Maße über die Qualität der Bildungsdokumentationen.

Erfahrungen, die Kinder machen konnten

Den Kindern scheint das Beobachten sehr wichtig zu sein. Die oft geäußerten Wünsche, beobachtet zu werden, die unterschiedlichen Beiträge der Kinder selbst in Form von gemalten Bildern oder Texten, die sie mir diktieren wollten, sowie die häufigen Aufforderungen, ihnen etwas aus ihren Bildungsbriefen vorzulesen, und das gegenseitige Zeigen und Erklären ihrer Dokumentationen weisen darauf hin. Die Wertschätzung, die Kinder dabei erfahren, scheint sich sehr positiv auf ihr Selbstbild auszuwirken. Sie zeigen ganz offensichtlichen Stolz auf ihre eigenen Lernprozesse und die Motivation, diese weiter zu verfolgen.

Nachdem ich einem sechsjährigen Jungen aus seinem Bildungsordner vorgelesen hatte, sagte er zu mir: *„Das werde ich jetzt in meinem ganzen Leben nicht mehr vergessen, weil du das für mich aufgeschrieben hast!"* Die Mutter eines dreijährigen Mädchens erzählte mir, ihre Tochter habe zu Hause gesagt: *„Im Kindergarten, da gibt es einen ganz wertvollen Ordner von mir!"* Auch an den Fotos, die ich zu vielen der Beobachtungen machen konnte, sind Kinder immer sehr interessiert. Sie scheinen sich regelrecht mit ihrem Bildungsordner zu identifizieren: Ein fünfjähriger Junge betrachtete sein großes Portrait-Foto vorne auf seinem Bildungsordner, strich immer wieder mit den Händen über das Foto, roch daran und erklärte: *„Riech doch mal – das riecht ja nach mir!"*

Die Bildungsbriefe sind immer wieder Ausgangspunkt für Gespräche und weiterführende Aktionen mit den Kindern. Viele unterschiedliche Bildungsthemen der Kinder wurden von uns Erzieherinnen daraufhin aufgegriffen. Beispielsweise führten die Analysen bei mehreren Beobachtungen zu dem Thema „Auseinandersetzung mit Buchstaben, Zeichen, Symbolen, Schrift". Andere Kinder schienen sich im Rollenspiel mit dem Thema „So arbeiten Erwachsene" zu beschäftigen. Dies führte zu dem schon erwähnten Projekt „Wir gestalten ein Kinderbüro". Gemeinsam mit Kindern und Eltern entstand ein echter Arbeitsplatz, mit PC, Taschenrechnern, Telefonen etc. Das Kinderbüro wird mit Begeisterung genutzt, vor allem von den Kindern, die zuvor großes Interesse an diesen Themen gezeigt hatten, und bietet viele Gelegenheiten zum weiteren Beobachten.

Rückmeldungen von Eltern

Besonders für Elterngespräche über die Entwicklung ihrer Kinder haben sich die Bildungsdokumentationen als wertvolle Grundlage bewährt. Dieser positive Zugang zu den Bildungswegen der Kinder trägt also in der Tat dazu bei, eine „Brücke" zu den Eltern zu bauen.

Elterngespräche gestalten sich auf der Basis der Beobachtungen wesentlich positiver als zuvor. Der gemeinsame Blick auf die Stärken und Fähigkeiten der Kinder hat sich als guter Ausgangspunkt für eine wertschätzende Zusammenarbeit mit Eltern erwiesen. Von ihnen erhielt ich eine sehr positive Resonanz zu meinem Praxisvorhaben, darunter die folgenden Aussagen:

- „Das Beobachten und Dokumentieren ist aus meiner Sicht eine mit sehr viel Mühe und Konzentration auf das einzelne Kind gerichtete Aufgabe."
- „Wir Eltern sind ausführlich informiert worden und können jederzeit Einsicht nehmen und uns beteiligen."
- „Meine Tochter ist sehr stolz auf ihren Ordner, sie möchte gern beobachtet werden, da sie merkt, dass sie ernst genommen wird und dass hierbei Zeit und Aufmerksamkeit alleine für sie aufgewendet wird. Sie wird merken, dass

sie bereits vor der Schule liebevoll betreut und optimal gefördert wurde und das Augenmerk auf ihre positive Entwicklung gerichtet war."
- „Ich persönlich finde es eine wunderbare Idee, da der Kindergarten – trotz intensivem Austausch mit den Erzieherinnen – eine Zeit ist, in der ich nicht genau weiß, wie sich mein Kind in der Gruppe verhält."
- „Ich möchte mich an dem Ordner beteiligen, um meinem Kind zu zeigen, welch enorme Entwicklungsschritte es macht."
- „Ich hoffe, dass das Projekt fortgeführt wird, im Interesse der Kinder, die nun von Beginn an beobachtet wurden und die nach einer dreijährigen Dokumentation ein hochinteressantes Bild ihrer selbst bekommen werden – wer hat das schon?"

Es gab aber auch eine kritische Anmerkung einer Mutter, die mir sagte, dass ihr Sohn die Bildungsbriefe gar nicht verstehen könne. Diese Kritik nahm ich als Aufforderung an, meine Formulierungen in den Dokumentationen zu überprüfen. Dabei konnte ich nachvollziehen, dass einige Aussagen für Kinder nur schwer verständlich waren. Ich musste lernen, meine „pädagogische Fachsprache" für die Bildungsbriefe in eine kindgerechte Sprache zu übersetzten.

Erfahrungen meiner Kolleginnen

Die Kolleginnen zeigen sich sehr interessiert an meinem Praxisvorhaben, sie beteiligen sich oft an Analysen und unterstützen mich, indem sie mir die notwendigen Freiräume für Beobachtungen und Dokumentationen ermöglichen.

Die Kolleginnen, die mit mir in der Gruppe zusammenarbeiten, haben auch mit ersten Beobachtungen und Dokumentationen begonnen und sind mit Engagement und hoher Motivation dabei. Das freut mich besonders, da die langfristige Weiterführung der Bildungsdokumentationen nur realisierbar scheint, wenn alle sich daran beteiligen.

Ausblick

Eine neue Qualität von Bildungsarbeit im Vorschulbereich wird auf breiter Front gefordert. Für die damit verbundenen neuen Anforderungen an das pädagogische Fachpersonal müssen entsprechende Rahmenbedingungen geschaffen werden.

Die geforderte Qualifizierung von ErzieherInnen im Sinne von Weiterbildung und Engagement muss Anerkennung finden, wenn die Umsetzung des Bildungsauftrags in Kindertageseinrichtungen langfristig realisiert werden soll.

Die Kindertageseinrichtung ist eine lernende Organisation (Preissing 2003, S. 37), heißt es im Situationsansatz. In diesem Sinne begrüße ich für die Zukunft die

Entwicklung einer gemeinsamen Dokumentationsform für alle Kinder unserer Kindertagesstätte. Einige Kolleginnen planen inzwischen, ähnliche Dokumentationsformen in ihrer Gruppe einzuführen. Ich bin schon gespannt auf die neuen Lernerfahrungen, die ein kollegialer Erfahrungsaustausch mit sich bringen kann.

Nach zwei Jahren Erprobung würde ich heute sagen: Es geht hauptsächlich um die Ermutigung, sich nicht von der Fülle der Aufgaben beim Beobachten und Dokumentieren abschrecken zu lassen. Meiner Erfahrung nach reichen drei bis vier professionelle Beobachtungen im Jahr, um den wichtigsten Themen eines Kindes auf die Spur zu kommen.

Der Dialog mit dem Kind hat für meine Beobachtungspraxis immer mehr an Bedeutung gewonnen. In diesen Gesprächen, die sich gleich an die Beobachtung anschließen, kann ich oft sofort mit dem Kind klären, ob ich richtig gesehen, gehört, verstanden habe, worum es ihm geht. Ich frage aber auch nach Hintergründen, nach Beweggründen seines Handelns, nach Gefühlen, Gedanken und Erfahrungen des Kindes in der beobachteten Situation, und kann diese Informationen in meine Analyse mit aufnehmen. Auf diesem Weg erfährt das Kind seine eigene Beteiligung deutlich, es erfährt, dass ich nicht über das Kind schreibe, sondern gemeinsam mit ihm die Beobachtung und Dokumentation erstelle, dass ich das Kind ernst nehme und es selbst darüber entscheidet, wie und was dokumentiert wird.

Besonders gerne diktieren einige Kinder mir, was ich über die Situation für sie aufschreiben soll. Es scheint sie zu faszinieren, wie ihre Gedanken zu Worten und durch mein Schreiben zu Papier gebracht werden.

Die Bedeutung der Beobachtungen für das Geschehen in der Kindergruppe tritt inzwischen immer stärker in den Vordergrund: Beobachtungen stehen nie als Selbstzweck in den Bildungsordnern, Erkenntnisse daraus fließen in die Kinderkonferenzen, in die Wochenplanung und in die Projekte mit ein. Auch im Freispiel ergeben sich durch die Konsequenzen aus Beobachtungen neue Angebote und Gespräche in Kleingruppen, die dann wieder beobachtet werden können. Beobachtungen sind somit Grundlage meines gesamten pädagogischen Planens und Handelns und integriert in das gesamte Geschehen der Kindergruppe.

Momentaufnahmen: Briefe an die Kinder

Liebe Isabelle,

dies ist der erste Brief an Dich in Deinem Bildungsordner. Wir, die Erzieherinnen der Bärengruppe, möchten diesen Ordner mit Dir und für Dich anlegen. Hier wollen wir alles sammeln, was wir an „Lerngeschichten" von Dir wahrnehmen: was Dich beschäftigt, welche Wege Du gehst, um Dir Neues anzueignen, wie Du Dir die Welt erschließt.

Mit diesen Beobachtungen möchten wir herausfinden, wie Du lernst, was Du dabei denkst, fühlst, sagst, ausprobierst, malst, spielst ... Dann überlegen wir, was Du zum Lernen gerade brauchst, Gespräche, Aktionen, besondere Bücher, einen besonderen Raum, bestimmtes Spiel- oder Forschungsmaterial.

Wir staunen immer wieder darüber, wie viele neue Möglichkeiten Du erfindest und wie viel Mühe Du Dir dabei gibst, alles um Dich herum kennenzulernen und zu begreifen.

Deine Eltern kennen Dich besser als jeder andere, deshalb bitten wir sie, für Deinen Bildungsordner auch zu Hause alles zu sammeln, was sie wichtig finden.

Natürlich bist Du selbst die wichtigste Person in Deinem Bildungsordner, Du kannst jederzeit erfahren, was wir Erwachsenen hier aufschreiben. Du bestimmst, welche Deiner Geschichten, Bilder oder Fotos für Dich dazugehören.

Deine Erzieherinnen

Lieber Timo,

heute konnte ich beobachten, wie Du mit Deinem Freund Jannik einen Getränkeautomaten erfunden und gebastelt hast. In eine große Kiste hast Du mit einer scharfen Schere ein Loch hineingeschnitten. Das war gar nicht so leicht, denn die Kiste bestand aus sehr festem Karton. Über diese Öffnung hast Du einen kleineren Karton geklebt und wieder Löcher hineingeschnitten. Durch diese Löcher hast Du dann eine Pappröhre geführt und festgeklebt und so die Kisten miteinander verbunden. Du sagtest zu Jannik: „Das wär jetzt ein Getränkeautomat, in echt, und da kommt gleich der Kaffee raus." Du kamst dann auf die Idee, Wasser oben hineinzufüllen, und Du hast Jannik gesagt, er solle einen Plastikbecher unten drunterhalten, um das Wasser wieder aufzufangen. Dabei hast Du gerufen: „Achtung, Jannik, der Kaffee kommt!" Du warst über eine Stunde lang konzentriert bei der Sache, hast Dich durch nichts ablenken lassen und hast immer wieder Freude und Begeisterung gezeigt.

Später habt Ihr mit Eurem Getränkeautomaten im Garten gespielt, Ihr habt andere Kinder mit Euren Getränken bedient, und zum Schluss habt Ihr ihn mit Rindenmulch und Matsch befüllt und „Cappuccino" damit hergestellt.

Du hast dabei gezeigt, dass Du schon eine Vorstellung davon hast, wie so ein Getränkeautomat funktioniert. Beim Basteln hast Du mit vielen guten Ideen Deine Pläne in die Tat umgesetzt. Ich konnte erkennen, wie gut Du mit Schere und Kleber umgehen kannst, und dass Du auch schon Erfahrungen mit dem Fließen von Wasser hast. Dass der Automat sogar „in echt" funktioniert, fand ich toll. Dass Ihr auch andere Kinder bedient habt, hat mich besonders gefreut. So habt Ihr Eure Idee vom Getränkeautomaten mit anderen Kindern geteilt, und das scheint Dir großen Spaß gemacht zu haben.

Dein Bildungsthema könnte sein: Eigene Ideen und Vorstellungen im Spiel kreativ umsetzen, dabei mit Deinem Freund zusammenarbeiten und auch andere Kinder an Deinem Spiel mitmachen lassen. Wie so etwas technisch, also „in echt", funktioniert, könnte auch ein Thema sein. Aber auch das Ausprobieren der verschiedenen Materialien wie Pappe, Plastik, Kleber, Wasser, Matsch und Rindenmulch scheint Dir wichtig zu sein.

Deine Kreativität wollen wir weiter unterstützen, indem wir Dir immer wieder anderes, interessantes Material für Deine Ideen anbieten. Vielleicht könnten wir uns auch mal einen solchen Automaten von innen ansehen ...

T. Hardenberg

Lieber Jannis,

heute hast Du mit allen Kindern der Bärengruppe den Wochenplan gemacht. Zuerst hast Du Dir einen Plan gemacht, indem Du alle Tage der Woche als Zeichen gemalt hast. Die Aktionen der Woche, wie z. B. Geburtstag feiern, Kinderkonferenz und Waldtag, hast Du dann zu den entsprechenden Tagen gemalt. Als Dir dabei auf Deiner Pappe der Platz nicht mehr ausreichte, hast Du an zwei Stellen kleinere Pappen angeklebt und somit das Problem gelöst. Du hast Dir viel Mühe gegeben mit Deinem Plan und warst ganz vertieft beim Malen.

Später hast Du den Plan mit der ganzen Gruppe besprochen und das Gespräch geleitet. Ich habe darüber gestaunt, wie gut Du das konntest! Dabei hast Du darauf geachtet, dass jedes Kind, das sich meldete, auch drankam. Viele Kinder haben dabei mitgemacht, und Du hast es geschafft, den Wochenplan ohne unsere Hilfe zu gestalten.

Dein Bildungsthema könnte sein, Verantwortung zu übernehmen für die Gruppe. Dich beschäftigt vielleicht auch die Frage, was gerecht ist, denn es ist Dir wichtig, dass jeder drankommt. Wir Erzieherinnen sind richtig stolz auf Dich, weil Du diese schwierige Aufgabe so toll hingekriegt hast. Vielleicht möchtest Du auch einmal eine Kinderkonferenz leiten? Wir trauen es Dir zu!

T. Hardenberg

Timo und Jannik basteln einen Getränkeautomaten.

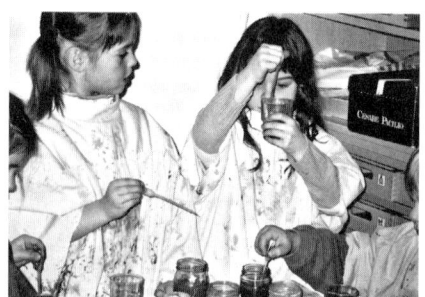

Julia und andere Kinder experimentieren mit Farben.

Liebe Julia,

heute habe ich beobachtet, wie Du mit Farben verschiedene Versuche gemacht hast. Gemeinsam mit Deinen Freunden warst Du in der Regenbogengruppe und hast Dir erst einmal angesehen, wie andere Kinder dort mit farbigem Wasser hantierten. Zuerst hast Du einige Wasserfarben mit dem Pinsel und viel Wasser in Gläsern angerührt. Dabei entstanden Gläser mit gelbem, rotem und blauem Wasser. Mit einer Pipette hast Du vorsichtig etwas Farbe aus den Gläsern gezogen und diese in einem kleinen Glas gemischt. Du hast entdeckt, dass aus Gelb und Rot Orange wird und hast den anderen Dein Ergebnis gezeigt. „Schau mal, ich hab Orange!", riefst Du. Daraufhin habt Ihr Euch gegenseitig Eure Ergebnisse gezeigt und sie besprochen. Später hast Du dann die „Ergebnisse" alle zusammengeschüttet und gerufen: „Wenn man alle Farben zusammenmacht, da kommt dann Braun und Schwarz raus!" Du warst mit offensichtlicher Freude und großer Aufmerksamkeit bei Deinen Versuchen.

Dabei hast Du erlebt, dass Du auch in anderen Gruppen interessante Dinge tun kannst. Der Umgang mit Farben scheint Dir immer wieder Freude zu machen, denn ich sehe Dich oft beim Malen. Du scheinst viel über das Mischen von Farben gelernt zu haben. Es gefällt mir, dass Du auch gerne Neues ausprobierst, wie das Arbeiten mit der Pipette. Dabei hast Du Fingerspitzengefühl entwickelt: Ganz vorsichtig und langsam hast Du durch Drücken und Loslassen das farbige Wasser aufgesaugt.

Dein Bildungsthema könnte sein: Experimentieren mit Farben, neue Techniken ausprobieren, mit anderen über Deine Versuche sprechen. Aber auch: mal in eine andere Gruppe gehen, Neues kennenlernen und ausprobieren.

Wir werden Dir weiterhin unterschiedliche Farben und „Werkzeuge" für Versuche anbieten. Außerdem werden wir in unserer Wochenplanung die Angebote in anderen Gruppen besprechen, so dass Du und auch die anderen Kinder dort öfter einmal mitmacht.

T. Hardenberg

Elisabeth Schnell

2.4 „…. wie stolz Du zum Schluss gewesen bist!"
Lerngeschichten von Angela und Rosa

Liebe ……………………………………………………!

In diesem Ordner sind alle Lerngeschichten gesammelt, die ich für Dich und mit Dir aufschreibe. Eine Lerngeschichte erzählt, wie wir Erwachsenen Dich hier im Kindergarten erlebt und gesehen haben.

Zum Beispiel Dinge, die Du gerne spielst und die Dir wichtig sind. Manche probierst Du vielleicht immer wieder aus, und sie sind vielleicht anfangs schwieriger als zum Schluss.

Das schreibe ich dann auf und lese es Dir vor. Wir können dann darüber sprechen, und Du kannst mir sagen, ob ich alles richtig beobachtet habe oder ob noch etwas fehlt. Außerdem kannst Du Bilder dazu malen. Du kannst die in die Mappe legen, die Dir wichtig sind. Manchmal gibt es vielleicht auch Fotos, die von Dir dazukommen.

Du darfst Deine Geschichtenmappe jederzeit sehen, sie anderen zeigen und mir sagen, wenn Du etwas dazutun willst. Auch Deine Familie kann sie sich anschauen, wenn Du das willst.

Am Ende Deiner Kindergartenzeit darfst Du diese Mappe mit Deinen Lerngeschichten mit nach Hause nehmen und immer wieder ansehen, auch selber lesen. Dann kannst Du Dich immer wieder daran erinnern, was Du alles gelernt hast in Deiner Kindergartenzeit und wie es Dir am leichtesten fällt zu lernen.

Deine Gruppenerzieherin

Erste Lerngeschichte von Rosa

Januar und Februar 2006

Liebe Rosa!

Dies ist Deine erste Lerngeschichte, in der ich aufschreibe, was ich beobachtet habe, als ich Dir beim Spielen zugeschaut habe.

Ich finde es toll, wie schnell Du dich nach Deinem ersten Tag hier im Kindergarten zurechtgefunden hast und wusstest, wo Du was findest.

Seitdem habe ich Dir oft beim Spielen zugeschaut. Mir fällt auf, wie wichtig Dir Deine Freunde Angela, Fee und Amadu sind.

Im Winter dieses Jahres, genauer im Januar und Februar, haben ich und Cora und die anderen Erzieher etwas Besonderes beobachtet:

Du hattest großen Spaß daran, im Malraum zu spielen und dort Dinge einzuwickeln. Meist waren es Geschenke für Deine Mama. Dabei hast Du Dir genau überlegt, welches Papier Du brauchst. Manchmal war es auch eine Kiste oder ein Stück Stoff. Dann hast Du das Geschenk eingewickelt.

Währenddessen hast Du überlegt, wie Du alles festklebst, und das Klebeband war Dir am liebsten dabei. Du hast manchmal auch Wolle benutzt, dabei hast Du oft die Hilfe der Erwachsenen zum Knoten gebraucht.

Mir ist aufgefallen, dass es Dir besonders wichtig war, dass Du keine Ritze, kein Stückchen vergisst und alles gut verpackt ist. Das hat manchmal ganz schön lange gedauert! Du hast dabei niemals die Lust oder den Mut verloren und lange Zeit durchgehalten.

Ich konnte in Deinem Gesicht sehen, wie sehr Du bei der Sache warst und wie sehr es Dir Spaß gemacht hat.

Dabei hast Du vielleicht herausgefunden und gelernt, wie viel Papier man braucht, um etwas einzuwickeln. Und wie viel Klebeband man danach benötigt, um alles festzukleben, damit das Geschenk auch zu bleibt.

Ich habe auch gesehen, wie stolz Du zum Schluss auf Dein Geschenk warst, als es fertig eingepackt war. Vielleicht hast Du Dir schon vorgestellt, wie spannend es sein wird, wenn Deine Mama es auspackt?

Ich finde es toll, mit wie viel Geduld und Spaß Du Deine Geschenke eingepackt hast. Und wie stolz Du darauf warst, hat mir gezeigt, wie wichtig Dir das Einpacken und die Geschenke an Deine Mama waren.

Weißt Du, dass es einen erwachsenen Künstler gibt, der das mit vielen Dingen schon gemacht hat?

Er heißt „Christo" und hat schon ganze Häuser eingepackt und eingewickelt! Vielleicht wollte er damit zeigen, wie spannend manche Dinge werden, wenn man sie nicht sehen kann ...

Erste Lerngeschichte von Angela

Mai 2006

Liebe Angela!

Dies ist Deine erste Lerngeschichte, in der ich Dir aufschreibe, was ich beobachtet habe, als ich Dir beim Spielen zugeschaut habe, seitdem Du im Kindergarten bist.

Nachdem Du Dich hier im Kindergarten zurechtgefunden hast, habe ich beobachtet, wie wichtig Dir Deine Freunde sind. Ganz besonders Rosa. Mit ihr spielst Du immer besonders gerne, und Ihr verkleidet Euch in der roten Gruppe, spielt zusammen in der Küche oder mit dem Puppenhaus oder schaut Euch gemeinsam Bücher an.

An eine Sache kann ich mich ganz besonders gut erinnern, denn ich habe lange zugeschaut, und es hat mir viel Spaß gemacht, Euch dabei zuzusehen. Es war in der blauen Gruppe, und Rosa ging mit ihrer Puppe Hanna auf die Hochebene. Sie warf Hanna zu Dir hinunter, und Du hast sie vom Boden aufgehoben und wieder zu ihr hinaufgeworfen. Rosa fing sie auf und ließ sie wieder runterplumpsen. Dabei habt Ihr sehr viel gelacht und gekichert, Ihr hattet eine Menge Spaß, oder? Dieses Spiel ging eine ganz schön lange Zeit, nämlich über eine halbe Stunde! Zwischendurch habt Ihr die Plätze gewechselt, und Du standest oben und warst der Fänger. Dabei musstet Ihr Euch gut absprechen, damit Rosa genau wusste, wann sie Hanna fangen muss, und Du genauso!

Du und Rosa, Ihr habt auch Streit, und dabei warst Du immer sehr unglücklich, denn Du hattest große Angst, dass Rosa nicht mehr Deine Freundin wäre. Manchmal haben Du und Romy sich auch um eine andere Freundin, zum Beispiel Fee oder Amadu, gestritten, und Du wolltest alleine deren Freundin sein. Du dachtest wohl, dass Du gar keine Freunde hast, wenn sie auch Rosas Freunde sein wollen.

Dann bist Du verzweifelt herumgelaufen, hast mich oder einen anderen Erwachsenen gesucht, der Dich tröstet und Dir hilft. Meistens hast Du dabei sehr geweint, und ich konnte spüren, wie wichtig Dir die Freundschaft mit Rosa ist und wie sehr Du unter dem Streit leidest. Ich habe versucht, Dich zu unterstützen, Dich zu verstehen und Dir zu erklären, dass Du und Rosa doch gleichzeitig mehrere Freunde haben könnt. Wir haben auch gemeinsam mit Rosa gesprochen, und auch sie hat dabei deutlich gesagt, dass sie Deine Freundin und Amadus und Fees Freundin sein kann und will. Mir hat es gefallen, dass Du Dir immer wieder Hilfe bei uns Erwachsenen gesucht hast und nicht aufgegeben hast zu verstehen, wieso man Freunde „teilen" kann.

Dann hat Cora Dich beobachtet und es mir erzählt:

Es war an einem Vormittag vor Ostern, und alle Kinder spielten draußen. Du, Rosa und Fee, Ihr saßt auf dem Boden im Flur vor Euren Haken und wart dabei, Eure Schuhe anzuziehen. Rosa ist zu Fee gegangen, hat ihr geholfen, die Jacke anzuziehen, und hat sie umarmt. Du hast angefangen zu weinen und hast gefragt: „Rosa, bist Du meine Freundin?" Rosa antwortete Dir daraufhin: „Nun wein nicht wieder! Ich bin Deine Freundin, auch wenn ich die Fee umarme. Ich bin auch DEINE Freundin, ok., auch wenn ich Dich nicht an der Hand halt, hm?" Da hast Du aufgehört zu weinen, hast gelacht, ihr habt Euch fertig angezogen und seid zusammen rausgegangen, um zu spielen.

Seitdem fällt mir auf, dass Du gelernt hast, dass Rosa auch Deine Freundin ist, wenn sie mit anderen Kindern spielt. Außerdem bist Du nicht mehr so traurig und verzweifelt, wenn jemand nicht mit Dir spielen will. Du gibst nicht so schnell auf, Dir neue Spielfreunde zu suchen, und brauchst nicht mehr so oft die Hilfe der Erwachsenen dazu. Ich bewundere, wie viel Mut Du dabei immer wieder beweist, und mir gefällt es, wenn ich sehe, dass Du Dich über Deinen eigenen Mut freust und darüber, dass Du Dir sicher bist, Freunde zu haben.

Zweite Lerngeschichte von Angela

2. Juni 2006

Liebe Angela!

Du bist heute zu mir gekommen und hast gefragt, wann Du Deine nächste Lerngeschichte von mir bekommst. Ich habe Dich daraufhin gefragt, was Du denn gerade lernst. Du hast mich angeschaut, nicht lange überlegt und gesagt: „Ich lerne gerade Hüpfen! Schau!"

Und dann bist Du ein paarmal ganz hoch auf beiden Beinen gehüpft.

Da fiel mir sofort ein, dass Du seit einigen Tagen wirklich ganz oft hüpfst und es mir besonders oft und gerne zeigst. Mal hüpfst Du auf beiden, mal nur auf einem Bein, und Du kannst sogar auf beiden Seiten auf einem Bein springen! Vor allem hüpfst Du aber besonders gerne hoch, wenn Du Dich freust und aufgeregt bist. Dann klatschst Du dazu noch in die Hände und lachst ganz laut! Meistens muss ich dann mitlachen!

Bei all dem Gehüpfe lernst Du sicher eine Menge. Zum Beispiel, wie viel Kraft Du in Deinen Beinen brauchst, um zu hüpfen, und wie viel Schwung Du mit den Armen holen musst, um hoch zu hüpfen. Oder auch, wie tief Du in die Knie gehen musst, um hoch oder eben nicht so hoch zu hüpfen.

Wenn Du auf einem Bein springst, lernst Du, wie Du mit den Armen dazu rudern musst, damit Du das Gleichgewicht nicht verlierst.

Und wenn Du vor Freude hüpfst, merkst Du vielleicht, wie ein kleines Kribbeln im Bauch mithüpft und die Freude und den Spaß noch größer macht ...

Ich habe Dich gebeten, mir ein Bild zum Hüpfen zu malen, und da hast Du mir dieses gebracht: Solche Kreise hast Du in den vergangenen Tagen ganz oft in vielen bunten Farben gemalt. Du hast mir erklärt, dass das ganz viele Holzmuscheln auf dem Boden sind, und auf denen kann man hüpfen. Von Muschel zu Muschel. Vielleicht hast Du es schon ausprobiert, von Muschel zu Muschel zu springen?

Ich bin neugierig und freue mich darauf, es von Dir zu erfahren!

Was Angela zu ihrer zweiten Lerngeschichte gesagt hat …

Liebe Angela!

Ich habe Dir Deine Lerngeschichte vorgelesen, und Du warst fast damit einverstanden, zumindest all die Dinge über das Hüpfen, die ich beobachtet hatte.

Du hast mir gesagt, dass ich das „Hüpfbild" dazu falsch erklärt und beschrieben habe. Und dann hast Du mir noch einmal deutlich und in Ruhe erklärt, was es wirklich zeigt:

Das Bild zeigt viele bunte Kreise. Das sind nicht Holzmuscheln, sondern Bälle, über die man hüpft, und nur einer der gelben Kreise, der ein wenig eckig ist und anders aussieht, ist die Muschel, auf der man steht und von der aus man anfängt.

Ich habe Dir noch paar mehr Bilder gezeigt. Die, die Du in den Tagen zuvor gemalt hattest. Eines davon zeigt ein Mädchen beim Seilspringen. Du wolltest, dass es auch zu dieser Lerngeschichte dazukommt.

Ich hoffe, ich habe nichts vergessen, und Du kannst mir immer sagen, wenn Dir noch etwas dazu einfällt!

Annette Baumann, Simone Jung

2.5 Sternstunden für die Kinder
Ein Projekt der Kita Grüntaler Straße in Berlin

Die Sternstunden für Kinder gibt es im INA.KINDER.GARTEN Grüntaler Straße in Berlin-Mitte, Ortsteil Wedding. An einer sehr verkehrsreichen Straße gelegen, aber mit U-, S- und Straßenbahn gut zu erreichen, versuchen wir, den uns anvertrauten Kindern einen Ort zum unbeschwerten Spielen, Toben, Erkunden und Zurückziehen zu geben. Kurz, die Kinder sollen sich bei uns rundherum wohlfühlen.

Bis zum Fall der Mauer galt das Einzugsgebiet als Randlage, da es unmittelbar an der innerstädtischen Grenze lag. Das Gebiet ist also eher unattraktiv, geprägt durch den sozialen Wohnungsbau und einen hohen Anteil wirtschaftlich und sozial schwacher Familien bzw. Familien nichtdeutscher Herkunft; darunter ist der höchste Anteil türkischer und arabischer Herkunft. Der Bezirk Mitte hat mit 25,7 % den höchsten Ausländeranteil der Stadt, im Quartiersmanagement Soldiner Kiez, dessen Sozialraum unsere Kita angehört, liegt er sogar bei 34,5 %.

140 Kinder im Alter von zwei Jahren bis zum Schuleintritt besuchen die Kita. Unsere Kinder werden von einem Leitungsteam und 15 pädagogischen Mitarbeiterinnen betreut. Als Bereicherung unserer Arbeit sehen wir drei Mitarbeiterinnen, die sowohl deutsch als auch türkisch sprechen. So können wir gerade auch die türkische Kultur in den Kita-Alltag integrieren, da ca. 60 % unserer Kinder türkischer Herkunft sind.

Insgesamt betreuen wir Kinder aus zehn Nationen, die sich in den vier Etagen unseres Hauses in hellen, großen und freundlichen Räumen wohlfühlen können. Die Gruppenräume der einzelnen Abteilungen sind als Funktionsräume gestaltet. Durch die klaren Strukturen können sich die Kinder ihren Interessen zufolge in kleinen Gruppen zusammenfinden. Absolute Renner bei den Kindern sind die Leseecken, Verkleidungsecken, die Bauecken, Kaufmannsläden, Puppenecken, Experimentierinseln sowie Rückzugsecken und Bewegungsräume. Der Aktionsradius der Kinder ist nicht nur auf die Gruppenräume beschränkt, sondern es sollen alle Möglichkeiten, die die Etage bietet, genutzt werden.

Bildung ist neben Betreuung und Erziehung unser gesetzlicher Auftrag. Wir verstehen darunter kindgerechtes, altersgemäßes und lustvolles Lernen ohne Last und Prüfungen. Die Kinder dürfen Fehler machen und daraus lernen. Für unsere Arbeit heißt das, den Kindergarten so zu organisieren, dass er den Kindern ein Erprobungsfeld bietet, auf dem sie individuell oder in kleinen Gruppen Lernprozesse erleben können.

Als INA.KINDER.GARTEN arbeiten wir nach den Prinzipien des Situationsansatzes, unser Träger ist ja Mitglied im Institut für den Situationsansatz der INA gGmbH. Der Situationsansatz gibt Kindern das Recht, ihre Entwicklung aktiv mitzubestimmen. Ihre Bedürfnisse und Interessen, ihre Entdeckerfreude und ihr Forscherdrang, ihr Einfallsreichtum und die Vielfalt ihrer Ausdrucksmöglichkeiten stehen im Mittelpunkt der pädagogischen Arbeit. Gemeinsam im Team entwickeln wir seit Jahren Qualitätsstandards zu verschiedenen pädagogischen Abläufen, die für unsere Kindertagesstätte verbindlich sind.

Mit den wachsenden Sprach- und Verständigungsschwierigkeiten beschäftigen wir uns intensiver in einer Teamfortbildung. Qualifiziert unterstützt wurden und werden wir dabei von unserer Fachberaterin, Dr. Gerlinde Lill, und der Logopädin Anja von Maydell. Unser Ziel war es, ein Umfeld zu schaffen, das Kommunikation und Lust an Sprache(n) begünstigt. Wichtig war uns, die Familiensprachen als Basis für den Erwerb der deutschen Sprache zu nutzen und die Eltern als Partner in diesem Prozess zu beteiligen. Sprachanregende Räume, zweisprachige Informationen und Dokumentationen, Vorleseaktionen, korrektives Feedback und die Erzieherin als Sprachvorbild waren jedoch nicht genug. Die Einzelzuwendung sollte eine stärkere Gewichtung erhalten.

Die Sternstunden werden geboren

Die Idee und den Namen „Sternstunde" verdanken wir der Logopädin Anja von Maydell. Sie fand in ihren Therapiesitzungen heraus, dass die individuelle Zuwendung einer erwachsenen Person zum Kind ihm seine Wertschätzung zeigt, Vertrauen fördert und Stärken stärkt.

Ziel war es, die jeweiligen Muttersprachen zuzulassen sowie die türkische und deutsche Sprache zu fördern. Unsere Vision ist dabei, die Kinder mit einem schulreifen Deutsch aus der Kita zu verabschieden.

Kinder erwerben die Sprache, indem sie Erwachsene erzählen hören, sich mit ihnen in ruhiger Situation austauschen, Fragen stellen und selbst berichten, indem sie zuhören und erleben, dass ihnen zugehört wird, indem sie ausprobieren, Reaktionen testen, erneut ausprobieren, zuschauen, handeln, begreifen. Deshalb lässt sich in der Sternstunde die optimale Sprachfördersituation schaffen.

Sternstunden ermöglichen eine intensive Zwiesprache, wie sie sonst im Alltag kaum möglich wäre. Sie stellen die Beziehung in den Mittelpunkt jeder Förderung. Sternstunden sind eine Form der Beobachtung in Sinne von Beachtung des einzelnen Kindes.

Dem Kind wird ein fester Zeitraum garantiert, in dem es eine Erzieherin für sich alleine hat, weil sie sich aus allem anderen herauszieht und sich ihm in Ruhe zuwendet. Das Kind kann in dieser Zweiersituation mit der vertrauten Person Stärken und auch Schwächen zeigen, die es in der Gruppe vielleicht lieber verbirgt. Es kann das Spielmaterial auswählen, das zurzeit sein Interesse fesselt und deshalb auch seine Entwicklung fördert. Es muss keine Kompromisse mit anderen Spielpartnern eingehen. Darüber hinaus kann es individuelle Anregungen und Impulse von der Erzieherin erhalten, wird von einer erwachsenen Person begleitet, die seine Themen und Spiele würdigt und für wichtig befindet. Hinzu kommt: Nicht jedes Kind hat spontan ein vertrautes Verhältnis zu jeder Erzieherin. In der Sternstunde kann so ein Verhältnis aufgebaut werden. Dies ist wichtig, denn Vertrauen macht Mut und schafft Selbstvertrauen. Und wer Mut und Selbstvertrauen hat, der traut sich auch, sich zu entwickeln. Wer sich darauf verlassen kann, dass die Erzieherin den Alltag so organisiert, dass er regelmäßig erhobenen Hauptes, mit dem Stern um den Hals, die Erzieherin an der einen und die Verkleidungskiste an der anderen Hand, aus dem Gruppenraum marschieren wird, der weiß, dass er wichtig ist. Genauso wichtig wie die anderen, die an den übrigen Tagen an seiner Stelle sind.

Im Gruppenraum hängt ein großes Plakat, auf dem die Reihenfolge der Sternstunden deutlich sichtbar angebracht ist und die Fotos der Kinder Stück für Stück nach vorne wandern. So kann jedes Kind täglich prüfen, wann sein Foto endlich vorn klebt und es an der Reihe ist. An die Gruppenraumtür werden die Sterne der „Sternenkinder" des Tages deutlich sichtbar angebracht. Die Sternstundenkinder dürfen sich zusätzlich noch einen Stern um den Hals hängen.

Die Kinder müssen sich darauf verlassen können, dass die Sternstunde auch wirklich stattfindet. Daher hat sie oberste Priorität, sie darf niemals ausfallen. Zu welchem Zeitpunkt die Sternstunde stattfindet, ist unerheblich, das kann sowohl am Vormittag als auch am Mittag oder Nachmittag sein. Es bedarf einer entsprechenden Organisation, die umso besser funktioniert, je mehr die Erzieherinnen miteinander kooperieren, ihre Arbeit gemeinsam planen und sich gegenseitig den Rücken freihalten.

Die Fragestellung, wie viel Zeit eine Erzieherin in einer Gruppe von 22 Kindern tatsächlich für eine intensive Kommunikation hat, führte zu Überlegungen, ob und wie sich intensivere Beschäftigungen mit jedem einzelnen Kind organisieren lassen. Nun wurden die organisatorischen Voraussetzungen geschaffen und ein Leitfaden formuliert.

Dazu war es notwendig, den Kita-Alltag zu überdenken. Die Frage, was die Erzieherinnen den ganzen Tag machen, wurde systematisch auf Dienstbesprechungen angegangen. Mit der Einführung einer „Zeitkasse" wurde dokumentiert, wie viel

Zeit für welche Aktivitäten verbraucht wird. Im Laufe der anschließenden Diskussionen wurden die Zeiten, die für verschiedene Aktivitäten benötigt wurden, daraufhin überprüft, was sie zu den Bildungsprozessen der Kinder hinsichtlich der Ziele des Berliner Bildungsprogramms beitragen. Die Sternstunde muss von den Erzieherinnen mit Überzeugung und System in den Alltag integriert werden, sonst ist sie sinnlos. Sobald die Sternstunde nur als ein Angebot von vielen gehandhabt wird und das Kind darauf hoffen muss, dass die Erzieherin Lust hat, mit ihm zu spielen, ist es der Willkür der (unprofessionellen) Erwachsenen ausgesetzt. Eine solche Haltung drückt mangelnden Respekt gegenüber Kindern aus.

Wir haben erkannt, dass wir Sternstunden mit unseren Kindern nur dann haben können, wenn wir uns von der teiloffenen zur offenen Arbeit hin bewegen, da die Betreuung der anderen Kinder während einer Sternstunde gesichert sein muss. Diese Erkenntnis stieß zunächst auf großen Widerspruch im Team.

Es wurde lange das Für und Wider diskutiert. Am Ende des Diskussionsprozesses waren sich alle Erzieherinnen darüber einig, dass die Sternstunden ein wahrer Schatz sind, auf den heute in unserem Kita-Alltag niemand mehr verzichten möchte.

Dokumentation, Reflexion und Weiterentwicklung der Sternstunden

Im Anschluss an die Sternstunde werden die Wahrnehmungen und Eindrücke der Erzieherin reflektiert und protokolliert. Für jedes Kind wird eine spezielle Mappe angelegt, in der Beobachtungen über die Entwicklung, Fortschritte und Besonderheiten des Kindes gesammelt werden. Nicht allein auf dem Papier, vor allem im Kopf der Erzieherin wandelt sich die Wahrnehmung für das einzelne Kind schnell. Es ist schon erstaunlich, was und wen man in 30 Minuten kennenlernt. Durch die veränderte Wahrnehmung wandelt sich nach und nach auch der Blick auf die Kindergruppe, auf die Arbeit mit den Kindern und ihren Eltern.

Zudem erweisen sich die Sternstundenprotokolle als ideale Grundlage, um mit Eltern über die Entwicklung ihrer Kinder zu sprechen.

Sowohl die Selbstreflexion als auch der Beziehungsaufbau zum Kind sind entscheidende Grundlagen für die Sternstunde. Als nächster Schritt wird per Videobeobachtung die Selbstreflexion der Erzieherin geschult und die partnerschaftliche Beziehung zwischen dem Kind und der Erzieherin während der Sternstunde genauer in den Blick genommen. Aufgrund der Notizen im Sternstundenordner kann man erkennen, dass es den Erzieherinnen unterschiedlich gelingt, ihr eigenes Verhalten zu reflektieren und mit dem Verlauf der Sternstunde bzw. dem Verhalten des Kindes in Verbindung zu bringen.

Auch gelingt es nicht allen Erzieherinnen, sich wirklich auf das Kind einzulassen und seine Bedürfnisse und Themen zu verstehen. So ist nicht in allen Sternstunden gewährleistet, dass das Kind eine „echte" Wahl hat – mit wem es spielen möchte und was es spielen möchte.

In einer Dienstbesprechung sahen wir uns die exemplarische Videobeobachtung einer Sternstunde an. Gemeinsam wurde das Video unter den Fragen betrachtet: Welche Themen beschäftigen das Kind gerade? Woran erkennt man konkret das Thema des Kindes? Und: Was bedeutet das Verhalten des Kindes?

Inzwischen hat sich das folgende Vorgehen eingebürgert: Im Anschluss an die Videobeobachtung wird mit dem Team gesammelt, worin die Stärken der Erzieherin liegen. Die gefilmte Erzieherin legt einen „Knackpunkt" fest, der ihr bei der Videoaufnahme aufgefallen ist und auf den sie in den folgenden Monaten bei den Sternstunden gezielt achten wird. Diese zwei Punkte (Was war gut, welcher Knackpunkt wird bis zum nächsten Video bearbeitet?) werden notiert und in einem persönlichen Sternstundenordner für jede Erzieherin abgeheftet.

Die Videos werden in Vierergruppen ausgewertet, so dass vier Gruppen mit 3-mal vier und 1-mal drei Erzieherinnen entstehen. Das Leitungsteam ordnet sich spontan den Gruppen zu.

Ziel ist es, dass jede Erzieherin pro Jahr zweimal ein Video einer Sternstunde vorstellt, so dass eine konstante Selbstreflexion Alltag wird. Drückebergerei gilt nicht, nur wer zwei Videos in einem Zeitraum von zwölf Monaten vorstellt, darf Sternstunden weiter durchführen. Fehlt einer Erzieherin die zweite Videovorstellung, darf sie erst wieder Sternstunden durchführen, wenn sie ihr Video in ihrer Gruppe vorgestellt hat. So wird langfristig die angestrebte Qualität der Sternstunden erreicht.

Lohnt sich die viele Arbeit?

Mittlerweile können wir feststellen, dass das Selbstbewusstsein und Selbstvertrauen der Kinder stärker wurde. Sie sind aufgeschlossener und können sich schneller auf neue Situationen einstellen (z. B. Erzieher- oder Gruppenwechsel). Die Gesprächsrunden im Morgenkreis haben an Qualität gewonnen, da sich der überwiegende Teil der Kinder am Gespräch beteiligen kann. Die Kinder suchen gezielt Sprechanlässe und fordern Gespräche ein. Sie werden mutiger, trauen sich und lassen sich nicht mehr so schnell abweisen, da sie es gewohnt sind, Aufmerksamkeit durch die Erwachsenen zu bekommen, ernst genommen zu werden und Rechte zu haben.

Das wichtigste und schönste Ziel, das wir bisher erreicht haben, ist: Die Beziehungen zwischen Erzieherinnen und Kindern wurden gestärkt, sie sind viel intensiver und vertrauter miteinander geworden. In der Sternstunde hat das Kind viel mehr Zeit, die Erzieherin besser kennenzulernen, und umgekehrt erfährt die Erzieherin viel mehr Neues und Liebenswertes vom Kind, als dies im normalen Gruppenleben möglich wäre. Durch die intensive Einzelbeschäftigung mit den Kindern, die regelmäßigen Dokumentationen und die Gespräche darüber mit den Eltern und Kolleginnen werden die Bildungsprozesse der Kinder verstärkt in den Fokus gerückt.

Die Entwicklungsgespräche mit den einzelnen Eltern haben durch die Protokolle der Sternstunden, in denen von emotionalen Aspekten über das Spielverhalten bis zu Details des sprachlichen Verhaltens eine Vielfalt von Beobachtungen dokumentiert sind, eine sehr konkrete und damit anschauliche Grundlage bekommen, die es ermöglicht, die Eltern sehr intensiv an den Bildungsprozessen ihrer Kinder teilnehmen zu lassen und sie durch konkrete Anregungen als aktive Partner in diese Prozesse einzubeziehen.

Ein wichtiger Garant für die Sicherung und Weiterentwicklung der Qualität ist die konsequente Umsetzung der Sternstundenprinzipien: Rechte des Kindes (Verlässlichkeit, „echte" Wahlalternativen für das Kind, Anfang und Ende, Einschätzung der Sternstunde durch das Kind), Wahrnehmung des Kindes in seiner Gesamtheit und Besonderheit, Wahrnehmung aber auch des eigenen Verhaltens der Erzieherin (Augenmerk auf Beziehung) und – das Wichtigste – „Hab Acht" bei Tendenz zur Stigmatisierung.

Zum Abschluss möchten wir Gerlinde Lill, unsere Fachberaterin, zu Wort kommen lassen:

> *„Wenn die Kinder von Anfang an erleben, dass ihre Sprache genau wie alle anderen respektiert wird und Interesse an dem besteht, was sie zu sagen haben, wird ihre Freude am Sprechen erhalten und bekommt neue Nahrung. Sie bekommen Lust, sich auch in einer ihnen noch fremden Sprache verständlich zu machen, weil ihnen an den Menschen liegt, die sie umgeben."*

Birgit Mülders, Brigitte Petersein, Beate Schmahl, Monika Wilhelm

2.6 Ko-Konstruieren beim Dokumentieren
So geht es in der Praxis

Die Anerkennung von Ko-Konstruktionen setzt eine neue Haltung von Seiten der Erzieherin voraus.

Sich und anderen Zeit geben; nicht steuern wollen, sondern neugierig auf gemeinsame Prozesse sein; nicht eingreifen wollen, sondern warten, bis Hilfe eingefordert wird; zuhören, echtes Interesse zeigen – neugierig sein auf Ideen, Gedanken und Taten der Kinder; nicht beschäftigen, sondern beobachten, was Kinder miteinander beschäftigt. Diese Haltung vertieft die Akzeptanz und das Vertrauen der Kinder.

Nach dem Schreiben der Beobachtung oder mehrerer Lerngeschichten wird das Dokumentierte dem Kind vorgelesen.

Das beobachtete Kind kann bestätigen, korrigieren, ergänzen, seine Sichtweise zur Geltung bringen. So entsteht ein neues Bild von dem, was die Erzieherin gesehen, und dem, was das Kind erlebt hat. Dem Kind hilft es, sich im Spiegel eines Erwachsenen zu sehen, sein Tun in Worte gefasst zu bekommen, sein Empfinden auszudrücken. Das Kind hilft der Erzieherin, Situationen und Fehlinterpretationen zu erkennen. Gemeinsam können sie die nächste Herausforderung des Kindes deuten oder herausfinden, was wer tun kann, damit es ihm besser geht, ihm etwas gelingt. Manchem Kind ist es wichtig, die Aufzeichnungen von beiden unterschreiben zu lassen.

> **„Wir bauen uns ein Bett"**
>
> Eva (4 Jahre) und Lilly (4 Jahre) spielen im Turnraum mit den großen Softbausteinen.
> Eva: „Komm wir bauen uns ein Bett."
> Beide holen sich Bausteine und legen sie aneinander.
> Eva: „Lilly, du musst das Kissen noch da oben hinlegen, damit wir besser liegen können."
> Lilly holt noch zwei Bausteine und legt sie an der oberen Kante hin.
> Eva: „Nun haben wir ein großes Bett und können uns ausruhen."

Lilly nickt. Beide legen sich auf die Bausteine. Sie liegen nebeneinander und schauen sich an. Lilly rückt an Eva heran. Sie umarmen sich. Lilly streichelt Eva über den Arm. Eva streichelt Lilly im Gesicht. Lilly lächelt Eva an, und Eva erwidert ihr Lächeln.

Anschließend berichte ich Eva, was ich gesehen habe, Eva bestätigt meine Beobachtung.
Danach stelle ich ihr eine hypothetische Frage.
„Ich habe nur dich sprechen gehört, Lilly hat gar nichts gesagt, aber sie hat das gemacht, was du gesagt hast. Könnte es sein, dass Lilly immer das macht, was du sagst?"

Daraufhin erklärt sie mir: „Weißt du, Lilly spricht nie viel, aber wenn sie etwas nicht will, dann macht sie es auch nicht."

Dokumentation aus der Lese- und Schreibwerkstatt

Als Teil ihrer Arbeit beschreiben Kinder in Aushängen für andere Kinder und Erwachsene, was sie getan haben, wie es ihnen ergangen ist und was sie sich weiterhin vornehmen.

Dies hilft den Kindern, im gemeinsamen Austausch Lernwege zu reflektieren und in weitere Planungen einzusteigen.

„Wir gehen auf Buchstabenjagd"

Der Wunsch der Kinder in der Schreib- und Lesewerkstatt war, Buchstaben kennenzulernen und diese in verschiedener Weise auszuprobieren. Um allen Kindern und Eltern das mitzuteilen, was in der Lesewerkstatt passiert, einigten sich die Kinder darauf, zu zeigen, was sie machen, und anschließend ihre Werke zu präsentieren. Sie nutzten dazu die vielfältigsten Möglichkeiten, z. B. Malen mit Rasierschaum, fertigten sich eine Buchstabenschatzkiste an, wo alle ihre Lieblingsbuchstaben zu finden waren, beklebten Buchstaben mit verschiedenen Materialien, schnitten Buchstaben aus Zeitschriften aus und suchten auch im Freien nach Materialien, aus denen man Buchstaben herstellen konnte. Die Arbeiten wurden von den Kindern mit einem Fotoapparat dokumentiert.

Die folgenden Aussagen der Kinder wurden von mir dazu festgehalten:
E. (5 Jahre): „Ich möchte viele Buchstaben kennen, um mein Bildungsbuch zu lesen."
J. (5 Jahre): „Kann mir jemand helfen, das S zu schreiben?"
M. (5 Jahre): „Ich male einen Hasen und ein Osterei dazu, dann wissen alle, dass es Ostern heißt."
E. (5 Jahre): „Ich weiß, wie das O geschrieben wird, nun fehlt noch etwas, bis das Wort Ostern fertig ist."
Unter der Überschrift „Wir gehen auf Buchstabenjagd" wurde die Stellwand mit Werken und Fotos bestückt.
J. (5 Jahre) meinte, als alles an der Stellwand befestigt war: „Das haben wir ja toll hinbekommen."
E. (5 Jahre): „Mein S sieht aber komisch aus."
J. (5 Jahre): „Macht nichts, das ist verkehrt rum."
L. (5 Jahre): „Wenn wir dann Schulkinder sind, kriegen wir das noch besser hin."

Geschichten und Eindrücke zu Bildern und Erfahrungen im Kunstprojekt

Ein Jahr lang sammelten Kinder und Erzieherinnen Eindrücke, tauschten Gedanken aus und planten nächste Schritte. Es stand kein Produkt mit einem Termin im Vordergrund, sondern es gab Zeit für einen gemeinsamen, ergebnisoffenen Lernprozess in Sachen Kunst. Durch viele Gespräche im Jahresverlauf boten sich immer wieder Einblicke in das Denken anderer, und es wurde etwas gemeinsames Neues geschaffen. Der Projektverlauf wurde dokumentiert durch eigene Werke und Fotos der Kinder sowie fortlaufende Notizen der Erzieherin. Und zum Abschluss gab es eine Vernissage für Eltern und die Öffentlichkeit. (s. die Fotos auf den S. 11, 97, 173, 209, 241. Ein Fotoposter mit den Motiven ist für 15 Euro zu bestellen bei: www.fotofritzen.de)

„Iphigenie hat Ärger mit ihrem Mann"

Wir betrachteten mehrmals im Museum, zeitweise gemeinsam mit einem Museumspädagogen, Bilder großer Meister. Wie lange mag er oder sie daran gemalt haben? Wie wirkt das Bild auf mich – welche Gefühle spüre ich beim Betrachten? Wieso ist das Lächeln der Mona Lisa so berühmt? Wie würde ich dieses Bild nennen? Wir übten uns in Interpretationen über Farben, Figuren und Situationen. Wir nahmen die Körperhaltungen, die Mimik und Gestik der gemalten Figuren ein. Wie muss ich mich bewegen, wo muss ich stehen, um diese Perspektive zu erhalten? Welche Empfindungen habe ich, nehme ich die Position des Modells ein? Verschiedenste Interpretationen wurden entworfen:

„Wie schaut die Iphigenie denn?" – „Ich finde, sie schaut traurig, sie hatte bestimmt Ärger mit ihrem Mann." Sowohl die Besuche im Museum als auch das Arbeiten in einer echten Künstlergalerie animierten die Kinder zu einer vielschichtigen Ausdrucksweise bei ihren eigenen Werken. Die Werke der anderen wurden wertgeschätzt. Wichtig war ihnen nun auch, den richtigen Titel für ihr Kunstwerk zu finden. Die Erzieherin nahm sich und ihre Ratschläge dabei zurück, sie ist Fragestellerin, Begleiterin, Zuhörerin. Die Verknüpfung der ästhetischen Wahrnehmung mit anderen Bildungsbereichen gelang durch Muster und Geometrie erkennen, selber Farben mischen und herstellen, Naturcollagen erstellen, Entdeckungen in Videoclips festhalten und über ästhetische Körperwahrnehmung in den Bewegungsstunden.

Diese Arbeitsweise setzt eine hohe Empathie von Seiten der Erzieherin voraus. Wie kann ich jüngere Kinder oder Kinder mit besonderen Entwicklungsanforderungen am Dokumentieren beteiligen? Welche „Sprache" wähle ich, wenn das Kind und seine Familie noch nicht der deutschen Sprache mächtig ist? Die Familie kann ihren Teil der Dokumentation, z. B. einen Brief an das Kind zum Anfang der Kita-Zeit, gerne in der Muttersprache verfassen, auch wenn mir der Inhalt verschlossen bleibt.

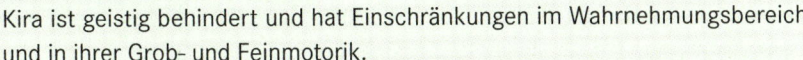

Kira applaudiert sich selbst

Kira ist geistig behindert und hat Einschränkungen im Wahrnehmungsbereich und in ihrer Grob- und Feinmotorik.

Sie erprobt sich gerade im Koordinieren. Sie versucht seit Wochen, ein Dreirädchen im Garten rückwärts zu schieben. Eine große Herausforderung für sie.

Am Anfang waren die Versuche nicht von Erfolg gekrönt. Da Kira eine sehr begrenzte Frustrationstoleranz hat, bricht sie bei Schwierigkeiten immer sofort in lautes, wütendes Schreien aus und hört mit ihren Versuchen schnell auf.

Als ihr das Rückwärtsfahren nach langem Üben gelingt, applaudiert die Erzieherin als Zeichen, dass sie den Lernerfolg des Kindes erkannt hat und entsprechend würdigt. Diese Form der Anerkennung hat Kira ab und zu selber gezeigt, wenn ihr etwas gelang oder gut gefiel. Diese Art der wortlosen Kommunikation übernehmen auch die anderen Kinder, um sich Kira mitzuteilen.

Das Symbol der klatschenden Hände ist für Kiras Entwicklungsbuch auf der Seite „Was habe ich gelernt" übernommen worden.

Ko-Konstruktion im Team

Das in unserer Kita etablierte Beobachtungssystem sieht vor, dass alle Kolleginnen Beobachtungssequenzen von vorher bestimmten Kindern dokumentieren, die dann in einem Teamgespräch zusammengetragen und ausgetauscht werden. Daraus entsteht ein individuelles Handlungskonzept für jedes Kind, das mit ihm verhandelt wird.

Vor allem schenkt uns diese Vorgehensweise viele Blicke aufs Kind durch unterschiedliche Brillen. Die Ko-Konstruktion unter den Kolleginnen erlaubt die Dokumentation und Auswertung kindlicher Handlungssequenzen, die durch die Bezugserzieherin allein in dieser Vielfalt nie geleistet werden könnte.

Oft führt das zur Bestätigung des eigenen Bildes vom Kind, verbunden mit neuen, befruchtenden Ideen für den zukünftigen Weg. Durch die gemeinsame Reflexion wird auch die weitere Begleitung des Kindes von allen getragen und findet überall im Haus und nicht nur mit der Bezugserzieherin statt.

„Ich kann dann besser zuhören."

„Florian ist so anstrengend! Er hört einfach nicht, kann sich nicht an Absprachen halten und ist äußerst aggressiv anderen Kindern gegenüber. Er stört das Gruppengeschehen, sei es im Freispiel oder auch im Stuhlkreis. Wenn ich mit ihm spreche, hört er doch zu, warum vergisst er alles Abgesprochene, sobald er um die Ecke ist?"

Die Kollegin ist ratlos, ihr eigenes Verhalten erscheint ihr selbst eingefahren und ohne echte Wirkung und Hilfe für das Kind zu sein. Und vor allem: Allmählich baut sich eine emotionale Wand zum Kind auf!

Eine Kollegin beschrieb, mit welcher Ausdauer und Konzentration Florian beim Spiel alleine mit der Erzieherin bei der Sache war.

Beim gemeinsamen Anziehen vorm Hinausgehen zeigte er sich grenzenlos aggressiv, dies hörte aber sofort auf, als er mit einem Kind zurückgezogen in einer Ecke spielte.

In der Zahlenstunde war zu beobachten, dass Florian sich selber Sitzpositionen suchte, die ihm von außen Halt gaben und ihn visuell und akustisch von anderen abschotteten. Als sich die Kollegin über seine „Extrawurst" beklagen wollte, meinte Florian: „Ich kann dann besser zuhören, wenn ich von den anderen nichts mitkriege, und außerdem halte ich meine Arme so fest."

Im Teamgespräch wurde der Bezugserzieherin klar, dass auch sie selbst Dinge mit Florian erlebte, die deutlich zeigten, dass er im Bereich visueller und akustischer Wahrnehmungsverarbeitung Probleme hatte. Die anschließende interdisziplinäre Diagnostik bestätigte unsere Vermutung.

Gemeinsam mit der Ergotherapeutin im Team konnten wir einen Handlungsrahmen für und mit Florian entwickeln, in dem er seine hohen Potenziale besser nutzen konnte.

Die alleinerziehende Mutter war zu jeder Zeit der Entwicklung einbezogen und setzte die therapeutischen Vorschläge auch zu Hause um.

Ihre Idee war es jetzt, den anstehenden Übergang in die Schule mit einem Informationsgespräch zwischen Lehrerin, Mutter und Bezugserzieherin zu begleiten, um Florian einen reibungsfreieren Schulstart zu ermöglichen.

Ko-Konstruktion in der Erziehungspartnerschaft

Das Portfolio ist Grundlage der Entwicklungsgespräche zwischen Erzieherinnen und Eltern. Im Gespräch tauschen beide Beteiligte ihre Sichtweisen und Beobachtungen aus. Gemeinsam wird überlegt, wer was zur weiteren Entwicklungsbegleitung des Kindes beitragen kann. Als Serviceleistung protokolliert die Erzieherin den Gesprächsverlauf für das Portfolio. Beide unterzeichnen das Protokoll. Nach ca. sechs Wochen füllen die Erzieherin und die Eltern jeweils einen Bogen aus, welche weiteren Beobachtungen gemacht werden konnten und was jede mit den gemeinsam vereinbarten Zielen und Handlungen erlebt hat. Auch diese Bögen werden dem Portfolio beigefügt.

Christiane Schweitzer

2.7 „Ich will nicht von jedem angeguckt werden"

Kritische Fragen zur Beobachtung

„Das ist doch gelogen! Glaub ich nicht, dass Kinder sich immer beobachten lassen wollen."

(Kaja, 9 Jahre)

Viele Rückmeldungen der Praxis bestätigen, dass Kinder Beobachtung als Beachtung ihrer Person und Wertschätzung ihres Tuns empfinden. Einige Kinder fordern sogar Beobachtungen aktiv ein, dennoch gibt es wohl auch skeptische Kinder. Praxisberichten zufolge reagieren Kinder nicht nur erfreut auf Beobachtungsabsichten, lassen es zwar zu, wirken aber wenig begeistert. Während des gemeinsamen Dialogs über die Beobachtung wollen sie bspw. das Gespräch schnell hinter sich bringen.

So stellt sich die Frage, welche Erfahrungen Kinder benötigen, was sich hinter dem jeweiligen Verhalten verbirgt und welche Rechte gewahrt werden müssen, wenn es um Beobachtungen geht. In der kritischen Reflexion haben mich Erzieherinnen, die ich in Fortbildungsveranstaltungen traf, und meine neunjährige Tochter Kaja unterstützt.

Kaja verallgemeinert in ihrer Aussage nicht; sie weiß über die Bedeutung verschiedener Sichtweisen Bescheid. Sie gibt daher zu bedenken: „Hoffentlich stimmt das auch, was ich dir sag, wenn du das aufschreibst und wegschickst für ein Buch."

Ich teile mit ihr die Bedenken: Darf ich kritisch über das Thema „Beobachten" nachdenken, Fragen stellen und die Sache mal von einer anderen Ecke betrachten? Kaja meint, es könne peinlich werden. Beide sind wir uns einig, dass es leichter fällt, wenn man so etwas nur mit guten Freunden oder anderen vertrauten Menschen bespricht, die einem unausgegorene Gedanken nicht krumm nehmen.

Wer um die Ecke denkt, gut Gemeintes mal infrage stellt oder auch einfach nur danebenliegt mit seiner Sichtweise, begibt sich in eine ungeschützte Situation. Aber es kommt etwas dabei heraus: Ko-Konstruktionen nennt man so etwas: Miteinander weiterentwickeln, was man alleine so nicht geschafft hätte. Die eigene Meinung überprüfen und gemeinsam nachdenken, welcher Weg der ist, den man verfolgen möchte.

Ich möchte Fragen stellen, die verschiedene Antworten zulassen und dennoch diskutiert werden sollten, um professionelles Handeln zu vertiefen. Ich möchte dazu einladen, miteinander querzudenken, gerade bei einem so wichtigen Thema wie der Beobachtung von Kindern, einem wesentlichen Handwerkszeug der Erzieherin, um damit „Kleinigkeiten" eine Bedeutung zu schenken und genauer zu reflektieren, was Kinder von uns erwarten und brauchen.

„Eigentlich will ich nicht von jedem angeguckt werden. Das ist wie mich ausspionieren …" – Wann erleben Kinder Beobachtung als Beachtung?

Wir Fachleute verstehen Beobachtung als die Beachtung von Kindern und ihrem Tun. Doch wie verstehen es die Kinder? Verstehen es alle Kinder gleich? Welche Beziehung benötigen Kinder, um Beobachtung als Beachtung zu empfinden?

Auch ich habe die Erfahrung gemacht, dass Kinder stolz auf ihre Erkenntnisse sind und es sehr wertschätzen, wenn man sie ernst nimmt und ihr Tun dokumentiert. Sie nutzen diese Dokumentationen auf vielfältige Weise, z. B. zum späteren Reflektieren, um mit anderen ins Gespräch zu kommen oder um sich und anderen zu zeigen, was sie alles können und gelernt haben.

Es gibt immer wieder Kinder, die ganz genau wissen wollen, was da steht, skeptisch schauen, jedoch nichts sagen und es sich später noch einmal vorlesen lassen. Wird damit nur Interesse ausgedrückt oder auch eine Art Kontrolle? Wollen Kinder in diesem Moment vielleicht eigentlich keine Dokumentation? Stimmt etwas nicht? Trauen sie sich nicht, nein zu sagen? Reicht es aus, dass wir Kindern unsere Absichten zur Beobachtung mitteilen, dass sie die Wahl haben, nein zu sagen? Welche Kompetenzen werden dabei von Kindern verlangt?

In der Beteiligung der Kinder am Beobachtungsprozess steckt der Anspruch, dass sie sich einbringen können und den gemeinsamen Bildungsprozess somit aktiv beeinflussen. Dies bietet der Erzieherin die Chance, individuell zu planen und zu handeln. Kajas Aussage belegt u. a., dass sich Kinder ihrer Stärken und Schwächen bewusst sind (und dies zumindest ab einem gewissen Alter auch so ausdrücken). Sie deutet aber auch darauf hin, dass es Vorlieben und Abneigungen gibt – in manchen Situationen will man beobachtet werden und in anderen eben nicht. Schließlich wollen wir uns doch alle möglichst von der guten Seite zeigen.

Gerade wenn es um den Austausch über die Beobachtungen geht, tauchen ähnliche Fragen auf wie bei Beteiligungsprozessen mit Kindern: Wie schaffen wir es, mit den ruhigen, zurückhaltenden Kindern, den Kindern, die sich schnell unterordnen, den jüngeren Kindern und mit Kindern aus anderen Sprachkreisen in den Dialog über die Beobachtung zu treten? Braucht es dazu nicht unterschiedliche Methoden? Ist das Gespräch die allein angemessene Art? Denken wir mal an die hundert Sprachen der Kinder und die Kommunikationsformen der Kinder untereinander!

Neben der Beziehungsqualität spielen Vorerfahrungen und der professionelle Umgang mit der Beteiligung von Kindern eine große Rolle. So kann und *darf* Beobachtung nicht als eigenständige Aufgabe, sondern *muss* als Teil eines Ganzen betrachtet werden.

> *„Wenn ich weiß, der hat mich lieb, dann kann der auch gucken. Ich beobachte ja auch z. B. den Luca, weil ich den gern hab und weil ich wissen will, was der vorhat und was ich mit dem spielen kann und wo der mich braucht."*

Hier wird die Herausforderung deutlich. Kinder sind sehr präzise in ihren Überlegungen. Vielleicht steckt in dieser Aussage auch eine Frage: Wenn ich selbst ein Ziel verfolge, haben dann andere nicht auch eine Absicht beim Beobachten? So müssten wir uns nicht nur die Erlaubnis der Kinder einholen, sondern mit ihnen auch über die Inhalte und Absichten reden. Das bedeutet, dass Kinder wissen, was Beobachtungen sind, was schön daran ist, aber auch, dass sie sich Auszeiten nehmen können, dass Befindlichkeiten und Gefühle besprochen werden.

Wenn das so ist, brauchen wir dann nicht auch gleichermaßen Absprachen mit Kindern darüber, welche Möglichkeiten sie haben, wenn sie nicht mehr wollen? Vielleicht, weil sie an diesem Tag gerade mal keine Erwachsenen leiden mögen? (Gab es da nicht schon den Knatsch am frühen Morgen ums Anziehen? Schlechte Laune schon beim Aufstehen ...) Würden wir uns jederzeit beobachten lassen, auch wenn uns die Person sehr vertraut ist? Hierbei wird das professionelle Verständnis für Beobachtung und deren Umsetzung deutlich. Die Qualität von Beteiligungsprozessen liegt ja gerade darin, mit eigenen Rechten umgehen zu können.

Hinzu kommt die Abhängigkeit von der vertrauten Bezugsperson. Die Sicherheit, dass die Bezugsperson als sichere Basis vorhanden ist, schafft eine wesentliche Voraussetzung für die Exploration der Kinder. Wenn wir Kindern vertrauen, sie ernst nehmen, sie unterstützen, dann geben sie dies gerne zurück.

Autonomiebestreben wäre in diesem Sinne, das Neinsagen zu fördern. Wenn Kinder sich trauen, die Forderungen der vertrauten Bezugsperson mit einem Nein zu beantworten, dann wissen wir, dass ein Ja ein Ja und ein Nein ein Nein bedeutet. Meines Erachtens ist das eine wichtige Grundlage, um die Aussagen der Kinder einschätzen zu können. Gerade jüngere Kinder sind sehr an den Bezugspersonen orientiert und lassen mitunter manches zu, um nicht die Zuwendung zu verlieren.

Vielleicht sollten wir eine Vielzahl an Fragen bereit haben, um den Kindern verschiedene Möglichkeiten offenzulegen. Neben dem Anliegen der Beobachtung könnten Fragen stehen wie: „Wann muss ich dich unbedingt mal beobachten?" oder „Wo oder was dürfen Erzieherinnen auf keinen Fall sehen und beobachten?" Vielleicht werden wir dann aus manchen Bereichen ausgeschlossen. Ich denke da an Wasserexperimente im Toiletten- und Waschraumbereich und an Experimente in der Natur und Tierwelt.

Müsste demnach in unserem Beobachtungskonzept nicht auch das Recht auf unbeobachtetes Tun bewusst verankert werden? Benötigen wir diese Reflexion nicht auch, um uns nicht in alle Prozesse als Begleiter einbringen zu wollen? Wissen Kinder, dass sie jederzeit mit Fragen auf uns zurückgreifen können? Nutzen sie das? Vertrauen wir auf ihre Eigenaktivität? Dann müssen wir eigentlich auch nicht alles wissen, oder?

„Du musst ja nicht alles wissen!" — Kinder brauchen ihre Geheimnisse

Gehen wir in die Kita-Praxis: Sie wissen von einem geheimen Treffen. Sie beobachten Kinder, die scheinbar viel Spaß haben. Sie planen etwas, suchen bewusst Ecken und Nischen, die die Erwachsenen nicht entdecken sollen. Sie brauchen ein Messer; ein Spaten tut es dann auch, nehmen Dinge mit, die sie nicht zeigen wollen, tuscheln und unterbrechen ihr Gespräch, wenn jemand anderes dazukommt.

Die Kinder senden genügend Signale, die besagen: „Das ist jetzt nichts für dich!" Wie geht es uns damit?

Als Erzieherinnen wissen wir, dass Kinder Geheimnisse brauchen und wollen. Natürlich kann ich meine Neugier ausdrücken und so mit den Kindern ins Gespräch kommen. Wenn die Beziehung stimmt, kann es eben auch passieren, dass sie dann sagen: „Du musst ja nicht alles wissen!" und sich auf Verhandlungen einlassen. Aber, ist da nicht noch die Aufsichtspflicht, die Bildungsabsicht, werden wir nicht als Unterstützerinnen benötigt!?

An einem solchen Punkt möchte ich an die Absichtserklärungen von Kaja erinnern: „Was möchten wir gerne beobachten? Um was geht es uns, was bewegt uns zur Beobachtung?" Sollte die Reflexionsfrage auch bei spontan, zufällig ausgewählten Beobachtungen nicht immer heißen: „Was hat mich dazu bewegt, gerade dieses Kind oder diese Situation zu beobachten?"

Oskar malt Panzer und bringt gerne und häufig Actionspielzeug mit. Seine Freunde finden das „supertoll", und es entstehen interessante Spielabläufe. Es wird aktiv und großflächig gespielt, lautstark geschossen, getötet und wieder neu aufgebaut. Zeitweise gibt es in der Jungengruppe (fünf Jungen im letzten Kindergartenjahr) Konflikte darüber, wer mit welchem Spielzeug spielen darf. Immer wieder wird diskutiert, wer der „Bestimmer" ist und ob es Privilegien für diejenigen gibt, die die „Superkampfmaschine" dabeihaben. Bei der nächsten Spielzeugbestellung beantragt die Jungengruppe Geld, um auf dem Flohmarkt „Kampfspielzeug" zu kaufen.

Oskar thematisiert, als er Panzer malt: „Ich verstehe die Erwachsenen einfach nicht. Die glauben mir nicht, dass ich den Krieg nicht mag, bloß weil ich Panzer gut finde und gern damit spiel."

Vieles am Tun der Jungen kann man wertschätzend beschreiben, und das würde viel Dokumentationsmaterial liefern. Sie bleiben mit Beharrlichkeit am Spiel, entwickeln es weiter, neue Bauwerke entstehen und neue Kampfvarianten werden erprobt. Konflikte im Spiel werden untereinander thematisiert und ausgetragen. Wie aber wird das Spiel der Kinder von uns Erwachsenen wirklich eingeschätzt? Wie viel Kampfszenen wurden in Entwicklungsportfolios dokumentiert? Drückt Oskar nicht seine Skepsis den Erwachsenen gegenüber aus? Hat er damit nicht Wesentliches getroffen?

Mich hat noch kein Kind gebeten, tolle Kampfszenen zu fotografieren. In der Reflexion macht mich das nun nachdenklich. Kann es nicht auch eine Reaktion der Kinder sein, die uns zeigt, dass manches an Entwicklungen mit uns *nicht* bzw. *nur schwer* austauschbar ist? Es macht mich vorsichtig, wenn darüber berichtet wird, dass Kinder ihre Sichtweise einbringen können. Nur dadurch, dass Kinder die Möglichkeit bekommen, ihre Sichtweise mitzuteilen, erhalten wir noch keine verwertbare Einschätzung.

Kinder sind von ihren Vorerfahrungen geprägt. Sie nehmen sich zu Recht die Zeit zu schauen, wie Erwachsene reagieren und agieren. Es dauert unterschiedlich lange, bis sie es ernst nehmen, dass sie ihre Meinung vertreten können und dürfen, dass sie sich zeigen können, so wie sie sind und was sie tun. Ein Kind zeigt uns einen durchtrennten Regenwurm und stellt damit vielleicht nonverbal die Frage: *„Leben wirklich beide Teile des Regenwurms weiter?"* Sich auf die Kommunikation einzulassen und Kinder zu verstehen, ist hier die Herausforderung. Nicht immer wird das ausgesprochen, was sich verbirgt oder gesagt werden sollte. Erleben die Kinder, dass sie ihre Sichtweisen einbringen können, gibt es Möglichkeiten, auch nonverbal mitzustimmen. Dann können Kinder auch im Einzelgespräch nach und nach besser ihre Meinung vertreten.

Betrachten wir die Kommunikation unter Kindern. In ihren Gesprächsgruppen werden Hypothesen aufgestellt und abgeglichen, besprochen, gefestigt, aber auch ebenso schnell wieder verworfen. Dies gehört zu den Suchbewegungen, die Welt zu entdecken und zu verstehen. Es entstehen immer wieder neue Fragen, die miteinander verhandelt, untersucht und beantwortet werden. Häufig geht es um Erfahrungsschatz, Glaubwürdigkeit und Wissensvorsprung. Die Kinder gleichen ihr Wissen ab mit dem Verständnis, dass es viel zu entdecken gibt und dass sie nicht alles wissen. Ganz besonders auffällig ist dies, wenn Kinder ihre eigene Entwicklung reflektieren: „Das habe ich da noch nicht gekonnt, jetzt kann ich schon ..."

„Ich hab's doch gewusst, dass ich das wieder vergess!" — Auseinandersetzung mit Fehlern und lebenslangem Lernen

Im letzten Kindergartenjahr beschäftigen sich die Kinder zunehmend mit ihren Ressourcen, dem System, das sie stützt, aber auch mit Unbekanntem. Sie brauchen die Kenntnis und Dokumentation über ihr Können. Daraus schöpfen sie Kraft und Stärke und können sich selbst Mut zusprechen, wenn „unbekannte Situationen" wie eine Schuluntersuchung anstehen. Gleichfalls findet aber auch eine enorme Auseinandersetzung mit bevorstehenden Erwartungen statt. Alle Informanten werden genutzt wie Freunde, Geschwister, Familie und Erzieherinnen. Da hilft es nicht nur, auf die Ressourcen zu schauen und den Kindern zu vermitteln: „Das kannst du schon, das schaffst du schon!"

Kinder suchen in der vertrauten Umgebung bewusst nach neuen Herausforderungen. So verlangte eine Kindergartengruppe im Projektgruppentreffen „echte Hausaufgaben", es sollte einen Hausaufgabenordner geben, und die Hausaufgaben sollten abgestempelt werden. Die Kinder hatten sich gut informiert. Nun wollten sie die neue Aufgabe ausprobieren, um Sicherheit für die Schule zu gewinnen. Damit stellte sich die Gruppe hohe Ziele.

Ich war sehr erstaunt über die Zielstrebigkeit, und gleichzeitig kamen Bedenken auf. Wird dies nicht das eine oder andere Kind sehr fordern bzw. überfordern? Mein Vorschlag, die Ordner in der Einrichtung zu deponieren, wurde nicht sehr geachtet, denn es sollte ja der Ernstfall geprobt werden: „So ist das mit der Schule!"

Nachdem beim nächsten Treffen zwei Jungen den Ordner zu Hause vergessen hatten, wurde die Frage thematisiert: „Was passiert, wenn ich in der Schule was vergesse?" Erfahrungen flossen ein („Es gibt unterschiedliche Vergesslichkeit", „Vergesslichkeit gibt es auch bei Erwachsenen", „Welche Folgen hat Vergesslichkeit?", „Was bedeutet Strafe in der Schule?", „Glaubt der Lehrer dann, dass die Hausaufgaben gemacht wurden?"), Berichte anderer Kinder und Ängste wurden dargestellt. Die Kinder konnten präzise und detailliert Schwächen benennen; aber ebenso entwickelten sie Strategien des Umgangs miteinander. „Du kannst ja deiner Mama sagen, dass die mit dran denkt", „Meine Mama sagt, da musst du selbst dran denken, und dann mal ich mir einen Zettel, das hab ich schon gesehen".

Hierbei wird deutlich, dass Kinder einen umfassenden Dialog suchen, sich Herausforderungen stellen und die Erfahrung haben, dass es unterschiedliche Umgangsweisen gibt. So werden eventuelle „Schwächen" mit den richtigen Strategien zum Erfolg. Doch dazu benötigen Kinder Dialogpartner, die ihre Ängste verstehen, die „Schwächen" oder „Fehler" als Chance für Weiterentwicklung erkennen und sich mit ihnen auf den Weg begeben, um durch die richtigen Strategien Erfolg und Stärke zu entwickeln.

Geht es bei lernmethodischen Kompetenzen nicht eigentlich genau darum, in schwierigen Situationen auf unterschiedliche Wege und Ideen zurückzugreifen, Erinnerungen einzubauen und auf vorhandene Strategien zurückgreifen zu können?

Kinder suchen diese Auseinandersetzung. Sie haben Spaß am Vergleich, der allerdings offen, direkt und die Person nicht reduzierend stattfindet. Ich denke, wir sollten Fehler und Schwächen, gerade auch die eigenen, offen darlegen und damit ein Angebot machen, das unseren Kindern ermöglicht, vom Leben zu lernen. So fanden die Kinder bspw. heraus, dass recht viele Erwachsene vergesslich sind und damit sehr unterschiedlich umgehen: „Mein Papa schimpft immer, wenn ich was vergesse, dabei hat der auch mal den Autoschlüssel im Auto liegen gelassen, da war das ganz schön blöd für uns alle, aber geärgert hat er sich auch über sich." „Mein Opa sagt immer, schreib's dir mal hinter die Ohrn!", „Ich kann gar nicht schreiben, und ob man's da auch anguckt?".

Aus dieser Diskussion heraus entstand eine Lösungsstrategie für mich als Erzieherin. Im gemeinsamen Gespräch wurde deutlich, dass Aufschreiben wohl schon helfen kann (etliche Beispiele aus dem Erfahrungsschatz der Kinder wurden gesammelt). So entstand ein Platz, an dem die Kinder Erinnerungszettel für mich anbringen konnten, wenn ich mal wieder an etwas nicht gedacht hatte.

Fehlerfreundlichkeit, Weiterentwicklung, eigene Ressourcen kennen, die Auseinandersetzung mit Bedingungen: Bedeutet das nicht lebenslanges Lernen? Gehört dazu nicht der Austausch über Stärken und Schwächen in gleichem Maße?

Kinder sind hochinteressiert, wie man etwas gelernt hat. Sie sehen uns als Vorbilder und helfen uns immer wieder gerne dabei, mit eigenen Fehlern umzugehen. Sie nutzen Unterschiede, um eigene Lösungen zu entwickeln und ihren

Weg zu formen. Sie brauchen also neben der Dokumentation der Kompetenzen auch die ehrliche, ernst gemeinte, die Person wertschätzende Auseinandersetzung und den Umgang mit Fehlern und Schwächen.

Nutzen wir diese Chance zum Dialog und lassen ihn einfließen in die Ressourcen und Kompetenzen, die Kinder erwerben und ausbauen, um zu lebenslangem Lernen anzuregen. Dabei zeigen Kinder ihre Fähigkeit zur Reflexion und den Wunsch nach offener und ernst gemeinter Kommunikation, die nichts auslässt oder verschönt, sondern sie in ihrer ganzen Persönlichkeit darstellt und sieht. Solche Gespräche kennen die Kinder auch untereinander. Ungeschminkt und nicht verletzend, geführt mit Menschen, die Freunde sind und durch die sie weiterkommen und neue Ideen entwickeln. Lassen wir uns darauf ein, dann wird Beobachten und Dokumentieren zu einem ganzheitlichen Prozess, der uns zu vielen Fragen, Hypothesen und Gesprächen mit Kindern führt – in dem Kinder ihren Sinn, aber auch Eigensinn zeigen dürfen, durch den sie gestärkt werden und in dem das Recht auf Unterschiedlichkeit auf jeden Fall bewahrt bleibt.

Sophie Döring-Fischer

2.8   Einwand: Verwaltete Menschlichkeit?

Beobachtungen, Dokumentationen, Situationsanalysen, Lerngeschichten, Entwicklungsordner ... Diese Begriffe umschwirren mich auf meiner Fortbildung, und immer wieder ertappe ich mich dabei, wie ich die Perspektive wechsele und in die Rolle als Mutter schlüpfe:

Mein Kind soll beobachtet, erfasst, sein Verhalten dokumentiert, analysiert, beurteilt und abgeheftet werden. Ist die Qualität einer Einrichtung nach der Quantität seiner Akten und Dokumente einzuschätzen? Ist ein Kindergarten dann gut für mein Kind, wenn mir auf möglichst vielen Bögen und Formularen die Entwicklung meines Kindes vor Augen geführt wird?

Mir wird ganz anders – wenn ich Tausende von Erzieherinnen als Analytikerinnen und Psychologinnen ihren fachlichen Blick auf Kinder richten sehe. Ihren Blick, der ja auch geprägt ist von ihrer Biografie, ihrem Charakter und ihrer momentanen Befindlichkeit. Wenn sie mir dann vor Augen halten, wo es noch gezielte Fördermöglichkeiten gibt. Heißt das nicht, in wohlfeilen Worten die Defizite in der Entwicklung aufzeigen? Entwicklungsförderung ist doch eine Steigerung auf ein Ziel hin? Wie sieht dieses Ziel aus? Welches Menschenbild steckt dahinter?

Ich möchte einen positiven, wohlwollenden Blick auf mein Kind, möchte das Vertrauen in es spüren und möchte, dass es den Kindergarten als einen Freiraum nutzen kann, bevor es in die Schule kommt, wo es zweckfrei spielen kann und ihm seine Zeit gegeben wird für alles, was ihm wichtig ist. Ich möchte, dass mein Kind angenommen wird, so wie es ist.

Und dann brauche ich nicht viele schriftliche Dokumentationen – dann brauche ich vertrauensvolle wertschätzende Gespräche mit der Erzieherin *meines* Kindes. Sonst habe ich Sorge, vor lauter Übereifer Objekt des Fachwissens von Fachleuten zu werden.

3 Praxis – mit Eltern

Ursel Heinze-Nießner

3.1 Warum wir Ihr Kind beobachten
Das Recht der Eltern auf Mitwissen

Wenn Frau A. Max vom Kindergarten abholt, fragt sie ihn gerne: „Und, was habt ihr heute gemacht?" Max versucht zunächst, die Frage zu ignorieren, gibt sich auf weitere Nachfrage seiner Mutter wortkarg und antwortet: „Gespielt." Damit erreicht er, was offensichtlich sein Ziel war: Seine Mutter hört auf zu fragen.

Frau B. fragt ihre Tochter Kira, ebenfalls beim Abholen: „Und, was gab's zum Mittagessen?" – „Nudeln." Frau B. wundert sich, denn nach Kiras Aussagen gibt es jeden Tag Nudeln. Auch Kira ist, entgegen ihrer sonstigen Art, ausgesprochen einsilbig.

Erfahrene Erzieherinnen kennen diese Szenen gut. Sie kennen auch die Klagen von Eltern darüber, dass ihre Kinder ihnen wenig bis gar nichts vom Kindergarten erzählen. Entgegen dieser Erfahrung gibt es aber auch Kinder, die zu Hause sehr viel erzählen und ihre Erlebnisse, Erfolge, Schwierigkeiten und neuen Erfahrungen mit ihren Eltern teilen möchten. In jedem Fall entscheiden in diesen Situationen die Kinder darüber, was sie ihren Eltern berichten möchten.

Was steckt in diesen Szenen? Eltern haben ein großes Interesse daran, etwas über die Stunden zu erfahren, die ihr Kind in der Einrichtung verbringt. Sie erleben, häufig zum ersten Mal, dass sie nicht alles über ihr Kind wissen. Aus eigener (Mutter-)Erfahrung weiß ich, wie sich dieser Kontrollverlust anfühlt. Kinder und Erzieherinnen werden mächtig. Sie erleben etwas gemeinsam, an dem ich nicht beteiligt bin. Häufig stecken in dieser (Frage-)Situation auch Botschaften an die anwesende Erzieherin: Ich möchte wissen, wie es meinem Kind im Kindergarten geht, ob es Freunde hat, ob es sich wohlfühlt, ob es Fortschritte in seiner Entwicklung macht, ob es Probleme gibt.

Welches Recht auf Mitwissen und Teilhabe haben Eltern? Und wie viel Respekt müssen Erzieherinnen vor den Entscheidungen der Kinder haben?

Alle gemeinsam ergibt mehr als die Summe der Teile

Vielleicht können wir es zunächst einmal so sehen: Experten und Expertinnen bilden ein Team, um Wissen zu erweitern und pädagogisches Handeln zu gestalten:

- *Kinder* sind Experten in ihren eigenen Angelegenheiten
- *Eltern* sind Experten für ihr Kind
- *Erzieherinnen* sind Expertinnen für pädagogische Prozesse, den Bildungsauftrag der Kindertageseinrichtung und Entwicklungspsychologie

Teamarbeit könnte den Sinn haben, die jeweils unterschiedlichen Perspektiven zusammenzubringen. Ziel ist das Verstehen der Lernwege und Entwicklungsthemen der Kinder; niemals die Frage, wer etwas besser weiß oder gar Recht hat.

Was gewinnen Eltern, wenn Erzieherinnen und Kinder die Ergebnisse der Beobachtungen mit ihnen teilen?
Sie können dadurch
- das Bild von ihrem Kind ergänzen, wieder vervollständigen,
- stolz sein auf ihr Kind,
- Probleme und Schwierigkeiten erfahren,
- den Schatz der Lernerfolge behalten für später,
- etwas zum pädagogischen Alltag beitragen.

Was gewinnen Erzieherinnen, wenn sie ihre Beobachtungen mit Eltern teilen?
Sie können
- ebenfalls das Bild des Kindes ergänzen und vervollständigen,
- ihre verstehende Diagnostik ergänzen und sichern,
- eine Vertrauensbasis zu Eltern vertiefen,
- Eltern zeigen, dass sie deren Kind mögen und wahrnehmen,
- pädagogisches Handeln Eltern gegenüber konkretisieren und begründen.

Und was gewinnen die Kinder? Sie erleben sich im Mittelpunkt der (Be-ob-)*Achtung* durch ihre wichtigsten und geliebten Bezugspersonen: „Ich bin wichtig, ich bin es wert, dass etwas von mir festgehalten wird, dass Menschen, die für mich bedeutungsvoll sind, sich darüber freuen." Sie erleben durch eigene Teilhabe, dass sie als Experten in ihren Angelegenheiten gleichwertig sind, dass sie etwas bewirken können.

Was zu beachten ist

Was hier für alle Beteiligten wie eine „Win-Win-Situation" wirkt, erschreckt dennoch viele Erzieherinnen. Sie sind nicht darauf eingerichtet, dass Eltern jederzeit ihre Dokumentationen einsehen und ergänzen können – ein neuer, ungewohnter Gedanke.
Was könnte helfen?

Erzieherinnen sollten über Kinder und deren Eltern nur so schreiben oder reden, als seien diese jederzeit anwesend und beteiligt. Dies ist ein hoher Anspruch. Sicher ist es nicht notwendig und angemessen, tatsächlich immerzu mit Kindern und Eltern über Beobachtungen zu reden. Trotzdem hilft dieses gedankliche Prinzip, eine wertschätzende Grundhaltung zu entwickeln und mit radikalem Respekt und von den Stärken der Kinder ausgehend zu beobachten und zu dokumentieren. Der Gedanke, Beobachtungen mit Kindern und Eltern zu teilen, kann so eher als Unterstützung, weniger als Bedrohung gesehen werden.

Dennoch gibt es Situationen, die es erfordern, dass Erzieherinnen zunächst ohne Eltern mit ihren Beobachtungsergebnissen arbeiten, z. B. dann, wenn Beobachtungen Hinweise auf Schwierigkeiten, Entwicklungs- oder Lernprobleme ergeben. Hier sollten Erzieherinnen im Team, eventuell mit Unterstützung, fachlich entscheiden, *wie* sie ihre Hypothesen mit Eltern teilen und *womit* sie genau Eltern konfrontieren wollen. Das Ziel muss sein, die Sichtweise von Eltern zu erfahren und diese eventuell für ein Unterstützungssystem in der Kindertageseinrichtung, aber vielleicht auch darüber hinaus zu gewinnen. Erzieherinnen sollten hierbei mit Abwehrreaktionen der Eltern fachlich umgehen können.

Zum Schluss soll noch das Recht eines jeden Menschen auf sein Geheimnis angesprochen werden. Niemals treffen wir, auch wenn wir noch so sorgfältig unsere unterschiedlichen Bilder über die Lern- und Entwicklungswege der Kinder zusammentragen, wirklich das reale Kind.

Milani Comparetti gesteht in seiner Auseinandersetzung mit dem Gedanken der „Entwicklungsförderung im Dialog" jedem Kind das uneingeschränkte Recht auf sein Geheimnis zu*: „In der Tat ist das Geheimnis nicht nur das, was von der persönlichen Identität aufgrund inadäquater Kommunikationswege nicht mitteilbar bleibt (...) Es ist die Nische der sprachlich nicht mehr fassbaren Subjektivität, unverzichtbar, um die Identität des Individuums im Kontext der Beziehungen aufzubauen."* (Milani Comparetti 1996, S. 26)

Wir haben kein Recht, den Kindern ihren Eigensinn und ihre Identität zu nehmen, die sich vielleicht darin ausdrückt, dass wir vieles nicht verstehen, ja noch nicht einmal wahrnehmen!

Ein fiktiver Brief an Eltern

Liebe Eltern,

vielleicht ist es Ihnen auch schon so gegangen: Ihr Kind tut etwas, ist sehr konzentriert, strengt sich an, aber Sie konnten den Sinn nicht verstehen? So ist es manchmal auch im Kindergarten. Nicht immer ist für uns Erwachsene direkt nachvollziehbar, warum Kinder etwas genau so tun und nicht anders und warum sie bestimmte Situationen lieben oder meiden. Häufig erhalten wir deshalb einen „Text mit Lücken".

Wir lernen gemeinsam mit jedem Kind, das unsere Kindertageseinrichtung besucht, etwas Neues, denn Lern- und Entwicklungswege von Kindern sind unterschiedlich. Jedes Kind hat ein Recht auf Aufmerksamkeit und Achtung seiner individuellen Art, sich die Welt zu erschließen. Wir sind neugierig auf alle Kinder, auch auf Ihr Kind. Unser Ziel ist es, seine/ihre eigensinnige Art zu verstehen, den Alltag in der Kita zu gestalten, mit anderen Kindern in Kontakt zu treten und sich die Welt anzueignen, sein Weltwissen zu erweitern.

Viele Kinder verhalten sich im Kindergarten ganz anders als zu Hause. Das ist auch in Ordnung so, schließlich zeigen wir Erwachsene in unterschiedlichen Situationen auch verschiedene Seiten unserer Persönlichkeit.

Umso wichtiger ist es, die unterschiedlichen Bilder, die wir und Sie von Ihrem Kind gewinnen und täglich weiterentwickeln, miteinander zu teilen.

Unser Auftrag ist es, den Entwicklungs- und Bildungsweg aller Kinder zu unterstützen, die Lerngeschichten der Kinder zu verstehen und mit ihnen gemeinsam weiterzuschreiben.

Das tun wir, indem wir Kinder beobachten und unsere Beobachtungen dokumentieren. Beobachten ist eine alltägliche Tätigkeit von allen Menschen. Auch Sie tun es jeden Tag.

Wir tun es gezielt, um zu verstehen,
– was Ihrem Kind Spaß macht,
– was Ihr Kind besonders interessiert,
– welchen persönlichen Sinn Ihr Kind mit seinem Spiel verbindet,
– welche Wege Ihr Kind geht, um Neues zu erforschen,
– welche Wege Ihr Kind geht, um Konflikte zu lösen,
– welche Wege Ihr Kind geht, um Probleme zu lösen.

Wir nutzen unsere Erkenntnisse, um
- sie mit Ihrem Kind zu teilen, wenn es etwas darüber wissen will,
- Ihr Kind zu fragen, ob wir sein Verhalten richtig interpretiert haben,
- sie mit Ihnen zu teilen, wenn Ihr Kind damit einverstanden ist,
- sie durch Ihr Wissen über Ihr Kind zu ergänzen,
- Geschichten und bedeutsame Situationen für Ihr Kind und Sie festzuhalten,
- Material anzubieten, das Ihr Kind interessiert und herausfordert,
- die persönlichen Lernwege Ihres Kindes kennenzulernen und zu unterstützen,
- angemessene Anforderungen zum richtigen Zeitpunkt in der passenden Situation zu stellen,
- herauszufinden, ob etwas Ihr Kind an seiner Lust zu lernen hindert.

Da niemand alles weiß, haben wir großes Interesse daran, unser Wissen zu teilen und gemeinsam mit Ihnen und Ihrem Kind herauszufinden, was für Ihr Kind Bedeutung hat, was es gerade lernen möchte und was wir gemeinsam an Ihr Kind herantragen wollen.

Und wenn Ihr Kind ein Geheimnis bewahren will, so werden wir dies gemeinsam akzeptieren.

Wir freuen uns auf Sie und Ihr Kind!

Natalie Keil

3.2 Geschichten des Lernens
Mit Kindern und Eltern dokumentiert

Wenn ich ein Projekt plane, dann beginne ich mit einer gründlichen Situationsanalyse – so auch, als ich mich intensiver mit Lerngeschichten von Kindern und deren Dokumentation beschäftigte und Portfolios mit und für Kinder erstellen wollte.

Selbstreflexion: Was bedeutet Lernen für mich?

Wenn ich meine Lernbiografie betrachte, denke ich an unterschiedliche Erfahrungen: positive, aber auch ernüchternde. Positive Erinnerungen habe ich an das Lernen draußen im Freien, bei uns zu Hause, im Garten und auf der Straße. In unserer Sackgasse waren immer mindestens 15 Kinder unterschiedlichen Alters aus der ganzen Umgebung. Wir erkundeten unsere Welt, fuhren mit den Fahrrädern durch Wald und Felder, spielten Ball, sammelten Regenwürmer und kochten „Matschpampe".

Ich durfte mich im Alltag ausprobieren. Zum Beispiel mit meinem Vater alles Mögliche reparieren, mit meiner Mutter kochen und andere häusliche Tätigkeiten, die mich gerade interessierten, verrichten.

Wenn ich allerdings an meine schulischen Erfahrungen zurückdenke, bin ich weniger glücklich. Irgendwie hatte ich wohl die falschen Lehrer erwischt. Oder es lag am Schulsystem, in das ich mit meiner Art des Lernens nicht hineinpasste. Ich bin nie gerne in die Schule gegangen. Meine Kompetenzen (z. B. Schrauben zu sortieren, nach Größe oder Stückzahlen, oder kleine Motoren auseinander- und wieder zusammenzubauen) wurden dort nicht geschätzt – dabei hätte das meine Form der Annäherung an Mathematik sein können.

Erst in meinem Berufsleben fing ich an, gerne zu lernen. Ich eigne mir an, was mich interessiert und was ich brauche, was mich anregt zu lernen, weil es für mich sinnvoll und notwendig ist.

Auf dem Hintergrund dieser Erfahrungen glaube ich auch, besser damit umgehen und nachvollziehen zu können, dass Kinder wissen, wann und was sie herausfinden wollen.

Der Brockhaus stützt mich in meiner persönlichen Auffassung des Lernens: „*Lernen*, durch Erfahrung entstandene Verhaltensänderungen und -möglichkeiten, die Organismen befähigen, aufgrund früherer und weiterer Erfahrungen situationsangemessen zu reagieren. Generell wird unterschieden zwischen einsichtigem Lernen, das Bewusstsein voraussetzt, Lernen durch Dressur und Lernen durch Versuch und Irrtum. Menschliches Lernen ist eine überwiegend einsichtige, aktive, sozial vermittelte Aneignung von Kenntnissen." (Der Brockhaus Band 2, 2004, S. 519)

Situationsanalyse und Erwartungen an die Beteiligten

Wir befinden uns am Anfang eines neuen Kindergartenjahres – es gibt wenig Anfangsschwierigkeiten. Die Kinder haben schon Freundschaften untereinander geknüpft, auch altersübergreifend.

Die zukünftigen Schulkinder sind ausschließlich Mädchen mit geringem Selbstbewusstsein.

Die mittlere Altersgruppe besteht überwiegend aus Jungen. Sie beschäftigen sich mit ihrer Rollenfindung in der Kleingruppe und spielen Handwerker, Ritter und Cowboy. Die neuen Kinder haben kaum noch Ablösungsschwierigkeiten.

Qualifikationen, die die Kinder erwerben sollen:	Vertiefung der Situationsanalyse durch:	Was wir anbieten:
Für alle: • Mut, sich Neues zuzutrauen • Eigensinn und Gemeinsinn stärken Schulkinder: • Bewusstwerden über ihr „Mehr-Wissen" und dieses Einsetzenkönnen im Alltag.	• Allgemeine Situationsanalyse • Soziogramm	• Mit Hilfe der Pinnwand zur Alltagsgestaltung beitragen • Kinder im Alltag gezielt loben und unterstützen • Schulkindertreffen • Kinder zu ihrem Tun ermutigen • Bereitstellung entsprechender Materialien für die Rollenspiele, z. B. Meter, Wasserwaage, Helme, Kostüme

Auszug aus der allgemeinen Situationsanalyse/Sozialraumanalyse:

Wie erfahren Erzieherinnen, wie es dem einzelnen Kind geht? Durch
- Beobachtungen (systematische Beobachtung, teilnehmende Beobachtung, Rundum-Beobachtung, zufällige Beobachtung)
- Dialoge mit einzelnen Kindern
- Konferenzen (sowohl der Gesamtgruppe als auch in Kleingruppen)
- Äußerungen anderer Kinder oder Erzieherinnen
- Elterngespräche

An einem Konzeptionstag hatten wir uns nach den Materialien zur Qualitätsentwicklung nach dem Situationsansatz (Preissing 2003, S. 43) selbst evaluiert, zum Grundsatz 2 *„Erzieherinnen finden im kontinuierlichen Diskurs mit Kindern, Eltern und anderen Erwachsenen heraus, was Schlüsselsituationen im Leben der Kinder sind"* – und dabei festgestellt, dass wir zwar für Eltern sehr umfassend und differenziert dokumentieren, für Kinder die Textdokumentation aber wenig hilfreich ist. So wurde etwa unser „Gruppenordner", in dem z. B. die Planung und Reflexion des Spielnachmittags im Kindergarten dokumentiert ist, von den Kindern kaum selbständig genutzt oder weiterbearbeitet.

Vermutlich hatten sich die Kinder dort selbst nicht ausreichend wiedergefunden und fühlten sich deshalb nicht angesprochen.

Bei der Analyse der am Projekt Beteiligten lautete die Ausgangsfrage: Wer gehört alles dazu? Für mich war klar, dass ich meine Kollegin in der Gruppe als Unterstützung brauchte. Außerdem musste die Leitung zustimmen, was kein Problem war.

Kinder und Eltern sollten von Anfang an beteiligt sein, um ihre Ideen einzubringen und Entscheidungen mitzutreffen. Die konkrete Form der Dokumentation sowie die Zusammenarbeit mit den Kindern und Eltern waren noch unklar.

Für die Nutzung des Dokumentationsordners durch die Beteiligten hatte ich mir folgende Punkte vorgenommen.

Ich möchte, dass:

Kinder ...
- ihre eigene Entwicklung sichtbar vor sich haben,
- ein Bewusstsein davon entwickeln, was sie schon können,
- das Wort „Lernen" mit eigenen Erfahrungen füllen können,
- erkennen, wie sie lernen, um eigene Lernstrategien auf verschiedene Situationen übertragen zu können,
- Erinnerungen an „Meilensteine" ihrer Biografie erhalten,
- schöne Erinnerungen und Erlebnisse festhalten und jederzeit wieder auffrischen können.

Eltern ...
- die Entwicklung ihrer Kinder mitverfolgen können,
- gemeinsam mit Kindern und Erzieherinnen Wichtiges dokumentieren können,
- ihre Kinder fördern können, weil ihnen deren Interessen, Fähigkeiten und Stärken bewusster werden,
- einen intensiven Einblick in die Pädagogik nehmen können und sehen, was ihr Kind im Kindergarten macht und lernt,

- mit dem Kind Erlebnisse und Erfolge teilen können,
- den Kindergarten als Bildungsstätte erleben können.

Erzieherinnen ...
- mehr über das einzelne Kind erfahren können,
- eine engere Bindung zum Kind aufbauen können,
- sich besser in einzelne Kinder hineinversetzen können,
- gezielt auf jedes Kind eingehen und Angebote machen können,
- den Ordner als Grundlage für Elterngespräche benutzen können.

Dem Aufwand, den die Beobachtung, die Dokumentation und die Besprechungen der Lerngeschichten mit sich bringt, stehen entwicklungsrelevante Vorteile gegenüber.

Theoretische Fundierung des Projektes

Begriffsklärung: Das Wort Portfolio stammt (lt. Duden-Fremdwörterbuch) vom ital. portafoglio, gebildet aus portare (tragen) und foglio (Blatt) und ist ursprünglich die Mappe eines Künstlers (vgl. frz. portefeuille, Brieftasche, Aktenmappe). Es bezeichnet also eine Mappe (oder einen Ordner), in der unterschiedliche Unterlagen gesammelt werden.

Ich beschäftigte mich mit entsprechender Fachliteratur und vertiefte mich in das Verständnis von Bildung als Selbstbildung.

Eine kleine Auswahl von Zitaten, die mich beeindruckten und meinen Gedanken den Weg wiesen:

„Ergebnisse aus der Lern- und Kleinkindforschung haben gezeigt, dass Lern- und Bildungsprozesse maßgeblich geprägt sind von Aktivitäten, die von Kindern selber ausgehen." (Leu 2003 b, S. 21)

„Die zentrale Aufgabe von Erzieherinnen in Kindertageseinrichtungen besteht darin, Kinder bei ihren Bildungsprozessen zu unterstützen und einen Rahmen bereitzustellen, der ihre Bildungsmöglichkeiten erweitert. Dazu müssen Erzieherinnen aber zunächst einmal wissen, womit sich die einzelnen Kinder beschäftigen und welche Themen im Mittelpunkt ihres Interesses stehen." (Heck in Laewen/Andres 2002, S. 88)

Hans-Joachim Laewen beschreibt, dass es vielen Erwachsenen schwer fällt, Ko-Konstruktion von Kindern zuzulassen. Man solle genau hinschauen und Kinder bei ihrem Tun ermuntern. Sie würden nämlich untereinander schneller Themen des anderen erkennen. Diese Ko-Konstruktion mit anderen Kindern gelte es zu unterstützen. Manche Themen würden nur unter Kindern bearbeitet: Aushandlungsprozesse seien auch Bildungsprozesse. (Laewen/Andres 2002, S. 21 f.)

Fasziniert haben mich die Lerngeschichten nach Margaret Carr: „Lerngeschichten entstehen aus der Beobachtung von Alltagssituationen. (...) Lerndispositionen sind die grundlegende Voraussetzung, um Lern- und Bildungsprozesse zu verstehen." (Zitiert nach Leu 2003 a, S. 8)

Ich wollte mich an den vier Arbeitsschritten nach Margaret Carr orientieren, um die Beobachtungen zu bearbeiten, auszuwerten und umzusetzen:

1. Schritt: *Beschreiben* = Aufzeichnung der Beobachtung
   - Was sind Themen, Aktivitäten und Interessen des Kindes?
   - Wie gehen Kinder mit Hindernissen um?
   - Wo sind ihre Grenzen?
   - Wie kommunizieren sie?
   - Kümmern sie sich um die Gruppe?
   - Übernehmen sie Verantwortung für sich und andere?
   - Welches Wissen haben sie bereits!?

2. Schritt: *Diskutieren* = Austausch mit Kolleginnen, Eltern, Kind
   - Beobachtungen aller Kolleginnen werden miteinander verglichen.
   - Mit dem Kind und den Eltern wird über die Beobachtungen gesprochen, um ihr Bild zu erweitern und Sichtweisen zu ergänzen.
   - Kind und Eltern Wertschätzung für das Lernen des Kindes vermitteln.

3. Schritt: *Dokumentieren* = Die Beobachtungen und die Ergebnisse der Diskussion mit Kolleginnen, Eltern und Kindern werden festgehalten.
   - Weitere Dokumente können sein: Arbeiten, Geschichten und Kommentare der Kinder, Fotos, Beiträge von Eltern ...
   - Der zentrale Punkt der Handlung soll von Erzieherinnen herausgefiltert werden.
   - Was hat das Kind in dieser Situation gelernt?
   - Wie können Interessen und Fähigkeiten (...) des Kindes gefördert werden?

4. Schritt: *Entscheiden* = Was braucht das Kind als Nächstes?
   - Welche Lernumgebung muss geschaffen werden?
   - Wie kann das Kind unterstützt werden, um einen Entwicklungsschritt weiterzukommen?

Zur Rolle der Erzieherin fand ich in der Fachliteratur u.a. die folgenden hilfreichen Aussagen:

„Entwicklungsbegleitung ist nur möglich, wenn anerkannt wird, dass Kinder selbständig üben, sich fördern und herausfordern lassen; wenn Erwachsene bereit sind, diese Anstrengungen von Kindern zu entdecken, und zwar in den ‚Kleinereignissen' des Alltags." (Kazemi-Veisari 2004 a, S. 13)

„Beobachten mit einer respektvollen Haltung ist die Grundlage. Ein individuelles Bild von jedem Kind in Bezug auf seinen aktuellen Entwicklungsstand erstellen, dazu gehören auch die Interessen, Kompetenzen, Strategien im Umgang mit Situationen und Problemen. Daraufhin sollte der Alltag so gestaltet sein, dass sich Kinder in diesen Bereichen aktiv selber weiterbilden können." (Leu 2002, S. 15)

Erzieherinnen sollten nach Schweitzer 2002 nicht vorschnell handeln, sondern Kindern ihr Zeittempo zugestehen und sich kontinuierlich mit Lern- und Bildungswegen von Kindern auseinandersetzen. Auch die wertschätzende Haltung gegenüber dem Tun von Kindern spielt eine wichtige Rolle. Dadurch werden Kinder ermutigt, an ihren Themen zu bleiben. (Schweitzer 2002)

Beschreibung des Projektprozesses

Zum Anfang eines jedes Kindergartenjahres sprechen wir in Konferenzen mit den Kindern darüber, warum es uns wichtig ist, sie zu beobachten. „Wie geht das? Was ist das eigentlich?"

Es gibt einen Erfahrungsaustausch unter den Kindern. Die Älteren erläutern den Neuen, was es ist, wie es funktioniert und dass es etwas Schönes ist. Wir Erwachsenen fragen jedes Kind einzeln, ob wir es beobachten dürfen. In diesem Jahr entwickelten wir einen Vertrag, den jedes Kind unterschreiben konnte. (Dieser kommt dann auch in die Ordner.)

Die Kinder kennen die Regeln des Beobachtens und können vor jeder Beobachtung noch einmal sagen, ob sie heute/jetzt möchten oder nicht. Die Entscheidung darüber liegt in ihren Händen. Ich handhabe es so, dass ich dem betreffenden Kind bzw. der Kindergruppe gleich die Beobachtung vorlese und frage, ob ich alles richtig gesehen habe. Ich versuche, die Beobachtungen dann gleich mit den Kindern auszuwerten und zu reflektieren. Sie geben mir das Okay, wenn ich es richtig gesehen und aufgeschrieben habe.

Aufgrund dieser Gespräche und der Situationsanalyse sagte ich den Kindern, dass wir vorhätten, Erfahrungen und Situationen, in denen sie gelernt haben und die wir beobachten und fotografieren, in Ordnern festzuhalten.

Gemeinsam könnten wir die Fotos einkleben, wir Erzieherinnen würden aufschreiben, was sie uns diktieren. Unsere Frage: „Was habt ihr da gelernt?" Die Kinder könnten dazu malen, was sie noch damit in Verbindung brächten.

Als wir von jedem Kind mindestens eine Situation fotografiert hatten, planten meine Kollegin und ich ein *„Kinder-, Eltern- und Erzieherinnen-Treffen"* am Nachmittag. Ziel dieser Veranstaltung war, Kindern und Eltern zu verdeutlichen, dass wir die Lernerfolge der Kinder sehen, dokumentieren und sammeln.

An diesem Nachmittag waren 20 Kinder mit Eltern (von 25 Kindern) gekommen. Mit einer solchen Beteiligung hatten wir nicht gerechnet. Wir trafen uns im Turnraum, hatten für Kinder und Eltern große Stühle bereitgestellt, um Gleichwertigkeit zu verdeutlichen. Die Kinder sollten spüren, dass ihr Lernen im Mittelpunkt steht. Nach einer Begrüßung sagte ich kurz etwas zu unserem Vorhaben.

Anschließend durfte jedes Kind ein Foto von sich suchen, das in der Mitte des Raumes ausgelegt war. Jedes Kind erklärte seinen Eltern, was darauf zu sehen war und was es dabei gelernt hatte.

Dann erläuterte ich, dass wir Situationen und Ereignisse im Kindergarten in einem Ordner sammeln möchten. Die Kinder unterstützten mich in der Erklärung, was bei uns im Kindergarten „Beobachten" bedeutet und welchen Sinn es hat. Anschließend stimmten die Kinder mehrheitlich ab, dass wir für alle einen Ordner kaufen und gemeinsam mit ihnen gestalten sollten.

Wir verabredeten mit Eltern einen Abendtermin. Über Elternabende und Dokumentationen konnten die Eltern an dem Prozess teilhaben.

Da nicht alle Eltern und Kinder an diesem Nachmittag anwesend waren, schrieb ich ein Protokoll und gab es am folgenden Tag mit nach Hause.

In den nächsten Wochen klebten, schnitten und verzierten die Kinder mit riesigem Interesse. Sie suchten „ihre" Fotos aus dem Stapel heraus und klebten sie auf Pappen. Gemeinsam rekonstruierten wir, was darauf zu sehen war, warum das Foto gemacht worden war und was sie dabei gelernt hatten. Sie diktierten mir ihre Formulierungen und malten im Anschluss etwas dazu. So hatte bald jedes Kind mindestens ein Foto oder eine selbstgemalte Lerngeschichte in seinem Ordner.

Die Kinder verzierten die Ordner über fast zwei Monate hinweg.

Wir Erwachsenen stellten viele Kisten mit alten Kalenderblättern, Tierfotos, Kunstkalendern und Postkarten, Bildern von Fahrzeugen, Schiffen, Menschen und Gebäuden sowie Klebefolien aller Farben und Nuancen zur Verfügung. Außerdem hatte jeder Ordner ein Foto des jeweiligen Kindes auf der Vorderseite, damit sie ihren Ordner jederzeit schnell finden konnten.

Auf dem Elternabend konnten sich die Eltern zunächst mit dem Ordner ihres Kindes befassen. Als Einstieg gab ich einen kurzen theoretischen Überblick. Danach bildeten die Eltern zwei Arbeitsgruppen zu den Fragen:
- „Welche Informationen über die Entwicklung Ihres Kindes hätten Sie gerne im Ordner?"
- „Was, denken Sie, möchten Kinder über ihre Entwicklung wissen?"

Die Eltern sammelten und tauschten sich ca. 25 Minuten aus. Übereinstimmend wollten die Eltern wissen:

- „Was kann mein Kind schon?" „Wie hat es gelernt?" „Wann wird es was können?"

Wir überlegten, welchen Schwerpunkt der Ordner für das erste Jahr haben könnte und verständigten uns auf das Thema „Was lernen Kinder?". Meiner Ansicht nach liegt dies auch den Kindern am Nächsten, sie verstehen es und können sich einbringen. Wir Erzieherinnen werden üben, genauer auf das *Wie* zu achten. Eltern haben eher einen Blick, was Kinder neu gelernt haben, und können den Ordner mitfüllen. Zum Schluss vereinbarten wir mit den Eltern, ein Plakat zu machen, auf dem mögliche Namen für den Ordner gesammelt werden sollten. Nach einiger Zeit könnten die Kinder dann darüber abstimmen.

In den folgenden Wochen überlegten wir in vielen Konferenzen, was in den Ordner alles hineingehört, wozu er gut ist, um den Kindern die Namensfindung begreifbar zu machen. Sie und auch die Eltern hatten tolle Ideen, z.B. Lern-Ordner, Trau-dich-Ordner, Blatt-Ordner, Mutmach-Ordner. Am Ende ist es der Name „Blatt-Ordner" geworden. Die Begründung eines Kindes: „Da kommen unsere Blätter rein!" Wir Erwachsenen hätten lieber einen „tiefgründigeren" Titel gehabt. Aber die Kinder trafen *ihre* Entscheidung für *ihren* Ordner, und die hatten wir zu akzeptieren – auch das ist für mich gelebte Partizipation.

Praxisbeispiel

Beobachtung: 14.45 Uhr bis 15.15 Uhr

Ein Junge malt mit Kreide an der Tafel. Er schreibt spiegelverkehrte Zahlen: 1,2,3. Er probiert die 4, bekommt sie nicht zu seiner Zufriedenheit hin, probiert aber mehrmals weiter. Dann fragt er mich, wie eine 4 geht. Ich überlege, was ich ihm geben könnte, damit er die Zahlen selber sehen und abschreiben kann. Gemeinsam überlegen wir, wo man Zahlen finden kann. Daraufhin gebe ich ihm ein Buch. Wir blättern zusammen von 1 bis 3, um ihm seine Werke an der Tafel zu bestätigen. Er blättert um und findet die 4. Legt sich das Buch auf den Stuhl neben die Kreideschachtel. Mit einer Hand versucht er, das Buch zu halten und mit der anderen zu schreiben. Das Buch klappt aber immer wieder zu. Jetzt schaut er sich die Zahl an und geht an die Tafel zum Schreiben. Jedesmal, wenn er zum Stuhl zurückkommt, ist das Buch zugeklappt. Nach dem vierten Mal dreht er es so, dass es mit der aufgeschlagenen Seite nach unten liegt und muss es bei Bedarf nur umdrehen.

Selbständig schreibt er bis 9. Die Einer im Buch sind fast wie römische Zahlen geschrieben, und er erkennt sie nicht als 1. Er kommt zu mir und fragt, was das für eine Zahl ist. Wir zählen zusammen von 1 bis 9. Ich frage: „Welche Zahl kommt dann?" „Die Zehn!", so seine Antwort. Er kann jetzt mit der Form der 1 im Buch umgehen. Er schreibt noch bis 11. Dann gibt er mir das Buch wieder, räumt die Kreide und den Stuhl weg. Er zeigt es vielen Kindern, die gerade vorbeilaufen, und erklärt, welche Zahlen es sind.

Am nächsten Morgen zeigte er die Zahlen ganz stolz seinem Vater. Dieser lobt ihn. An den folgenden Tagen achteten meine Kollegin und ich sehr auf seine Zahlen und wiesen andere Kinder auf seine Leistung hin.
Ich habe in unserem Beobachtungsbuch nachgelesen, um herauszufinden, ob er sich schon öfter mit Zahlen beschäftigt hatte. Ich fand eine Notiz, dass er in der Konferenzecke mit dem Zollstock gemessen hatte. Dies war ca. drei Wochen vorher. Vielleicht hatte er sich schon damals mit Zahlen beschäftigt.

Gespräch mit dem Jungen

„Ich habe gelernt, die Zahlen zu schreiben. Es hat mich interessiert, die Zahlen zu schreiben.
Die Zahlen kenne ich schon, die habe ich mir am Meter angeschaut. An der Uhr gibt es auch Zahlen!

Als die Zahlen fertiggeschrieben waren, hatte ich ein schönes Gefühl. Sie meinem Papa zu zeigen, war toll – ich war stolz. Als Nächstes will ich weiter schreiben lernen."

Ich schlug ihm spontan vor, nächste Woche im Kindergarten auf Entdeckungsreise zu gehen und Zahlen zu suchen. Diesen Vorschlag nahm er begeistert an.

Gespräch mit der Mutter

Sie las sich die Beobachtung durch und war erstaunt. Die Mutter sagte, ihr gehe das mit dem Schreiben eigentlich viel zu schnell. Er solle ja erst in zwei Jahren in die Schule, doch er würde sich schon sehr für das Schreiben interessieren. Seit einigen Wochen könne er auch seinen Namen spiegelverkehrt schreiben und frage seinen älteren Bruder oft, wie was gemalt und geschrieben wird.

Gestern seien sie mit dem Fahrrad unterwegs gewesen, und er habe plötzlich gesagt: „In dieser Straße darf man nur 30 fahren!" Da sah die Mutter ein Ver-

Bei uns geschieht Lernen in der Projektarbeit – aber noch viel häufiger im Alltag. Darauf legen wir ganz besonderen Wert: Kinder suchen nach Antworten auf ihre Fragen, recherchieren mit unserer Hilfe in unterschiedlichen Medien oder befragen Experten (das können auch Kinder aus anderen Projektgruppen sein). Sie bereiten Exkursionen oder Einladungen an Experten von außerhalb vor. Dies geschieht für Eltern alles recht unspektakulär. Das selbstbestimmte alltägliche Lernen schafft aber erst die Voraussetzungen für erfolgreiche Projektarbeit. Wenn für die Eltern nicht nur die Projekte an sich als „Bildung und Lernen" ersichtlich sein sollen, müssen wir die lernmethodischen Kompetenzen, die die Kinder dabei erwerben, bewusst machen.

Beispiel Anwesenheitslisten

Bisher wurden die Anwesenheitslisten in den Gruppen von den Erzieherinnen geführt. Angeregt aus einer anderen Kita wollten wir die Kinder daran beteiligen. Das sahen wir als eine weitere Möglichkeit für die Kinder an, Verantwortung in ihrem Alltag übernehmen zu lernen. Gemeinsam mit einer Kollegin entwarf ich ein Modell und stellte es in der nächsten Kinderkonferenz vor.

Ich hatte die Namen der Kinder in großen Blockbuchstaben geschrieben. Da die Kinder noch nicht lesen können, brauchten wir eine zusätzliche Identifizierungsmöglichkeit. Für die Kinder war klar, dass wir die Erkennungsbilder den Namen hinzufügen müssen. Aber wie sollten wir die vielen Erkennungsbildchen malen, und die so klein, dass 25 Stück auf eine DIN-A3-Seite passen? „Kopieren ist doof, denn dann werden die Bildchen alle schwarz", „Malen dauert zu lange, und dann kann vielleicht nicht jeder erkennen, was es sein soll", lauteten Einwände. Ich nahm deshalb alle Kinder, die helfen wollten, mit zum PC und zeigte ihnen, wie man die Erkennungsbilder einscannen und so verkleinern kann, dass sie genau in die uns zur Verfügung stehende Zeile passen. Die Kinder waren begeistert, und so wurden gemeinsam im Laufe der Woche 75 Erkennungsbilder eingescannt, verkleinert, gespeichert und (farbig) ausgedruckt. Irgendwann wussten die Kinder, wie das Einscannen funktioniert. Diese winzigen Bildchen, 2 x 2 cm groß, schnitten die Kinder aus. Gemeinsam schauten wir im Flur nach, welches Bild zu welchem Namen gehört. Dabei war ich überrascht, wie vielen Bildern die Kinder den richtigen Namen zuordnen konnten. Innerhalb kurzer Zeit hatte jede Gruppe ihre Anwesenheitsliste. Erstaunlich schnell erkannten die Kinder die Namen der anderen Kinder auch an den Buchstaben. Die Listen sind in einem Glasrahmen, so dass wir sie als Dauerkalender nutzen können. Für manche Kinder führt morgens der erste Weg zur Anwesenheitsliste, um dort ihr Kreuz zu machen. Sie zeigen so: „Ich bin da". Jeder Tag hat eine bestimmte Farbe. Diese Farbe findet sich wieder in den Wochentagen im Frühstücksplan. So lernen die Kinder nebenbei noch die Wochentage kennen.

Etwa drei Wochen später erklärten die Kinder in der Kinderkonferenz, dass sie die Regel „Immer nur fünf Kinder dürfen zur gleichen Zeit alleine in den Turnraum" nicht gut finden. Wenn z. B. drei Kinder dort gut zusammen arbeiten und ein viertes Kind fragt die Erzieherin, ob es noch in den Turnraum kann, würde es die Erzieherin erlauben, und manchmal würde das gar nicht passen. Andererseits könnten aber auch manchmal sieben Kinder dort gut zusammen spielen. Außerdem würden sie es doof finden, die Erzieherin fragen zu müssen, ob sie in den Turnraum gehen können.

Die Kinder machten folgenden Vorschlag: „Wir können an die Tür vom Turnraum für jede Gruppe auch so eine Liste hängen, und wer in den Turnraum geht, macht ein Kreuzchen, und wenn er rausgeht, wischt er es wieder weg. Wir können das alleine regeln." Durch das Kreuz weiß die Erzieherin dann auch, wer im Turnraum ist. (Unsere Turnraumtür hat zwar Glasscheiben, aber den Kindern war wohl das formelle Kreuz und diese Struktur wichtig.) Da es keine Möglichkeit gab, an der Tür einen Bilderrahmen zu befestigen, musste eine andere Lösung gefunden werden. Die fiel den Kindern ein: Einige Tage vorher hatten sie mit einer anderen Kollegin ein Bild laminiert. Dies schlugen sie auch hier als Lösung vor. Allerdings mussten die Erkennungsbilder noch einmal verkleinert werden, so dass 25 Namen auf eine DIN-A4-Seite passten. Ich war erneut beschäftigt. Die 75 Bildchen, in der Größe 1 x 1 cm, wurden dann wieder von den Kindern ausgeschnitten und auf die Listen geklebt.

Es war erstaunlich, mit welcher Ausdauer die Kinder an dieser Arbeit blieben, bis alles ausgeschnitten und aufgeklebt war. Sie hatten sich selbst ein Ziel gesetzt, das sie erreichen wollten. Es war ihnen wichtig, und deshalb blieben sie dabei. Ohne Zutun der Erzieherin wussten auch die Jüngsten über den Umgang mit den Listen Bescheid.

Dieses System funktioniert. Warum? Es ist selbst von den Kindern entwickelt und eingeführt worden. Als die Hortkinder am Nachmittag in den Turnraum wollten, wurden sie von den Kindergartenkindern zurückgewiesen: „Von euch hängt keine Liste hier zum Eintragen." Sie nahmen ihre Regel sehr ernst. Zu meinem Erstaunen fügten sich die älteren Schulkinder den Kindergartenkindern und kamen sofort ins Büro. Sie baten mich nachdrücklich, ihnen auch eine Liste auszudrucken, die sie dann weiterbearbeiten konnten.

Was war hier geschehen? Mit der selbständig zu führenden Anwesenheitsliste hatte ich einen Anstoß gegeben. Das ist meine Aufgabe als Erzieherin. Alleine wären die Kinder nicht auf diese Idee gekommen. Sie entwickelten aber Interesse an der Sache und konnten sie auf eine andere Situation übertragen. Bei der Turnraumliste ging es auch um die Entwicklung von Regelbewusstsein. Nach Piagets Stufen der moralischen Entwicklung und des Regelbewusstseins handelt es sich bei der dritten Stufe um die beginnende Zusammenarbeit mit dem Erwachsenen. Die Kinder probieren ab einem gewissen Alter, etwa zur Zeit des Schuleintritts, Regeln auszuhandeln. Sie denken über den Sinn und die Folgen von Regeln nach und beginnen, mit Regeln zu experimentieren. Dabei ist typisch, dass sie dies noch vorwiegend handelnd und nicht denkend tun (Glasscheibe in der Turnraumtür). Für die vierte Stufe macht Piaget ein Stadium der „gegenseitigen Achtung" aus – Regeln werden deshalb eingehalten, weil sie den eigenen moralischen Vorstellungen entsprechen. (Vgl. Klein 2000, S. 59 f.)

Beispiel „Rechenkönig"

Der sechsjährige Peter arbeitete längere Zeit in einem Projekt, das sich „Rechenkönig" nennt. Dieses Projektes lehnt sich an das Buch „Mathe-Kings" von Hoenisch / Niggemeyer (verlag das netz, Berlin 2004) an. Es geht darum, mit den Kindern Mathematik jenseits abstrakter Zahlen zu erobern. Seit dieser Zeit interessiert sich Peter sehr für Zahlen, insbesondere Jahreszahlen.

Einmal fragt Peter die Erzieherin K.: „Wer ist denn am längsten hier?" Sie hätte antworten können: „Frau T. ist am längsten hier", fordert ihn aber stattdessen auf: „Da musst du mal die Leute fragen. Soll ich dir helfen?" Sie gehen zu allen Erzieherinnen. K. schreibt die Namen auf, die Zahl schreibt Peter selbst. Wer nicht da ist, wird sogar zu Hause angerufen.

Am nächsten Tag zeigt mir Peter seine komplette Liste. Ich sage ihm, dass ich schon lange einmal feststellen wollte, wer von den Mitarbeiterinnen wie lange in der Kita arbeitet, und schlage ihm vor, für jede Erzieherin für jedes Jahr einen Baustein in eine Reihe auf den Tisch zu legen, dann könnten wir beide erkennen, wer am längsten da ist. Peter macht das, und jetzt sind auch andere Kinder aufmerksam geworden. Er malt noch jede Erzieherin und schreibt die Jahreszahl dazu. Leider können die Türme nicht auf dem Tisch liegen bleiben. Ich zeige den Kindern das Excel-Programm im PC, und gemeinsam fertigen wir eine Tabelle an. Sie wird vergrößert und ausgedruckt, ausgeschnitten und aufgeklebt. Peter möchte aber seine gemalten Erzieherinnen mit nach Hause nehmen. Die Kinder wissen, aus der Erfahrung mit den Listen, wie man Bilder verkleinern kann. Also werden die Bilder eingescannt und verkleinert, natürlich müssen diese Bilder noch laminiert werden, dann können sie sie aufgekleben. Die Tabelle hängt im Gruppenraum, und alle Kinder und Eltern wissen, wer am längsten da ist.

> *"Kinder lernen nachhaltig, was sie interessiert und emotional bewegt. Von äußeren Lernanreizen profitieren Kinder am meisten, wenn sie am Lernprozess aktiv beteiligt sind und möglichst viel handeln, denken und experimentieren können."*
>
> (HSM 2005, S. 35)

Was haben Peter und mit ihm die anderen Kinder hier gelernt?

Sachkompetenzen:
- Dinge differenziert wahrnehmen
- Freude am Suchen und Ausprobieren von Lösungswegen
- Zielstrebigkeit, Beharrlichkeit, Ausdauer und Geschicklichkeit
- Eigene Wünsche, Gefühle, Absichten und Pläne anderen vermitteln
- Interesse an schriftsprachlichen Symbolen, an Büchern und am Lesen entwickeln
- Fertigkeiten in der Handhabung von Materialien und Arbeitstechniken sowie technischen Geräten entwickeln
- Interesse am Umgang mit Medien

Lernmethodische Kompetenzen:
- Bereit sein, von anderen zu lernen
- Erkennen, dass Anstrengung zum Erfolg führen kann
- Eigenen Zeitbedarf einschätzen und sich die Zeit einteilen
- Im Austausch unterschiedlicher Erkenntnisse und Meinungen zu Lösungen kommen
- Kooperieren und arbeitsteilig an einer gemeinsamen Sache arbeiten
- Erfahrungen und Kenntnisse aus einem Handlungsbereich in den anderen übertragen
- Lust am Lernen empfinden
  (Aus: Senatsverwaltung Berlin 2004, S. 28)

Peter war stolz auf seine Arbeit. Er war der Initiator. Allerdings konnte er nicht benennen, was er dabei gelernt hatte, konnte es also auch nicht seinen Eltern weitervermitteln. Dies deckt sich mit den Ergebnissen einer Untersuchung von Kristin Gisbert, dass Kinder im Kindergartenalter ihre Lernprozesse kaum als solche wahrnehmen. Danach ist es notwendig, Kindern ihre Lernsituation bewusst zu machen, wenn weiterführende Lernprozesse gefördert werden sollen. (Vgl. Gisbert 2004, S. 165) Durch meine „teilnehmende Beobachtung" war ich in der Lage, diesen Lernprozess mit Peter zu besprechen und für ihn und seine Eltern zu dokumentieren.

Beispiel „Ich kann zeichnen"

Osman, ein fünfjähriger türkischer Junge, hat während der letzten Monate einen großen Entwicklungssprung gemacht. Er spricht Deutsch mit einem großen Wortschatz und ist sehr wissbegierig. Ich beobachtete ihn, wie er immer wieder versuchte, Männchen zu malen. Er nahm dazu meistens weißes Papier und einen schwarzen Stift. Dies ging etwa zwei Wochen lang täglich so. Immer wieder flog das Blatt in den Papierkorb.

Plötzlich kam er ganz aufgeregt aus seinem Gruppenraum und lief in den anderen Gruppenraum zu der Erzieherin, von der er weiß, dass sie sehr oft zeichnet und sich auch sehr für Kunst interessiert. Er zeigte ihr sein Bild: „J., endlich kann ich einen Menschen malen, ich habe extra ganz lange geübt." Er war ganz aufgeregt. Er wurde gelobt und sein Bild bewundert. Die Erzieherin begleitete ihn zu allen Kolleginnen, und gemeinsam zeigten sie sein Bild. Aber dabei blieb es nicht. Wir wollten Osman bewusst machen, dass er etwas Wertvolles geschaffen hatte und dass wir stolz auf ihn waren. Die Erzieherin schlug ihm deshalb vor, seinen wunderschönen Menschen einmal auf ganz wertvollem Material zu malen. Osman war sofort einverstanden, und so stellten wir ihm eine gerahmte Leinwand und Ölfarbe zur Verfügung. Er malte dann seinen Menschen auf die 70 x 50 cm große Leinwand. Das Bild hängt in der Kita im Flur, und Osman führt stolz alle Eltern, die er kennt, zu dem Bild. Dabei strahlt er über das ganze Gesicht. Die Wertschätzung, die seine Leistung erfährt, macht Osman groß. Er weiß, dass er malen kann. Jetzt kann er sich einer neuen Herausforderung stellen.

„Erzieherinnen analysieren, was Kinder können und wissen und was sie erfahren wollen. Sie eröffnen ihnen Zugänge zu Wissen und Erfahrungen in realen Lebenssituationen."

(Preissing 2003, S. 93)

Kinder haben ein Recht auf Erwachsene als Gegenüber, die sich für sie interessieren und ein Klima schaffen, in dem sie ihren Fragen und ihrer Neugierde nachgehen und selbständig tätig werden können, die ihnen aber jederzeit bei Bedarf Unterstützung gewähren. Die Kompetenzen, die Kinder dadurch erwerben, befähigen sie, auch außerhalb der Kita eigenverantwortlich und selbständig zu handeln.

Wie gelingen solche Prozesse? Kinder beobachten heißt nicht nur aufschreiben, was sie tun. Im Wort beobachten steckt das Wort „beachten". Wenn ich ein Kind beachte, interessiere ich mich für es. In den Beispielen wird deutlich, dass Beobachten und Wahrnehmen immer ein Nachspiel haben. Ich darf, ja ich muss als Erzieherin auch die Initiative ergreifen und den Kindern Vorschläge machen, die sie in ihrem Lernbemühen weiterbringen. Dazu kann ich meine Kompetenzen als Erwachsene nutzen. Nicht alle Kinder erhalten in ihrem häuslichen Umfeld ausreichende Möglichkeiten zur Weiterentwicklung. Kinder sind stolz auf das, was sie gelernt haben, und es hebt ihr Selbstwertgefühl, wenn dies von der Erzieherin anerkannt wird. Das spürbare Interesse der Erzieherin spornt Kinder an weiterzulernen. Dieser gemeinsame Weg ist die Grundlage gelungener Projektarbeit.

So erfahren Eltern, was die Kinder gelernt haben

Die neuen Bildungspläne gehen alle von einer intensiven Erziehungspartnerschaft zwischen Kita und Eltern aus. Diese Partnerschaft beginnt in unserer Kita lange, bevor die Kinder in die Kita aufgenommen werden. Unser Haus steht schon Familien mit Kleinkindern offen. Dadurch können Eltern Einblick in die pädagogische Arbeit der Kita bekommen.

Ebenso wie Kinder die sichere Beziehung zur Erzieherin ihrer Stammgruppe brauchen, sind auch die Eltern auf diese Bindung angewiesen: Elternpartnerschaft lebt von der Information und dem gegenseitigen Aushandeln.

Den ersten Elternabend im Kindergartenjahr, der in der Regel organisatorischen Fragen, Informationen und Absprachen für das neue Kindergartenjahr vorbehalten ist, begannen wir im letzten Jahr mit einer Power-Point-Präsentation „Die ersten Tage in der Kita". Die Eltern konnten das, was sie bisher in der Kita gesehen hatten, mit der Präsentation vergleichen. Wie üblich kam trotzdem von einzelnen Eltern wieder die Frage nach „Vorschule", bzw. „gezielter Vorbereitung auf die Schule". Wir verabredeten uns zu einem weiteren Elternabend, an dem wir uns damit beschäftigen wollten, was an einem Vormittag in der Kita alles passiert und was die Kinder dabei lernen.

Als Vorbereitung für diesen zweiten Abend hatten wir die Bilddokumentation eines Tagesablaufs vorbereitet. Wir baten die Eltern zunächst, sich vorzustellen, wie ihr Kind den Tag in der Kita verbringt. Die meisten Eltern meinten: „Spielen, frühstücken, Projekt machen und einmal in der Woche turnen." Auf die Frage „Wo hält sich Ihr Kind nach Ihrer Meinung in der Kita am liebsten auf?" kam überwiegend die Antwort „im Gruppenraum". Obwohl Eltern jederzeit in unser Haus kommen können, obwohl es sehr viele Dokumentationen gibt, waren die meisten Eltern mit dieser Frage überfordert. Jetzt zeigten wir den Eltern die mit einer Digitalkamera aufgenommenen und überwiegend von den Kindern kommentierten Fotos. Wir achteten darauf, dass alle Eltern ihr Kind in dieser Dokumentation wiederfanden. Die meisten Eltern waren überrascht: „Das macht die hier? Davon hat sie aber noch nie etwas erzählt, eigentlich wussten wir nicht, was hier tagsüber alles passiert!" Das Interesse der Eltern war geweckt.

An einem weiteren Elternabend stellten wir das ganze Haus so zur Verfügung, wie die Kinder es tagsüber erleben. Wir Erzieher hatten die gleichen Aufgaben wie tagsüber. Zunächst nutzten die Eltern überwiegend von den Erzieherinnen begleitete Angebote. Im Laufe des Abends wurden sie spürbar sicherer und neugierig. Jetzt begannen sie auszuprobieren. Das war spannend, und es kam zu sehr vielen Gesprächen in Kleingruppen über die Möglichkeiten, was man wo in der Kita lernen kann.

Als Nächstes stellten wir den Eltern den Entwurf unseres Bildungsordners vor. Sie waren damit einverstanden, dass wir die Entwicklung der Kinder in dieser Form dokumentieren. Einblick in die Ordner zu haben, bedeutet für die Eltern ein wesentliches Stück Teilhabe an der Entwicklung und damit auch an den Bildungs- und Lernerfahrungen ihrer Kinder, auch wenn sie nicht unmittelbar beteiligt sind. Die Gespräche und Fragen rund um diesen Elternabend setzten sich in der nächsten Zeit bei Tür- und Angelgesprächen und bei den Eltern untereinander fort. Ich merke, wie das Interesse der Eltern stetig wächst, zwar nicht bei allen, aber zumindest bei denen, die an den Elternabenden teilgenommen haben. Als Modelleinrichtung für die Erprobung des Hess. Bildungs- und Erziehungsplanes boten wir den Eltern regelmäßige Treffen an, um uns den Bildungs- und Erziehungsplan zu erarbeiten.

Seit etwa einem Jahr sind Bildungsordner oder Lernbücher, wie einige Kinder sagen, fester Bestandteil unser Beobachtungspraxis. Jede Erzieherin kann ihre Beobachtungen zu jedem Kind aufschreiben. Dies ist sinnvoll, da in der „Offenen Arbeit" jede Kollegin mit jedem Kind zu tun hat und auch ihre eigene Sichtweise deutlich wird. Die Beobachtungen werden den Kindern immer vorgelesen, bevor sie in den Ordner kommen. Die Kinder legen dort selbst Bilder oder anderes, was ihnen wichtig ist, ab. Häufig lassen sie sich von den Erzieherinnen aus den Ordnern vorlesen. Besonders spannend finde ich es, wenn selbst unsere zweijährigen Kinder ihren Ordner aus dem Regal holen und versuchen, Bilder zu lochen und in den Ordner einzuheften. Unsere Grundschulkinder haben ebenfalls auf diesen Ordnern bestanden. Die Ordner sind immer griffbereit für Kinder und Eltern. Wer sonst noch in den Ordner schauen darf, bestimmen die Kinder.

Der jährlich angebotene Elternsprechtag wurde durch ein „Geburtstagsgespräch" ersetzt. Dabei sind die Dokumentationen aus dem Bildungsordner Gegenstand des Gespräches. Das Gespräch wird sowohl im Team als auch zwischen der Stammgruppenerzieherin und dem betreffenden Kind vorbereitet.

Die Erzieherin informiert die Kinder später über das Gespräch und über Vereinbarungen, die mit den Eltern getroffen wurden. Auch dieses wird dem Kind verständlich („Ich habe mit deiner Mama besprochen, dass ...") schriftlich dokumentiert und kommt in den Ordner. Es sind überwiegend sehr fruchtbare Elterngespräche, und die Defizitorientierung früherer Jahre steht nicht mehr im Vordergrund. Außerdem hören wir nur noch selten die Frage: „Wann beginnt ihr denn jetzt mit Vorschule?"

Eltern wollen zeitnah an dem, was ihre Kinder erleben, teilhaben. Für diese kurzen Mitteilungen eignen sich Gespräche zwischen Tür und Angel. Es zeigt eine wertschätzende Haltung, wenn wir uns angewöhnen, einer Mutter mittags beim Abholen kurz mitzuteilen, wie ihr Kind den Tag verbracht hat, was wir heute bei ihrem Kind „beobachtet" haben, z. B., dass ein dreijähriges Kind alleine aus der Küche eine Kanne Tee geholt hat oder mit welchem Kind ihr Kind gespielt hat. Die Digitalkamera ermöglicht es zusätzlich, ganz „frische" Aufnahmen zu zeigen.

Partnerschaft beginnt dort, wo der Partner über den gleichen Wissensstand verfügt. Eltern erfahren etwas über das Leben in der Kita, wenn Erzieherinnen eine einladende Haltung zeigen, die Eltern Lust auf Kindergarten macht. Eltern zeigen Interesse an der Kita, wenn sie Beachtung durch die Erzieherinnen erfahren.

Selbstlernprozesse, Ko-Konstruktionen und lernmethodische Kompetenzen

Selbstlernprozesse von Kindern geschehen dort, wo Erwachsene die Zeit der Kinder nicht verplanen, sondern ihnen Freiraum lassen. Kinder brauchen Zeit für ihre Vorhaben, und ihr Tun muss für sie einen Sinn haben. Selbstlernprozesse von Kindern werden dort sichtbar, wo die Erzieherin die Kinder nicht nur beobachtet, sondern ihnen Beachtung schenkt. „Wer mitreden und mitentscheiden will, muss auch zu sich selbst ja sagen können." (Doyé/Lipp-Peetz 2002, S 32 ff.) Selbstlernprozesse entstehen dort, wo Kinder eine sichere Bindung haben.

Selbstlernprozesse von Kindern gewinnen aber auch an Profil, wenn Erzieherinnen ihren Beitrag zur Ko-Konstruktion ernst nehmen. Dazu gehört, sich diese Prozesse bewusst zu machen und den Kindern dieses Wissen zur Verfügung zu stellen. Selbstlernprozesse von Kindern müssen durch die Erzieherin Impulse erhalten, das kann sie aber nur, wenn sie sich auf die Wege und Fragen der Kinder einlässt und selbst neugierig ist. Dabei bestimmen Biografien der Erzieherinnen unbewusst deren Handeln, und die Kinder suchen sich für ihre Ideen die Erzieherin aus, von der sie denken, dass sie ihr Vorhaben mit ihr am ehesten umsetzen können. Auch das zeigt, wie autonom die Kinder in ihrem Handeln geworden sind. Die Erzieherinnen bringen auch ihre Interessen und Vorlieben aktiv in die Arbeit mit Kindern ein und eröffnen ihnen damit Zugänge zu bisher nicht gekannten Territorien.

Der Hessische Bildungs- und Erziehungsplan (HBEP) unterstützt unsere Art zu arbeiten sehr (a. a. O.):
- Der Lernprozess steht im Vordergrund, nicht isolierte Fähigkeiten. (S. 95)
- Lernen ist eine soziale Erfahrung mit der Möglichkeit zur kooperativen Problemlösung. (S. 95)
- Die Auseinandersetzung erfolgt mit realen Problemen. (S. 95)
- Bildung und Erziehung sind ein auf Dialog ausgerichtetes Geschehen, in dem sich Kinder und Erwachsene als Partner respektvoll begegnen. (S. 39)
- Ko-Konstruktion meint das Lernen durch Zusammenarbeit, der Schlüssel ist die soziale Interaktion. (S. 94)

Der Hessische Bildungs- und Erziehungsplan betont auch insbesondere die lernmethodische Kompetenz. Sie ist die Grundlage für Wissenserwerb und somit für lebenslanges, selbst gesteuertes Lernen. Ich denke, unsere Kinder sind dabei auf einem guten Weg. Und die Beispiele zeigen, wie wir versuchen, dieser Anforderung gerecht zu werden.

Es ist spannend in unserer Kita. Seit wir uns auf den Weg des genauen Beobachtens (Beachtens) der Alltagssituationen der Kinder gemacht haben, haben wir Erzieherinnen uns noch mehr zu berichten. Vertiefendes Lernen in der Projektarbeit und deren Dokumentation ist weiterhin eine unserer Stärken, und ich glaube, es ist uns gelungen, den Eltern zu vermitteln: Projekte sind ein Teil unserer Arbeit mit den Kindern, aber Bildung findet auch im Alltag statt.

Lernchancen des Alltags als Voraussetzung für Projektarbeit

Beispiel: Bilderbücher katalogisieren

„Wir suchen nach Merkmalen, wie wir die Bücher sortieren können."

„So wollen wir die Bücher sortieren. Gisela, das ist unsere Vorlesepatin, muss Judith malen, zu ihr kommen die Vorlese- und Geschichtenbücher."

Judith Metz

3.4 Lernmethodische Kompetenz einer Dreijährigen
Fotodokumentation zu einem Tag im Kindergarten und ein Brief der Mutter

Im Gegensatz zu älteren Kindern kann ich mit einem knapp Dreijährigen Beobachtungen und Lerngeschichten nur begrenzt verbal reflektieren. Dennoch ist es auch in diesem Alter möglich, dem Kind zu spiegeln, *dass* es lernt und *wie* es lernt. Aus diesen Überlegungen heraus entstand die nachfolgende Fotodokumentation.

Ich habe Zoe einen Tag lang mit der Digitalkamera begleitet und ca. alle 30 Minuten ein Foto gemacht, ohne besondere Situationen abzuwarten.

Als ich einige Tage später das erste Mal gemeinsam mit Zoe die Fotodokumentation anschaute, spürte ich bei ihr eine Mischung aus Stolz, Freude und Spaß am Wiedererkennen der Situationen. Sie erinnerte sich an die Situation, kommentierte diese und konnte sogar ihre Gefühle dabei benennen („da habe ich mich so gefreut").

Da ich das Wort „lernen" immer wieder einfließen lasse, erklärt sie mittlerweile die Fotos manchmal mit dem Zusatz: „Schau mal Mama, da habe ich gelernt, alleine zu schaukeln oder mir alleine Kartoffeln zu nehmen."

Gemeinsam haben wir die Fotodokumentation in Zoes Lernordner abgeheftet. Fast täglich holt sie ihn aus dem Regal, lässt sich daraus vorlesen, zeigt ihn den Eltern oder anderen Kindern.

Immer wieder vorgelesen bekommen möchte Zoe auch die Lerngeschichte, die ihre Mutter über die erste Zeit im Kindergarten geschrieben hat und die selbstverständlich auch ihren Platz im Lernordner hat.

Lernmethodische Kompetenz einer Dreijährigen

7.05 Uhr | Gemeinsam mit deinem Papa kommst du in den Kindergarten, Judith hat diese Woche Frühdienst und wartet schon auf dich.

7.25 Uhr | Zusammen mit den anderen Kindern bringst du den Teewagen in den Frühstücksraum.

Dein Muff ist um diese Tageszeit immer dabei.

Auf dem Rückweg musst du doch lieber noch einmal Judiths Hand nehmen. Morgens schließt du dich immer dem Frühdienst an und bleibst dann eine Weile bei ihm. Die anderen großen Leute kommen jetzt auch in die Kita.

7.50 Uhr | Du kannst schon ganz alleine die Wurst auf den Servierplatten verteilen und hilfst beim Zubereiten des Frühstücks.

9.00 Uhr | Jetzt wird erst einmal gefrühstückt. Du hast dich schon ganz alleine am Buffet bedient und entscheidest, was du frühstücken willst.

10.05 Uhr | Andrea spielt in der Leseecke mit einigen Kindern ein Spiel und hat dich eingeladen mitzuspielen. Jetzt ist gerade Paul an der Reihe, und du guckst, was er in dem Säckchen findet.

10.30 Uhr | Deine Freundin Salomé kommt in den Kindergarten, und ihr beide begrüßt euch ganz herzlich.

10.40 Uhr | Zusammen mit Salomé gehst du in die grüne Gruppe zum Kneten, deinen Muff hast du auf deinen Platz im Flur gelegt.

10.55 Uhr | Judith hat zum Stuhlkreis gerufen. Du hast noch fertiggeknetet, hast deinen Muff geholt und bist in die blaue Gruppe gekommen.

11.15 Uhr | Du schaukelst sehr gerne, Josephine gibt dir Schwung.

Ihr probiert allerhand Kunststücke aus ...

Lernmethodische Kompetenz einer Dreijährigen

12.10 Uhr | Es gibt Mittagessen, und du nimmst dir ganz alleine Ei, Kartoffeln und Salat aus der Schüssel. Ich glaube, den Salat magst du nicht so gerne, deshalb hast du dir nur ein bisschen genommen, oder?

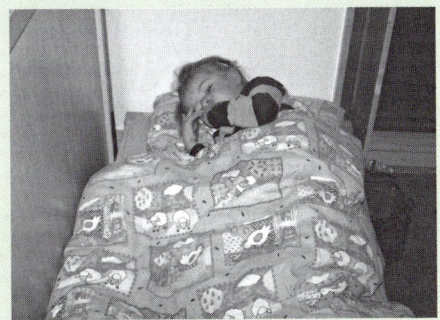

12.30 Uhr | Nach dem Waschen, Zähneputzen und Umziehen machst du einen Mittagsschlaf.

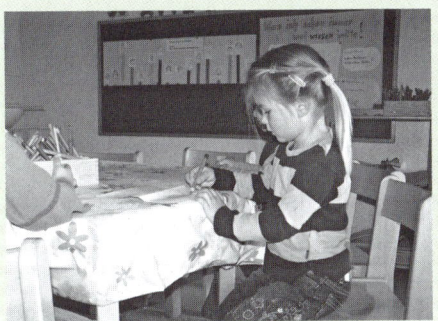

13.30 Uhr | Heute hast du nicht lange geschlafen und malst schon wieder.

14.15 Uhr | Deine Mama hat Nina von der Tagesmutter abgeholt und holt dich jetzt ab. Du willst ihr erst noch zeigen, was du Tolles gemalt hast.

Ein paar Tage später: Du schaust dir mit Judith zusammen die Fotos an.

Du zeigst deiner Mama, was du an diesem einen Tag alles im Kindergarten gemacht hast und was du schon alles kannst.

17. Oktober 2006

Mein lieber Schatz Zoe,

jetzt gehst Du schon sieben Monate in den Kindergarten, die KITA in Hörbach. Du bist ein richtig „großes Mädchen" geworden und hast in Deiner Entwicklung wirklich große Schritte gemacht. Es verblüfft mich schon sehr, wenn ich sehe, wie ein kleines Mädchen, wie Du es im März noch warst, so schnell selbstständig und „groß" wird.

Wenn ich an die erste Zeit, den Anfang im Kindergarten, zurückdenke, muss man das schon so sagen. Du hast geweint, wenn Mama oder meistens Papa Dich morgens gebracht hat, jetzt winkst Du Papa nach und sagst: „Die Mama holt mich nachher ab."

Du bist hier von zu Hause weggegangen mit dem Schnuller im Mund und Deinem „Muff" in der Hand, mit einer Windel am Po und Deiner Trinkflasche mit Apfelschorle. Diese Dinge waren Dir anfangs sehr wichtig und irgendwie ein Halt. Jetzt, nach nur sieben Monaten, meisterst Du das „Auf-die-Toilette-Gehen" ganz selbstverständlich, brauchst keinen Schnuller mehr, und trinken kann man ja auch Tee im Kindergarten. Toll, mein Schatz! Das ist für mich wirklich eine Meisterleistung!

Motorisch hast Du ganz viel dazugelernt. Du kannst alleine schaukeln, klettern, rutschen, und sogar der „Wurzelbaum" klappt perfekt. Die Schere hat es Dir ebenfalls angetan. Mit Akribie zerschneidest Du große Blätter in kleinste Fitzelchen, und Kleben gefällt Dir auch.

Heute warst Du zum ersten Mal mit in der Musikgruppe mit Kerstin. Auch hier hattest Du Spaß und hast aktiv mitgemacht.

In zwei Wochen wirst Du nun drei Jahre alt und zählst dann zu den „großen" Kindergartenkindern, was Du bereits schon jetzt immer wieder betonst. Wir fangen ja auch gemeinsam langsam an, Deinen „großen" Tag zu planen und vorzubereiten. Mit einem breiten Grinsen im Gesicht forderst Du einen Geburtstagskuchen, den Du natürlich auch bekommst!

Du weißt, wie alt Du wirst, wie Du heißt und wo Du wohnst.

Morgens stehst Du mit Freude auf, kommst nochmal schnell zur Mama kuscheln und sagst: „Ich gehe heute in den Kindergarten und die Nia geht zur Anette. Papa und Mama gehen arbeiten und wenn die Mama fertig ist, holt sie mich wieder ab." Du erzählst, dass du mit Deinen Freundinnen Josephine, Lea und Salome spielen willst, manchmal auch mit Finn.

Judith, die Erzieherin in der „blauen Gruppe", der Du zugeteilt bist, ist Dir eine sehr wichtige Bezugsperson in der KiTA, wenn nicht sogar die wichtigste. Du möchtest morgens mit ihr frühstücken, und wenn Judith Urlaub hat, bist Du traurig und erzählst: „Die Judith war gar nicht da."

Zu Hause spielst Du seit einiger Zeit Rollenspiele, in denen Judith natürlich und auch die anderen Erzieherinnen und Kinder vorkommen.

Bald kommt auch Deine Schwester Nia in den Kindergarten, was Du auch weißt und öfter lautstark verkündest. Auch hierauf, denke ich, freust Du Dich schon, denn meist kümmerst Du dich sehr fürsorglich und liebevoll um Deine kleine Schwester. Das ist bestimmt auch ein Verdienst des KITA-Daseins, denn schließlich bist auch Du hier sehr herzlich und familiär aufgenommen und von den „Großen" umsorgt worden.

Nach einem Urlaub fällt es Dir die ersten Tage zwar etwas schwerer, in die KITA zu gehen, aber das „verfliegt" schnell, denn der Kindergarten ist Dir zu einer bekannten und alltäglichen Umgebung geworden.

Meine Süße, Du hast das alles prima gemeistert, und ich wünsche Dir noch schöne, erlebnisreiche Jahre im Kindergarten, in denen Du Deine Interessen und Fähigkeiten entdecken, ausleben und verstärken kannst und auch Deine Sozialkontaktfähigkeiten erkennen und ausprägen kannst.

Bussi, Deine Mama

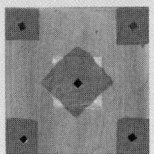  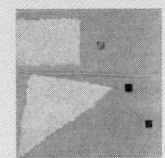 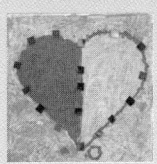

4 Beobachtungs- management

Gerlinde Ries-Schemainda

4.1 Damit Beobachtung gelingt
Was eine Leiterin dazu beitragen kann

Um gut beobachten zu können, müssen die Rahmenbedingungen stimmen. Um im Team eine einheitliche Basis zu schaffen, sollte die Leiterin mit dem Team gemeinsam eine Situationsanalyse bezüglich der Beobachtungspraxis in der Kindertagesstätte erstellen (s. auch Ulrich-Uebel in diesem Buch, S. 220 ff.).

Mögliche Fragen dazu könnten sein:
- Welche Erfahrungen haben die einzelnen Teammitglieder mit schriftlichen Beobachtungen gemacht?
- Finden Beobachtungen eher zufällig oder eher regelmäßig statt?
- Welche Beobachtungsformen werden genutzt?
- Werden die Kinder eher mit dem Blick auf Defizite beobachtet, oder steht der Blick auf ihre Kompetenzen im Vordergrund?
- Werden die Beobachtungen ausgewertet?
- Wo konnten die einzelnen Teammitglieder positive Beobachtungserfahrungen sammeln? Wobei gibt es Schwierigkeiten / Probleme / Fragen?
- Wie stelle ich mir die ideale Beobachtungspraxis für unsere Einrichtung vor?

Je nachdem, was die Situationsanalyse ergibt, kann das Team verschiedene Wege gehen. Sollten noch viele Fragezeichen bezüglich der Umsetzung in der Praxis bestehen, ist es sinnvoll, eine Teamfortbildung zu diesem Thema beim Träger zu beantragen. Bevor der Träger eine Entscheidung trifft, sollte die Leiterin mit einem Trägervertreter ins Gespräch kommen und die Notwendigkeit für eine Teamfortbildung einsichtig machen.

Hat das Team durch die Situationsanalyse eine gemeinsame Basis gefunden und geklärt, was es mit den regelmäßigen Beobachtungen erreichen will, kann es auch ohne professionelle Begleitung an die Umsetzung des Vorhabens gehen.

Materialien und Voraussetzungen, die die Beobachtung gelingen lassen

Damit das Vorhaben gute Startvoraussetzungen hat, sollten Sie im Team klären, welche Rahmenbedingungen Sie benötigen, um effektiv arbeiten zu können. Bestimmte Materialien erleichtern die Beobachtung. Sind diese nicht funktionsfähig oder fehlen sie gar, kann das die Beobachtungsabsicht schon im Keim ersticken.

Nützliche Materialien für die Beobachtung sind:

- *Zettelbox und funktionierender Stift*
  Die Zettelbox besteht aus einem offenen und einem geschlossenen, mit einem Schlitz versehenen Kästchen. Im offenen Kästchen werden leere Zettel, die vorher passend zugeschnitten werden, und die Stifte deponiert. In der geschlossenen Box werden die beschriebenen Zettel aufbewahrt.
  Fällt der Stift aus, weil die Mine abbricht oder die Mine des Kugelschreibers nicht schreibt, kann die Beobachtung gar nicht erst losgehen. Um solche Situationen zu vermeiden, legen Sie sich zum Notieren von Beobachtungen einen Vorrat an Gelstiften zu. Die sind immer und in allen Lagen einsatzbereit und schreiben, ohne auszusetzen.
  Beobachtet die Erzieherin während des Alltags eine für sie bedeutende Begebenheit, notiert sie sich das auf einem Zettel, den sie durch den Schlitz in das geschlossene Kästchen wirft. Hier werden die Notizen so lange aufbewahrt, bis die Erzieherin sie in die jeweiligen Hängeregistermappen räumt. Neben der Beobachtung werden auf dem Zettel das Datum, der Name des Kindes und der Name der beobachtenden Erzieherin vermerkt.
  Alle Gruppen-/Funktionsräume sind entsprechend ausgestattet. So ist es gar kein Problem, bei gruppenübergreifenden Spielen oder Projekten Notizen auch von Kindern aus anderen Gruppen festzuhalten, die dann beim Sortieren in die jeweiligen Register übernommen werden können.

- *Mini-Notizblöckchen*
  Draußen, außer Haus, bei gruppenübergreifenden Angeboten/Projekten oder wenn die Erzieherin im Haus unterwegs ist, trägt sie stets ein Mini-Notizblöckchen mit Stift bei sich, das in der Hosen-/Rocktasche oder in einem dafür angefertigten Täschchen Platz hat. So kann sie auch hier ihre Beobachtungen notieren.

- *Hängeregister*
  Das Hängeregister wird pro Gruppe geführt und enthält so viele Registermappen, wie Kinder in der Gruppe sind. Für jedes Kind wird eine Registermappe angelegt, in der alles über das Kind gesammelt und – nach Sichtung – in das Portfolio der Kinder übernommen wird. (Näheres s. Portfolio für Kinder)

- *Gruppennotizbuch*
  Hier werden alle Beobachtungen eingetragen, die nichts mit einem einzelnen Kind, sondern etwas mit der Gruppe/den Kleingruppen zu tun haben: Gruppenprozesse, Lern- und Bildungsthemen, die die Gruppe oder kleinere Kindergruppen beschäftigen. Auch Informationen über einzelne Kinder, die Kolleginnen in Abwesenheit der Gruppenerzieherinnen entgegennehmen, können

hier notiert werden. Dann sind sie an einem festen Platz dokumentiert und können nicht in Vergessenheit geraten.

- *Gruppentagebuch*
  Hier können die Kinder ihnen wichtige Begebenheiten und Ereignisse des Tages und anderes festhalten. Es gibt verschiedene Dokumentationsmöglichkeiten: Kinder diktieren der Erzieherin, was sie bewegt. Kinder schreiben selbst oder malen ihre Erlebnisse auf, erstellen Collagen etc.

- *Diktiergerät*
  Ein Diktiergerät findet in Situationen Verwendung, in denen die ganze Aufmerksamkeit der Beobachterin gefordert ist. Z. B. bei Kinderbefragungen ist es sehr praktisch. Die Erzieherin kann sich auf den Dialog konzentrieren und später bei der Dokumentation mit dem Originalton der Kinder arbeiten. Viele MP3-Player haben auch eine Diktierfunktion (und sind preiswerter als ein herkömmliches Diktiergerät).

- *Beobachtungszeichen*
  Ein Zeichen, das die Beobachterin als solche kennzeichnet, ist nützlich und stellt sicher, dass die Erzieherin nicht ständig in ihrer Tätigkeit gestört wird.

- *Tonbandkassetten*
  Jedes Kind hat neben dem Portfolio eine eigene Kassette, die mit dem Namen und einem Foto gekennzeichnet ist. Ein einfach zu bedienender Kassettenrekorder steht in erreichbarer Nähe. Er kann von den Kindern selbständig genutzt werden. Das Kind selbst entscheidet, was aufgezeichnet wird. Das kann sein: ein Lied / Gedicht, das das Kind gelernt hat und so dokumentieren will, ein interessanter Gedanke, den das Kind über „Gott und die Welt" entwickelt, ein Dialog zwischen Kindern und Erwachsenen etc.

- *Ideen-/„Wünschewand"*
  Kinder notieren während des Tages ihre Ideen oder Wünsche, die sie gerne mit anderen Kindern und Erwachsenen umsetzten oder Lernthemen, über die sie mehr erfahren wollen. Dazu steht den Kindern eine Zettelbox mit leeren Blättern und Filzstiften zur Verfügung. Die ausgefüllten Zettel werden von den Kindern mit Magneten an der „Wünschewand" befestigt. Kinder und Erwachsene tragen gleichermaßen die Verantwortung für die Umsetzung.

- *Video oder digitale Kamera*
  Sie gibt die Tätigkeiten der Kinder unmittelbar wieder. Lernsequenzen, -geschichten und -prozesse können aufgezeichnet werden, um die Ergebnisse im Team zu diskutieren. Aufzeichnungen dienen dazu, die pädagogische Arbeit transparent zu machen. Kindern bereitet es viel Freude, und sie erfahren Anerkennung, wenn sie mit der Erzieherin die Ergebnisse betrachten.

- *Digitale Fotokamera / herkömmliche Kamera*
  Das Foto dient dazu, Bilder vom Kind und der beobachteten Situation festzuhalten. Die digitale Fotokamera hat den Vorteil, dass das Bild sofort sichtbar wird. Sie kann auch eingesetzt werden, um mit Kindern Lernprozesse zu reflektieren.

Gute Voraussetzungen für die Beobachtung sind:

- *Lupe*
  Gibt es in der Einrichtung Situationen, die einmal genauer angeschaut werden müssen, ist es gut, sie „unter die Lupe" zu nehmen und das Augenmerk genau auf diese Situation zu richten. Die Lupe dient hier als Metapher.

- *Die Arbeit teilen*
  Geteilte Arbeit ist die halbe Arbeit. Da die meisten Kindergartengruppen von 20 bis 25 Kindern besucht werden, ist es ratsam, nicht mit allen Erzieherinnen alle Kinder zu beobachten. Das wäre sehr zeitaufwändig. Eine gute Möglichkeit ist es, die Kinder zu teilen. Jede Gruppenerzieherin beobachtet dann zwischen 10 und 13 Kinder.

- *Die Arbeit organisieren*
  Das Team trägt gemeinsam Verantwortung, dass jeder Kollegin und dem Gesamtteam genügend Zeit zur Beobachtung und der Auswertung der Beobachtungen zur Verfügung steht. Die Zeiten sollten in den Dienstplan aufgenommen werden. Die Leiterin trägt die Verantwortung dafür, dass der Dienstplan verbindlich umgesetzt wird. Erleichternd ist es, wenn in der Anfangsphase wöchentlich im Team reflektiert wird, wie die Umsetzung gelingt. Die Leiterin setzt regelmäßig auf die Tagesordnung von Teambesprechungen den Punkt: Austausch über Beobachtungserfahrungen. Im Wechsel kann immer eine Kollegin ihre Erfahrungen vorstellen bzw. vom Team zu entstandenen Fragen kollegiale Beratung erbitten.

Dienstplan der Kita St. Sebastian in Eppertshausen

Montag ....

Namen	Zeit											
	7.00	7.30	8.00	8.30	9.00	9.30	10.00	10.30	11.00	11.30	12.00	12.30
Caren	F	F	G	G	B+D	G	G	G	G	G	P	V
Monika			G	G	G	G	B+D	G	G	G	G	P
Conny			G	B+D	G	G	G	G	G	G	G	frei
Kerstin			G	G	G	G	G	B+D	G	G	G	P
Sabine	F	F	G	B+D	G	G	G	G	G	G	P	E
Mia			G	G	G	G	G	G	B+D	G	G	frei
Eva			G	G	G	B+D	G	G	G	G	G	frei
Ute			G	G	G	G	G	G	G	B+D	P	E
Ellen			G	G	G	B+D	G	G	G	G	P	E
Leitung		B	B	B	T	T	T	T	B	B	B	P

Dieser Plan steht exemplarisch für einen Vormittag in einer Einrichtung mit vier Gruppen (acht Vollzeit- und drei Teilzeitkräfte). Die täglichen 30 Minuten, die zum Beobachten eingeplant wurden, unterteilen sich in 5 bis 10 Minuten Beobachtungszeit und in ca. 20 Minuten für die Dokumentation der Beobachtung. Ist eine Kindergruppe mit Erzieherinnen unterwegs, muss die Beobachtung nicht ausfallen. Die Beobachtung kann auch während der Exkursion stattfinden, und die Dokumentation kann dann auf den Nachmittag verlegt werden. Erleichternd ist es, wenn Sie bei Exkursionen die Videokamera / Digi-Cam einsetzen.

Nach diesem Schema können Beobachtungszeiten auch für die Nachmittage eingeplant werden.

Variante:

Es ist auch möglich, dass pro Gruppe täglich eine Beobachtung stattfindet.

Montag...............

Namen	Zeit											
	7.00	7.30	8.00	8.30	9.00	9.30	10.00	10.30	11.00	11.30	12.00	12.30
Caren	F	F	G	G	B+D	G	G	G	G	G	P	V
Monika			G	G	G	G	G	G	G	G	G	P
Conny			G	G	G	G	G	G	G	G	G	frei
Kerstin			G	G	G	G	G	B+D	G	G	G	P
Sabine	F	F	G	B+D	G	G	G	G	G	G	P	E
Mia			G	G	G	G	G	G	B+D	G	G	frei
Eva			G	G	G	G	G	G	G	G	G	frei
Ute			G	G	G	G	G	G	G	G	P	E
Ellen			G	G	G	B+D	G	G	G	G	P	E
Leitung		B	B	B	T	T	T	T	B	B	B	P

Legende

F = Frühdienst
G = Gruppendienst bzw. Kinderdienst
B+D = Beobachtungszeit und Dokumentation der Beobachtung
E = Mittagessen mit den Kindern
V = Verfügungszeit
B = Bürozeit
T = Termine außer Haus

gez.: Gerlinde Ries-Schemainda

Dieser Beitrag ist ein Auszug aus einem Arbeitsmaterial, das die Autorin gemeinsam mit Karola Bicherl im afw Eigenverlag, Pädagogische Akademie Elisabethenstift Darmstadt, 2007 veröffentlicht hat: Hören, sehen und verstehen. Erzieherinnen erkunden, was Kinder wissen, was sie lernen wollen und welches aktuelle Lebensthema sie bewegt.

Gerlinde Ries-Schemainda

4.2 Ein Team auf dem Weg zur Portfolio-Arbeit
Mögliche Inhalte und Vorgehensweise

Seit einigen Jahren werden in der katholischen Kita St. Sebastian in Eppertshausen/Hessen Portfolios für und mit Kindern hergestellt. Mit der hier beschriebenen Struktur und Vorgehensweise wurden gute Erfahrungen gemacht. Bei der Auswahl der Inhalte wird gleichzeitig etwas über die konzeptionellen Schwerpunkte der Einrichtung ausgesagt, deshalb orientiert sich die Struktur an den Anforderungen aus dem pädagogischen Ansatz und dem Bildungs- und Erziehungsplan.

- Eingewöhnungsphase
  Erstgespräch mit Eltern
  Schnuppertage
  Die ersten Wochen in der Kindertagesstätte
  Steckbrief (z. B. Hand- und Fußabdruck, Größe, Gewicht, mit wem/was spielt das Kind bevorzugt, Lieblingsfarbe, Bezugserzieherin ...)
  Rituale (beim Bringen, beim Abholen etc.)
  Erstes Entwicklungsgespräch (Reflexionsgespräch) mit den Eltern

- Lebenssituation des Kindes
  Familiensituation
  Wohnsituation
  Frühere wichtige Ereignisse
  Spiel- und Freizeitgewohnheiten

- Lebensraum Kindergarten (Dokumentation des Kindertagesstätten-Alltags)
  Spielgewohnheiten
  Interessen/Bildungsthemen
  Wünsche der Kinder (von „Wünschewand")
  Freunde/Freundinnen
  Soziogramme/soziale Einbindungen
  Vorlieben/Abneigungen
  Rituale
  Protokolle von Kindergesprächen/Kinderaussagen
  Spontane/typische Situationen
  Besonderheiten (z. B. Taufe, Geschwisterkind ...)
  Entwicklungs-/Geburtstagsgespräche

- Geburtstag
  Welches Geburtstagsthema hat das Kind gewählt? Wie kam es zu dem Thema?
  Konnte es den Verlauf eigenständig planen/benötigte es Hilfe?
  Verlauf der Feier

- Erwerb von Weltwissen
  Projekte/Feste im Jahr/Exkursionen/Experten/Expertinnen in der Kindertagesstätte (gruppenbezogen/gruppenübergreifend)
  Gemeinwesenorientierte Projekte (z.B. mehr Bewegung in die Kindertagesstätte, Alt hilft Jung – Jung hilft Alt, Lesepaten)
  Das letzte Jahr im Kindergarten
  Das kann ich schon – Das will ich noch lernen (Forscherfragen)
  AG-Beteiligung
  Übergang Kindertagesstätte/Grundschule
  Abschlussgespräch mit dem Kind, mit den Eltern (kann gemeinsam stattfinden)
  Abschlussfest

- Gesammelte Werke (direkte Spuren des Kindes)
  Bildnerisches Gestalten, Kassetten, die vom Kind besprochen wurden bzw. auf die es gesungen hat, Fotos von direkten Spuren

Zu beachten, wenn das Portfolio den Kindern immer zugänglich ist: Die in *Kursivschrift* angegebenen Punkte bleiben, bis das Kind die Kindertageseinrichtung verlässt, in den Unterlagen der Erzieherin (aus Gründen des Datenschutzes). Am Ende der Zeit in der Kindertagesstätte werden diese Unterlagen dem Portfolio beigelegt und den Eltern übergeben.

Anleitung für die Erarbeitung und den Umgang mit dem Portfolio

- Als Erstes wird im Team diskutiert, welche Inhalte wichtig sind, was unverzichtbar ist, was aufgenommen werden kann, was nicht hineingehört.
- Überlegen, wo das Portfolio aufbewahrt wird und wer Zugang dazu haben darf. (Datenschutz!)
- Größe und Format: Hier gibt es verschiedene Möglichkeiten, z.B. DIN-A4-Ordner, Sammelmappen DIN A3.
- In das Portfolio gehören alle ausgewerteten Beobachtungen und Dokumentationen. Die spontanen Aufzeichnungen und die offenen Fragen der Erzieherin gehören nicht in diese Dokumentation. Es ist ratsam, ein Register anzuschaffen, in dem für das Kind bedeutsame Situationen, Informationen, Beschrei-

bungen der Tätigkeiten, Interessen, Wünsche, Fotos, Werke des Kindes etc. aufgeführt sind.
- Im Gruppenteam und im Gesamtteam wird von Zeit zu Zeit diskutiert und reflektiert, was davon in das Portfolio übernommen werden soll. Ebenso gehört zu dieser Diskussion herauszufinden, welches Bildungsthema das Kind gegenwärtig beschäftigt und welche Anregungen es braucht, seine Bildung voranzutreiben. Wenn andere Personen an der Entscheidung beteiligt werden, erhält man eine vielfältigere Sichtweise auf das Kind. Es verhindert, dass der Blick nur in eine Richtung geht und das Kind „in eine Schublade gesteckt wird". Das betreffende Kind wird dazu befragt.
- Mindestens zweimal im Jahr sollte die Sammlung durchgegangen und das wesentliche Material in das Portfolio übertragen werden. Eine schöne und wertschätzende Form der Dokumentation ist die Briefform, mit der das Kind persönlich angesprochen wird.
- Die Dokumentation und die Auswertung der Bildungs- und Lerngeschichten von Kindern stellen für die Erzieherin eine Herausforderung dar. Solch anspruchsvolle Arbeit wird nicht von heute auf morgen alltäglich. Deshalb ist mit kleinen Schritten anzufangen, damit die Herausforderung nicht zur Überforderung wird. Am Anfang könnte z. B. nur das letzte Jahr der ältesten Kinder dokumentiert oder mit den neuen Kindern begonnen werden. Wenn mehr Sicherheit und Routine erreicht ist, kann für alle Kinder ein Portfolio angelegt werden. Sinnvoll kann es auch sein, sich mit Teams auszutauschen, die schon mit Portfolios arbeiten und / oder Fortbildungsveranstaltungen dazu besucht haben.
- Eltern und Kinder sind in die Dokumentation einzubeziehen. Das entlastet, und die Arbeit wird transparent. Eltern können z. B. den Teil Familiensituation, Freizeitgewohnheiten teilweise oder ganz übernehmen. Zweimal im Jahr können Eltern aktuelle Daten hinzufügen. Das kann gut im Anschluss an das Entwicklungsgespräch geschehen. Die Eltern können das Portfolio mit nach Hause nehmen oder ihre Ergänzungen an einem ruhigen Ort in der Kindertageseinrichtung einfügen. Es gibt viele Teams, die diese Arbeit um den Geburtstag des Kindes gruppieren.
- Den Kindern bereitet es Vergnügen, an der Vervollständigung ihres Portfolios mitzuarbeiten. Sie übernehmen gerne die Dokumentation ihres Geburtstages oder die Umsetzung ihrer Wünsche. Auch die Teilnahme an Projekten kann von Kindern mitgestaltet werden. Die neuen Kinder stellen mit der Erzieherin den Steckbrief her. So sammeln die Kinder Dokumentationserfahrungen und lernen Dokumentationsformen kennen.
- Eine schöne Form von Dokumentationen sind Tonbandaufnahmen von Kindern. Jedes Kind hat eine persönliche Kassette, die es besprechen, besingen usw. kann. Auch Gedanken zu bestimmten Themen können von ihm aufgesprochen werden.

- Erleichternd ist die Arbeit mit dem Portfolio für die Erzieherin, wenn in der Kindertagesstätte ein Klima der Selbständigkeit und Selbsttätigkeit herrscht. Wenn Kinder Erfahrung haben, ihren Alltag in der Kindertageseinrichtung mitzugestalten, ohne ständig die Hilfe der Erzieherin in Anspruch nehmen zu müssen, bleibt dieser die nötige Zeit zum Beobachten, Dokumentieren und Auswerten.

Dieser Beitrag ist ein überarbeiteter Auszug aus: Bicherl/Ries-Schemainda, Praxishilfen „Hören, sehen und verstehen" Portfolio/Entwicklungs-/Bildungsmappe – Vorschlag für Inhalt und Umgang, Pädagogische Akademie Elisabethenstift, Darmstadt 2007

Weitere praktische Hinweise zur Portfolio-Arbeit im Kindergarten finden sich in diesem Buch ab S. 98 im Beitrag von Monika Awenius; Martina Becker zeigt ab S. 114, wie sie mit Kindergartenkindern ein kleines Portfolio selbst am PC herstellt, und Judith Metz arbeitet mit Dreijährigen vor allem mit Fotos (vgl. S. 202 ff.).

Alexandra Ulrich-Uebel

4.3 Teamentwicklung initiieren und begleiten
Eine Aufgabe von Leitung

Damit Beobachtung und Bildungs- und Lerndokumentation Bestandteil des Alltags einer Kita werden, müssen alle Mitarbeiter in den Prozess der einrichtungsspezifischen Beobachtungs- und Dokumentationskultur involviert sein, um z. B. auf eine gemeinsame theoretische Grundlage zurückgreifen zu können.

Wir Leiterinnen sollten uns bewusst machen, dass dieser Prozess Zeit und stetige Reflexion braucht, in Kirn-Sulzbach begleitet uns dieses Thema seit 2001.

Als Leiterin einer Kindertagesstätte habe ich mir zu eigen gemacht, Themen, die z. B. konzeptionelle Veränderungen mit sich bringen, im Team zu erkunden.

In einem ersten Schritt innerhalb dieses Prozesses wird die Situation mit Blick auf das Thema „Beobachtung und Lern- und Bildungsdokumentation" analysiert.

Die Situationsanalyse findet auf der konkreten, subjektiven und theoretischen Ebene statt.

1. Erkunden — die Situation mit Blick auf das Thema analysieren

Die konkrete Analyse bezieht sich auf die einrichtungsspezifische Situation
- Wie beobachten wir in unserer Gruppe/Einrichtung?
- Welche Verfahren setzen wir ein? Was geschieht mit gemachten Beobachtungen?
- Was passiert mit unseren spontanen Beobachtungen?
- Werden sie schriftlich festgehalten? Wo werden sie aufbewahrt? Wie behalten wir sie im Blick?
- Wie dokumentieren wir die Entwicklung des einzelnen Kindes?
- Was wünsche ich mir, wenn ich beobachtet werde?

Die subjektive Situationsanalyse bezieht sich auf die Haltung, Einstellung und Wahrnehmung der jeweiligen Fachkraft
- Was ist meine individuelle Definition von Beobachtung?
- Welche Erfahrungen habe ich in meiner Bildungsbiografie mit Beobachtung und Lern- und Bildungsdokumentation gemacht?

- Wo sehe ich Chancen in meinem Arbeitsfeld von Beobachtung und Dokumentation?
- Was sind meine Bedenken?
- Was müsste sich in der Struktur meiner Arbeit verändern, um eine regelmäßige schriftliche Beobachtung in den Alltag zu integrieren?

Aus meiner Erfahrung heraus ist es sinnvoll, dass sich zunächst jede Mitarbeiterin in einer Einzelarbeit mit den Fragen der konkreten und der subjektiven Analyse auseinandersetzt. In Einrichtungen mit Stammgruppen kann die konkrete Analyse auch im gruppeninternen Team bearbeitet werden.

Wesentliche Aspekte aus der Erarbeitung werden im Gesamtteam zusammengetragen und dokumentiert. In welcher Form das Zusammentragen erfolgt, ist von der Größe der Einrichtung abhängig.

Die theoretische Situationsanalyse bezieht sich auf die Recherche in der Fachliteratur

Es ist empfehlenswert, Fachartikel oder Kapitel aus Fachbüchern gemeinsam laut im Team zu lesen, um an Textstellen, an denen es Diskussionsbedarf gibt, in den Dialog treten zu können.

In großen Teams müssen natürlich Kleingruppen gebildet werden.

Zusätzlich wird so gewährleistet, dass jede pädagogische Fachkraft das gleiche Fachwissen in diesem Themenbereich erwirbt.

Nach der Literaturrecherche werden wichtige Aspekte, z. B. zur Rolle der Erzieherin, zur Grundhaltung einer Erzieherin, zum Bild vom Kind, zum Lernen von Kindern, visualisiert und die Aspekte, die alle als verbindlich angesehen werden, dokumentiert.

2. Entscheiden – Ziele bestimmen

Die Ziele leiten sich aus der konkreten, subjektiven und theoretischen Situationsanalyse ab. Sie sind Richtungsziele für das Handeln der Fachkraft, d. h., sie geben die Richtung an, wie Beobachtung und Dokumentation in den Alltag integriert und im Alltag umgesetzt werden können.

Ziele, die wir zum Thema „Beobachtung" ableiteten

- Beobachtung als Beachtung des Kindes, als neue Form der Zuwendung, um das Kind noch besser kennenzulernen
- Ressourcenorientierte Beobachtung

- Die Beobachtungen sind die Grundlage für die Planung der pädagogischen Arbeit, für das einzelne Kind, für Kindergruppen, für Projekte ...
- Jede pädagogische Fachkraft beobachtet in der ersten Zeit mit schriftlichen Notizen, z. B. einmal pro Woche, ein Kind vor dem Hintergrund eines offenen Beobachtungsverfahrens.
- Innerhalb des nächsten Jahres wird die schriftliche Beobachtung als fester Bestandteil in den Alltag integriert, so dass jede Kollegin mindestens drei- bis fünfmal pro Woche schriftlich beobachtet.
- Die einzelnen Beobachtungen werden zunächst von der beobachtenden Erzieherin ausgewertet, danach erfolgt ein kollegialer Austausch von einzelnen oder mehreren Beobachtungssequenzen eines Kindes in gruppeninternen und/oder gruppenübergreifenden Teamgesprächen.
- Die Kinder werden an der Beobachtung beteiligt, indem das einzelne Kind, das beobachtet wird, weiß, dass es beobachtet wird und dass ihm nach der Beobachtung die Mitschrift vorgelesen wird, damit es seine Sicht der Situation ergänzen kann.
- Die ausgewerteten Beobachtungen können zu jeder Zeit vom Kind und den Eltern eingesehen oder auch ausgeliehen und mit eigenen Notizen ergänzt werden.
- Verschiedene offene und standardisierte Verfahren werden im Alltag auf Praxistauglichkeit hin erprobt.
- Gemeinsam mit den Erziehungspartnern wird ein Weg der Beteiligung gesucht.

Ziele, die wir zum Thema „Lern- und Bildungsdokumentation" ableiteten
- Adressat der Lern- und Bildungsdokumentation ist das Kind.
- Die Erzieherin, die das Kind eingewöhnt hat, ist verantwortlich für das Fortschreiben der Lern- und Bildungsdokumentation, und sie führt auch die regelmäßigen Elterngespräche mit den Eltern, deren Kinder sie eingewöhnt hat.
- Die Dokumentationen werden nicht rückwirkend geführt. Erst nach der inhaltlichen Erarbeitung durch das Team werden für alle neu aufgenommenen Kinder Lerndokumentationen angelegt.
- Angedacht ist, dass es eine Lerndokumentation in Form eines Ordners gibt, die sowohl Produkte, Fotos, Aussagen der Kinder als auch Aufzeichnungen der Erwachsenen enthält.
- Die Kinder sind in der Form beteiligt, dass sie entscheiden, welche Fotos, welche ihrer Produkte im Ordner ihren Platz finden. Die Kommentare der Kinder zu ihren ausgewählten Fotos und Produkten werden von der Erzieherin notiert.
- In Absprache mit dem Kind schreiben die Erzieherin oder die Eltern den Kontext, z. B. zu den Fotos, auf.

- Die Lern- und Bildungsdokumentation bildet die Grundlage für den regelmäßigen Austausch mit den Eltern und für die Dokumentation der Entwicklungs- und Bildungswege und den Lernfortschritt des Kindes. Aber sie ist auch zu verstehen als eine Möglichkeit, dem Kind ein Verständnis seiner selbst und seiner Zeit als Kindergartenkind mit auf seinen Lebensweg zu geben.

3. Handeln – Aktivitäten planen und durchführen

Das Handeln ergibt sich aus der Zielbestimmung und berücksichtigt alle am Prozess Beteiligten: Kinder, Erziehungspartner, Pädagoginnen, Träger, Elternausschuss und Leitung der Einrichtung.

Aktivitäten zur Implementierung der Beobachtung in den Alltag auf der Ebene der Kinder

- Mit den Kindern den Ablauf und das Ziel der Beobachtung erarbeiten und mit ihnen über ihre Beteiligung nachdenken
- Möglicher Einstieg in das Thema Beobachtung, z. B. mit dem Bilderbuch „7 blinde Mäuse"
- Mit den Kindern thematisieren, was die ErzieherIn tut, wenn sie beobachtet: „Ich schaue mir an, was du tust, was du spielst, womit du spielst, mit wem du spielst, welche Fragen du während deines Spiels stellst und schreibe dies auf, um mit dir darüber zu reden, dich bei deinem Tun zu begleiten, wenn du mich brauchst, dir Materialien zur Verfügung zu stellen ..." Zitat eines Kindes: „Gell, ihr interessiert euch für das, was ich mache?"
- Mit den Kindern ein Symbol entwickeln, das ihnen deutlich macht, welche Erzieherin beobachtet und deshalb nicht gestört werden darf
- Die Kinder unserer Kita machten den Vorschlag, ein Schild zu gestalten, das sich die Erzieherin umhängt, da sie dies auf der Brust oder auf dem Rücken tragen kann, je nachdem, wie es besser zu sehen ist. Auf dem Schild der einen Gruppe ist eine „Beobachtungskatze", auf dem der anderen ein „Fotoapparat". Die Kinder stellten das Schild jeweils gemeinsam her.
- Den Kindern verdeutlichen, dass die Erzieherin immer dem beobachteten Kind sagt, dass es beobachtet wird. Somit hat das Kind die Chance, eine Beobachtung auch abzulehnen und mit der Erzieherin über die Beobachtung zu sprechen.

Aktivitäten zur Implementierung der Beobachtung in den Alltag auf der Ebene der Erziehungspartner

- Neue Eltern im Aufnahmegespräch/Erstgespräch mit der Beobachtungspraxis und der Lern- und Bildungsdokumentation vertraut machen.

- Eltern, die schon die Einrichtung besuchen, in einer Elternversammlung mit der Beobachtungspraxis und der Lern- und Bildungsdokumentation vertraut machen.
- Ggf. Elternversammlungen zum Thema „Wie Kinder lernen" veranstalten.
- Mit den Eltern in den Diskurs treten, welche unterschiedlichen Formen der Beteiligung sie sich vorstellen könnten, z. B.: Sie lesen die ausgewerteten Beobachtungen und versehen sie mit eigenen Gedanken; sie schreiben jährlich die Veränderungen in der Lebenssituation fort; sie kommentieren mit den Kindern deren ausgewählte Fotos; sie beobachten ihre Kinder zu Hause mit dem Beobachtungsbogen der Einrichtung.

Aktivitäten zur Implementierung der Beobachtung in den Alltag auf der Ebene der Pädagoginnen
- Auseinandersetzung mit den neuesten Forschungsergebnissen zum „Lernen der Kinder", wenn dies nicht sowieso schon Inhalt von Teamdialogen war.
- Gemeinsam das Beobachten üben, z. B. indem eine Beobachtung auf Video aufgenommen wird; im Teamgespräch wird diese Sequenz gemeinsam angeschaut, und jedes Teammitglied notiert, was es sieht und was es hört, danach lesen sich Teammitglieder ihre Beobachtungen vor und werten die Beobachtung gemeinsam aus (nicht vergessen, dass das Kind darüber informiert wird).
- Auseinandersetzung im Gesamtteam mit folgenden Fragen:
  - Wie kann jeder KollegIn regelmäßig Zeit für das Beobachten ermöglicht werden, z. B. auch Fachkräften in Teilzeit, Fachkräften, die ausschließlich nachmittags, oder Fachkräften, die alleine in der Gruppe arbeiten?
  - Wie kann jeder Kollegin regelmäßig Zeit für die Auswertung eingeräumt werden? Wie stellen wir sicher, dass alle Kinder beobachtet werden? Wie stellen wir sicher, dass das zu beobachtende Kind z. B. von beiden Gruppenerzieherinnen beobachtet wird?
  - Wie stellen wir sicher, dass an allen Orten beobachtet wird?
  - Wie stellen wir sicher, dass zu allen Tageszeiten beobachtet wird?
  - Wie notieren wir spontane Beobachtungen, und wo werden diese aufbewahrt?
  - Wo lagern wir die Formblätter der offenen und standardisierten Beobachtungsverfahren? usw.

In gruppeninternen Teamgesprächen oder in Schwerpunktteams sollten regelmäßig Absprachen darüber getroffen werden, welches Kind z. B. meine Kollegin beobachtet und welches Kind ich und wie viele Sequenzen ich für das Beobachtungskind meiner Kollegin übernehme und wie viele sie für mein Beobachtungskind. Darüber hinaus werden im Dialog die Beobachtungszeiten einer jeden

Erzieherin geplant, und es erfolgt der kollegiale Austausch von einer oder mehreren Beobachtungssequenzen, um z. B. eine Lerngeschichte zu schreiben oder mögliche nächste Schritte, die das Thema des Kindes betreffen, zu planen.

Wird ein Kind eingewöhnt, ist es gleichzeitig Beobachtungskind der eingewöhnenden Pädagogin, z. B. wird auf dem Hintergrund folgender Fragestellungen der Übergang von der Familie in die Kita dokumentiert: „Zu welchen Kindern sucht das Kind eigenaktiv Kontakt?", „In welchen Situationen sucht es seine begleitende Bezugsperson auf?", „Zu welchem Bereich fühlt sich das Kind besonders hingezogen?", „Wie geht es mit dem ersten Trennungsversuch am 4. Tag um?"

Aktivitäten zur Implementierung der Beobachtung in den Alltag auf der Ebene des Trägers und des Elternausschusses

Die Leitung tritt mit dem Träger und dem Elternausschuss in den Dialog über die Grundlagen der Bildungsempfehlungen, Bildungspläne, Bildungsprogramme zur Beobachtung und Lerndokumentation. Die daraus resultierenden künftigen Aufgaben verdeutlicht sie, stellt die Auswirkungen auf die konzeptionelle Arbeit und auf die Dienstplanung dar. Gemeinsam mit dem Träger sucht sie nach Lösungen, wie zusätzlich anfallende Kosten aufgrund einer höheren Anzahl von Kopien, der Entwicklung von Fotos, der Anschaffung von Digitalkameras finanziert werden können.

Auseinandersetzung mit folgenden Fragen zur Implementierung der Lern- und Bildungsdokumentation in den pädagogischen Alltag

- Wie dokumentieren wir bisher die individuellen Entwicklungen und Lernprozesse des einzelnen Kindes?
- Welche konkreten Anforderungen stellen die Bildungsempfehlungen, Bildungspläne, Bildungsprogramme an die Bildungs- und Lerndokumentation?
- Welche Chancen bietet eine Bildungs- und Lerndokumentation?
Beispiele sind: die Grundlage für regelmäßige Elterngespräche, für die Eigenreflexion der Erzieherin; eine Möglichkeit, dass das Kind nach vielen Jahren seine Entwicklungsgeschichte nachlesen kann und so erfährt, wie es als Kindergartenkind gelernt und gelebt hat; eine Möglichkeit zur Transparenz der pädagogischen Arbeit.
- Wer wird Adressat sein? Wenn das Kind Adressat ist, was bedeutet das?
Es bedeutet z. B., dass das Kind entscheidet, was in seinem Ordner dokumentiert wird, dass in der „Du-Form" dokumentiert wird, weil das Kind so direkt angesprochen wird.
- Für wen muss der Ordner zu jeder Zeit zugänglich sein? Wie wird gesichert, dass andere nicht danach greifen können?

- Welche Form der Lern- und Bildungsdokumentation bietet sich an? Din-A4-Ordner mit dem Foto und dem Namen des Kindes, Ringbücher, Kästen u. a. (Es ist spannend, die Kinder in diese Entscheidung einzubeziehen.)
- Wer besorgt z. B. die Ordner, oder bringt jedes Kind seinen eigenen von zu Hause mit?
- Wo können die Dokumentationen aufbewahrt werden?
- Wer ist verantwortlich für das Fortschreiben der Dokumentation des einzelnen Kindes? Gibt es Bezugskinder für jede Erzieherin?
- Wie finden wir Zeit für das Fortschreiben der Dokumentation?
- Was muss in unserem pädagogischen Alltag verändert werden, damit wir Bildungs- und Lerndokumentationen umsetzen können?
- Was kennzeichnet eine gute Bildungs- und Lerndokumentation?
- Wie könnte die Dokumentation aufgebaut sein?
- Welche Inhalte sollte die einrichtungsspezifische Dokumentation haben?
- Wie werden die Kinder am Prozess der eigenen Lerndokumentation beteiligt? Die Kinder suchen z. B. die Fotos und ihre Produkte aus, die in der Lern- und Bildungsdokumentation ihren Platz finden; die Kinder diktieren den Erzieherinnen Kommentare zu ihren Fotos und Werken; diese sind Interviewpartner für ihre Geschichte, Themen ...
- Dokumentieren wir handschriftlich oder mit dem Computer, oder liegt diese Entscheidung bei den einzelnen Erzieherinnen?
- In welchem Jahr werden die ersten Dokumentationen an die Kinder ausgehändigt?
- Welche konkreten Vorbereitungen und Absprachen müssen jetzt getroffen werden unter Einbeziehung aller am Prozess Beteiligten (Kind, Erziehungspartner, Mitarbeiter, Träger)?
- Wem müssen Eltern Bescheid geben, wenn sie die Dokumentationen mit nach Hause nehmen?

Aufgaben einer Leitung innerhalb des Prozesses zur Implementierung von Beobachtung und Lern- und Bildungsdokumentation Dokumentation

- *Ernstnehmen von Bedenken*
  Falls die Überlegung auftauchen sollte, dass die Beobachtung nicht mehr in den vollgepackten Alltag zu integrieren ist, sollte dieser Einwand sehr ernst genommen werden. Dann bietet sich nämlich die Chance, den pädagogischen Alltag sehr gründlich zu reflektieren. Könnten ggf. auch gruppenübergreifende Aktivitäten zur Entlastung führen? Das hat zwar eine lange Tradition, ist aber an der Lebenssituation der Kinder vorbeigeplant. Passt ein Arbeitsansatz, bei dem die Themen ausschließlich von den Erzieherinnen vorgegeben werden, überhaupt zu den Forschungsergebnissen „Wie Kinder lernen" und zur Partizipation der Kinder?

- *Selbst die Beobachterrolle einnehmen*
  Als Leitung muss ich selbst die Beobachterrolle einnehmen, auch als freigestellte Leitung, um zu erfahren, wie Beobachtung die Beziehung zum Kind verändert und um ein Gefühl dafür zu bekommen, wie viel Zeit für die Auswertung einer Beobachtung benötigt wird.

- *Beobachtungsverfahren / Dokumentationsformen einbringen*
  Ich sollte offene und standardisierte Verfahren bereithalten, die in der Praxis von allen Kolleginnen erprobt werden können, um dann gemeinsam zu entscheiden, welches Verfahren für die Mitarbeiter dieser Kita am geeignetsten ist. Ebenso sollte ich auch Formen, Aufbau und Inhalte von Lerndokumentationen vordenken und als Diskussionsgrundlage ins Teamgespräch eingeben.

- *Dienstplanung*
  Die Dienstplanung ist in diesem Prozess wesentlich. Die Zeiten zum Auswerten einer Beobachtung müssen regelmäßig vorhanden sein, denn ohne Auswertung ist eine Beobachtung wertlos. Auch das Schreiben einer Lerngeschichte braucht Zeit, die wöchentlich zur Verfügung stehen muss. Zusätzlich muss bedacht werden, dass der kollegiale Austausch von Beobachtungen zu einem festen Tagesordnungspunkt von gruppeninternen und gruppenübergreifenden Teamgesprächen wird. Je routinierter ich im Beobachten, in der Auswertung von Beobachtungen und im Schreiben von Lerngeschichten werde, umso weniger Zeit brauche ich. Aber zunächst hat jede Pädagogin das Recht, diese Schritte gründlich zu lernen. Portfolios, Entwicklungsordner oder Bildungsbücher fortzuschreiben, bedarf ebenso bewusst geplanter Zeit, auch dann, wenn die Kinder sehr intensiv beteiligt werden.

- *Fortschreiben der Konzeption*
  Eine Aufgabe der Leitung sehe ich auch darin, die erarbeitete einrichtungsspezifische Beobachtungs- und Dokumentationskultur in die Konzeption aufzunehmen.

- *Technische Ausstattung / Organisation*
  Als positiv hat sich erwiesen, dass jede Gruppe oder jedes Schwerpunktteam über eine Digitalkamera verfügt und jede Erzieherin ein eigenes Klemmbrett hat. Beobachtungsbögen, Deckblätter, Klarsichtfolien sollten immer griffbereit am selben Ort deponiert werden.

- *Erziehungspartnerschaft*
  Mit den Erziehungspartnern gemeinsam nach individuellen Wegen suchen, wie sie sich in den Prozess der Beobachtung und Dokumentation einbringen möchten. Die Eltern sind unsere Erziehungspartner. Im Hinblick auf die regelmäßigen Entwicklungsgespräche sollten sie die Möglichkeit haben, sich mit

demselben Leitfaden darauf vorzubereiten wie die Erzieherinnen. Damit die Eltern die Forschungsergebnisse zu Selbstbildungsprozessen, Ko-Konstruktionen etc. kennenlernen, wären wiederkehrende Elternveranstaltungen zum Thema „Wie Kinder lernen" sinnvoll.

Was mir noch wichtig ist

Noch heute erinnere ich mich an eine Kollegin, die zu mir sagte: „Ich wünsche mir von dir, dass du alle meine schriftlichen Beobachtungen und meine Auswertungen auf Rechtschreibung hin überprüfst." Für mich war es selbstverständlich, diesem Wunsch nachzukommen, aber es war nicht nur selbstverständlich, sondern ich nahm es als meine Aufgabe an. Nach ca. einem halben Jahr hatte die Kollegin so viel Sicherheit, dass sie meine Begleitung nicht mehr in Anspruch nahm.

Als Einstieg für ein Team mit eher ablehnender Haltung empfiehlt sich ein stufenweises Vorgehen, z. B. pro Kollegin eine Beobachtung pro Woche. Deren positive Erfahrungen motivieren dann zu regelmäßigerem Beobachten.

Auch bei einer Beobachtung pro Woche erleben die KollegInnen, dass sie tatsächlich gleichzeitig beobachten und mitschreiben können und dass der Dialog mit dem Kind über das Geschriebene die Sicht des Kindes darstellt.

Ich rate außerdem dazu, dass jede Erziehern Bezugskinder hat, für die sie die Bildungsdokumentation schreibt. Was aber nicht bedeutet, dass nur sie das eine Kind beobachtet.

Damit kein Kind vergessen wird und auch zur Orientierung der Eltern empfiehlt es sich, einen individuellen Beobachtungsplan für das einzelne Kind zu erarbeiten. Er beinhaltet z. B.:
- im Oktober wird gemeinsam mit T. ein Soziogramm erstellt,
- im November wird er in einem offenen Verfahren beobachtet, um sein tatsächliches Thema kennenzulernen, danach findet ein Elterngespräch statt,
- im März wird er auf dem Hintergrund der Engagiertheits-Skala beobachtet und
- im Mai erneut zur Themenfindung in einem offenen Verfahren.

Spontane Beobachtungen, aus denen weitere Fragestellungen entstehen können, sind im Beobachtungsplan nicht enthalten.

Ein Team sollte sich nicht scheuen, den Aufbau und die Inhalte seiner Bildungs- und Lerndokumentation zu erneuern, wenn deutlich wird, dass die erarbeiteten Inhalte zeitlich nicht zu bewältigen sind und andere Inhalte von größerer Bedeutung wären.

Empfehlenswerte Fachartikel und Fachliteratur

Zum Einstieg in die Beobachtung und Dokumentation

Strätz, Rainer/Demandewitz, Helga: Beobachten, Münster 2000
Kazemi-Veisari, Erika: „Die Grundhaltung ist entscheidend", in: Kiga-heute 7–8/1999
Kazemi-Veisari, Erika: „Sieben blinde Mäuse", in: TPS 4/1997
Kazemi-Veisari, Erika: „Beobachten, um zu verstehen", in: TPS 2/2004
Hamburger Kitas e. V.: Der erste Schritt: Kinder beobachten, in: Stadtkinder 3/2000
Hamburger Kitas e. V.: Der nächste Schritt: Entwicklungswege der Kinder dokumentieren", Stadtkinder 3/2000
Kobelt Neuhaus, Daniela: Obacht! Falle!, in: TPS 4/1997
Ulrich-Uebel, Alexandra: Der Entwicklungsordner – ein Begleiter der Kitazeit, in: TPS 6/2003

Zum Thema „Wie Kinder lernen"

Pape, Inge: Wir müssen auf die Vorstellung verzichten, dem Kind etwas beibringen zu wollen, in: TPS KINDER – LERNEN – BILDUNG, o. J.
Singer, Wolf: Was kann ein Mensch wann lernen?, in: TPS KINDER – LERNEN – BILDUNG, o. J.
Völkel, Petra: Wie geht Ko-Konstruktion unter Gleichen?, in: TPS KINDER – LERNEN – BILDUNG, o. J.

Karola Bicherl

4.4 „Guck mal, da ist was falsch!"
Beobachtung und Ko-Konstruktion mit der Leiterin

Alltag einer freigestellten Leiterin

Kinder kommen regelmäßig ins Büro – sie sind neugierig, wollen wissen, was dort geschieht ...

Wenn möglich, können sie sich an der Büroarbeit beteiligen – lochen, tackern, schneiden von Infopapieren für die Kolleginnen oder die Familien.

Sie erhalten Aufträge, bestimmte Dinge zu holen oder Informationen weiterzutragen ...

Situation

Alpay, ein sechsjähriger Junge, ist häufig bei mir im Büro, sei es, um zu erkunden, was es dort alles gibt, sei es, um sich zurückzuziehen.

In der von mir hier beschriebenen Situation kam Alpay, um sich zurückzuziehen. Unterm Arm trug er ein Bilderbuch, das wir am Tag zuvor gemeinsam im Buchladen gekauft hatten. Wir suchten ein Buch, das von Kindern aus anderen Ländern erzählt, entdeckten aber leider nicht sehr viele Titel zu diesem Thema. Schließlich gab uns die Buchhändlerin ein Exemplar, das Alpay gleich ansprechend fand, ich eher nicht. Der Text und die Bilder entsprachen nicht meinen Vorstellungen, beides war mir zu klischeehaft dargestellt. Alpay wollte unbedingt dieses Buch (Julies Lieblingsessen, arsEdition) kaufen. Besonders schön fand er die Seiten, die „abgeschnitten" waren und Ein- und Ausblick auf die nächste Seite gaben. „Man kann raten, was da ist", sagte er.

Wir kauften also dieses Buch und noch ein anderes. Alpay nahm beide gleich mit in seine Gruppe.

Einen Tag später kam er mit dem Buch zu mir ins Büro und wollte es gemeinsam mit mir anschauen. Da ich meine angefangene Arbeit beenden wollte, blätterte er alleine in dem Buch. Eine Seite schaute er immer wieder an und schüttelte den Kopf.

Dann sagte er: „Guck mal, da ist was falsch!"

Er hatte die Seiten aufgeschlagen, die Kinder in Grönland zeigten, zusammen mit Pinguinen. „Aber die Pinguine leben nicht da, wo Menschen sind, die mit den Hüten auf dem Kopf", sagte er.

Alpay wurde immer aufgeregter und wollte von mir eine Bestätigung. Ich fragte, woher er das wisse, und er führte mich an die bebilderte Weltkarte im Flur. Hier zeigte er mir die Pinguine in der Antarktis und erklärte mir, dass eine Erzieherin gesagt hätte, dass hier keine Menschen leben.

„Aber Bücher machen doch immer alles richtig", sagte Alpay. – Anscheinend doch nicht. Ich kam ins Zweifeln und schlug Alpay vor, die anderen Erzieherinnen zu befragen und dann im Internet nachzuschauen, also noch ein Medium zu Rate zu ziehen, um uns zu informieren, was wir dann auch gemeinsam sehr interessiert taten.

Alpay hatte Recht, am Nordpol gibt es keine Pinguine. Bei dieser Recherche erfuhren wir auch anderes Neues. Der Lebensbereich der Pinguine bezieht sich nicht nur auf den Raum der Antarktis, sondern wir finden sie auch z. B. in Südafrika und Südamerika. Und tatsächlich gab es ein pinguinähnliches Tier, den Riesenalk, der vor ganz langer Zeit am Nordpol gelebt hatte, bis er von den Eisbären vertrieben worden war. Alpay war fasziniert von den seltenen Vögeln, die nicht fliegen können, und wollte gerne ein Bild davon haben. Wir druckten zwei „Lieblingspinguine" mit Beschreibung aus. Die Beschreibung sollte ich ihm vorlesen. Wenn er etwas nicht verstand, fragte er nach. Er wollte die Seiten mit nach Hause nehmen, hatte aber Angst, dass sein kleinerer Bruder sie zerreißen würde. Also haben wir sie laminiert; jetzt glänzten sie auch besonders schön.

Die beiden Exemplare hängen heute noch in Alpays Kinderzimmer. Sein allerliebster Pinguin ist der Brillenpinguin (weil er, Alpay, auch eine Brille trägt). Wir wurden informiert, dass der Brillenpinguin der erste seiner Art war, der entdeckt wurde.

Inzwischen hatten sich noch andere Kinder im Büro versammelt. Alpay erzählte ihnen von seiner Entdeckung im Bilderbuch und zeigte ihnen die Pinguine im Internet und auf der Weltkarte.

Doch am nächsten Tag kam Alpay wieder. Was passierte nun mit dem Buch, in dem eine falsche Information weitergegeben wird? Am besten, wir bringen es wieder zurück. Als ich Alpay vorschlage, mit mir zur Buchhandlung zu gehen, wehrt er ganz empört ab. „Ich darf mit niemandem mitgehen, hat Mama gesagt."

Unabhängig von unserem Einkauf im Buchladen wies die Mutter, die vorhatte, für einige Zeit in die Türkei zu fahren, ihre Kinder darauf hin, mit niemandem mitzugehen. Alpay, der alles sehr ernst und verbindlich nimmt, hatte das auch auf die Mitarbeiterinnen unserer Einrichtung bezogen. Ich akzeptierte seinen Entschluss und schlug ihm vor zu telefonieren. Alpay rief die Buchhändlerin an, die etwas verunsichert reagierte und sich zuerst einmal auf die Verhandlung mit einem Kind einstellen musste.

Sie erklärte Alpay, dass sie das Buch zwar zurücknehmen, aber am Inhalt nichts ändern könne, da sie lediglich Verkäuferin und nicht Macherin sei.

Ich wollte Alpay erklären, wie so ein Buch entsteht, doch für ihn war das nicht wichtig. Er wollte in erster Linie wissen, wie er an den Verantwortlichen kommt, der etwas ändern kann. Da wir schon öfter übers Internet Informationen erhalten hatten, bat er mich, den dort zu suchen. Wir machten die Adresse des Verlags ausfindig und teilten den „Sehr geehrten Damen und Herren"(wir kannten ja niemanden mit Namen – ein Problem für Alpay) unsere Entdeckung mit.

Damit war Alpay zufrieden; er wusste aus Erfahrung, dass die Antworten aus dem Computer immer etwas auf sich warten lassen. Um das Buch kümmerte er sich nicht mehr. Später wollte er es auch nicht mehr zurückbringen, da er es spannend fand, ein Buch zu besitzen, „das einen Fehler hat". Andere Kinder übrigens auch.

Bereits nach einer Woche kam die Antwort in Form eines Päckchens. Ein Dankes- und Entschuldigungsschreiben und ein weiteres Buch, allerdings zu einem anderen Thema. Der Verlag teilte uns mit, dass sie bei einer Neuauflage unseren Einwand berücksichtigen würden.

Alpay war zufrieden. Von dem zugesandten Buch „Blöde Gans und Dumme Ziege" wollte er nichts wissen. Konflikte zwischen Mädchen waren nicht sein Thema.

Drei Anmerkungen

Als schließlich die Antwort des Verlages kommt, nimmt Alpay das Schreiben wahr, fühlt sich bestätigt in seiner Meinung, registriert jedoch das „Wiedergutmachungsbuch" nur nebenbei. Es interessiert ihn nicht.

Alpay ist nicht daran gelegen, irgendein Buch anzuschauen, sondern es geht ihm um den Inhalt des Buches – er will mit Hilfe des Buches etwas erfahren.

Einige Zeit später, als ich für eine Veranstaltung das Buch als Demonstrationsobjekt suchte, konnte ich es nirgendwo finden. Letztlich rief ich die Buchhändlerin an, um ein weiteres Exemplar zu erstehen. Und siehe da, ich erhielt die Mitteilung, dass das Buch nicht mehr lieferbar sei und eine Neuauflage beabsichtigt werde.

Wir haben uns eingemischt und etwas erreicht!

Analyse und Reflexion

Die Schlüsselsituation „Pinguine leben nicht mit Menschen" ist gut beobachtet: Alpay entdeckt einen Fehler in dem Bilderbuch „Julies Lieblingsessen" und sorgt für eine Überarbeitung.

Situationsanalyse, Zielsetzung und Handlung

Die Erzieherin erörtert und erforscht gemeinsam mit dem Jungen, wo Pinguine leben. Beide informieren sich über die Lebensorte und die Lebensweise der flugunfähigen Vögel und unternehmen Schritte, um die Fehlinformation im Bilderbuch zu beheben. Sie beziehen andere interessierte Kinder und Erwachsene in ihre Forschungen mit ein. Alle Beteiligten haben Spaß an den neuen Erkenntnissen und machen wichtige Lernerfahrungen.

Reflexion

Was hat Alpay gelernt? Welche Prozesse sind in Gang gesetzt worden?

Vorweg: Als Leiterin bin ich beim Kauf von Bilderbüchern beteiligt. Nach begründeter Stellungnahme werden meine Wünsche berücksichtigt.

Die Reflexion beginnt an dem Punkt, als der Junge sich das Bilderbuch anschaute und den Fehler entdeckte:

Was der Erzieherin zu dem Zeitpunkt nicht bekannt war: Alpay hatte sich bereits selbst ein Bild verschafft – ein Selbstbildungsprozess war in Gang gesetzt worden. Er machte durch genaues Studieren der Landkarte mit Symbolen und Bildern Entdeckungen, und, wie sich später herausstellte, hatte er auch schon mit einer Erzieherin über die Lebensweise von Pinguinen gesprochen. Er holte sich Information (selbst und durch eine Erzieherin) – verarbeitete sie – speicherte sie – holte sie wieder hervor – setzte sie ein – ergänzte sie durch neues Wissen.

Dadurch hat er wahrgenommen:
- Ich weiß etwas, das andere Kinder und Erwachsene beeindruckt oder was andere noch nicht wissen.
- Ich kann das, was ich weiß, belegen (Landkarte).

- In Büchern können auch Fehler stehen, ich habe das Recht, Informationen kritisch zu betrachten, anzuzweifeln, Fragen zu stellen.
- Ich darf nachforschen.
- Ich entdecke neue, interessante Aspekte.
- Es macht mir Spaß zu forschen und auszuprobieren.
- Ich kann mich einmischen.
- Ich gebe meine Erkenntnisse weiter an Kinder und Erzieherinnen.
- Erwachsene helfen mir.
- Erwachsene glauben mir.

Alpay hat Problemlösungskompetenz entwickelt:
- Ich erkenne ein Problem = falsche Darstellung von Realität.
- Ziel: Berichtigung.
- Es gibt Schritte und Wege, um das Problem zu lösen.
- Eine Lösung ist nicht sofort erkennbar oder vielleicht überhaupt nicht möglich. Es ist Ausdauer und Geduld erforderlich.
- Nach für ihn langer Zeit hat er sein Ziel erreicht: Die Auflage mit der Fehlinformation wird innerhalb von vier Wochen eingestellt.

Ein Kind (Alpay) beobachtet – andere Kinder sind mit Interesse beteiligt, sie haben sich geäußert, geschaut, gefragt, gedacht, Beiträge geliefert (Lernprozesse sind in Gang gesetzt oder fortgeführt worden). Diese Lernprozesse können in der beschriebenen Weise nicht ohne Begleitung der Erzieherin erfolgen.

Die Rolle der Erzieherin
- Aufmerksam nimmt sie das Verhalten Alpays wahr.
- Sie beobachtet ihn, um zu erfahren, was Alpay wirklich will.
- Sie weiß, dass Alpay zu Hause wenig Antwort auf seine vielen Fragen erhält.
- Sie zeigt Bereitschaft, sich auf das Arbeiten mit Alpay einzulassen.
- Sie nimmt ihn ernst, indem sie mit ihm forscht, ob ein Fehler im Bilderbuch vorliegt.
- Sie schaut mit ihm auf der Weltkarte nach/ Anregung von Alpay.
- Sie ermutigt ihn, andere zu befragen, sich weitere Meinungen einzuholen – mit anderen in Kontakt zu treten.
- Sie erkundet mit ihm im Internet die Lebenswelt der Pinguine und weist dadurch auf eine weitere Informationsquelle hin.
- Sie entdeckt mit ihm die verschiedenen Arten von Pinguinen und auch, dass die Pinguine im Bilderbuch davon nur einen kleinen Teil darstellen.
- Sie bezieht andere Kinder mit in die Nachforschungen ein.
- Sie fragt nach, warum manche Kinder sich nicht beteiligen.
- Sie weiß: Alpay sucht hauptsächlich Kontakt zu Erwachsenen.

- Er vermeidet, mit anderen Kindern zu spielen, und Kinder grenzen ihn aus.
- Alpays Selbstbewusstsein wird gesteigert, da er Initiator und Akteur der Nachforschungen ist.
- Sie druckt ihm seine Lieblingspinguine aus, begrenzt ihn jedoch in seiner Auswahl – er muss überlegen, welche Vögel er wirklich will, d.h., er muss genau hinschauen.
- Sie liest ihm die Begleittexte vor.
- Sie bringt selbst Interesse mit ein und zeigt Spaß, Lust und Phantasie.
- Sie ermöglicht ihm das Telefonat mit der Buchhändlerin (Außenkontakte).
- Sie veranlasst die gemeinsame Suche der Verlagsadresse im Internet und schreibt die E-Mail.
- Sie zeigt, dass Schreiben ein wesentliches Medium der Kommunikation ist.
- Sie informiert ihn und die anderen Kinder über die Antwort des Verlages.
- Sie nimmt sich und gibt dem Kind Zeit, nach einer Antwort zu suchen.
- Sie ermöglicht den Kindern, Lernen zu lernen.
- Sie konstruiert mit ihm Wirklichkeit.

Das alles geht nicht, ohne eine Beziehung zu dem Kind herzustellen und es in seinem Lernprozess zu begleiten. Das heißt, Empathie zu zeigen, Interesse an dem Problem des Kindes zu haben und für einen ständigen Dialog bereit zu sein. Man könnte das auch – mit dem Hessischen Bildungs- und Erziehungsplan – Ko-Konstruktion nennen.

Die Rolle der Leiterin in Bezug auf die Erzieherinnen

Die Leiterin soll
- Beobachtung als Grundvoraussetzung jeglicher Arbeit sehen und den Erzieherinnen die nötige Zeit dafür zugestehen;
- Erzieherinnen informieren und beraten in Bezug auf pädagogische Themenbereiche;
- Erzieherinnen Handwerkszeug liefern, um Theorie mit Praxis zu verbinden;
- Erzieherinnen ermutigen, selbst zu forschen und zu experimentieren;
- Erzieherinnen Zugang zu verschiedenen Medien verschaffen;
- Erzieherinnen Hilfestellung geben bei der Prozessdokumentation; durch die Dokumentation werden die einzelnen Schritte sichtbar und transparent;
- regelmäßige Reflexion der pädagogischen Arbeit ermöglichen, Fehler und Misserfolge zugestehen und sie als Anlass für die Weiterarbeit sehen.

Anne Kebbe

4.5 Beobachtungsbeauftragte: eine neue Rolle im Team
Qualitätsentwicklung, Fortbildung und Beratung

Mit jeder fachlichen Schlüsselaufgabe, die neu oder erneut in der Kindertageseinrichtung aufgegriffen werden soll, ergibt sich Steuerungs- und Handlungsbedarf für das „Management". Will die Kita als „Lernende Organisation" ernst genommen werden – schließlich ist es ihre Kernaufgabe, Lernen zu ermöglichen –, kann sie sich der Professionalisierung auch hinsichtlich der erforderlichen Managementaufgaben nicht verweigern. Zunehmend werden Kitas von Eltern nach qualitativen Maßstäben verglichen. Als Vergleichsfrage dient den Eltern vor allem die Plausibilität des Bildungskonzeptes der infrage kommenden Kitas.

In den Bildungsplänen für den Elementarbereich wird Beobachtung und Dokumentation der kindlichen Entwicklung als Basis der Bildungsarbeit von den Fachkräften erwartet. Das Ausbildungswissen gerät hier rasch an seine Grenzen: Beobachtungsverfahren sind ja gerade erst in den letzten Jahren verstärkt entwickelt und erprobt worden. Kindorientierte und auf Förderung ausgerichtete Entwicklungsdokumentation – das wird rasch deutlich – kann in einer Kita nicht ohne erhebliche Anstrengungen eingeführt und aufrechterhalten werden. Sie muss als neue fachliche Aufgabe erst gelernt und etabliert werden.

So weit – so gut?

Ja: Sehr viele Fachkräfte sind lernbereit und nutzen Fortbildungen, Fachliteratur und Fachtage, um das „neue Wissen" aufzunehmen. Die meisten suchen motiviert und spontan nach Wegen der Umsetzung in der eigenen Kita. Doch hier genau beginnen dann die Schwierigkeiten.

Nein: Es gelingt vielen Teams nicht, sich auf gemeinsame Verfahren der Entwicklungsdokumentation zu verständigen. Teamkommunikation kann aber nur gelingen, wenn es Verständigung für gemeinsame Zielsetzungen und Handlungsweisen gibt, wenn im Prozess gewonnene Erfahrungen gemeinsam reflektiert und kommentiert werden. Kinder profitieren vor allem, wenn Fachkräfte alle denkbaren Möglichkeiten zum Nachdenken über geeignete Förderungen nutzen und dafür auch aktiv Verantwortung übernehmen. Man kann Eltern für einen erziehungspartnerschaftlichen Weg gewinnen, wenn sie den Eindruck haben, dass die Fachkräfte tatsächlich das Kind wahrnehmen und individuell fördern. Auf dem Weg zur „Lernenden Organisation" werden alle Kräfte und Ideen gebraucht. Eine qualitätvolle Entwicklungsdokumentation ist ein wichtiger Eckpfeiler für Einrichtungsqualität.

Die Frage drängt sich auf: Wie kann ein Team – das an hoher Qualität interessiert ist – die (hier nur skizzierten) Herausforderungen meistern? Schließlich haben sich die Aufgaben in den letzten Jahren erweitert (und sollen mit Hilfe von Bildungsplänen als fachliche Standards verbindlich werden), während gleichzeitig Stunden gestrichen oder sogar Stellen abgebaut wurden. Mit Recht fragen Fachkräfte danach, wie sie mit dem Gesamtpaket an Aufgaben umgehen sollen: Welchen der Aufgaben muss der Status „Schlüsselaufgabe" zuerkannt werden und welche können sie als „Küraufgaben" klassifizieren?

Als Qualitätsentwicklerin habe ich sehr gute Erfahrungen mit aufgabenbezogener Förderung einzelner Fachkräfte sammeln können. Nicht nur wegen der meistens zu geringen Freistellung können Leitungskräfte nicht für jede fachliche Aufgabe die Umsetzungsverantwortung übernehmen. Im Rahmen von Qualitätsentwicklungen in Kindertageseinrichtungen hat sich gezeigt, dass der Königsweg zur „Lernenden Organisation" über motivierte, lernende, dialogfähige und engagierte Fachkräfte führt. Wer etwas gelernt hat, möchte dieses Wissen auch umsetzen dürfen, muss für sich die Chance auf professionelle Weiterentwicklung und Statusgewinn wahrnehmen können.

Die Idee: Die Kita als Organisation (oder als Verbund mehrerer kleiner Einrichtungen) qualifiziert für Schlüsselaufgaben in die Breite (des Gesamtteams / der Kleinteams) und in die Spitze, indem sie für diese Aufgaben besondere „Beauftragte" benennt und fördert. Der Anspruch umfassender, auf alle Aspekte der kindlichen Entwicklung ausgerichteter erzieherischer Arbeit erfordert die umfassende Qualifizierung (Breite) des Gesamtteams für die wesentlichen Aufgaben. Angesichts der „Aufgaben-Konkurrenz" ist es zugleich erforderlich, Experten auszubilden (Spitze). Sie können ihr Zusatzwissen einbringen, um Prioritäten zu setzen, Beratung zu ermöglichen und damit den Lernprozess des Teams immer wieder anzuregen. Wenn es gelingt, diese Qualifizierungen mit den im Team vorhandenen Lerninteressen einzelner Fachkräfte zu koppeln, ergeben sich ungeahnte Wechselwirkungen für die Gesamtentwicklung.

Projekt „BeobAchtung & ErziehungsPartnerschaft"

Wie das in der Praxis aussehen kann, möchte ich an einem Projekt zeigen. Die Rolle der Beoachtungsbeauftragten haben wir erstmals im gerade angelaufenen Ludwigshafener Projekt „BeobAchtung & ErziehungsPartnerschaft. Gemeinsam Potenziale des Kindes entdecken und fördern!" etabliert. Projektteam sind Prof. Dr. Susanne Viernickel, Anne Kebbe, Doris Reemen, Dr. Dörte Weltzien (alle

FH Koblenz). Projektträger ist der Protestantische Kirchenbezirk Ludwigshafen. Projektmittel hat die BASF gespendet. Insgesamt können 27 Kindertageseinrichtungen in Ludwigshafen an diesem Projekt teilnehmen.

Im Tandem bzw. im Trio (in großen Einrichtungen ab vier Gruppen wurden zwei Beobachtungsbeauftragte empfohlen) mit der Einrichtungsleitung erhält die Beobachtungsbeauftragte zusätzliche Fortbildungsmöglichkeiten, um sich für die neue Rolle und die damit verbundenen Aufgaben zu qualifizieren. Ziel der Qualifizierung ist die Befähigung für möglichst hohe Qualität und Nachhaltigkeit hinsichtlich der inhaltlichen und organisatorischen Umsetzung dieser Schlüsselaufgabe in den Projekteinrichtungen. Beobachtungsbeauftragte erwerben sich im Verlaufe des Projektes Expertenwissen für die Spezialgebiete „Beobachtung" und „Erziehungspartnerschaft". In unserem Verständnis sind sie damit Garantinnen für die weitere Entwicklung (Nachhaltigkeit) der Einrichtung hinsichtlich dieser fachlichen Aufgabe (s. Kasten S. 239).

Die Entscheidung für eine bestimmte Methode der Entwicklungsdokumentation wurde im Ludwigshafener Projekt zu Beginn in die Verantwortung von Gesamtteam, Träger und Eltern gelegt. Auf der Grundlage einer für unsere Projektziele getroffenen Vorauswahl präsentierte das Projektteam den teilnehmenden Kitas geeignet erscheinende Beobachtungs- und Dokumentationsverfahren und gab Gelegenheit, diese in den Teams zu diskutieren und auszuwählen. Entsprechend der getroffenen Auswahl werden inzwischen die Projektkitateams im Prozess der Einführung pädagogisch begleitet (Doris Reemen/ Anne Kebbe) und wissenschaftlich evaluiert (Dr. Dörte Weltzien).

Ganz im Sinne der Breitenqualifizierung werden alle pädagogischen Fachkräfte und Eltern – soweit sie daran interessiert sind – für das gewählte Beobachtungsverfahren und alle damit verbundenen Aufgaben qualifiziert. Doch Leitung und Beobachtungsbeauftragte können in weiteren Fortbildungen ihr Wissen über entwicklungswissenschaftliches Grundlagenwissen auffrischen und erweitern, ihre Sicherheit für Methoden der Gesprächsführung festigen und ihre Dialogfähigkeiten für die interkulturelle Zusammenarbeit mit Eltern verbessern. Damit verfügen sie über zusätzliches Fachwissen und spezifische Methodenkompetenz. Die Rolle „Beobachtungsbeauftragte" legitimiert sie, ihr Expertenwissen im teaminternen Beratungsprozess anzuwenden. Künftig – im letzten Drittel des Projektjahres – werden die Beobachtungsbeauftragten in einem einrichtungsübergreifenden Qualitätszirkel vernetzt. Dieser Qualitätszirkel hat den Auftrag, „Umschlagplatz" für fachliche Anfragen zum Themenfeld „Entwicklungsdokumentation" aus den Projekt-Kitas, aber auch aus anderen Ludwigshafener Kindertageseinrichtungen zu werden. Damit erweitern sich nicht nur die Aufgaben der Beoachtungsbeauftragten, sie gewinnen auch einrichtungsextern einen Expertenstatus für diese Schlüsselaufgabe.

Materialien aus dem Projekt „BeobAchtung & ErziehungsPartnerschaft. Gemeinsam Potenziale des Kindes entdecken und fördern!"

BeobAchtungsBeauftragte

Rolle und Aufgaben
Für das Projekt und darüber hinaus soll mindestens eine weitere Fachkraft in *enger Kooperation mit der Kita-Leitung* die fachliche Verantwortung im Prozess der Einführung und Aufrechterhaltung der systematischen Entwicklungsdokumentation übernehmen. Im Verlauf des Projektes stehen BB / Leitung und päd. Begleitung im engen Austausch, um den Prozess der Einführung und Umsetzung in die pädagogische Praxis möglichst eng an den Fragestellungen der Beteiligten und Bedingungen der Einrichtung auszurichten.

Verantwortungsbereiche

Auswahl und Einführung eines Beobachtungsverfahrens
- Rolle: Die / Der BB wird vom Team beauftragt, die Verantwortung im Prozess der Installierung eines Beobachtungsverfahrens zu übernehmen.
- Aufgaben: Sie / Er bringt die Themen in Teambesprechungen ein, strukturiert deren Ablauf und thematisiert Möglichkeiten der Einbindung der Elternvertretung. Zunächst geht es darum, die beiden offenen Beobachtungsverfahren vorzustellen und mit Hilfe von Entscheidungskriterien eine Wahl zu treffen.

Beobachtungsmanagement
- Rolle: Die / Der BB übernimmt mit dem Team ausgehandelte Verantwortungsbereiche im Prozess der Implementierung des ausgewählten Beobachtungsverfahrens in die pädagogische Arbeit.
- Aufgaben: Sie / Er kümmert sich um die notwendigen Materialien, thematisiert erforderliche Zeitkontingente für Beobachtung, unterstützt das Team in der Ausführung der Lerndokumentation und hilft bei der Planung von Entwicklungsgesprächen.

Information
- Rolle: Die / Der BB übermittelt Informationen in unserem Projekt, die aus Fortbildungen oder Besprechungen gewonnen wurden.
- Aufgaben: Sie / Er leitet alle Informationen der externen Fortbildungen und trägerübergreifenden Kontakte mit den anderen Projekt-Kitas weiter ins Team und an die Elternvertretung.

Motivation und Kommunikation
- Rolle: Die / Der BB motiviert das Team und die Elternvertretung für die Auseinandersetzung mit dem Beobachtungsverfahren, und sie / er ist Ansprechpartnerin / Ansprechpartner für das Projektteam.
- Aufgaben: Einberufung und Leitung der Teambesprechungen zum Projektthema. Moderation der Reflexion von Beobachtungen und Hilfestellung bei der Klärung der Umsetzung in pädagogische Handlungsschritte / Förderansätze.

Sie bietet Hilfestellung bei Gesprächen mit Eltern. Sie / Er kooperiert im Projekt mit der pädagogischen Begleitung.

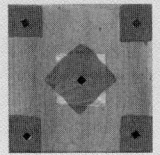  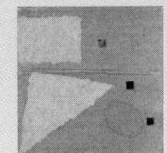 

5 Aus- und Fortbildung

Helga Mehring

5.1 Erwerb von Schlüsselkompetenzen
Der Stellenwert von Beobachtungs- und Dokumentationserfahrung

„Da Kinder in ihren Bildungsprozessen immer ganz eigenen individuellen Wegen folgen, ist die Qualität der Bildungsarbeit in einer Kindertageseinrichtung immer ganz wesentlich daran zu messen, ob jedes Kind die Unterstützung erhält, die es braucht, aber auch herausgefordert wird, sich auf Neues und Unbekanntes einzulassen. Damit erhält die Beobachtung als Aufgabe der Erzieherin im pädagogischen Prozess einen zentralen Stellenwert. Denn um jedem Kind in seinem Interessen- und Bedeutungszusammenhang antworten zu können, muss eine Erzieherin zunächst wissen, mit welchen Themen das Kind gerade beschäftigt ist und wie es mit diesen Themen umgeht." (Laewen/Andres 2002, S. 100 f.)

Das Zitat zeigt die Bedeutung individueller Entwicklungs- und Lernwege von Kindern und die Aufgabe der Erwachsenen in diesen Prozessen.

Diese in der neueren Forschung betonte individuelle Fokussierung und die hinwendende Haltung zum Kind in Beobachtungsprozessen ist gar nicht so neu. Sie steht in der Tradition bedeutender Reformpädagoginnen und -pädagogen wie Maria Montessori und Janusz Korczak, die sich vor fast einhundert Jahren mit der „Eigen-Art" des Kindes und seinen besonderen Bedürfnissen befasst haben. Auch im Situationsansatz ist immer vom Kind als dem Akteur seiner Entwicklung die Rede, und es gilt, in der Situationsanalyse stets den Blick auf die Definition der konkreten Situation durch das Kind zu lenken.

Durch aktuelle Debatten angeregt (Qualitätsentwicklung, Bildung im internationalen Wettbewerb und neurobiologische Erkenntnisse) findet nun ein Boom der Hinwendung zum einzelnen Kind statt. In allen Bundesländern gibt es Bildungs- und Erziehungspläne, die Erzieherinnen zur differenzierten Beobachtung und Wahrnehmung des Kindes auffordern. Keine Zerlegung in Einzelkompetenzen und Defizitfestlegungen, sondern ein differenzierter, wertschätzender Blick auf die Stärken der Kinder wird verlangt.

„Kindliche Entwicklung erweist sich aus heutiger Sicht als ein komplexes und individuell verschieden verlaufendes Geschehen. Jedes Kind bietet ein Spektrum einzigartiger Besonderheiten durch sein Temperament, seine Begabungen, Bedingungen des Aufwachsens und seine Eigenaktivitäten. Es hat sein eigenes

Tempo, kann sich in einem Bereich schneller entwickeln als in einem anderen ..." So der Hessische Bildungs- und Erziehungsplan (HSM 2005), der sich sowohl an Erzieherinnen als auch an Grundschullehrkräfte wendet, da er für alle Kinder bis zum 10. Lebensjahr gilt.

Bei der Betonung individueller Entwicklung kommt dem begleitenden Erwachsenen eine anspruchsvolle Rolle zu: „Zur Entfaltung ihres reichen Lern- und Entwicklungspotenzials sind Kinder auf ihre Umwelt angewiesen. Bildung im Kindesalter gestaltet sich als sozialer Prozess, an dem sich Kinder und Erwachsene aktiv beteiligen." (S. 29) „Die Vorbildwirkung der Erwachsenen auf Kinder ist groß ... Kooperatives Lernen ist Kindern ein Bedürfnis. Kinder lernen sich selbst und die Welt in erster Linie durch gemeinsame Lernaktivitäten mit anderen schrittweise kennen und verstehen. Die gemeinsame Aufgabenlösung mit Erwachsenen und anderen Kindern und der soziale Austausch, der hierbei stattfindet, bieten Kindern ein ideales Lernumfeld." (a.a.O., S. 35)

Konsequenzen für die Ausbildung

Folgt man diesen Ausführungen, stellt sich die Frage, welche Schlüsselqualifikationen angehende Erzieherinnen und Erzieher erwerben müssen, um die eigensinnigen Lernwege von Kindern zu beobachten, zu begleiten und die Vielschichtigkeit ihrer Entwicklung zu dokumentieren.

In den Evang. Ausbildungsstätten für Sozialpädagogik im Elisabethenstift (EvA) stehen in der fachtheoretischen Ausbildung und während des Begleitunterrichts im Berufspraktikum folgende Themenschwerpunkte im Vordergrund:
- Warum beobachten wir Kinder?
- Welche Haltung Kindern gegenüber ist grundlegend?
- Auf welche Beobachtungsfehler ist besonders zu achten?
- Welche Formen von Beobachtung sollte man wählen?
- Wie werden die Beobachtungen sprachlich angemessen festgehalten?
- Welche Bedeutung haben Beobachtung und Dokumentation für die kindliche Entwicklung und Bildung?
- Wem gehören Beobachtungen und Dokumentationen?
- Wie findet der Austausch mit dem Kind statt?
- Welche strukturellen und konzeptionellen Voraussetzungen sind förderlich, damit Beobachtung selbstverständlicher Bestandteil im Alltag einer Kita werden kann?

Im Leitbild der Evang. Ausbildungsstätten ist das pädagogische Konzept des Situationsansatzes verankert. Auf diesem Hintergrund werden die wissenschaftlichen Kontexte und methodischen Instrumentarien der Beobachtungspraxis auf ihre Umsetzung in den Unterricht und in die Praxis geprüft. In enger Kooperation mit der Praxis folgen wir deshalb im Wesentlichen den Ansätzen von Rainer Strätz, Gerd Schäfer, Ferre Laevers, Margaret Carr, Hans-Joachim Laewen und Beate Andres sowie Christa Preissing (s. Literaturverzeichnis ab S. 295).

Was ist unter Beobachtung zu verstehen? Wovon gehen wir aus?
Schlüsselkompetenz: Theoretische Beobachtungsansätze kennen und bewerten

Laewen und Andres gehen davon aus, dass „Beobachtung und Dokumentation zielgerichtete, auf einen definierten Kontext bezogene Tätigkeiten oder Verfahrensweisen im pädagogischen Handlungsfeld sind. Sie sind nicht Selbstzweck und ohne relativ genaue Vorstellungen darüber, welche Ziele damit erreicht werden sollen, eigentlich sinnlos." (Laewen/Andres 2005, S. 35) „Beobachtung und Dokumentation für sich genommen, sind also noch kein Qualitätsmerkmal zur Beurteilung der pädagogischen Arbeit in einer Kindertageseinrichtung. Sie gewinnen ihre Bedeutung erst durch den Stellenwert, den sie in einer pädagogischen Konzeption einnehmen." (Ebd.)

Christa Preissing erweitert diesen Ansatz in ihrem Beitrag „Beobachten und Dokumentieren im Situationsansatz" in derselben Veröffentlichung: „Beobachtung ist gezieltes Beachten des Kindes. Kinder sollen diese Beachtung spüren. Beobachtungen sind keine ‚verdeckten Ermittlungen' oder ‚Lauschangriffe'. Dokumentieren ist wertschätzen von kindlichen Tätigkeiten. Dokumentationen sind keine Datensammlungen über Kinder, sondern Grundlage für einen intensiven Dialog. Die Dokumentationen gehören den Kindern und ihren Eltern." (Preissing 2005, S. 79)

Mit diesen Zitaten wird der neue curriculare Zuschnitt für diese zentralen Aufgaben in der Ausbildung von Erzieherinnen und Erziehern umrissen. Es wird deutlich, dass es im Rahmen dieser neuen Beobachtungs- und Dokumentationspraxis nicht um die Anwendung möglichst ausgefeilter Techniken und „aseptischer" Forschungsmethoden geht, die den Hauptakteur Kind letzlich außen vor lassen, sondern um selbstreflexive, teilnehmende und wertschätzende Instrumentarien, die nur dann etwas taugen, wenn sie für die Akteure zugänglich sind und mit ihnen kommuniziert werden.

Über sich selbst nachdenken
Schlüsselkompetenz: Selbstreflexion

Diese Anforderung ist vor allem zu Beginn der Ausbildung für viele Studierende nicht immer nachzuvollziehen, steht doch der Wunsch im Vordergrund, Techniken an die Hand zu bekommen, mit deren Hilfe man möglichst unkompliziert und „eindeutig" Verhalten beobachten (und gemeint ist meist auch „bewerten") kann. Die Gelassenheit, sich zunächst ohne Interpretation und mit stärkerem Blick auf sich selbst auf Kinder einzulassen, ist meist zu Beginn der Ausbildung noch nicht vorhanden. Es treten im Gegenteil eher vermutete Insuffizienz- oder Versagensängste auf, wenn man nicht sofort weiß – oder Anleitung bekommt –, wie man Kindern gegenübertreten soll. Das bedeutet: Im Unterricht beginnt ein Dekonstruktionsprozess bisheriger Vorstellungen von Praxis und damit einhergehender Norm- und Wertvorstellungen. Ein schwieriger Prozess, der von Lehrkräften sorgfältig begleitet und im Diskurs fortlaufend geklärt werden muss. Der Erkenntnisprozess setzt zumeist in der begleiteten Praxiserfahrung in den Konsultationskitas ein, wenn positive Erfahrungen mit Beobachtungsaufgaben gemacht werden.

**Ausbildung von forschenden Pädagoginnen und Pädagogen –
eine neue Herausforderung
Schlüsselkompetenz: Fragen stellen und Hypothesen bilden**

Angehende Erzieherinnen sollen im Verlauf ihrer Ausbildung lernen, sich als Forschende zu verstehen. Dazu gehört die konsequente Auseinandersetzung mit der eigenen Person und dem eigenen Wertesystem, entlang der bereits eingangs erwähnten Fragen. Die Haltung der forschenden Pädagogin und des forschenden Pädagogen, die Hypothesen über die Bedürfnisse des Kindes bilden und nicht deren noch gar nicht geäußerten Ideen und Wünschen vorauseilen, setzt voraus, dass sie in der Lage sind, in dialogische Prozesse mit dem Kind einzutreten. Dabei geht es vor allem um das Wissen, dass Kinder in allen Phasen ihres Lebens neugierig sind – schöpferisch und erfinderisch –, um sich aktiv ein eigensinniges Bild von der Welt zu machen.

Erzieherinnen sollen in der Ausbildung lernen, dass Wahrnehmungen und Beobachtungen sozial und kulturell gefiltert sind und wie sie im Wissen darum unterstützende und weiterführende Impulse für die Kindergruppe und für das einzelne Kind setzen können. Durch gezielte Beobachtungen sollen sie lernen, Hypothesen über das Handeln und Verhalten von Kindern zu bilden, Hypothesen, die im Diskurs mit den Kindern und den Erwachsenen angenommen oder verworfen werden können. Dazu gehört das Erlernen der Fähigkeit, eigene Wahrnehmungen mit anderen auf sprachlich angemessene Weise zu teilen. „Das ist es, was ich denke, aber ich könnte mich irren. Ich bin bereit, meine Gedanken weiter zu hinterfragen und zu überprüfen, ob sie entweder bestätigt werden oder nicht." (Hartkemeyer/Dhority Freeman 1998, S. 79)

Dialogische Prozesse brauchen einen offenen Raum
Schlüsselkompetenz: Perspektivenwechsel

Die „Suspendierung von Annahmen und Bewertungen" (Hartkemeyer/Dhority Freeman 1998, S. 85) erleichtert den Zugang zu den Themen der Kinder, die angehende Erzieherinnen nur erkennen können, wenn sie sich mit den konstruktivistischen Deutungsmustern, die in der Interaktion aller an Erziehungs- und Bildungsprozessen beteiligten Kinder, Erzieherinnen und Eltern intensiv auseinandergesetzt haben. Dazu gehört das Einüben von Beobachtung durch gezielte Aufgaben (Filme, Arbeiten mit der eigenen Person, szenische Beschreibungen, Arbeiten mit Medien) mit dem Ziel der Auseinandersetzung mit der eigenen Wahrnehmung und des konsequenten Perspektivenwechsels vom Erwachsenen zum Kind.

Die Welt mit den Augen des Kindes sehen lernen
Schlüsselkompetenz: Empathie und „anteilnehmende Neugierde"

Durch dialogische, kindzentrierte Beobachtung sollen Studierende in der Ausbildung lernen, die „100 Sprachen der Kinder" (Malaguzzi, vgl. Reggio Children 2002) besser zu verstehen und dem Kind „radikalen Respekt" (Hartkemeyer/Dhority Freeman, ebd.) zu erweisen, d. h., es in seinem ganzen Wesen als legitim anzuerkennen. Diese Forderung bedeutet permanente Einübung empathischen Verhaltens, um immer wieder auch zu versuchen, die Welt aus der Perspektive des Kindes zu sehen. Diese Form der gezielten Auseinandersetzung mit den Selbstbildungspotenzialen von Kindern ist ein hoher Anspruch an die Ausbildung und setzt voraus, dass auch Studierende in ihren Handlungs- und Denkmöglichkeiten als Forschende wahr- und ernstgenommen werden.

Sprachlich angemessenen und anteilnehmend formulieren
Schlüsselkompetenz: Wertschätzende Sprache

Der Hessische Bildungs- und Erziehungsplan gibt auch in diesem Zusammenhang wichtige Anregungen für den Kompetenzerwerb von Studierenden im Rahmen ihrer Ausbildung: „Um der Vielschichtigkeit und der Komplexität der Entwicklung und des Lernens von Kindern einerseits und der Unterschiedlichkeit der Nutzungsebenen einer kindbezogenen Dokumentation andererseits gerecht zu werden, ist es wichtig, bei der Dokumentation unterschiedliche Methoden zu nutzen. In der Zusammenschau lässt sich ein umfassendes und tragfähiges Bild von der Entwicklung und dem Lernen eines Kindes gewinnen. Die Auswahl von Methoden hat dem jeweils aktuellen Forschungsstand Rechnung zu tragen. Im Einzelnen sollen bei jedem Kind die folgenden vier Ebenen berücksichtigt werden:

- Ergebnisse kindlicher Aktivitäten (z. B. Zeichnungen, Fotos)
- Gedanken/Aussagen von Kindern, Aufzeichnungen von Gesprächen mit Kindern
- freie Beobachtungen
- strukturierte Formen der Beobachtung bzw. Einschätzung, d. h. Bögen mit standardisierten Frage- und Antwortmustern." (HSM 2005, S. 12)

Bei allen Dokumentationsformen von kindlichen Aktivitäten müssen Studierende lernen, dass die Äußerungen des Kindes dem Kind und seinen Eltern gehören. Diese „Besitzstandswahrung" und die Würde des Kindes sind unantastbares Gut. Diese Prämissen zeigen die Bedeutung des Erlernens wertschätzender und möglichst anschaulicher sprachlicher Formulierungen. Während zu Beginn der Ausbildung bspw. Formulierungen in Praxisberichten verwandt werden wie: „Fritz ist ein Scheidungskind und fällt durch aggressives Verhalten auf" oder „Alexandra hat zu nichts Lust und spielt immer allein", können wir am Ende der Ausbildung feststellen, dass sich durch vielfältige Beobachtungsaufgaben in der Praxis und im Unterricht die sprachliche und schriftliche Ausdrucksfähigkeiten deutlich verbessert haben.

Portfolios oder Bildungsbücher gemeinsam mit Kindern herzustellen, ist eine weitere Herausforderung an die kreativen, medialen und sprachlichen Kompetenzen der Studierenden und an einen Umgangsstil, der Wertschätzung zeigt und an den Ressourcen der Kinder orientiert ist.

Mit dem Kind in einen Dialog kommen
Schlüsselkompetenz: Authentizität und Glaubwürdigkeit im Feedback

Kinder haben ein Recht, vom Erwachsenen eine realistische Rückmeldung auf ihr Handeln und ihr Verhalten zu bekommen. Dabei geht es nicht um „kindertümelnde Lobhudelei", sondern um motivierende Prozesse, die die kindliche Arbeitsfreude und Identitätsbildung unterstützen.

Durch einfühlsame und kompetente Beobachtungen von Seiten der Erzieherinnen sollen Schwächen geschwächt und Stärken gestärkt werden. Wertschätzende dialogische Beobachtungen fördern die realistische Selbsteinschätzung der eigenen Fähigkeiten der Kinder, ermuntern sie zum konstruktiven Umgang mit Fehlern und motivieren zum lebenslangen Lernen.

Die Begleitung kindlicher Entwicklungs- und Bildungswege durch diese neuen Dokumentationsformen ist eine große Herausforderung für die Erwachsenen und ihre kommunikativen Fähigkeiten, wenn es darum geht, die z. T. unterschiedlichen Interpretationen der Ergebnisse in pädagogische Impulse umzusetzen.

Damit wird auch deutlich, dass fachschulische Ausbildung hier nur den Grundstein hinsichtlich der beschriebenen Schlüsselkompetenzen legen kann, deren Verfeinerung dann durch entstprechende Fortbildungsmodule in der späteren Praxis erfolgen muss.

Anna Dauelsberg: „Schreiend und lachend im Turnraum"
Beobachtung als Praktikumsaufgabe — Auszug aus dem Bericht der Unterstufe

Während meines vierwöchigen Praktikums konnte ich die Kinder in verschiedenen Situationen beobachten. Eine dieser Beobachtungen soll nun näher beschrieben und analysiert werden.

Angaben zur Beobachtung

Vier Kinder, drei Jungen (T., M., B.) und ein Mädchen (L.) im Alter von 3 Jahren, spielen gemeinsam im Turnraum. Die Jungen sind befreundet und spielen täglich miteinander. Das Mädchen hat seinen festen Platz im Kindergarten noch nicht ganz gefunden und wechselt zwischen den Spielkameraden noch hin und her. Außer ihnen sind noch sechs andere Kinder aus unterschiedlichen Gruppen im Raum, die toben und lärmen. Außer mir sind keine Erwachsenen anwesend.

An die Sprossenwand ist eine große Matte gelehnt und eine Bank schräg aufgestellt. Die kleinen bunten Polster sind in einer Ecke auf dem Boden verteilt, und in der Mitte des Raums steht ein kleines Klettergerüst.

Beobachtete Situation

Die vier Kinder rennen schreiend und lachend durch den Raum. Sie springen auf die Polster, lassen sich darauffallen und wiederholen dieses Spiel mehrmals. Sie fangen sich gegenseitig, rennen hinter der Sprossenwand durch, hängen sich an die Ringe, die daran befestigt sind, klettern auf das Klettergerüst und rutschen auf der Bank hinunter. Die Kinder geben sich oft gegenseitig Ideen vor und ahmen sich nach. Das Mädchen ist bemüht, sich in die Gruppe zu integrieren, steht aber zwischendurch auch mal an der Seite und schaut zu. Um auf sich aufmerksam zu machen, ruft sie zweimal einen der Jungen. Bei all dem sprechen sie nicht viel miteinander, der Spaß an der Bewegung steht im Vordergrund. Als noch andere Kinder in den Turnraum kommen, löst sich die Situation auf, und die Kinder beenden ihr Tun.

Analyse
Was macht diese Situation mit mir?
Es macht mir Spaß, den Kindern zuzusehen, und es freut mich, dass die Jungs das Mädchen mitspielen lassen. Obwohl sie nicht permanent zusammen sind und zwischendurch die Gruppe verlassen, finden sie trotzdem immer wieder in ihr Spiel zurück. Ich finde es interessant, was sie alles ausprobieren und wie sie ihren Körper schon beherrschen. Ich hatte zwischendurch das Bedürfnis, ihnen zu helfen (z. B. am Klettergerüst), habe aber gemerkt, dass sie schon gut alleine zurechtkommen und nur so weit gehen, wie sie können. Ich hätte Lust, mit ihnen rauszugehen, um dort z. B. auf Bäume zu klettern. Am nächsten Waldtag oder auf dem Spielplatz werde ich bestimmt daran denken, wie viel Spaß sie am Klettern und Rennen hatten.

Perspektivenübernahme
Da die drei Jungs öfter miteinander spielen, ist es für sie wahrscheinlich einfach eine schöne Spielsituation unter Freunden. Sie sind einander vertraut, toben und lachen miteinander und haben meiner Meinung nach viel Spaß. Sie können die Situation verlassen, ohne Angst haben zu müssen, dann nicht mehr mitspielen zu dürfen. Ideen, die einer vorgibt, werden von anderen übernommen. So erfahren sie nonverbale Zustimmung. Ich denke, die Kinder genießen es, auch mal ohne Erzieherin im Turnraum zu sein und tun zu können, was sie möchten. Für das Mädchen hat die Situation wahrscheinlich eine andere Bedeutung. Da sie noch zwischen ihren Spielpartnern wechselt und nicht regelmäßig mit diesen Jungen spielt, fühlt sie sich vielleicht ein bisschen unsicher und versucht, Kontakt zu schließen. Die Jungs scheinen ihr gegenüber nicht negativ eingestellt zu sein, aber auch nicht sonderlich interessiert. Durch ihr Rufen versucht sie wohl, auf sich aufmerksam zu machen, und bleibt hartnäckig. Ich glaube, sie findet es spannend, mit den Jungs zu spielen.

Alle vier Kinder sind über den kompletten Zeitraum bei der Sache. Sie scheinen konzentriert, wissen, was sie wollen und probieren Verschiedenes aus. Ihr Tun hat zwar kein sichtbares Ergebnis, dennoch zeigen die Kinder Engagement.

Fachliche Reflexion
Die Kinder haben Spaß daran herumzutoben, zu lachen und gemeinsam zu spielen. Obwohl sie kein direktes Ziel verfolgen, haben sie trotzdem Struktur in ihrem Spiel. Sie probieren aus, was sie schon alles machen können und lernen dabei wichtige Dinge wie Gleichgewicht halten und Kräfte gezielt einsetzen. Außerdem ist ihr Spiel ein soziales Miteinander, da die Kinder gemeinsam spielen und aufeinander achten. Bewegung ist in dieser Situation das große

Thema. Die Kinder rennen, klettern, springen, lassen sich hinfallen, laufen im Kreis und versuchen, sich zu fangen.

Die Kinder brauchen auf jeden Fall die Möglichkeit zur Bewegung. Dafür brauchen sie Raum und Zeit. Der Turnraum sollte ihnen immer offen stehen, und es sollten auch mal andere Geräte wie z. B. ein Kasten, ein Trampolin oder Hüpfseile bereitgestellt werden. Ich denke, alle vier Kinder können Herausforderungen gebrauchen, denn die Möglichkeiten im Turnraum waren begrenzt. Sie könnten die anderen Geräte ausprobieren oder auch draußen auf dem Spielplatz spielen, klettern, rennen oder Rädchen fahren. Sie könnten statt auf das Klettergerüst auch mal im Wald klettern. Vielleicht brauchen sie dabei anfangs auch Unterstützung, um Mut zu fassen.

Auswertung der vertiefenden Analyse eines Kindes
Im Folgenden wird die Beobachtung des Mädchens (L.) auf der Basis von Engagiertheit, Wohlbefinden sowie der inhaltlichen Schwerpunkte des Hessischen Bildungs- und Erziehungsplans vertieft.

Emotionales Wohlbefinden
Das Mädchen probiert verschiedene Spiele aus. Sie springt auf die Polster, klettert auf das Gerüst, rennt quer durch den Raum und hinter der großen Matte durch. Sie passt sich den anderen flexibel an und geht auf ihr Spiel ein. Dies zeigt sich beispielsweise, als M. hinter der Matte durchrennt und sie ihm folgt. L. ist auch im Allgemeinen mit der Auswahl ihrer Spielpartner flexibel. Sie hat keine festen Freunde, mit denen sie immer spielt, sondern wechselt regelmäßig die Spielpartner (Flexibilität: hoch).

L. zeigt Selbstvertrauen, indem sie als einziges Mädchen mit drei Jungen spielt, die öfter auch nur zu dritt spielen. Sie fügt sich in eine ihr „unbekannte" Gruppe ein. Durch ihr Rufen macht sie auf sich aufmerksam, verlässt aber zwischendurch auch das Geschehen und schaut den Jungen zu. Sie stellt sich nicht in den Mittelpunkt und scheint zu wissen, dass sie „nur Gast" ist (Selbstvertrauen: mittel).

Spannung und Entspannung wechseln sich ab. Sie rennt, springt, klettert und schreit, strahlt aber trotzdem eine innere Ruhe aus, da sie nicht besonders aufgeregt und zappelig wirkt und zwischendurch in eine Art Ruhephase verfällt, in der sie den anderen zuschaut (Entspannung und innere Ruhe: mittel). Es scheint ihr Spaß zu machen, von den anderen gejagt zu werden, und sie genießt es, wenn sie deren Aufmerksamkeit hat (Genießen können: hoch).

Engagiertheit
Das Mädchen ist konzentriert und behält das Geschehen im Auge. Auch in den Momenten, in denen sie nicht direkt daran beteiligt ist, nimmt sie das wahr, was um sie herum passiert (Konzentration: hoch).

Um auf sich aufmerksam zu machen, setzt L. ihre Kreativität ein: Sie nimmt einen Ring und ruft. Verschiedene Dinge werden ausprobiert, woran zu erkennen ist, dass in dieser Situation wahrscheinlich Kreativität eine Rolle spielt – der bloße Spaß an der Bewegung allerdings wichtiger ist, als etwas Kreatives herzustellen (Kreativität: mittel).

Alle Kinder beschäftigen sich ziemlich lange mit derselben Sache und bleiben beim Thema. Auch in sportlicher Hinsicht zeigt L. Ausdauer. Das Rennen und Toben ist sicher anstrengend. L. schnauft und hat rote Bäckchen (Ausdauer: hoch).

Sie muss bei diesem Spiel keine große Reaktionsbereitschaft beweisen. Die Übergänge sind fließend. L. achtet aber schon darauf, was die anderen sagen und vorschlagen und reagiert dementsprechend (Reaktionsbereitschaft: mittel).

Das Mädchen spricht, wie die anderen auch, wenig während des Spiels. Sie äußert sich nicht verbal über ihre Zufriedenheit. Aber sie zeigt durch ihr Lachen und Auftreten, dass sie sich wohlfühlt (verbale Äußerung von Zufriedenheit: niedrig).

Christine Lipp-Peetz, Helga Mehring, Cornelia Becker

5.2 Beobachten und Dokumentieren lernen
Ein Curriculum für die Ausbildung

Beobachten und Dokumentieren gehören heute zur Schlüsselqualifikation einer Erzieherin. In jedem Bildungs- und Erziehungsplan steht dies an prominenter Stelle. Wie werden angehende Pädagoginnen auf diese Aufgabe vorbereitet? Was kann man tun, um sich vor Beobachtungsfallen zu schützen? Worauf ist bei der Niederschrift von Beobachtetem zu achten? Wie kann sich ein Team neu für differenzierte Wahrnehmung sensibilisieren? Was folgt aus den Beobachtungen an Gewinn für die Kinder?

An den Evang. Ausbildungsstätten für Sozialpädagogik im Elisabethenstift Darmstadt (EvA) wird seit mehreren Jahren ein Ausbildungskonzept erprobt, das hier vorgestellt wird. Es ist auch auf die Fortbildung übertragbar: Dort, wo in der Fachschule mit exzellenter Praxis kooperiert wird, findet im Team der Austausch mit den Kolleginnen statt.

Kooperation mit der Praxis

Kernstück dieser Unterrichtseinheit ist die enge Zusammenarbeit mit so genannten Konsultationskitas („Kokis"). Dahinter verbirgt sich ein Modell der Kooperation zwischen Lernort Schule und Lernort Praxis, das in Darmstadt entwickelt worden ist und von der EKHN (Evang. Kirche in Hessen und Nassau) sowie einigen kommunalen, einem katholischen und einem anderen freien Träger direkt oder indirekt finanziell unterstützt wird. Jede Klasse der Unterstufe hat fünf Praxiseinrichtungen als kontinuierliche Kooperationspartner. Zwei Erzieherinnen pro Kita begleiten eine Gruppe Studierender als Mentorinnen während eines Jahres bei zwei thematischen Schwerpunkten. Einer davon bezieht sich auf Beobachtung und Dokumentation.

Die Mentorinnen sind im Unterricht an der Vor- und Nachbereitung beteiligt und geben ihre Praxiserfahrungen ein. Sie begreifen die Beteiligung auch als eigene Fortbildung, weil sie ihr Wissen dadurch ständig aktualisieren. An mehreren Unterrichtstagen sind die Studierenden in den Tagesstätten und beobachten Kinder. Kinder und Eltern sind informiert und werden nur beobachtet, wenn beide zugestimmt haben.

Die Mentorinnen beteiligen sich an der Beobachtung, so dass in der Auswertung eine erfahrene Praktikerin mit den Studierenden über die gleiche Situation spricht. Ein vertrauter und ein fremder Blick auf das Kind begegnen sich. Die Studierenden schwärmen von dem hohen Lerngewinn durch diesen Austausch. Die Praktikerinnen erleben das Modellprojekt für sich ebenfalls als Bereicherung, da der andere Blick die eigenen Beobachtungen ergänzt. Teilweise werden die Aufzeichnungen dem Portfolio der Kinder hinzugefügt; Kinder und Eltern erhalten in jedem Falle auf Wunsch Einsicht in die – überarbeiteten – Unterlagen. Überarbeitet deshalb, weil die Studierenden das Recht auf Fehler haben und sich nicht unter Druck setzen sollen.

Teamteaching und fächerübergreifende Unterrichtsorganisation

Zum Verständnis der Ausgangslage: In den Evang. Ausbildungsstätten werden die sozialwissenschaftlichen Kernfächer (Sozialpädagogische Grundlagen, Konzepte und Strategien, Soziologie) seit Jahren durch zwei Lehrkräfte vertreten, die Unterrichtszeiten sind auf zwei Tage konzentriert. Die beiden Dozentinnen bilden das „Kernteam". Sie bereiten gemeinsam den Unterricht vor, bringen ihre jeweilige Fachkompetenz in die Bearbeitung des Schlüsselthemas ein und bewerten gemeinsam fächerübergreifende Leistungsnachweise. Zeitlich ist der Kernteam-Unterricht auf eineinhalb Tage gebündelt. An einem Tag findet kein anderer Unterricht statt, am zweiten ist der gesamte Vormittag belegt. Diese Organisation ermöglicht eine flexible Gestaltung des Unterrichts. Der Rhythmus wird allein von der Aufgabe und der Konzentrationsfähigkeit der Studierenden bestimmt, und es ist möglich, trotz Fahrtzeiten die Lernorte (Kokis) außerhalb der Schule aufzusuchen.

Lerntriaden und Arbeit am eigenen Portfolio

Begleitend wird während der Arbeit in dieser Einheit das Führen eines Portfolios in einem doppelten Sinne erfahren: Zum einen ist es geübte Praxis im Unterricht, ein eigenes Portfolio zu gestalten und eigene Erfahrungen in sogenannten Lerntriaden zu reflektieren. Anfangs diente dies ausschließlich der Selbstreflexion und dem Austausch unter selbst gewählten Partnerinnen. Mittlerweile werden Portfolio-Konferenzen erprobt, und zukünftig wird geprüft, wie Portfolios als Leistungsnachweis einbezogen werden können; damit wird zu klären sein, welche Teile wie zu veröffentlichen sind. Das ist Portfolio-Arbeit im Selbstversuch: Was taugt für eine Dokumentation, was dient dem Erkenntnisgewinn und der Reflexion, wie funktioniert die Auswahl und Kommentierung? Was ist unnötige Selbstbeschäftigung und damit überflüssiger Ballast?

Zum anderen beschäftigen sich die Studierenden bei ihren Hospitationen in den Konsultationskitas mit der dort gehandhabten Praxis der Bildungsdokumentationen, hören vom Entwicklungsweg der erfahrenen Praktikerinnen und können ihre eigenen Einschätzungen zur Diskussion stellen. Teilweise wird es ihnen selbst ermöglicht, Beiträge zum Portfolio des beobachteten Kindes zu liefern.

Ein Curriculum mit aufeinander aufbauenden Schlüsselthemen

- *Phase I:* Wahrnehmen und Beschreiben, *ohne* zu interpretieren
Schwerpunkt: Beobachtung eines Kindes, Selbstreflexion und erste Feedbackgespräche
- *Phase II:* Bildungsinteressen und Bildungsprozesse einzelner Kinder
Schwerpunkt: Lerngeschichten für ein Kind formulieren und in den Dialog treten
Phase I und II erfolgen im ersten Unterrichtshalbjahr in Kooperation mit den Konsultationskitas. Die dritte Phase findet im anschließenden Blockpraktikum statt.
- *Phase III:* In einer Gruppe herausfinden, was die Kinder bewegt
Schwerpunkt: Eine Kindergruppe beobachten und Ansatzpunkte für entdeckendes Lernen erkennen und erproben

Die differenzierten Ziele dieser Einheit sind ausführlich beschrieben in dem Beitrag von Helga Mehring zum Erwerb von Schlüsselqualifikationen (S. 242 ff. in diesem Buch).

Phase I: Wahrnehmen und Beschreiben, ohne zu interpretieren

Beobachtung eines Kindes, Selbstreflexion und erste Feedbackgespräche

- Inhalte:
Wahrnehmung / Wahrnehmungstäuschungen
Beobachtungsfallen
Soziale Wahrnehmung
Konstruktion von Wirklichkeit
Perspektivenwechsel
Trennung zwischen eigenen Gefühlen und den bei Kindern vermuteten
Unterschied zwischen Beschreiben und Interpretieren / Bedeutung einer beschreibenden, präzisen und anschaulichen Wortwahl
Prinzip des Dialoges mit dem Kind (und Eltern und Kolleginnen)

Es geht hier vorrangig um die Sensibilisierung für die Subjektivität von Wahrnehmung, das Wissen um Wahrnehmungsfallen und die sorgfältige Trennung zwischen Beschreibung und Interpretation. Am Anfang steht die De-Konstruktion von Vertrautem, Gewohntem, scheinbaren Gewissheiten.

Der Unterricht wechselt zwischen Theorie-Input und Übungen.

Beobachten und Dokumentieren lernen

> **De-Ktronsutikon vretratuer Gowenhiethen**
>
> Am Anafng dieesr Utnrrihctesiehneit sthet die De-Ktronsutikon vretratuer Gowenhiethen oedr enigehclsiffeenr Ronutien und die Vrübffenulg dreaübr, was uesnr Hrin aells mhact und knan.

Jeder kennt Bilder, die irritieren und die helfen, sich zu verdeutlichen, was das Gehirn mit dem macht, was durch unseren Sehnerv auf es trifft. Beispiele:

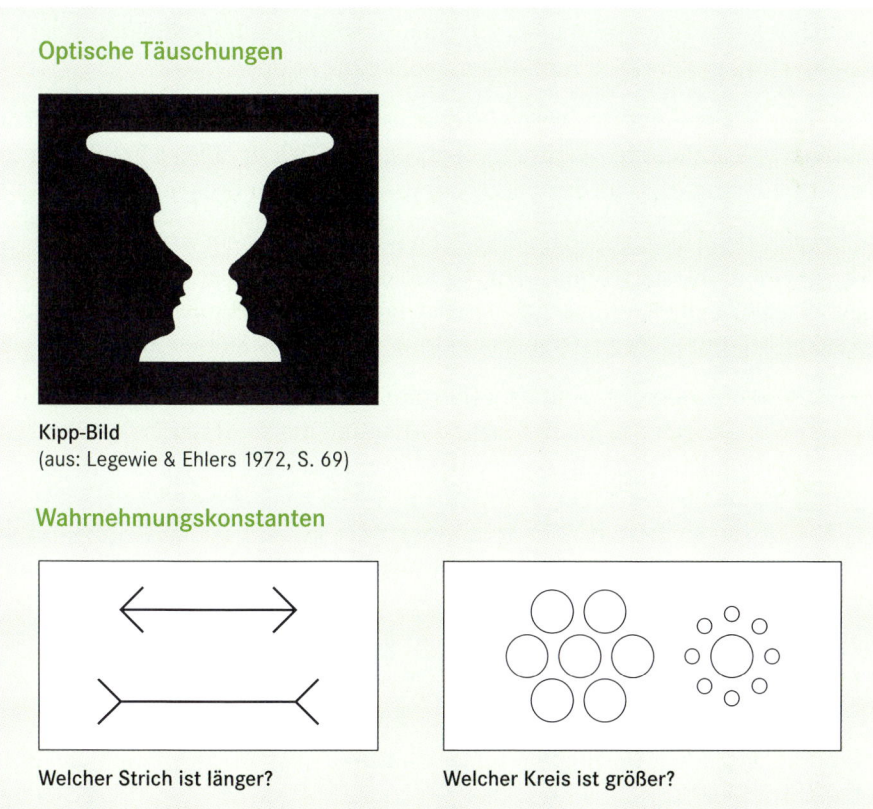

Optische Täuschungen

Kipp-Bild
(aus: Legewie & Ehlers 1972, S. 69)

Wahrnehmungskonstanten

Welcher Strich ist länger?   Welcher Kreis ist größer?

Wir glauben alle zu wissen und uns auch daran zu halten, dass beim Beobachten
- nachvollziehbar beschrieben wird, was man sieht oder hört,
- keine voreiligen Schlüsse gezogen werden,
- achtsam mit Interpretationen umgegangen wird und
- zwischen den eigenen Gefühlen und denen des Beobachteten unterschieden werden soll.

Im Laufe der ersten Wahrnehmungsübungen tritt eine heilsame Irritation ein: Das hätte man nicht gedacht, dass man selbst in solche Fallen tappt!

In Rollenspielen wird z. B. die Wirkung unterschiedlicher „Brillen" getestet: Die Studierenden teilen sich in kleine Gruppen auf und erhalten „gefärbte Brillen", mit denen sie eine von Mitstudierenden gespielte Szene beobachten. Färbungen sind Fokussierungen z. B. auf geschlechtsspezifisches Verhalten, auf Engagiertheit und Wohlbefinden, auf Störungen oder auf die Bedeutung des Alters usw. Nach dem Spiel sagen die bebrillten Beobachterinnen, was sie gesehen haben. Die nichtinformierten Teilnehmerinnen versuchen, die „Brillen" zu erraten. Dabei wird in Ansätzen erkennbar, was unter sozialer Wahrnehmung zu verstehen ist. Weitere Übungen folgen, z. B. zum sogenannten Halo-Effekt, zur selektiven Wahrnehmung oder zum Rosenthal-Effekt.

Eine erste Vorstellung stellt sich ein, dass es die „objektive Beobachtung" nicht gibt und was sich hinter der These verbirgt, dass sich der Mensch seine Wirklichkeit konstruiert. (Vgl. dazu den Beitrag von Cornelia Becker ab S. 49.)

Achtsamkeit auf die eigenen Gefühle beim Beobachten ist ein weiterer wichtiger Aspekt – der Blick nach innen sozusagen, der helfen soll zu erkennen, ob gerade eher eigene Kindheitserinnerungen aufsteigen oder ob ich mich tatsächlich auf das Kind vor mir einlasse. (Vgl. den Beitrag von Ewald/Merker ab S. 79.)

Nach der Selbstreflexion geht es weiter mit der deutschen Sprache: Hier merken die Studierenden schnell, welche Bedeutung die Wahl der Wörter hat. Ist ein Kind gegangen, gehüpft, geschlendert oder gerannt? Hat es geweint, gejammert, geklagt oder geschluchzt? Es ist ein Unterschied, ob es etwas gesagt, geschrien, gerufen oder befohlen, beauftragt, angeordnet hat. Der Griff zum Duden-Bedeutungswörterbuch, zum Wörterbuch der Synonyme und Antonyme von Bulitta oder auch die Nutzung des Thesaurus auf dem PC hilft beim Suchen angemessener Begriffe. (Hier lässt sich gut das Fach Deutsch integrieren.) Die präzise Beschreibung des Gesehenen und Gehörten wird anhand von Filmsequenzen geübt.

Während der ersten Hospitation in der Konsultationskita erfolgt dann die Einübung des Gelernten in einer realen Situation. Auf der Basis des Darmstädter Beobachtungsbogens (Teil I) werden Kinder beobachtet, die eigenen Gefühle reflektiert und die schriftlichen Formulierungen verglichen: Beschreibung oder schon Interpretation? Gemeinsam mit den Mentorinnen erfolgt eine erste Auswertung vor Ort und eine zweite später in der Schule. (Vgl. folgende Aufgabenstellung Beobachtung I) Das Gelernte wird im Selbststudium mit Hilfe des Readers vertieft (s. Literaturliste am Schluss des Artikels).

Beobachtungsaufgabe I:
Wahrnehmen und Beschreiben, ohne zu interpretieren
Beobachtung eines Kindes, Selbstreflexion und erste Feedbackgespräche

Vorgehensweise
Hospitation – Beobachtung von zwei Kindern:
- Beobachtungsgrundlage: Darmstädter Beobachtungsbogen, Teil I
- An diesem Tag sollen von jeder Studierenden zwei Kinder beobachtet werden, ein Mädchen und ein Junge.
- Nach Absprache mit den Mentorinnen könnte es folgendermaßen vonstattengehen:
  - Die Mentorinnen entscheiden, welches Kind beobachtet wird.
  - Die Kinder und ihre Eltern sind vorher informiert, es wurde ihr Einverständnis eingeholt.
  - Nach Möglichkeit beobachten zwei Studierende gleichzeitig ein Kind. Es wird angestrebt, dass eine Mentorin mitbeobachtet.
  - Gemeinsam wird geklärt, wie die Beobachtungen stattfinden. (Zufall, zu einer bestimmten Zeit oder an einem bestimmten Ort ...)
  - Es hat sich bewährt, ca. 5- bis 10-minütige Beobachtungen zu machen, die im Anschluss gründlich ausgewertet werden. (Zuerst von den Studierenden alleine und danach mit der Mentorin.) Die Studierenden, die nicht mitbeobachtet haben, sollten bei der Auswertung dabei sein – auch durch Zuhören wird gelernt.
  - Unmittelbare Rückmeldung an das Kind, wenn es dies wünscht. (Ich habe gesehen, gehört ... Was meinst du dazu?)
  - Kinder wie Eltern können später auf Wunsch Einblick nehmen in die – überarbeiteten – Aufzeichnungen. (Überarbeitet deshalb, weil davon auszugehen ist, dass Beobachtungsfehler gemacht werden – und gemacht werden dürfen! Deshalb werden sie ggfs. korrigiert, ehe sie weitergegeben werden.)

Auswertung vor Ort in der Konsultationskita
Beteiligt sind die Studierenden mit ihren Mentorinnen
- Einzelarbeit jeder Studierenden, um die Beobachtungsbögen gründlich auszufüllen
- Besprechung aller Studierenden mit den Mentorinnen:
  - Was wurde wahrgenommen, und wie wurde es beschrieben?
  - Gibt es unterschiedliche Wahrnehmungen derjenigen, die dasselbe Kind beobachtet haben? Wie könnte sich das erklären?

- Welche eigenen Gefühle begleiteten die Beobachtung?
- Welche äußeren Umstände haben die Wahrnehmung beeinflusst?
- Konnte zwischen Beschreiben des Wahrgenommenen und Interpretieren getrennt werden?
- Wurden treffende, nicht stigmatisierende und bewertende Formulierungen gewählt?
- ... (Weitergehende Auswertungen werden spontan entschieden.)
• Selbstreflexion am Ende des Tages und Eintrag ins eigene Portfolio:
    - Wie erging es mir mit den Beobachtungen?
    - Was fiel mir leicht, was schwer? Warum?
    - Wie wurde dem Kind Feedback gegeben? Welche Erfahrungen wurden dabei gemacht?
    - Woran möchte ich weiterarbeiten? Wie?
    - Was habe ich gelernt? Wodurch?
    - Was würde ich in der Praxis anders machen? Wie und Warum?
    - Was möchte ich in die Auswertung in der Schule einbringen?
    - Was trage ich in mein Portfolio ein?

Auswertung in der Schule
(Beteiligt sind die Studierenden, die Praxis-Mentorinnen und das Kernteam. Bei der gemeinsamen Reflexion über den Lernerfolg sollen auch Konsequenzen für den Unterricht gezogen werden.)

• *Was* wurde gelernt? Wie könnten erreichte *Lernziele* beschrieben werden?
    - *Wie* wurde gelernt, *wodurch* entstand der Lerneffekt?
    - Welche Unsicherheiten und neue Fragen sind aufgetaucht?
    - Gibt es Konsequenzen für die weitere Arbeit und für den Unterricht?

Anschließend: Auswertung der Lernerfahrungen für das eigene Portfolio.

Phase II: Bildungsinteressen und Bildungsprozesse einzelner Kinder

Schwerpunkt: Lerngeschichten für ein Kind formulieren und in den Dialog treten

• Inhalte:
  Themen der Kinder erkennen
  Bezug zum Bildungs- und Erziehungsplan
  Konstruktivistisches Bildungsverständnis
  Prinzipien: Dialog mit dem Kind, Partizipation der Eltern
  Wertschätzendes Feedback

Lerngeschichten – Konzept und Verfahren
Dokumentationsform: Briefe an das Kind
Erste Konsequenzen für pädagogisches Handeln: anregungsreiche Umgebung und entdeckendes Lernen

Aufbauend auf einer ersten Beobachtungskompetenz geht es jetzt verstärkt darum, zu erkennen und zu verstehen, womit sich Kinder beschäftigen, was ihre Themen und Fragen sind, wo ihre Interessen liegen. Hier helfen die Bildungsbereiche der Bildungspläne, den eigenen Blick zu weiten. Zusätzlich geht es darum, Formen der Dokumentation zu erproben, die geeignet sind, mit Kindern in Dialog zukommen. Eine intensive Beschäftigung mit dem Konzept der Lerngeschichten von Margaret Carr, vom Deutschen Jugendinstitut auf bundesrepublikanische Verhältnisse hin adaptiert, findet statt.

Dem sorgfältig gewählten Sprachgebrauch kommt wieder ein großer Stellenwert zu: Wie klingt ein wertschätzendes Feedback, das Kinder stärkt und in ihrer Entwicklung stützt, das glaubwürdig und authentisch ist und Kinder nicht durch falsches Lob beleidigt?

Hier taucht auch die Frage auf, wie mit kritischen Wahrnehmungen umgegangen wird, was ist, wenn das beobachtete Kind ein anderes schlägt, kein Interesse zeigt, spielende Kinder stört – und all das tut, was Kinder eben auch tun. Wertschätzung ist auch hier angebracht, das könnte heißen, sich für das Motiv des Kindes zu interessieren, sich besondere Mühe beim Perspektivwechsel zu geben (Wie könnte es aus der Sicht des Kindes aussehen?), neugierig in den Dialog gehen – dem Kind mitteilen, was einem nicht so gut gefallen hat, worüber man verwundert oder irritiert ist, und seine Meinung dazu wissen wollen. Ein positiver Spiegel verzerrt nicht, beschönigt auch nicht, aber er gibt ein konstruktives Bild wieder, eines, mit dem der Beobachtete etwas anfangen, auf das er aufbauen kann.

In dieser Phase wird der Bezug zu den neuen Bildungs- und Erziehungsplänen wichtig. Der Fokus liegt auf Bildungsinteressen und der Dokumentation von Bildungsprozessen. Das Schreiben einer Lerngeschichte wird geübt. Erste Konsequenzen für pädagogisches Handeln werden überlegt, mit Blick auf entdeckendes Lernen und die Gestaltung einer anregungsreichen Umgebung. Und es muss auch selbstkritisch damit umgegangen werden, wenn erkannt wird, dass der Mangel an Bildungsinteressen nicht im Kind begründet liegt, sondern an einer anregungsarmen Umgebung.

Vertieft wird auch die Verbindung zum pädagogischen Konzept des Situationsansatzes. Dies geschieht vor allem durch die Diskussion von Kriterien für die Wahl eines angemessenen Beobachtungskonzepts und -instruments vor dem Hintergrund der Qualitätsansprüche dieses pädagogischen Ansatzes. (Vgl. den Beitrag von Lipp-Peetz ab S. 12.)

In den nun folgenden Hospitationen kommt zusätzlich Teil II des Darmstädter Beobachtungsbogens zum Einsatz.

Beobachtungsaufgabe II:
Bildungsinteressen und Bildungsprozesse einzelner Kinder
Lerngeschichten für ein Kind formulieren und in den Dialog treten

Hier geht es darum, zu erkennen, was die Kinder bewegt, womit sie beschäftigt sind, was ihre Fragen und Bildungsinteressen sind und wie Lernprozesse dokumentiert und ausgewertet werden. Wichtig ist besonders zu erkennen, was nötig ist, damit es zu einem Dialog mit dem Kind kommt.

Vorgehensweise:
Hospitation – Beobachtung eines Kindes:
- Arbeitsgrundlage: Darmstädter Beobachtungsbogen (Teil I und II) und Lerngeschichten in der Bearbeitung durch das DJI München
- Alle (Studierende und Mentorinnen) beobachten jeweils ein Kind.
- Es wäre klug, wenn mindestens zwei Personen dieselbe Situation beobachteten, damit die Auswertung ergiebiger wird. Ob dies möglich ist, wird vor Ort entschieden.
- Das Kind wird nach Möglichkeit mehrmals (2–3x) am Vormittag für jeweils max. 10 Min. beobachtet.
- Die Erzieherinnen entscheiden, welche Kinder beobachtet werden, und teilen dies den Studierenden mit. (Die Eltern sind vorher informiert und können Einblick nehmen in die – überarbeiteten – Aufzeichnungen. Die Zustimmung der Kinder ist ebenfalls Voraussetzung.)

Dokumentation:
Auf der Basis der dokumentierten und interpretierten Beobachtungen soll eine kleine Lerngeschichte in Form eines Briefes an das Kind geschrieben werden.

Dialog mit dem Kind:
Gemeinsam mit der Mentorin wird eine Form gesucht, wie die Studierende mit dem beobachteten Kind in ein Feedback-Gespräch kommen kann.

Schlussfolgerungen:
Konsequenzen aus der Beobachtung für den Bildungsprozess der Kinder überlegen.

Auswertung vor Ort in der Konsultationskita
Mentorinnen und Studierende „spielen" eine Teamsitzung:
- Zur Vorbereitung ergänzt jede einzelne ihre Aufzeichnung um eine kurze Zusammenfassung.
- Jede liest ihre Aufzeichnungen vor.
- In der Runde werden aus jeder Aufzeichnung mögliche Lernaspekte und Lernbereiche (nach dem Hessischen Bildungs- und Erziehungsplan) herausgearbeitet.
  - Welchem Entwicklungs-/Bildungsbereich lässt sich die beobachtete Aktivität zuordnen?
  - Welches Thema könnte für das Kind besonders interessant sein?
- In einem weiteren Schritt wird überlegt,
  - welche Ziele für das Kind als Nächstes erstrebenswert sein könnten;
  - bei welchen Lernschritten oder Lerndispositionen das Kind Unterstützung braucht;
  - ob das Kind neue Herausforderungen braucht und was dazu beigetragen werden kann;
  - welche Themen ihm „zugemutet" werden könnten.

Hausarbeit
Eine kleine Lerngeschichte / einen Brief an das Kind schreiben.

Auswertung in der Schule
Beteiligt sind die Studierenden, die Mentorinnen und das Kernteam.
- Metakognitive Ebene: Was wurde gelernt? Wie und wodurch wurde es gelernt? Wo bestehen Unsicherheiten? Einschätzung des Beobachtungskonzeptes nach dieser ersten Erfahrung. (Vergleich mit anderen Instrumenten und Kriterien der Wahl)
- Austausch über Lerngeschichten
- Pädagogische Konsequenzen aus den Beobachtungen – Anknüpfen an die erkannten Bildungsinteressen – Mit welchem Ziel? Wie? (Mit Konsequenzen für entdeckendes Lernen und Gestaltung einer anregungsreichen Umgebung)
- Bezug zum Konzept des Situationsansatzes und zum Hessischen Bildungs- und Erziehungsplan
- Selbstreflexion, Feedback und Portfolio-Arbeit

> **Alternative Auswertung**
> Zweite Auswertung in einer Teamsitzung der Konsultationskita, nachdem in der Schule an den Dokumentationen gearbeitet worden ist. Die Studierenden stellen ihre Aufzeichnungen im Team vor und steuern ggf. etwas für das Portfolio des beobachteten Kindes bei.

Phase III: In einer Gruppe herausfinden, was die Kinder bewegt

Schwerpunkt: Eine Kindergruppe beobachten und Ansatzpunkte für entdeckendes Lernen erkennen und erproben

- Inhalte:
  Beobachtung einer Kindergruppe
  Entdeckendes Lernen, fragende und experimentierfreudige Lernkultur
  Anregungsreiche Umgebung ermöglichen (anregungsarme Umgebung erkennen)
  Selbstbildungspotenziale und Bedeutung von Ko-Konstruktion
  Unterschiedliche Beobachtungskonzepte und -instrumente
  Wissensgesellschaft und lebenslanges Lernens

Die bisher erworbenen Kompetenzen sollen nun auf Beobachtung und Begleitung einer Kinder*gruppe* übertragen werden. Es geht nach wie vor um die Themen der Kinder und darum, was und wie sie lernen. Pädagogische Schlussfolgerungen sollen für den Bereich des entdeckenden Lernens gezogen und erprobt werden. Dadurch, dass zu dieser Phase ein sechswöchiges Praktikum gehört, haben die Studierenden die Zeit und Gelegenheit, aus ihren Erkenntnissen Konsequenzen für praktisches Handeln zu ziehen. Sie können Dialogerfahrungen mit Kindern sammeln, sich im Begleiten oder Initiieren entdeckenden Lernens erproben oder Impulse für eine anregungsreiche Umgebung geben.

Das vierwöchige Blockpraktikum in einer Tageseinrichtung für Kinder schließt mit einer Hausarbeit ab. Dieser Leistungsnachweis gilt für die Fächer Sozialpädagogische Grundlagen und Sozialpädagogische Konzepte und Strategien. Er beinhaltet die Dokumentation einer Beobachtung und den anschließenden Prozess entdeckenden Lernens.

In der theoretischen Phase zu diesem Teil Beobachtung III wird auch das Fach Soziologie einbezogen: Hintergründe für die Aktualität des Themas, wie die Anforderungen einer Wissensgesellschaft, Folgen der PISA-Studie und Erkenntnisse des Bildungs- und Wissensdelphi, werden im Unterricht bearbeitet.

Beobachtungsaufgabe III:
In einer Gruppe herausfinden, was die Kinder bewegt
Eine Kindergruppe beobachten und Ansatzpunkte für entdeckendes Lernen erkennen und erproben

Hauptaufgabe in diesem Praktikum ist, eine Kinder*gruppe* zu beobachten, um zu erkennen, was die Kinder bewegt, womit sie sich beschäftigen, und daraus erste Konsequenzen für pädagogisches Handeln im Sinne entdeckenden Lernens zu ziehen. Es geht darum, Umsetzungsmöglichkeiten des Bildungsauftrages zu erproben.

1. Beschreibung der Institution und der Familien

2. Beobachten, Beschreiben und Analysieren einer Kindergruppe
- Verwenden Sie dazu den Darmstädter Beobachtungsbogen Teil I und II
- Diskutieren Sie mit Ihrer Anleiterin / Ihrem Anleiter Ihre Erkenntnisse.
- Beschreiben Sie, wie Sie das Feedback an die Kinder gestalten konnten.

3. Pädagogisches Handeln im Sinne von entdeckendem Lernen
Greifen Sie eines der erkannten Themen auf und begeben Sie sich mit den Kindern auf den Weg des entdeckenden Lernens. Denken Sie dabei an die Kunst des Fragens. Es soll kein Projekt sein (dafür ist Ihr Praktikum zu kurz), es geht vielmehr um die Erfahrung des gemeinsamen Forschens und Erkundens. Wichtig ist, dass Sie die Schritte *mit den Kindern* gehen.

Schreiben Sie diese Situation möglichst genau auf:
- Was ist Ihnen aufgefallen, wodurch? Was war die Frage / das Interesse der Kinder?
- Wie sind Sie darauf eingegangen, was waren Ihre Impulsfragen?
- Welche Ideen kamen von den Kindern?
- Wo hat es gestockt, wie sind Sie damit umgegangen?

Reflektieren Sie die methodische Vorgehensweise mit der Anleiterin, und notieren Sie Ihre Erkenntnisse aufgrund dieser Reflexion.

Setzen Sie Ihre Erkenntnisse mit den Bildungsbereichen des Hessischen Bildungs- und Erziehungsplanes in Beziehung.

Wichtig ist nicht, dass Sie eine „Erfolgsstory" abliefern; auch aus weniger gelungenen Beispielen kann gelernt werden, wenn man sie gut reflektiert.

Literatur zum Schlüsselthema „Beobachtung und Dokumentation in einem neuen Bildungsverständnis"

Das vorliegende Buch „Praxis Beobachtung – Auf dem Weg zu individuellen Bildungs- und Erziehungsplänen" ist Pflichtlektüre für alle Studierenden. Es wird ergänzt um nachstehende Beiträge:

Beobachtung I: Wahrnehmen und Beschreiben, ohne zu interpretieren
Beobachtung eines Kindes, Selbstreflexion und erste Feedback-Gespräche

Hartkemeyer, M. und J./Dhority Freeman, L.: Miteinander denken. Das Geheimnis des Dialogs, Stuttgart 1998, insb. Die zehn Kernfähigkeiten im Dialog, S. 79-104

Kobelt Neuhaus, Daniela: Obacht! Falle! Stolpersteine beim Beobachten, in TPS, Heft 4/1997, S. 203-207

Beobachtung II: Bildungsinteressen und Bildungsprozesse einzelner Kinder
Lerngeschichten für ein Kind formulieren und in den Dialog treten

Heck, Anne: Themen der Kinder. Bildungsprozesse der Wahrnehmung und Bewegung, in: Laewen, Hans-Joachim/Andres, Beate: Forscher, Künstler, Konstrukteure. Werkstattbuch zum Bildungsauftrag von Kindertageseinrichtungen, Berlin/Düsseldorf/Mannheim 2004, insb. S. 88-100

Hessisches Sozialministerium/Hessisches Kultusministerium (Hrsg.): Bildung von Anfang an. Bildungs- und Erziehungsplan für Kinder von 0 bis 10 Jahren, Wiesbaden, August 2005 – Auszüge

Leu, Hans Rudolf: Zum Bildungsauftrag von Kindertagesstätten, DJI Bulletin 60/61 2002, S. 8-12

Preissing, Christa (Hrsg.): Qualität im Situationsansatz. Qualitätskriterien und Materialien für die Qualitätsentwicklung in Kindertageseinrichtungen, Weinheim 2003, ausgewählte Grundsätze

Beobachtung III: In einer Gruppe herausfinden, was die Kinder bewegt
Eine Kindergruppe beobachten und Ansatzpunkte für entdeckendes Lernen erkennen und erproben

Elschenbroich, Donata/Schweizer, Otto: Das Rad erfinden. Kinder auf dem Weg in die Wissensgesellschaft. Film, 50 Minuten. Frankfurt/M. 1999

Hessisches Sozialministerium/Hessisches Kultusministerium (Hrsg.): Bildung von Anfang an. Bildungs- und Erziehungsplan für Kinder von 0 bis 10 Jahren in Hessen, Wiesbaden, August 2005 – Auszüge

Klein, Lothar: „Und warum ist das so?" Kinderfragen Raum und Zeit geben, in: kiga heute 4/2004, S. 20-25

Martin, Ernst/Wawrinowski, Uwe: Beobachtungslehre, Weinheim 1991 – Auszüge

Schäfer Gerd E.: Beobachten und Dokumentieren in KiTas. Umsetzung des neuen Bildungsverständnisses, in: kiga heute 8/2004, S. 6–15

Textor, Martin R.: Kindergarten – das Tor zur Bildung. Die nächste Generation auf die Wissensgesellschaft vorbereiten, in: Welt des Kindes 6/1999, S. 28 ff.

(Zu allen Arbeitsphasen gibt es ergänzend Arbeitspapiere)

Zur weiteren Vertiefung empfohlen

Bertelsmann Stiftung (Hrsg.): Guck mal! Bildungsprozesse des Kindes beobachten und dokumentieren, Gütersloh 2005

Kazemi-Veisari, Erika: Kinder verstehen lernen. Wie Beobachten zu Achtung führt, München 2004

Lerngeschichten. Beobachten und Dokumentieren. TPS Themenheft 4/2006

Strätz, Rainer/Demandewitz, Helga: Beobachtung und Dokumentieren in Tageseinrichtungen für Kinder, Berlin/Düsseldorf/Mannheim 2005 (5. Auflage)

Viernickel, Susanne/Völkel, Petra: Beobachten und Dokumentieren im pädagogischen Alltag, Freiburg 2005

Auszüge aus Praxisberichten

Wie kann ein solcher Beitrag über das Curriculum „Beobachtung und Dokumentation" in der Erzieherinnen-Ausbildung anders enden als damit, Studierende selbst zu Wort kommen zu lassen? Hier nun zwei Kostproben aus Praxisberichten junger Nachwuchskräfte im ersten Jahr ihrer Ausbildung.

Siri Knappe: Eine Krone für die Schwester
(Auszug aus einem Praxisbericht der Unterstufe)

Beschreibung der Situation

Als ich gerade am Bauwagen stand, um eine Information für die Eltern aufzuhängen, bemerkte ich, wie ein vierjähriger Junge, Lars*, am Boden saß und weinte. Ich legte meine Sachen beiseite, um nach ihm zu sehen. Er hielt in seiner rechten Hand eine Schere und in der linken Hand ein zerrissenes Blatt Papier. Ich setzte mich zu ihm auf den Boden und fragte vorsichtig, was ihn so traurig mache. Er wischte sich mit seinem Handrücken die Tränen weg und antwortete mir zuerst nur, dass jetzt alles kaputt sei. Auf meine Nachfrage zeigte er mir das Blatt Papier. Er holte tief Luft und erzählte mir, dass er gerade eine

Krone, die er vorher aufgemalt hatte, ausschneiden und für seine Schwester basteln wollte. Doch als er fast fertig war, rutschte er mit der Schere aus und riss das Blatt Papier kaputt. Als ich gerade antworten wollte, fügte er hinzu, dass er die Krone jetzt wegschmeißen könne.

Ich nahm die fast fertige Krone in die Hand und fragte ihn, ob wir sie wirklich wegwerfen sollten. Er überlegte kurz und sagte dann, dass sie doch eh kaputt sei. An diesem Punkt gab ich ihm die Krone in die Hand und bat ihn, sich die Krone einmal ganz genau anzuschauen und dann zu überlegen, ob es nicht vielleicht doch eine Möglichkeit gebe, das Geschenk für seine Schwester zu retten.

Er nahm das Blatt Papier entgegen und sah sie sich tatsächlich noch einmal gründlich an. Er lächelte und fragte mich, ob man sie nicht einfach wie ein Puzzle mit Tesafilm zusammenkleben könne. Ich zuckte mit den Schultern und meinte, dass ich das noch nie ausprobiert hätte, er aber bestimmt wüsste, wie man herausfinden könnte, ob es funktioniert.

Er stand vom Boden auf und lief in den Bauwagen. Nach wenigen Minuten kam er mit einer Rolle Tesafilm zurück und sagte, er könne es einfach mal versuchen. Ich bestärkte ihn in seiner Idee. Er setzte sich also wieder zu mir und schnitt ein langes Stück Tesafilm von der Rolle ab. Er nahm die Krone und setzte die zwei Papierstücke aneinander. Anschließend klebte er den Tesafilmstreifen darüber. Er nahm die Schere und schnitt den restlichen Teil der Krone aus. Erst betrachtete er seine Krone, dann zeigte er sie mir und sagte, dass das doof aussehe. Ich fragte ihn nach dem Grund. Er sah sie sich ein weiteres Mal an und begründete seinen Entschluss damit, dass man den Tesafilm viel zu deutlich erkennen könne und man außerdem nicht mit dem Filzstift darübermalen könne. Er berichtete mir, dass er das schon einmal ausprobiert habe.

Ich sah Lars mit großen Augen an und fragte ihn, was wir jetzt mit der Krone machen sollten. Er legte die Krone auf den Boden und versuchte vorsichtig, den Tesafilm wieder von dem Papier zu lösen. Zu meiner Verwunderung gelang es ihm sehr gut, zwar riss die Oberfläche des Blattes an manchen Stellen etwas ein, aber das schien ihn nicht zu stören.

Als er den Tesafilmstreifen vollständig entfernt hatte, fragte er mich, was wir jetzt ausprobieren könnten. Ich zuckte ein weiteres Mal mit den Schultern, um ihn zum Nachdenken anzuregen. Ich sah ihn an und erwähnte, dass mir nichts einfallen würde, ich mir aber vorstellen könne, dass er eine gute Idee habe. Er nahm das größere Stück der Krone und begann, mir von seiner Idee zu berichten. Er meinte, dass man die Ränder der Krone ordentlich abschneiden könnte, damit sie etwa so lang sei wie die Stirn seiner Schwester. Anschließend kam er auf die Idee, dass er links und rechts von der Krone zwei Löcher machen mochte, um dann ein Gummiband daran zu befestigen, damit die Krone auf dem Kopf seiner Schwester hielt. Zum Schluss fügte er noch hinzu, dass die meisten Prinzessinnenkronen sowieso nur halbrund seien und nicht um den ganzen Kopf gewickelt werden.

Ich fand seine Idee großartig und gab ihm das auch zu erkennen. Er lachte, rannte in den Bauwagen und holte sich die nötigen Materialien. Nach ca. 5 Minuten kam er zurück, setzte sich wieder zu mir und begann die Ränder der Krone abzuschneiden. Er nahm eine kleine Nadel, um die Löcher links und rechts zu stechen. Bei dieser Tätigkeit war ich ihm eine kleine Hilfe, weil er nicht wusste, wie man das Blatt Papier halten soll, um sich nicht in den Finger zu pieksen. Das Durchfädeln des Gummibandes und auch das Zusammenknoten der beiden Endstücke meisterte er jedoch ganz allein. Zum Schluss sah ich Lars noch zu, wie er seine Krone mit Filzstiften bunt anmalte. Besonders gerührt hat mich der Moment, als seine Mutter zusammen mit seiner Schwester Ines zum Abholen kam und Lars seine Krone schnappte, um sie Ines* zu schenken. Dem Gesichtsausdruck seiner Schwester konnte ich entnehmen, dass sie sich sehr darüber freute. Meiner Meinung nach war das für Lars ein sehr wichtiger Moment, weil er sehr stolz auf seine Krone war.

Reflexion

Als Lars mir anfangs unter Tränen sagte, dass er die Krone wegwerfen könne, hatte ich die Befürchtung, dass er dies auch tun würde. Aber mit der Zeit wurde mir klar, dass ich durch gezielte Fragen seinen Ehrgeiz, die Krone für seine Schwester fertig zu machen, anregen konnte. Ich habe ihm durch meine Fragen lediglich einen Anreiz zum Nachdenken gegeben, die Ideen jedoch entwickelte er ganz allein. Ich hatte, wie bereits erwähnt, nur am Anfang das Gefühl, dass das gemeinsame Forschen nach anderen Ideen stocken könnte, konnte aber schnell erkennen, dass er sich darauf einlassen wollte. Anschließend kamen seine Ideen, wie man sagt, „wie am Schnürchen". Ich glaube, dass dieses Erlebnis, dass er es geschafft hat, seine Krone zu retten, für sein Selbstwertgefühl eine wichtige Rolle gespielt hat.

(* Namen geändert)

Sara Racano: „Kommst du aus Nepal?"
(Auszug aus einem Praxisbericht der Unterstufe)

Es war während des Frühstücks auf einer großen Wiese. Heute machte Frau B. die Vertretung. Die Gruppe war sehr ruhig und konzentriert. Thomas, drei Jahre und ein Einzelkind, fing an, Frau B. Fragen zu stellen:

Thomas: „Kommst du aus Nepal?"
Frau B.: „Nein."
Thomas: „Bist du eine Deutsche?"
Frau B.: „Ja."
Thomas: „Aber in Nepal sprechen die kein Deutsch."

Thomas: „Wo ist dein Mann?"
Frau B.: „Ich habe keinen Mann."
Thomas: „Und warum nicht? – Hast du Kinder?"
Frau B.: „Nein."
Thomas: „Dann bist du arm?"
Frau B.: „Nein, warum? Ich werde immer von vielen Kindern besucht. Da bin ich wieder reich."
Thomas: „Und wo ist dein Mann?"
Frau B.: „Ich habe keinen Mann, aber ich habe viele liebe Freunde und Freundinnen."

Reflexion

Ich habe Thomas in der Situation als interessiert und flexibel wahrgenommen. Er formulierte die Fragen an Frau B. klar und entwickelte das Interview aus seiner Sicht weiter. Dabei hat er gehört, dass nicht jeder Mensch auf der Welt in einer Partnerschaft lebt. Er weiß, dass Menschen heiraten, denn seine Eltern sind verheiratet. Er geht davon aus, dass andere es auch sein müssen, und hat nun von einer anderen Realität gehört.

Seine Fragen zeigen nicht nur, dass er sich auf sein Wissen stützt, sondern auch, dass er nicht aus der Ruhe gebracht wird. Man kann ihm ansehen, dass er etwas verwirrt ist, als Frau B. ihm erklärt, nicht verheiratet zu sein und keine Kinder zu haben. Das passt nicht zu seinem Weltbild. Während der Fragen an Frau B. schaut Thomas ihr in die Augen. Er scheint sehr konzentriert, um alles zu begreifen. Er vergisst die Welt um ihn herum und wirkt sehr vertieft in das Gespräch. Ich fand es spannend zu hören, wie er sich ausdrückte. Er zeigt in seiner Art zu fragen Ausdauer und Sprachkompetenz. Er lässt nicht locker und fragt immer weiter.

Interessant fand ich seinen Gesichtsausdruck, den ich als sehr nachdenklich, verblüfft, erstaunt und auch verdutzt wahrnahm. Die Unterhaltung fand sowohl auf der verbalen als auch nonverbalen Ebene statt. Thomas ging aus von seinen Erfahrungen und konstruierte sein Bild von der Welt weiter.

Cornelia Becker, Christine Lipp-Peetz

5.3 Darmstädter Beobachtungsbogen mit Fokus Bildungsbereiche — Langfassung

„Bildung von Anfang an ist eines der herausragendsten Themen unserer Zeit." (Hess. Bildungs- und Erziehungsplan 2005, S. 19) Entsprechend gibt es eine Menge Beobachtungsinstrumente, die darauf fokussiert sind, Bildungsprozesse von Kindern unter die Lupe zu nehmen.

Gut entwickelte Instrumente verbinden sich für uns mit
- den Lerngeschichten von Margaret Carr, die im Deutschen Jugendinstitut auf ihre bundesrepublikanische Tauglichkeit hin überprüft wurden;
- den Beobachtungsbögen von Laewen/Andres;
- der Engagiertheitsskala nach Laevers;
- den Selbstbildungspotenzialen nach Schäfer/Strätz;
- den Materialen zur Qualitätssicherung der INA gGmbH für die Vereinigung der Hamburgischen Tagesstätten für Kinder;
- den Kinderbeobachtungen des Pestalozzi-Fröbel-Hauses in Berlin.

Alle diese gut dokumentierten Beobachtungshilfen sind jeweils auf der Höhe der Zeit und aus aktuellen Bedürfnissen und fachlichen Diskursen heraus entstanden. (Viernickel/Völkel, S. 80 ff. bieten einen guten Überblick dazu.)

Warum schlagen wir einen weiteren Bogen vor?

In den genannten Materialien, so gut sie unter bestimmten Aspekten auch sind, fehlt jeweils ein uns wichtiger Aspekt: Entweder wird nicht ausdrücklich zur Selbstreflexion aufgefordert oder es wird auf den Dialog mit dem Kind verzichtet (zwei zentrale Kriterien, wenn man nach dem Situationsansatz arbeitet, vgl. Lipp-Peetz, S. 12 ff. in diesem Band). Und überall fehlt der direkte Bezug zu den Bildungsbereichen der neuen Bildungs- und Erziehungspläne. Darauf nun haben wir unseren Schwerpunkt gelegt: Auf der Grundlage des Beobachtungsbogens von Laewen / Andres ermuntern wir dazu, den Blick zu weiten und sich auf einzelne Inhalte und Ziele der Bildungsprogramme einzulassen. Exemplarisch wird dies am Hessischen Bildungs- und Erziehungsplan vorgestellt. (Für Berlin wird gegenwärtig eigenes Material entwickelt, vgl. ISTA/INA gGmbH.)

Die Langfassung des Beobachtungsbogens ist in drei Teile unterteilt, die den Ausbildungsphasen des Darmstädter Erzieher-Curriculums entsprechen (vgl. S. 252 ff. in diesem Buch). In einem dritten Teil enthält er Schlussfolgerungen, die aus den ersten beiden Teilen gezogen werden können. In der Praxis ist zu entscheiden, welcher Teil des Beobachtungsbogens zum eigenen Beobachtungsziel passt. Diese *Langfassung* eignet sich sowohl für den Einstieg in das Beobachtungsthema zum Üben als auch für wiederkehrende gründliche Beobachtungsphasen.

Zusätzlich gibt es eine *Kurzversion* („Darmstädter Beobachtungsbogen – kompakt", s. S. 282) für den täglichen Gebrauch, hier wurde der Vierspalter von Kobelt Neuhaus zugrunde gelegt (unveröffentl. Arbeitspapier).

Darmstädter Beobachtungsbogen
Teil I

Kontext

Beobachtungssequenz-Nr. _____   Datum: _____

Uhrzeit: von .... bis ....

Ort: _____

Name des Kindes / der Kinder: _____

Beobachter/in: _____

Welche Kinder sind beteiligt?

Welche Erwachsenen sind beteiligt?

Gibt es einen Anlass / besonderes Interesse / konkrete Fragen
für die Beobachtung?

☐ Spontane Beobachtung

☐ Geplante Beobachtung

Welche Informationen über einen möglichen Hintergrund können hilfreich sein?

Darmstädter Beobachtungsbogen zum Hess. Bildungs- und Erziehungsplan,
bearbeitet von Christine Lipp-Peetz und Cornelia Becker

Teil I

Beschreibung

Was macht / sagt das Kind*?
(Möglichst genaue Beschreibung ohne Interpretationen)

Bei Beobachtung von mehreren Kindern sind alle folgenden Fragen auf die Gruppe zu erweitern.

Darmstädter Beobachtungsbogen zum Hess. Bildungs- und Erziehungsplan,
bearbeitet von Christine Lipp-Peetz und Cornelia Becker

Teil I

Selbstreflexion

Was löst die Situation in mir aus?

Was empfinde ich? (z. B. Ärger, Mitgefühl, Neugierde, Freude)

Woher könnte das Gefühl kommen? (biografische Erinnerungen, äußere Einflüsse, Empathie ...)

Hat mich etwas irritiert?

Gibt es Vor-Einschätzung, Vor-Erfahrungen bzw. -Erwartungen bezüglich des Verhaltens des Kindes?

Mit welchem Fokus nehme ich die Situation wahr?
(Bspw. mit Schwerpunkt auf Geschlechterdifferenzen, motorische Entwicklung, Beziehungsqualitäten, Verhaltensauffälligkeiten ...)

Darmstädter Beobachtungsbogen zum Hess. Bildungs- und Erziehungsplan,
bearbeitet von Christine Lipp-Peetz und Cornelia Becker

Teil I

Perspektivenwechsel

Wenn ich versuche, mich in die Situation hineinzuversetzen,

- wie könnte das Kind sich fühlen?

- was könnte dem Kind wichtig sein?

- welche Themen könnten es interessieren?

- worauf könnte es stolz sein?

> **An dieser Stelle könnte es bereits ein erstes Feedback an das Kind geben.**

Darmstädter Beobachtungsbogen zum Hess. Bildungs- und Erziehungsplan, bearbeitet von Christine Lipp-Peetz und Cornelia Becker

Teil II — auswählen!

Interpretation

Die Interpretation des Beobachteten geschieht nun mit einem Fokus auf Bildungsprozesse; hier in Anlehnung an den Hess. Bildungs- und Erziehungsplan. In Bayern, Brandenburg und anderswo müssten die Inhalte und Ziele der jeweiligen Pläne, Programme oder Empfehlungen entsprechend in Beobachtungsfragen übersetzt werden.

Dabei ist es für die Beobachtung hilfreich auszuwählen, welche „Brille" man aufsetzen will oder im Laufe der Beobachtung auswählt. Denn auf alles gleichermaßen achten zu wollen, ist unmöglich. Die Wahl der Brille hängt mit dem Beobachtungsziel zusammen: Warum beobachte ich dieses Kind, was will ich genauer betrachten (warum?), oder was fällt mir bei einer Beobachtung auf, so dass ich mich daraufhin entscheide, z. B. sorgsam auf Bewegung, Kreativität oder Fragen nach Gott oder dem Sinn des Lebens zu achten.

In der Auswertung helfen die differenzierten Fragen, die Aussagekraft des Wahrgenommenen auszuloten. Die Fülle der Bildungsbereiche kann hin und wieder als Checkliste genutzt werden, um eigene blinde Flecken aufzuspüren. Zum Beispiel zeigt die Erfahrung, dass Erzieherinnen gerne auf soziale Interaktionen achten und dafür eine differenzierte Wahrnehmung an den Tag legen. Dagegen wird das, was mit naturwissenschaftlichem oder mathematischem Interesse zusammenhängen könnte, oft übersehen.

Unser Anliegen ist es, Themen, Interessen und Ressourcen der Kinder zu entdecken, um ihnen möglichst vielseitige und auf ihre individuelle Entwicklung bezogene Bildungschancen zu bieten.

> **Wenn Sie den Eindruck haben, dass die beobachtete Situation oder die Umgebung wenig geeignet war, Bildungsinteressen des Kindes zu unterstützen, dann ist es verschenkte Zeit, die einzelnen Bildungsbereiche durchzugehen. Hier lohnt es sich vielleicht eher, der Frage nachzugehen, ob die Umgebung zu wenig Anreize bietet, woran das liegen und wie es verändert werden könnte.**

Darmstädter Beobachtungsbogen zum Hess. Bildungs- und Erziehungsplan, bearbeitet von Christine Lipp-Peetz und Cornelia Becker

Teil II — auswählen!

Interpretation

1. **Emotionalität und Beziehung**
   Wie hat das Kind Gefühle geäußert?
   Wie hat das Kind auf die Gefühle anderer reagiert?
   Wie bewegt es sich in der sozialen Situation?

2. **Gesundheit und Bewegung**
   Wo und wie hat das Kind Körperbewusstsein gezeigt?
   Wie hat es sich reguliert, entspannt oder angestrengt?
   Wie hat es körperliche Anforderungen bewältigt?

3. **Allgemeine Lebenspraxis**
   Welche alltagspraktischen Tätigkeiten hat das Kind ausgeübt?
   Wie hat es sein Können geübt, erweitert, abgewandelt?
   Wann und weshalb hat das Kind aufgegeben?

Darmstädter Beobachtungsbogen zum Hess. Bildungs- und Erziehungsplan,
bearbeitet von Christine Lipp-Peetz und Cornelia Becker

Teil II – auswählen!

Interpretation

4. **Sprache und Kommunikation**
   Wie und mit welchem Wortschatz hat das Kind sich ausgedrückt?
   Wie hat das Kind auf Fragen, Kommentare reagiert?
   Wie hat es einen Dialog gestaltet (auch nonverbal)?

5. **Kreativität und Ausdrucksfähigkeit**
   Wo und wie hat das Kind Phantasie / Kreativität gezeigt?
   Welche Formen der Kreativität hat es gezeigt?
   Wie hat es sich ausgedrückt?

6. **Naturwissenschaftliches Interesse**
   Zeigt das Kind Lust am Experimentieren?
   Welche naturwissenschaftlichen Phänomene beschäftigen es?
   Welche Erklärungsmodelle/-versuche erprobt es?

7. **Normen, Werte und Religiosität**
   Wo und wie hat das Kind Wertschätzung oder moralisches Handeln gezeigt?
   Nach welchen Normen / Regeln hat es sich verhalten oder sie verändert?
   Mit welchen Sinnfragen / religiösen Erfahrungen beschäftigt es sich?

Darmstädter Beobachtungsbogen zum Hess. Bildungs- und Erziehungsplan,
bearbeitet von Christine Lipp-Peetz und Cornelia Becker

Teil II – auswählen!

Interpretation

8. **Selbstwirksamkeit, Partizipation und Verantwortung**
   Wo und wie hat das Kind Situationen beeinflusst, sich durchgesetzt?
   Wo und wie hat das Kind sich mit anderen Interessen arrangiert?
   Wie ist Verantwortung für andere / die Gruppe sichtbar geworden?

9. **Belastungen und Widerstandsfähigkeit**
   Mit welcher Belastung musste sich das Kind auseinandersetzen?
   Wie ist es mit Veränderungen, Störungen von außen umgegangen?
   Auf welche Art und Weise zeigt es Bewältigungsfähigkeiten?

10. **Erkenntnisinteresse und lernmethodische Kompetenzen**
    Welchen Fragen geht das Kind nach?
    Wie reagiert es auf Impulse und Anreize von außen?
    Wie verarbeitet es neues Wissen, und was macht es aus Erfahrungen?
    Über welche Lerndispositionen (nach Carr) verfügt es?
    Wie zeigt es Engagiertheit (nach Laevers)?

11. Ein anderer Aspekt, auf den ich geachtet habe (bzw. was mir sonst noch aufgefallen ist):

Darmstädter Beobachtungsbogen zum Hess. Bildungs- und Erziehungsplan,
bearbeitet von Christine Lipp-Peetz und Cornelia Becker

Teil III

Dialog mit dem Kind

Entweder direkt im Anschluss oder nach mehreren Sequenzen, die zu einer Lerngeschichte verarbeitet worden sind – der Zeitpunkt kann unterschiedlich sein –, gebe ich dem Kind Feedback über das Beobachtete. Dabei achte ich auf wertschätzende Formulierungen und zeige Interesse an den Kommentaren des Kindes. Diese werden den Beobachtungen hinzugefügt:

Datum:

Dialog mit den Eltern

Gibt es Kommentare, Fragen, Ideen der Eltern zu diesen Beobachtungen?

Dialog mit Kolleginnen / Kollegen

Gibt es Kommentare, Fragen, Ideen der Kolleginnen / Kollegen zu diesen Beobachtungen?

Darmstädter Beobachtungsbogen zum Hess. Bildungs- und Erziehungsplan, bearbeitet von Christine Lipp-Peetz und Cornelia Becker

Teil III

Schlussfolgerungen

Folgende neue Erkenntnisse oder Ideen (auch aufgrund der Auswertung mit Kolleginnen und Kollegen) sind mir für die weitere Arbeit gekommen (Themen, Interessen, Stärken und Förderbedarf des Kindes, mögliche neue Herausforderungen bzw. Förderung):

Welche Ziele erscheinen mir für das Kind erstrebenswert, damit es mehr über sich, die Welt oder andere Menschen in Erfahrung bringen kann?

Welche Impulse und Handlungsmöglichkeiten sind angemessen? (Gestaltung des Alltags, für Räume und Material, für Spielmöglichkeiten, Projekte, Exkursionen nach außen, Einladung von Expertinnen ...)

> **Weiteres Vorgehen:**
> Ist das vorliegende Material ausreichend für eine Lerngeschichte oder sollten weitere Lernsequenzen zusammengetragen werden?
> Wie könnte eine Dokumentation für das Portfolio aussehen?
> Gibt es neue Fragen oder Schwerpunkte für weitere Beobachtungen?

Darmstädter Beobachtungsbogen zum Hess. Bildungs- und Erziehungsplan, bearbeitet von Christine Lipp-Peetz und Cornelia Becker

Cornelia Becker, Christine Lipp-Peetz

5.4 Darmstädter Beobachtungsbogen – kompakt

Beschreibung
Was macht oder sagt das Kind*?

Selbstreflexion
Was empfinde ich?
Welche (Vor-)Einschätzungen bringe ich mit?

Perspektivenübernahme
Wie könnte das Kind sich fühlen, worauf könnte es stolz sein, was könnte es gebrauchen?

Interpretation
Welche Ressourcen, Themen und Interessen des Kindes kann ich erkennen?

Dialog
Wie kommentiert das Kind die Beobachtung im Feedback? (Ggf. Dialog mit Kolleginnen und Eltern)

Schlussfolgerungen
Welche Ziele, Impulse und Handlungsmöglichkeiten sind sinnvoll?

Neue Fragen:

* Bei Beobachtung mehrerer Kinder sind die Fragen auf die Gruppe zu erweitern.

Karola Bicherl

5.5 „Nun beobachtet mal!"
Ein Konzept für Teamfortbildungen

Es steht in allen Bildungsplänen der Länder: Beobachtung soll zukünftig zum Lernalltag in den Tageseinrichtungen für Kinder gehören. Wie setzen Erzieherinnen die an sie gestellten Forderungen in ihrer Praxis um? Mit dem Appell der Leiterin „Nun beobachtet mal!" ist es nicht getan. Im Team müssen Sinn und Zweck des Beobachtens erörtert und Möglichkeiten entwickelt werden, welche Formen der Beobachtung in der jeweiligen Kindertageseinrichtung praktiziert werden können.

Dafür ist den Erzieherinnen ein Zeitkontingent zur Verfügung zu stellen. Eine zwei- bis dreitägige Teamfortbildung, in der sie sich mit unterschiedlichen Beobachtungskonzepten auseinandersetzen können, schafft einen guten Start für gemeinsames Beobachten.

Das folgende, für zwei Tage konzipierte Fortbildungskonzept kann auf drei Tage verlängert werden, dann hat man für die einzelnen Arbeitseinheiten etwas mehr Zeit.

Ein Schwerpunkt dieser Fortbildung ist die biografische Auseinandersetzung mit dem Thema. Diese Selbstreflexion ist Grundlage für die Achtung der Kinder.

Teamfortbildung zur Praxisbeobachtung

1. Tag

Zeit	Ziel	Inhalt	Methode	Material
9.00	Ankommen, Begrüßung	Begrüßung, Vorstellung des Fortbildungsverlaufs	Stuhlkreis	Flipchartpapier
	Einstieg: Derzeitiges Befinden feststellen	Wie fühle ich mich? – Äußerungen mit Hilfe von Postkarten	Jede Teilnehmerin wählt aus diversen Karten eine aus und äußert in Bezug auf die Abbildung ihre Befindlichkeit	Postkarten
9.15	Erwartungen formulieren	Was wünsche ich mir inhaltlich von den zwei Tagen?	Jede Teilnehmerin schreibt auf vorbereitete Kärtchen ihre Erwartungen. Die	Kärtchen Wandzeitung dicke Fasermaler

Zeit	Ziel	Inhalt	Methode	Material
			Kärtchen werden von der Verfasserin vorgelesen und zu einer Wandzeitung geklebt. Sie bleiben während der Fortbildungstage präsent.	
9.30	Beobachtungsexperiment Bezug zum Thema „Beobachtung" herstellen Erkenntnis	Nuss: Jede Teilnehmerin nimmt sich eine Nuss und erhält den Auftrag, diese genau zu betrachten und aufzuschreiben: Was ist das Besondere an meiner Nuss? (4 Min.)	Einzelarbeit	Walnüsse, Anzahl nach Gruppengröße, fünf Nüsse mehr als Teilnehmerinnen. Schüssel oder Korb für die Nüsse.
		Es finden sich Paare zusammen, betrachten die Nuss der Partnerin und beschreiben gegenseitig: Was finde ich besonders an deiner Nuss und umgekehrt?	Paare	
		Frage: Habt ihr etwas Neues über eure Nuss erfahren? Mündliche Rückmeldung.	Plenum Diskussion	
		Die Nüsse werden wieder eingesammelt.	Plenum	
		Höhepunkt des Experimentes: Die eigene Nuss wiederfinden.		
		Frage an die Teilnehmerinnen: „Was hat dieses Experiment mit Ihrer Arbeit zu tun?"[1]	Diskussion, wichtige Erkenntnisse auf Wandzeitung festhalten	Wandzeitung
10.00	Pause			
10.15	Warum Beobachten wichtig ist und was Beobachten mit Bildung zu tun hat	Input: Referat zum Thema Selbstbildungsprozesse – Beobachtung	Fachvortrag der Fortbildungsleiterin	Siehe Beiträge in diesem Buch[2] Overheadprojektor / Folien
10.45	Was hat Beobachten mit mir zu tun?	Biografische Vorbereitung und Konsequenzen	Einzelarbeit	Arbeitsblatt erstellen[3]

1 Das Beobachtungsexperiment mit der Nuss stammt ursprünglich von Jana Köpnick, Zentrum Kita Fachberatung Wolfsburg.
2 Artikel in diesem Buch, diverse Fachzeitschriften und Laewen / Andres 2002
3 Bicherl 2006

"Nun beobachtet mal!"

Zeit	Ziel	Inhalt	Methode	Material
	Eigenen Standpunkt zum Thema erkennen und benennen	• Brainstorming zum Thema „Beobachten": Was fällt mir dazu ein? • Stellen Sie sich vor, Sie werden beobachtet; welche *positiven* Gefühle löst das bei Ihnen aus und warum? • Stellen Sie sich vor, sie werden beobachtet; welche *negativen* Gefühle löst das bei Ihnen aus und warum?	jede Teilnehmerin schreibt ihre Gedanken auf das vorbereitete Arbeitsblatt	
		Austausch in den Stammgruppen und Frage: Welche Konsequenzen haben meine Erkenntnisse für meine Arbeit mit den Kindern?	Stammgruppenarbeit – Wenn Sie in Ihrem Team keine Stammgruppen haben, bilden Sie Kleinteams	
			Plenum – Rückmeldung	
11.30	Handwerkszeug kennenlernen und ausprobieren	Vorstellung verschiedener Hilfsmittel zur Beobachtung *Videokamera* – das Beobachtungsinstrument, mit dem Aufzeichnungen mit Kindern und Eltern nachvollzogen werden können *Fotoapparat/Digitalkamera* – Bilder zeigen Momentaufnahmen *Block und Stift* – Beobachtungen werden während oder nach der Beobachtungsphase aufgeschrieben *Diktiergerät* – Beobachtungen werden aufgesprochen, der Blick bleibt frei *Karteikarte, Hängeordner, Ordner* – Aufbewahrung von Beobachtungsdokumentationen *Lupe* – Symbol für genaues Hinschauen *Rahmen* – Symbol für die Beobachtung einer besonderen Raumsequenz oder einer Gruppe	Plenum	Videokamera, Fotoapparat, Block, Stift, Karteikarte, (Hänge-)Ordner, Lupe, Diktiergerät, Rahmen …

Zeit	Ziel	Inhalt	Methode	Material
	Ich finde mein Beobachtungswerkzeug	Ausprobieren	Die Teilnehmerinnen experimentieren mit den Materialien	
12.00		Mittagspause		
13.00	Beobachtungsübung	Bilden Sie einen Innen- und Außenkreis. Sehen Sie Ihr Gegenüber sehr genau an (2 Min.). Drehen Sie sich beide voneinander weg. Verändern Sie beide etwas an sich, drehen Sie sich wieder um und sehen Sie sich an. Schauen Sie, was Ihr Gegenüber verändert hat und teilen Sie es ihm mit. Die Teilnehmerinnen im Außenkreis gehen einmal nach rechts weiter. Wiederholungen beliebig	Kreis	Stoppuhr
13.15	Kennenlernen der Zeitlupenbeobachtung	Erklärung der Zeitlupenbeobachtung nach Erika Kazemi-Veisari[4], hier: *Rückerinnernde Beobachtung* (Rückerinnernde Beobachtungen sind ungenau und begünstigen den Interpretationsfaktor. Hier dienen sie Übungszwecken.)	Verschiedene Werkzeuge zur Zeitlupenbeobachtung hinlegen: Frage an die Teilnehmerinnen: Womit möchten Sie die Zeitlupenbeobachtung durchführen?	Videokamera, Fotoapparat, Block, Stift, Karteikarte, Ordner, Diktiergerät, Rahmen, Lupe ...
		Aufgabe: 1. Setzen Sie sich mit den Kolleginnen Ihrer Stammgruppe zusammen und wählen Sie eine Situation in Ihrer Gruppe aus, die in den letzten Tagen stattgefunden hat. Trennen Sie sich wieder und beschreiben Sie die Situation auf dem Arbeitsblatt. Stellen Sie sich vor, Sie sitzen als Beobachterin dabei und schreiben mit. (15 Min.) 2. Beantworten Sie die Frage schriftlich: Mit welchem Thema/welchen Themen setzt sich das Kind auseinander?	Stammgruppenteam, Kleinteam Einzelarbeit	

4 Kazemi-Veisari 2004

Zeit	Ziel	Inhalt	Methode	Material
		3. Treffen Sie sich wieder mit Ihren Kolleginnen und teilen Sie sich gegenseitig Ihre Beobachtungsergebnisse mit.	Stammgruppenteam, Kleinteam	
		4. Beurteilen Sie Ihre Ergebnisse und treffen Sie Vereinbarungen für die Weiterarbeit. Legen Sie fest, wer wofür verantwortlich ist und wer wann kontrolliert. (20 Min.)		
		5. Rückmeldung im Plenum über Ihre Erfahrungen (15 Min.)	Plenum	
14.05		Pause		
14.15	Kennenlernen des Leuvener Beobachtungskonzeptes	Input: Was ist das?	Referat der Fortbildungsleiterin	Arbeitsblätter sind den Materialien zu entnehmen[5]
		Übungen mit einem Arbeitsblatt in Gruppenteams	Gruppenteams	
		Rückmeldung und Anmerkungen	Plenum	
15.15	Zeit finden in unserer Einrichtung	Das Problem mit der Zeit. In Kleingruppen erarbeiten, wann Beobachtungen unter welchen Bedingungen möglich sind und wie Beobachtungen kenntlich gemacht werden können für Kinder, Kolleginnen und Eltern	Kleingruppen	Ergebnisprotokolle, die für alle als Gedankenstütze vervielfältigt werden
16.00	Ende des 1. Tages			

2. Tag

Zeit	Ziel	Inhalt	Methode	Material
9.00	Ankommen, Begrüßung Einstieg	Die sieben blinden Mäuse	Bilderbuchbetrachtung	Bilderbuch[6]
9.10		Fragen zu gestern, Vorstellung des Tagesablaufs	Plenum	Flipchart

5 Laevers 1997
6 Young, Ed: 7 blinde Mäuse, Frankfurt/M. 2004

Zeit	Ziel	Inhalt	Methode	Material
9.15	Die Beobachtung gehört Kindern und Eltern. Mit Kindern und Eltern in Dialog treten	Input: Wem gehört die Beobachtung? Schwerpunkt Elternmitarbeit Aufgaben: • Formulieren Sie einen Elternbrief zum Thema Beobachtung, ohne eine spezifische Beobachtungsmethode zu benennen • Bereiten Sie ein Elterngespräch vor, in dem Sie Eltern mitteilen, dass Sie in ihrer Einrichtung ab ... regelmäßige Beobachtungen durchführen • Bereiten Sie einen Elternabend vor, an dem Sie Eltern mitteilen, dass Sie in ihrer Einrichtung ab ... regelmäßige Beobachtungen durchführen (20 Min.) Vorstellung der Ergebnisse	Plenum Gruppenteams/Kleinteams Je nach Zeit (2 oder 3 Fortbildungstage) bearbeiten alle Gruppen alle Themen oder entscheiden sich die Gruppen für ein Thema. Plenum	Siehe Artikel in diesem Buch
10.15		Pause		
10.30	Kennenlernen der Sternstunden, teilnehmende Beobachtung	Input Aufgabe: Versuchen Sie Zeitfenster für Sternstunden zu schaffen, Vorstellung der Visionen	Plenum Gruppenteams Plenum	Siehe Artikel in diesem Buch ab S. 152
11.30	Bezug zum Bildungsplan/ Bildungsprogramm herstellen Auseinandersetzung mit Fachliteratur	Auszüge und Artikel lesen Drei für mich wichtige Erkenntnisse aufschreiben Rückmeldung	Einzelarbeit Plenum	aktueller Bildungsplan/aktuelles Bildungsprogramm Auszüge zum Thema Beobachten Siehe Artikel in diesem Buch
12.00		Mittagspause	Plenum	
13.00	Einstieg	Das Auge/richtig sehen/ Zoom[7]/Die Kunst der Illusion		Bilderbuch

---

7 Banyai, Istvan: Zoom, Düsseldorf 2003 (4. Auflage)

Zeit	Ziel	Inhalt	Methode	Material
13.15		Input	Plenum	Ordner
		Schwerpunkt Kindermitarbeit	Gruppenteams / Kleinteams	Datenschutzpapier Fach 10
		Dialog mit Kindern zum Thema		DVD
		Aufgabe: • Formulieren Sie eine Gesprächsvorlage, in der Sie Kindern mitteilen, dass Sie in ihrer Einrichtung ab … regelmäßige Beobachtungen durchführen • Schreiben Sie einen wertschätzenden Brief an ein Kind Ihrer Gruppe • Überlegen Sie, in welcher Form Sie Kinder an den Beobachtungen beteiligen (20 Min.)	Je nach Zeit (2 oder 3 Fortbildungstage) bearbeiten alle Gruppen alle Themen oder entscheiden sich die Gruppen für ein Thema.	
		Vorstellung der Ergebnisse	Plenum	
		Film: Kindersituationen		
		Besprechung		
14.30		Pause		
14.45	Lerngeschichten kennenlernen	Materialsichtung zu Lerngeschichten	Kleingruppen	Siehe Artikel in diesem Buch
		Rückmeldung / Visionen für die Weiterarbeit	Plenum	
15.40	Feedback	Blick auf die Erwartungen: Was wurde beantwortet, wo sind Fragen offen?	Plenum	Wandzeitung
		Selbstvertrag: Was nehme ich mit und mit wem berate ich mich in den nächsten zwei Wochen? Was plane ich konkret? Wie setze ich das um? Wo will ich nachforschen?	Einzelarbeit Aufschreiben in ein Buch, Heft, Kalender, das, der mich begleitet Plenum	Tagebuch / Kalender
		Termin festlegen, an dem über ein erstes einrichtungsspezifisches Verfahren entschieden wird		
15.55 Ende des 2. Tages	Feedback	Ein Satz zum Thema Beobachten an die Kolleginnen weitergeben	Plenum	

Sabine Hall

Nachwort:
Manchmal benehmen sich die Erzieherinnen
so komisch ...

Wer beobachtet eigentlich wen? Man könnte fast annehmen, Erwachsene und Kinder im Kindergarten lebten mitunter in verschiedenen Welten. Aus der Sicht des Kindes könnte das so aussehen:

Es ist Montag früh, und meine Mama bringt mich in den Kindergarten. Das Wochenende war toll. Meine Großeltern waren zu Besuch. Opa hat mir einen schönen Regenschirm mitgebracht. Den muss ich gleich Frau Möller zeigen. „Hallo, Frau Möller – guck mal, was ich bekommen habe." „Hallo, Gabi", sagt Frau Möller, „zeig es mir bitte später. Ich habe jetzt keine Zeit."

Wieso hat die keine Zeit? Die sitzt doch da am Tisch und macht gar nichts. Oder vielleicht doch? Sie hat einen Block und einen Stift vor sich. Ob sie wohl die Namen und Geburtstage aller Kinder aufschreibt? Oder vielleicht hat sie eine gute Bastelidee für morgen? Egal – dann gehe ich eben zu Frau Schröder. Sie sitzt im Flur, redet nix und schreibt auch was.

Vielleicht schreiben die alle Briefe an ihre Freunde, weil sie am Wochenende keine Zeit hatten. Schade, dass ich noch nicht lesen kann. Ich sehe Frau Schröder über die Schulter.

„Ich beobachte was", sagt sie. Ja, was denn nur? Vielleicht hat sie die kleine Spinne entdeckt, die oben, über der Pflanze, in der Ecke sitzt. Die sitzt da schon seit letzter Woche. Und für was muss man das aufschreiben?

Ich habe schon schöner gemalt

Ah ... Susi, meine Freundin, kommt. Ich zeige ihr meinen neuen Schirm, und wir gehen in die Puppenecke. Peter fragt, ob er mitspielen darf, und wir spielen Vater, Mutter, Kind. Ich bin die Mutter. Wir sitzen am Tisch, und es gibt Nudeln mit Haschischsoße.

Frau Möller schaut zu und schreibt. Vielleicht will sie mein Rezept von der Soße haben. (Kriegt sie nur, wenn sie fragt.) Auf jeden Fall ist es ganz schön nervig, wenn sie dauernd guckt. Jetzt bohrt Peter in der Nase. Ob sie das auch aufgeschrieben hat? Außerdem will Peter immer bestimmen, was ich sagen soll.

Da gehe ich lieber malen. Susi geht mit. Sie malt einen Regenbogen. Ich male Opa, wie er mir den Schirm schenkt. Ich zeige Frau Möller mein Bild. Sie betrachtet es und schaut mich dann ganz komisch an. Dann fragt sie, ob sie es behalten darf. Na klar, obwohl ich schon schönere Bilder gemalt habe. Sie fragt mich, ob es mir gut geht. Ich weiß auch nicht, was das soll.

Am besten, ich gehe jetzt mal mit Susi aufs Klo. Die will immer an der Wasserspülung spielen. Daheim haben die nur so einen Kasten. Hier kann sie drücken, und das Wasser läuft und läuft und läuft … Mir macht das auch Spaß.

Frau Möller sitzt immer noch im Flur und sagt zu Susi, als wir zurück in den Gruppenraum wollen: „Na, du hast dich sicher erkältet, weil du so oft auf die Toilette musst!" Um einem Vortrag über Umwelt und Wasserverschwendung zu entgehen, nickt Susi, und wir malen weiter.

Frau Möller ist inzwischen aufgestanden und tuschelt mit den anderen Erzieherinnen. Manchmal sehen sie zu mir rüber. Habe ich was falsch gemacht? Dann kommt die Leiterin an den Tisch und setzt sich zu mir. Sie fragt, ob ich traurig bin oder ein Problem habe. Was die nur alle wollen? Sie hat mein Bild in der Hand und sagt: „Hat der schwarze Mann mit dem Stock in der Hand dir wehgetan?" „Welcher schwarze Mann?", frage ich. „Na, hier, der große gefährliche Mann, ganz in Schwarz." „Ach so", sage ich, „das ist doch mein Opa." „Aber er sieht so bedrohlich aus, wie er mit dem Stock auf dich zukommt. Und du hast alles so schwarz gemalt."

Ach du grüne Neune. Was soll ich denn jetzt sagen? Bloß, weil ich mich nicht getraut habe, nach dem Spitzer zu fragen, müssen die doch nicht so ein Theater machen. Die Buntstifte sind schon seit Tagen stumpf und viel zu kurz – nur die schwarzen nicht. Jetzt schimpfen sie bestimmt gleich alle mit mir, weil ich nichts gesagt habe. Jetzt nur keine falschen Aussagen machen … Außerdem ist das ein Regenschirm und kein Stock. Wenn die den Unterschied nicht erkennt, soll die erst mal besser malen.

Die Leiterin sieht mich an, lächelt und meint, dass sie meine Eltern mal zu einem Gespräch bitten wird. Oha … muss das sein? Vielleicht muss ich dann neue Buntstifte von meinem Taschengeld kaufen oder jeden Tag malen üben? Heute ist kein guter Tag.

Mein rechter Platz ist frei

Susi kommt und rettet mich. Wir gehen aufs Klo, weil sie doch eine Blasenerkältung hat. Das Wasser im zweiten Klo von rechts läuft wirklich am besten.

Anschließend gehen wir frühstücken. Im Frühstücksraum sitzt eine andere Erzieherin und schreibt auch wieder irgendwas. Was hat das alles nur zu bedeuten? Wenn sie wissen will, was wir zu essen dabei haben, kann sie doch fragen. Sie sieht auf jeden Fall sehr beschäftigt aus.

Sandra aus der Sonnengruppe hat plötzlich Nasenbluten und geht zu ihr. Die Erzieherin sagt: „Oh, das ist jetzt aber schlecht. Ich muss hier noch was beobachten ..." Sandras Nase hat das wenig beeindruckt. Sie blutet weiter, und Sandra putzt sich mit dem Tischlappen das Gesicht.

Nach dem Essen gehen wir wieder in die Gruppe. Dort bauen alle Kinder einen Stuhlkreis zusammen. Oh toll, da machen wir bestimmt Spiele.

Armin, er ist sonst eigentlich in der Schule, ist heute der Chef. Er erklärt das Spiel: Ein Stuhl im Kreis ist frei, und wer links neben dem freien Stuhl sitzt, darf sich seinen besten Freund oder seine beste Freundin wünschen, der/die sich dann auf den Platz setzt. Man darf sich wünschen, wen man will. Ach, das kenne ich. Anscheinend müssen alle Praktikanten so was aufschreiben. Das war beim letzten Mal auch so.

Die Lehrer wollen genau wissen, wer mit wem befreundet ist und wer gar keinen Freund oder keine Freundin hat. So ein Quatsch. Die kennen uns doch gar nicht. Aber egal, das Spiel macht auf jeden Fall Spaß. Also, meine beste Freundin ist die Susi, manchmal finde ich auch den Peter ganz nett. Am doofsten ist die Gerlinde. Die ärgert mich immer.

So – es hat angefangen. Armin macht dauernd Kreuze und Striche in sein Heft. Ich war noch nicht dran. Hoffentlich wünscht mal jemand meine rechte Nachbarin weg, damit der Stuhl frei wird. Ah, jetzt. Ich darf! Doch da habe ich Frau Möllers Gerechtigkeitssinn unterschätzt. Sie sagt: „So, Gabi, wünsch dir doch mal jemand, der noch nicht dran war." Ich bin entsetzt, und auch Armin schaut sie irritiert an. Ich glaube, die weiß gar nicht, was wir hier machen. Jetzt muss ich mir die blöde Gerlinde wünschen, bloß, weil die noch nicht dran war. Dann schreibt Armin womöglich auf, dass Gerlinde meine Freundin ist. Wünsche ich mir Susi her, denkt Frau Möller, dass ich blöd bin und das Spiel nicht kapiere. Am besten, ich sage gar nichts.

Da ich eh die letzte war, ist das Spiel beendet, und wir gehen auf den Hof.

Ein toller Tag

Hier kann man toll spielen. Susi und ich klettern auf einen Baum. Ich traue mich am höchsten. Mist – jetzt bin ich abgerutscht und habe mir das Knie aufgeschrammt. Nicht so schlimm. Frau Schröder kommt angerannt, diesmal ohne

Block und Stift, und bedauert mich. Sie will mich trösten. Ich will weiterspielen. Wir einigen uns, dass ich mich bei ihr melde, wenn es mir schlecht geht. Aber mir gehts gut, und ich habe viel Spaß beim Rennen.

Meine Mutter ist gerade gekommen. Frau Schröder und Frau Möller haben sie schon abgefangen. Ob sie ihr wohl schon von den Buntstiften erzählt haben? Ich schleiche mich an und lausche.

„Gabi hatte heute einen schweren Tag", sagt Frau Möller, „sie hat wohl das Erlebnis vom Wochenende mit ihrem Opa noch nicht verkraftet. Sie war ziemlich traurig und hat auch sehr wenig geredet. In letzter Zeit malt sie oft ganz düstere, schwarze Bilder. Vielleicht sollten Sie das mal von einem Therapeuten analysieren lassen!? Wir kennen uns da nicht aus, aber es ist schon sehr ungewöhnlich. Außerdem scheint sie kaum Freunde zu haben. Im Stuhlkreis ist ihr auch niemand eingefallen, den sie wählen könnte."

Meine Mutter staunt, hört zu und meint am Schluss, sie werde mal in aller Ruhe mit mir reden. Das beruhigt die beiden. Ich komme aus meinem Versteck hervor und will gehen.

„Ach ja", ruft Frau Möller uns noch hinterher, „vielleicht sollten Sie ihre Tochter auch mal darauf hinweisen, dass sie nicht immer mit Susi gemeinsam auf die Toilette geht – nicht, dass sie sich bei ihr ansteckt ..."

Ich grinse und erzähle meiner Mutter von meinem tollen Tag. Am tollsten fand ich, dass keiner gemerkt hat, wie viel Spaß ich hatte. Und morgen bringe ich meine eigenen Stifte mit.

(Mit freundlicher Genehmigung der Zeitschrift „Theorie und Praxis der Sozialpädagogik" (TPS) aus: Heft 4/1997, S. 216-218)

Anhang

Literatur

Bango, Jenö: Wissenschaftliches Arbeiten in der Sozialarbeit, Wiesbaden 2000

Banyai, Istvan: Zoom, Düsseldorf 2003 (4. Auflage)

Becker, Cornelia: Die Institutionalisierung virtueller Räume am Beispiel von Bürgerbeteiligungen im Internet – eine raumsoziologische Betrachtung, Darmstadt 2006 (elektronische Veröffentlichung über die LHB Darmstadt http://elib.tu-darmstadt.de/diss/000711/)

Beller, Kuno: Bellers Entwicklungstabelle, 2. überarb. Fassung, Berlin 2004

Bemmann, Hans: Stein und Flöte, und das ist noch nicht alles, München 1983

Bicherl, Karola / Ries-Schemainda, Gerlinde: Praxishilfen „Hören, sehen und verstehen", Darmstadt 2007 (Eigenverlag des afw, Pädagogische Akademie Elisabethenstift)

Birgmeier, Bernd R.: Coaching für Jugendliche. Ein neuer Ansatz in der Sozialen Arbeit?, in: Jugendhilfe 44, Heft 4/2006, S. 198–207

Brockhaus in drei Bänden, Mannheim / Leipzig 2004, Band 2

Brunner, Ilse / Häcker, Thomas / Winter, Felix: Handbuch Portfolioarbeit, Velber 2006

Bundesministerium für Bildung und Forschung (BMBF): Delphi-Studie zu Potenzialen und Dimensionen der Wissensgesellschaft, Integrierter Abschlussbericht, Prognos / Infratest, München / Basel 1998

Bundesministerium für Familie, Senioren, Frauen und Jugend (BMFSFJ): Kinder- und Jugendhilfegesetz 1999

Carr, Margaret: Learning Stories. Assessment in Early Chilhood Settings. London 2001
 – In der auf bundesdeutsche Verhältnisse adaptieren Fassung durch das Deutsche Jugendinstitut München

Deutscher Bildungsserver: Elementarbildung – Bildung und Erziehung in Kindertagesbetreuung, zum Bildungsauftrag in Kindertagesbetreuung; Frankfurt/M. 2006 http://www.eduserver.de/zeigen.html?seite=2023; Kontakt: Deutsches Institut für Internationale Pädagogische Forschung, Schloßstraße 29, D-60486 Frankfurt/M., dbs@dipf.de

Deutsches Jugendinstitut: Projekt: Bildungs- und Lerngeschichten Internetauszug v. 20.12.2004: http://cgi.dji.de/cgi-bin/projekte

Deutsches PISA-Konsortium: PISA 2000. Basiskompetenzen von Schülerinnen und Schülern im internationalen Vergleich, Opladen 2001

Diekmann, Andreas: Empirische Sozialforschung, Reinbek 1998

Döbrich, Peter / Frommelt, Bernd (Hrsg.): Europäisierung und Reform der Lehrerausbildung in Hessen und Rheinland-Pfalz, Materialien zur Bildungsforschung, Band 9, Frankfurt/M. 2003

Doyé, Götz / Lipp-Peetz, Christine: Wer ist denn hier der Bestimmer? Das Demokratiebuch für die Kita. (Praxisreihe Situationsansatz) Ravensburg 2002

Eberwein, Hans: Beobachtung von Kindern im Unterricht als Methode des Fremdverstehens und zur Unterstützung von Lernprozessen. In: Eberwein, Hans / Knauer, Sabine: Lernprozesse verstehen, Weinheim 2003

Eibeck, Bernhard: Bildungsdokumentation in Kita-Bildungsplänen, in: GEW (Hrsg.): Bildung sichtbar machen. Von der Dokumentation zum Bildungsbuch. Berlin 2006

Flick, Uwe: Qualitative Forschung: Theorie, Methoden Anwendung in Psychologie und Sozialwissenschaften, Reinbek 1996

Freie und Hansestadt Hamburg, Behörde für Bildung und Sport – Amt für Bildung, Referat Schulaufsicht und -beratung für Grund-, Haupt-, Real- und Sonderschulen (Hrsg.): Bildungsplan Grundschule, Hamburg 2003

Fthenakis, Wassilios: Neue Grundschule, frühe Förderung, bessere Bildung. Präsentation. 2005, http://www.cdurlp.de/fileadmin/user_upload/Landtagsfraktion/Baustelle_RLP_2005/Neue_Grundschule/Fthenakis-Pr_sentation.pdf#search=%22fthenakis%20lernen%20lernen%22

Gewerkschaft Erziehung und Wissenschaft (Hrsg.): Bildung sichtbar machen. Von der Dokumentaion zum Bildungsbuch, Berlin 2006

Gisbert, Kristin: Lernort Kindergarten: Wie Kinder lernen – (früh)kindliche Bildung neu entdecken. Vortrag bei der Tagung des Runden Tischs Grundschule in Ludwigsburg am 8. April 2003, http://www.gew-bw.de/Binaries/Binary1965/Referat_Gisbert_RT_2003.pdf#search=%22lernmethodische%20Kompetenz%22

Gisbert, Kristin: Lernen lernen. Lernmethodische Kompetenzen von Kindern in Tageseinrichtungen fördern. In: Fthenakis, Wassilios: Beiträge zur Bildungsqualität, Weinheim, Basel 2004

Hartkemeyer, Martina und Johannes/Dhority Freeman, L.: Miteinander denken. Das Geheimnis des Dialogs, Stuttgart 1998

Hebenstreit-Müller, Sabine/Kühnel, Barbara: Kinderbeobachtungen in Kitas. Erfahrungen und Methoden im ersten Early Excellence Centre Berlin 2006 (Pestalozzi-Fröbel-Haus Band 6)

Heck, Anne: Themen der Kinder. Bildungsprozesse der Wahrnehmung und Bewegung, in: Laewen, Hans-Joachim/Andres, Beate: Forscher, Künstler, Konstrukteure. Werkstattbuch zum Bildungsauftrag von Kindertageseinrichtungen, Weinheim 2004, S. 88–100

Heimpel, Elisabeth: Janusz Korczak als Erzieher. Nachwort in: Korczak, J.: Das Recht des Kindes auf Achtung, Göttingen 1970

Hentig, Hartmut v.: Bildung. München/Wien 1996

Hessisches Sozialministerium/Hessisches Kultusministerium (Hrsg.): Bildung von Anfang an. Bildungs- und Erziehungsplan für Kinder von 0 bis 10 Jahren in Hessen, Wiesbaden, August 2005

ISTA/INA gGmbH an der FU Berlin: Beobachten und Dokumentieren von Bildungsbewegungen auf der Grundlage des Berliner Bildungsprogramms (Entwurf Mai 2005, unveröffentlichtes Manuskript)

Jabornegg, Daniel: Der Portfolio-Ansatz in der Schülerbeurteilung der USA und seine Bedeutung für die Schülerbeurteilung in der neuen kaufmännischen Grundbildung, Diss. der Univ. St. Gallen, Hochschule f. Wirtschafts-, Rechts- und Sozialwiss., St. Gallen 2004 (Internet: www.unisg.ch, Stand 8.8.2006)

Jansa, Axel: Portfolios zur Begleitung von Bildungsprozessen im Elementarbereich, in: Betrifft KINDER, Teil 1 Heft 12/2005, S. 25–29; Teil 2 Heft 1–2/2006, S. 42–47; Teil 3 Heft 3–4/2006, S. 485–57

Jugendministerkonferenz/Kultusministerkonferenz (JMK/KMK) (Hrsg.): Gemeinsamer Rahmen der Länder für die frühe Bildung in Kindertageseinrichtungen (Beschluss der Jugendministerkonferenz vom 13./14.05.2004/Beschluss der Kultusministerkonferenz vom 03./04.06.2004, www.lernnetz.de Gemeinsamer Rahmen der Länder, ausgedruckt 5.1.2007)

Kazemi-Veisari, Erika: Beobachten, um zu verstehen, in: TPS Heft 2/2004 (a)

Kazemi-Veisari, Erika: Kinder verstehen lernen. Wie Beobachtung zu Achtung führt. Seelze-Velber 2004 (b)

Klein, Lothar: Mit Kindern Regeln finden. Freiburg 2000

Klein, Lothar/Vogt, Herbert: Freinet-Pädagogik in Kindertageseinrichtungen. Entdeckendes Lernen oder „Vom Hunger nach Leben", Freiburg 1998

Kobelt Neuhaus, Daniela: Beobachtung ist pädagogische Diagnose, in: TPS, Heft 4/2006: Lerngeschichten, S. 12–16

Kobelt Neuhaus, Daniela: Kinder im Alltag beobachten und verstehen, in: Kinder in Tageseinrichtungen. Ein Handbuch für Erzieherinnen. 6/1999, S. 273 ff.

Kobelt Neuhaus, Daniela: Kontinuierliche Beobachtung. Planungsgrundlage im pädagogischen Alltag, in: Kinder in Tageseinrichtungen. Ein Handbuch für Erzieherinnen. 15/2001, S. 749–757

Kobelt Neuhaus, Daniela: Obacht! Falle! Stolpersteine beim Beobachten, in: TPS, Heft 4/1997, S. 203–207

Kobelt Neuhaus, Daniela: Der Vierspalter. Beobachtung als Grundlage für pädagogische Planung, unveröffentlichtes Arbeitspapier

Korczak, Janusz: Wie man ein Kind lieben soll, Göttingen 1967

Laevers, Ferre (Hrsg.): Die Leuvener Engagiertheits-Skala für Kinder. LES-K., Fachschule für Sozialpädagogik, Erkelenz 1997 (direkt dort zu bestellen)

Laewen, Hans-Joachim/Andres, Beate: Beobachtung und Dokumentation in Kindertageseinrichtungen, in: Bertelsmann Stiftung (Hrsg.): Guck mal! Bildungsprozesse des Kindes beobachten und dokumentieren, Gütersloh 2005

Laewen, Hans-Joachim/Andres, Beate (Hrsg.): Forscher, Künstler, Konstrukteure. Werkstattbuch zum Bildungsauftrag von Kindertageseinrichtungen, Mannheim 2002

Leu, Hans Rudolf: Der Bildungsauftrag in der Praxis. Lerngeschichte als Methode, in: Kindergarten heute, Heft 1/2003 a, S. 6–12

Leu, Hans Rudolf: Bildungs- und Lerngeschichten. Ein Weg zur Qualifizierung des Bildungsauftrags im Elementarbereich, in KiTa aktuell, Heft 1/2003 b

Leu, Hans Rudolf: Die Rolle der Erwachsenen, in: PfV Jahrbuch 7, Hohengehren 2002

Leu, Hans Rudolf: Wechselseitige Anerkennung – eine Grundlage von Bildungsprozessen in einer pluralen Gesellschaft, in: KiTa aktuell BY, Heft 12/1999, S. 244–249

Leu, Hans Rudolf: Bildungsauftrag und Öffnung der Kita, in: Lipp-Peetz, Christine/Wagner, Irmgard: Bildungsort und Nachbarschaftszentrum (Hrsg.), PfV Jahrbuch 7, Hohengehren 2002, S. 58–70

Leu, Hans Rudolf/Remsperger, Regina: Bildungsarbeit in der Praxis. Beobachtungsverfahren als Ergänzung zu curricularen Vorgaben, in: Wehrmann, Ilse (Hrsg.): Kindergärten und ihre Zukunft, Weinheim 2004, S. 167–179

Liegle, Ludwig: Pädagogische Konzepte und Bildungspläne – wie stehen sie zueinander?, in: Kindergarten heute, Heft 1/2007, S. 6–12

Lipp-Peetz, Christine/Wagner, Irmgard (Hrsg.): Bildungsort und Nachbarschaftszentrum, PfV Jahrbuch 7, Hohengehren 2002

Mayr, Toni: Professionalität sichtbar machen, in: Blätter der Wohlfahrtspflege, Heft 6/2003, S. 215–217

Meissner, Margit: Das Portfolio in der hessischen Lehrerausbildung, in: Zeitschrift Schulverwaltung Hessen/Rheinland-Pfalz/Saarland, Heft 11/2004

Metzger, Wolfgang: Gestaltpsychologie, Frankfurt/M. 1986

Michaelis, Richard: Validierte Grenzsteine der Entwicklung (akt. Version) Infans 1/2003

Milani Comparetti, Adriano: Von der „Medizin der Krankheit" zur „Medizin der Gesundheit", in: Lüpke, Hans v./Jansen, Edda (Hrsg.): „Von der Behandlung der Krankheit zur Sorge um Gesundheit". Dokumentation, Paritätisches Bildungswerk Frankfurt/M. 1996

Ministerium für Bildung, Frauen und Jugend Rheinland-Pfalz (Hrsg.): Frühkindliche Erziehung – Bildungsbiographien, Dokumentation, Bildung(s)-Wege, September 2003

Müller, Andreas: Anstiftung zum Lern-Erfolg. www.learningfactory.ch, Stand 8.8.2006 (a)

Müller, Andreas: Erlebnisse durch Ergebnisse. Und umgekehrt. Das Lernportfolio als multifunktionales Werkzeug im Unterricht, www.learningfactory.ch, Stand: 8.8.2006 (b)

Müller, Andreas: Lernen ist eine Dauerbaustelle. Modell für eine neue Lernkultur: Das Institut Beatenberg www.learningfactory.ch/downloads/dateien/artikel_lernen%20als%20dauerbaustelle.pdf, Stand 8.8.2006

Oerter, Rolf/Montada, Leo: Entwicklungspsychologie, München/Weinheim 1987

Pramling, Ingrid: Learning to learn. A study of Swedish preschool children, New York 1990

Pramling-Samuelson, Ingrid: Demokratie: Grundlage und Leitziel des vorschulischen Bildungsplanes in Schweden, in: Fthenakis, W. E./Oberhuemer, P. (Hrsg.): Frühpädagogik International. Bildungsqualität im Blickpunkt, Opladen 2002

Pramling-Samuelson, Ingrid: Das spielende, lernende Kind in der frühkindlichen Erziehung, in: Diskowski, Detlef/Hammes-Di-Bernado, Eva (Hrsg.): Lernkulturen und Bildungsstandards. Kindergarten und Schule zwischen Vielfalt und Verbindlichkeit. PfV-Jahrbuch 9. Baltmannsweiler 2004

Preissing, Christa: Beobachten und dokumentieren, in: Bertelsmann Stiftung (Hrsg.): Guck mal! Bildungsprozesse des Kindes beobachten und dokumentieren, Gütersloh 2005

Preissing, Christa (Hrsg.): Qualität im Situationsansatz. Qualitätskriterien und Materialien für die Qualitätsentwicklung in Kindertageseinrichtungen, Weinheim 2003

Radatz, Sonja: Beratung ohne Ratschlag. Systemisches Coaching für Führungskräfte und BeraterInnen, Verlag Systemisches Management, Wien 2006 (4. unv. Aufl.)

Reggio Children (Hrsg.): Hundert Sprachen hat das Kind. Ausstellungskatalog, Weinheim 2002

Remsperger, Regina: Vom Lernen der Kinder erzählen. Das Projekt Bildungs- und Lerngeschichten des DJI, in: TPS, Heft 4/2006, S. 42–44

Rogoff, Barbara u. a.: Firsthand learning through intent participation. Annual Review of Psychology, 54 (2003), S. 175-203. http://arjournals.annualreviews.org/eprint/oG//3NWZ0JhbE/full/10.1146/annurev.psych.54.101601.145118?siteid=arjournals&keytype=ref

Schäfer, Gerd E.: Der bayerische Erziehungs- und Bildungsplan – Ein Instruktionsansatz? 2005) http://www.uni-koeln.de/ew-fak/paedagogik/fruehekindheit/texte/05_Instruktionsansatz.pdf#search=%22sch%C3%A4fer%20lernmethodische%20Kompetenz%22

Schäfer, Gerd E.: Einführung in pädagogisches Wahrnehmen und Denken, http://www.uni-koeln.de/ew-fak/paedagogik/fruehekindheit/texte/WahrnehmenUndDenken4.pdf (Stand 2004/2005)

Schäfer, Gerd E./Strätz, Rainer: Beobachtung und Dokumentation in der Praxis. Handbuch, München/Krünach 2005

Schnell, Rainer u. a.: Methoden der empirischen Sozialforschung, München/Wien 1999

Schönrade, Silke/Pütz, Günther: Die Abenteuer der kleinen Hexe, München 2003

Schweitzer, Christiane: Die Rolle der Erzieherin im Bildungsprozess von Kindern, in: Lipp-Peetz, Christine/Wagner Irmgard (Hrsg.): Bildungsort und Nachbarschaftszentrum, PfV Jahrbuch 7, Hohengehren 2002

Schweitzer, Christiane: Beobachtung ist eine Form von Beziehung, in: TPS, Heft 4/2006, S. 16-21

Senatsverwaltung Bildung, Jugend und Sport Berlin (Hrsg.): Berliner Bildungsprogramm 2004

Senckel, Barbara: Wie Kinder sich die Welt erschließen, München 2004

Stadt Weiterstadt (Hrsg.): Wissen bieten ... Lernen lassen, Broschüre, hrsg. v. d. Fachberatung der Kindertagesstätten der Stadt Weiterstadt, Monika Wilhelm

Stadt Weiterstadt (Hrsg.): Konzept KITA 2000

Strätz, Rainer: Ergebnisse der neurobiologischen Forschung, in: KiTa aktuell, Heft 9/2003

Textor, Martin R.: Kindergarten – das Tor zur Bildung, in: Welt des Kindes, Heft 6/1999, S. 28-31

TPS-Schwerpunktheft: Lerngeschichten. Beobachten und Dokumentieren, Heft 4/2006

Viernickel, Susanne/Völkel, Petra: Beobachten und Dokumentieren im pädagogischen Alltag, Freiburg 2005

Vollmer, Knut: Das Fachwörterbuch für ErzieherInnen und pädagogische Fachkräfte, Freiburg 2005

Wilke, Franziska: Der positive Blick auf das Kind. Eine Videobeobachtung (PFH-Beiträge zur pädagogischen Arbeit), Berlin 2005

Young, Ed: 7 blinde Mäuse, Berlin 2004

Herausgeberin, Autorinnen und Autoren

Die Herausgeberin
Christine Lipp-Peetz, Dozentin in den Evang. Ausbildungsstätten für Sozialpädagogische Berufe der Pädagogischen Akademie des Elisabethenstifts Darmstadt, ist Mitbegründerin und Gesellschafterin der Internationalen Akademie für innovative Pädagogik, Psychologie und Ökonomie gGmbH (INA) an der FU Berlin und war viele Jahre eine der beiden Geschäftsführerinnen im dortigen Institut für den Situationsansatz (ISTA).

Seit langem bildet sie Erzieherinnen zur „Fachkraft für die Arbeit nach dem Situationsansatz" weiter und kam durch deren beeindruckende Abschlussarbeiten dazu, dieses Buch herauszugeben.

Sie beteiligt sich an der Entwicklung eines neuen Studiengangs „Bildung und Erziehung in der Kindheit (BA)" an der Evang. Fachhochschule Darmstadt gemeinsam mit den vier evangelischen Fachschulen Hessens mit dem Ziel, gute Erfahrungen der bisherigen Ausbildung von Erzieherinnen einzubringen und die Qualifizierung von pädagogischen Fachkräften weiterzuentwickeln.

Die Autorinnen und Autoren
Monika Awenius, Leiterin der städt. Kita „Zauberkiste" in Weiterstadt/Braunshardt. Sie arbeitet als Mentorin in der Ausbildung von Erzieherinnen im Rahmen der Kooperation Lernort Schule – Lernort Praxis der Evang. Fachschule für Sozialpädagogik Elisabethenstift, Darmstadt. Die Kita ist eine von 20 Konsultationseinrichtungen. Awenius ist Fachkraft und Multiplikatorin im Situationsansatz. Mutter von drei Töchtern.

Annette Baumann, Erzieherin in mehreren Berliner Kitas, seit 1988 Leiterin verschiedener Tagesstätten in Berlin. Seit 1994 Leiterin der Kita Grüntaler Str. 34, seit Januar 2005 INA.KINDER.GARTEN, Grüntaler Str. 34, Berlin-Mitte, Ortsteil Wedding.

Dr. Cornelia Becker, Dipl.-Soziologin, nach der Ausbildung zur Erzieherin am Elisabethenstift Studium der Soziologie, Rechtswissenschaft und Pädagogik. Zwischen 2002 und 2005 Mitarbeiterin bei der Sonderforschungsgruppe Institutionenanalyse der TU Darmstadt. Seit 2002 Lehrbeauftragte in den Studiengängen Online-Journalismus und Media System Design der Fachhochschule Darmstadt und seit 2005 Dozentin in der Ausbildung von Erzieherinnen an der Pädagogischen Akademie Elisabethenstift, Darmstadt.

Martina Becker, Erzieherin und Fachkraft für den Situationsansatz, externe Evaluatorin „Qualität im Situationsansatz", eine erwachsene Tochter. Über eine Elterninitiative im Hortbereich und später Familienhilfe für italienisches Konsulat und Jugendamt tätig.

Karola Bicherl, Dipl.-Sozialpädagogin und Expertin für Qualität im Situationsansatz, Lehramtsstudium, Fortbildnerin und Evaluatorin, Leiterin der Evang. Kita „Am Kiefernhain" in Hainburg. Veröffentlichungen: (mit Gerlinde Ries-Schemainda) Hören, sehen und verstehen, beobachten – planen (Materialien für die Praxis), Arbeitszentrum Fort- und Weiterbildung, Pädagogische Akademie Darmstadt 2007; Artikel in diversen Fachzeitschriften.

Herausgeberin, Autorinnen und Autoren

Anna Dauelsberg, Studierende im ersten Ausbildungsjahr der Evang. Fachschule für Sozialpädagogik, Darmstadt; hat vor der Ausbildung u. a. in einer Kindertagesstätte für sozial benachteiligte Kinder in Peru gearbeitet und strebt eine Tätigkeit in internationalen Einrichtungen an.

Sophie Döring-Fischer, Grafikerin. Nach jahrelanger Tätigkeit in verschiedenen Werbeagenturen in Stuttgart, Konstanz (Malatelier, Psychiatrie Reichenau) und Frankfurt/M. arbeitet sie seit 15 Jahren als Atelerista (Reggio) im Mütterzentrum, Orte für Kinder, in Darmstadt. Sie hat an der Weiterbildung zur Fachkraft für den Situationsansatz, Level A, teilgenommen.

Kirsten Ewald, Erzieherin, acht Jahre Kita und Hort. Nach dem Psychologiestudium ein Jahr Lehrerin an einer staatlichen Fachschule für Sozialpädagogik, ein Jahr an der Fachschule für Heilpädagogik/Elisabethenstift Darmstadt. Daneben selbständig in eigener kinderpsychologischer Praxis. Zurzeit in der externen Evaluation von Schulen tätig. Drei Nichten und Neffen halten sie in der Freizeit auf Trab.

Hartmut Gerstein, später Vater von zwei Töchtern (7 und 9 Jahre), die nach einer Krippen- und Kindergartenkarriere (z. Zt. noch) den Hort besuchen. Jurist, Leiter des Referats Kindertagesstätten im Landesjugendamt Rheinland-Pfalz in Mainz, Mitautor beim SGB VIII – Gemeinschaftskommentar von Fieseler/Schleicher/Busch (§§ 22–24 a, 43 und 45).

Ursel Heinze-Nießner, Dipl.-Pädagogin mit langjähriger Erfahrung in der Praxis einer integrativen Kita und in der Fort- und Weiterbildung von Erzieherinnen. Seit drei Jahren Dozentin an den Evang. Ausbildungsstätten in Darmstadt. Mutter einer erwachsenen Tochter und Großmutter eines einjährigen Enkelsohnes.

Sabine Hall, zwei erwachsene Kinder, arbeitet seit fast 30 Jahren als Erzieherin und ist seit 15 Jahren Leiterin der Evang. Kita „Martin-Niemöller-Weg" in Alzey. Die Einrichtung hat vier Gruppen mit insgesamt 100 Kindern. Das Team beschäftigt sich seit langem mit dem Thema Beobachtung. Veröffentlichungen in „Theorie und Praxis der Sozialpädagogik" (TPS) und in „Kindergarten heute", „Mit neuem Selbstbewusstsein durch den Kindergartenalltag" erschien 1999, „Spannende Berufswelt" (PEP-Mappe – Projekte für die Praxis) 2000, beide bei Herder.

Martina Hardenberg, Erzieherin in der Evang. Kita „Steinweg" in Bensheim-Auerbach, Fachkraft für den Situationsansatz. Davor mehrjährige Tätigkeit in Entwicklungsländern im Bereich Frühförderung von Kindern mit Hörbehinderungen. Sonstige Tätigkeiten: Mentorin an den Evang. Ausbildungsstätten Elisabethenstift in Darmstadt. Fortbildungsangebote zum Thema „Beobachtung und Dokumentation von Bildungsprozessen in der Praxis".

Simone Jung, zwei Kinder, Ausbildung zur Krippenerzieherin, 1988 Zuzug nach Berlin. Erzieherin in verschiedenen Berliner Kitas, seit 1994 in der Kita Grüntaler Str., seit 2003 dort kommisarisch stv. Leiterin, mit dem Wechsel zu INA.KINDER.GARTEN Festvertrag als stellv. Leiterin. Fortbildungen: ESF-Kurs 1997, Sozialfachwirt 2002, Level A, Grundlagen für den Situationsansatz.

Anne Kebbe, Pädagogische Leitung des Ludwigshafener Projektes „BeobAchtung & ErziehungsPartnerschaft. Gemeinsam Potenziale des Kindes entdecken und fördern". Projektleitung des Projektes „Auf dem Weg zu mehr Qualität. Qualitätsentwicklung im Dialog mit den Evangelischen Kindertageseinrichtungen in Stuttgart". Gründungs- und Vorstandsmitglied im Kronberger Kreis für Qualitätsentwicklung e.V. Drei Kinder, zwei Enkelkinder.

Natalie Keil, Erzieherin, seit zehn Jahren im Evangelischen Kindergarten in Lorsch, Fachkraft für die Arbeit nach dem Situationsansatz.

Siri Knappe, Studierende an den Evang. Ausbildungsstätten Elisabethenstift, Darmstadt im ersten Ausbildungsjahr, davor Sozialassistentin; Auslandspraktikum in Manchester/England, wird ihr Berufspraktikum im Familienzentrum Frankfurt absolvieren und strebt an, Erfahrungen in der Jugend- und Heimarbeit zu sammeln.

Daniela Kobelt Neuhaus, lic. phil., Dipl.-Heilpädagogin, TQM-Auditorin, Expertin für den Situationsansatz INA/ISTA, Vorstandsmitglied der Karl Kübel Stiftung; langjährige Leiterin und Fortbildungsreferentin des Arbeitszentrums Fort- und Weiterbildung Elisabethenstift Darmstadt, publiziert und bildet fort zu allen Themen der frühkindlichen Erziehung. Vorträge für Eltern und Fachkräfte sowie die Lehre an diversen Fachhochschulen sollen in Familien, Kindertageseinrichtungen und in der Ausbildung von Fachkräften zur Verbesserung der Bildungs- und Entwicklungschancen für Kinder beitragen. Sie lebt mit Mann und vier Kindern in Frankfurt/M.

Dr. phil. Dieter Lotz, seit Oktober 2006 Professor für Heilpädagogik an der Evangelischen Fachhochschule in Nürnberg. Davor zwölf Jahre an der Fachschule für Heilpädagogik im Elisabethenstift in Darmstadt. Heilpädagoge und Logotherapeut, Mitbegründer eines Heilpädagogischen Kinderhauses und einer Heilpädagogischen Ambulanz. Zwei erwachsene Söhne. Sein Buch „Heilpädagogische Übungsbehandlung als Suche nach Sinn" erschien im Kleine Verlag, Bielefeld 1997. http://www.heilpaedagogik-lotz.de

Helga Mehring, Dipl.-Pädagogin, langjährige Berufserfahrung als Fachberaterin für Kindertagesstätten in der Evang. Kirche in Hessen und Nassau. Seit 2003 Lehrerin in den Evang. Ausbildungsstätten für sozialpädagogische Berufe in Darmstadt.

Sandra Merker, Erzieherin in einer Kita mit offenem Konzept für Kinder von 3–6 Jahren in Weiterstadt, Braunshardt, die als Modellprojekt mit dem DJI zusammenarbeitet. Dort betreut sie auch einzelne Bezugskinder und bringt ihre persönlichen Schwerpunkte „natürliche Mathematik" und Medien ein.

Judith Metz, Erzieherin, Absolventin der Weiterbildung zur Fachkraft für den Situationsansatz, Level A; stv. Leiterin in der Evang. Kita Hörbach (s. auch Renate Till). Ihr Motto: „Wenn Kinder klein sind, gib ihnen Wurzeln, wenn sie größer werden, gib ihnen Flügel und hilf ihnen zu lernen, dass und wie man sie benutzt." Sie hat zwei Töchter im Alter von 15 und 19 Jahren.

Birgit Mülders, Leiterin der Kita Weingartenstraße in Weiterstadt, Mitarbeit im Bundesprojekt „Bildungs- und Lerngeschichten" des DJI, in der Ausbildung zur Freinetpädagogin.

Brigitte Peterseim, langjährige Berufserfahrung, zunächst (ab 1968) als Kindergärtnerin in Sachsen-Anhalt, dann als Erzieherin, seit 1996 in der städt. Kita „Zauberkiste" in Weiterstadt/Braunshardt. Schwerpunkte ihrer Arbeit sind Musik und Sprachförderung. Zwei erwachsene Kinder.

Sara Racano, Studierende im ersten Ausbildungsjahr an den Evang. Ausbildungsstätten, Elisabethenstift Darmstadt, davor Sozialassistentin.

Gerlinde Ries-Schemainda, Erzieherin, Fortbildungsreferentin, Fachkraft für rhythmisch-musikalische Erziehung und für den Situationsansatz. Seit 2005 Expertin für Qualität im Situationsansatz, Multiplikatorin und Evaluatorin für den Situationsansatz. Leiterin der kath. Kita „St. Sebastian" in Eppertshausen, Kreis Darmstadt-Dieburg – von 2000 bis 2003 Modelleinrichtung am Bundesprojekt „Nationale Qualitätsinitiative in Tageseinrichtungen ... (Quasi)", Beteiligung am Bundesprojekt „Bildungs- und Lerngeschichten" des DJI, München.

Beate Schmahl, Ergotherapeutin in der Kita „Pusteblume" in Weiterstadt, im Tandem zur Erprobung des Hessischen Bildungs- und Erziehungsplanes im Inneren Kreis.

Elisabeth Schnell, seit 1998 Erzieherin, arbeitete im Elementar- und Hortbereich, seit Januar 2005 in einer evang. Kita in Frankfurt/M. 2006 Weiterbildung zur Fachkraft für den Situationsansatz, Kurslevel A. Im Rahmen dieser Weiterbildung entstanden in der Praxis die Lerngeschichten von Angela und Rosa.

Christiane Schweitzer, Erzieherin, Kunstpädagogin, freiberufliche Fortbildnerin, Mitarbeit bei INSITA (Praxisberatungsgruppe in Kooperation mit dem Institut für den Situationsansatz); Multiplikatorin im Projekt Bildungs- und Lerngeschichten des DJI; langjährige Berufserfahrung, zuletzt als Leitung einer Kindertagesstätte. Mutter von Kaja und Lea Schweitzer. Kaja, Schülerin und kreative Querdenkerin, hat maßgeblich am Artikel mitgewirkt.

Renate Till leitet die Evang. Kita in Herborn-Hörbach (Mittelhessen), die von 1999–2003 Modelleinrichtung der Nationalen Qualitätsinitiative im System der Kindertageseinrichtung Teilprojekt IV „Qualität im Situationsansatz" war und z. Zt. Erprobungseinrichtung für den Hess. Bildungs- und Erziehungsplan ist (s. auch Judith Merz). Renate Till hat zwei erwachsene Kinder und ist Fachkraft für den Situationsansatz, Multiplikatorin für interne Evaluation und in der Ausbildung zur Evaluatorin für externe Evaluation nach Quasi.

Alexandra Ulrich-Uebel, seit 16 Jahren Einrichtungsleitung in Kindertagesstätten. Seit 7 Jahren nebenberuflich in der Fortbildung von Erzieherinnen tätig. Durch den 5-jährigen Sohn Tom sehr viel über ressourcenorientierte Beobachtung und die Chancen der Bildungs- und Entwicklungsdokumentation gelernt. Beobachtung und Lern- und Bildungsdokumentation ist ein Schwerpunkt der pädagogischen Arbeit der Kita und der Fortbildungsangebote. Mehrere Veröffentlichungen in Fachzeitschriften.

Monika Wilhelm, Fachberatung Kitas/Tagespflege der Stadt Weiterstadt, Expertin für Qualität im Situationsansatz.